LOS NUEVOS HORIZONTES Y METAS DE LA PROPIEDAD INDUSTRIAL

MARÍA ISABEL CANDELARIO MACÍAS
Directora
Profesora Titular (acreditada a Catedrática) de Derecho Mercantil
Universidad Carlos III de Madrid

LOS NUEVOS HORIZONTES Y METAS DE LA PROPIEDAD INDUSTRIAL

Proyecto TED2021-130344B-I00 financiado por:

Editorial Aranzadi, S.A.U.
C/ Collado Mediano, 9
28231 Las Rozas (Madrid)
Tel: 91 602 01 82
e-mail: *clienteslaley@aranzadilaley.es*
https://www.aranzadilaley.es

Primera edición: Agosto, 2024

Depósito Legal: M-18661-2024
ISBN versión impresa con complemento electrónico: 978-84-1162-944-7
ISBN versión electrónica: 978-84-1162-943-0

Proyecto TED2021-130344B-I00, *Desafíos y Retos de la ordenación de las innovaciones de cambio climático*, financiado por MCIN/AEI /10.13039/501100011033 y por la Unión Europea NextGenerationEU/ PRTR

Diseño, Preimpresión e Impresión: Editorial Aranzadi, S.A.U.
Printed in Spain

Relación de autores

María José ÁLVAREZ GIL

María Isabel CANDELARIO MACÍAS *(Dir.)*

Marta CANTOS PARDO

Araceli CASAMAYOR DE BLAS

Juan José CASELLES FORNÉS

José Antonio GIL CELEDONIO

Eduardo MARCOS MARTÍNEZ

Fátima MATEOS CANDELARIO

Gonzalo M.ª NAZAR DE LA VEGA

Elena PÉREZ CARRILLO

Blanca TORRUBIA CHALMETA

Alberto RUÍZ RODRÍGUEZ

Índice general

Página

Página

Página

Página

Página

CAPÍTULO 10

EL RETO DE UNA INDUSTRIA TEXTIL COMPETITIVA Y SOSTENIBLE A TRAVÉS DE LA INTELIGENCIA ARTIFICIAL

Página

CAPÍTULO 11

LOS RIESGOS DE LAS FALSIFICACIONES PARA LAS PYMES

CAPÍTULO 12

PROPIEDAD INDUSTRIAL, REPARACIÓN Y REMANUFACTURA EN LA ECONOMÍA CIRCULAR: ¿AMIGOS Y/O ENEMIGOS?

Página

Capítulo 1

Aspectos del gobierno corporativo para fomentar la innovación tecnológica en las empresas[1]

ELENA F. PÉREZ CARRILLO

Profesor de Derecho Mercantil

Universidad de León

SUMARIO: 1. GOBIERNO CORPORATIVO Y CAPACIDAD DE LAS EMPRESAS PARA INNOVAR (CEI). 1.1. *Modelos financieros o clásicos.* 1.2. *Modelos socialmente responsables.* 2. GOBIERNO CORPORATIVO INTERNO Y GESTIÓN DE LA INNOVACIÓN. 2.1. *Algunos actores de gobierno corporativo interno y su influencia en la capacidad de la empresa para innovar (CEI).* 2.1.1. Accionistas o inversores. Especial atención al activismo de los institucionales. 2.1.2. Administración, administradores y consejeros. 2.1.2.1. Independientes. 2.1.2.2. Comisiones especializadas. 2.1.2.3. Retribución. 2.1.2.4. Eficacia y rendimiento. 3. GOBIERNO CORPORATIVO EXTERNO. ASPECTOS DE LA RELACIÓN CON LOS INVERSORES. 3.1. *Innovación e inversión.* 3.2. *Financiación de la innovación (especialmente la innovación tecnológica) en los mercados abiertos o semi abiertos.* 3.3. *A propósito de los inversores (privados) de capital riesgo.* 3.3.1. Conflictos de intereses. 3.3.2. Integración en los órganos (participación en el consejo). 3.3.3. Articulación de derechos del capital. 3.3.3.1. Fase de entrada: especialización por sectores o por instrumentos de inversión.

1. Este trabajo ha sido expuesto en el *Congreso Internacional: Los nuevos horizontes y metas de la propiedad industrial* celebrado los días 19 y 20 de octubre de 2023, Universidad Carlos III de Madrid. Además, es resultado del Proyecto TED2021-130344B-I00, «Desafíos y Retos de la ordenación de las innovaciones de cambio climático», financiado por MCIN/AEI/10.13039/501100011033 y por la UE NextGenerationEU/PRTR.

3.3.3.2. Estructura y sucesivas etapas. 3.3.3.3. Pactos de gobernanza. 4. ALGUNAS REFORMAS RECIENTES EN EL DERECHO SOCIETARIO Y DE VALORES ESPAÑOL. ENTRE LA (IN) UTILIDAD Y LA ESPERANZA. 5. REFLEXIONES AL CIERRE. 6. BIBLIOGRAFÍA Y DOCUMENTACIÓN.

1. GOBIERNO CORPORATIVO Y CAPACIDAD DE LAS EMPRESAS PARA INNOVAR (CEI)

Podría parecer que la innovación empresarial y el gobierno corporativo son conceptos o cuestiones que se mueven en planos diferentes, que no confluyen en absoluto. Que no guardan relación. Y, esa conclusión inicial podría tener apoyo en la relativamente escasa atención que ha merecido el estudio combinado de unas y otras en el marco del Derecho Societario. No obstante, en una visión algo más pausada corresponde reconocer que, especialmente, desde las ciencias económicas se han ido definiendo ideas sobre cómo la estructura de la adopción de decisiones corporativa influye en la Capacidad de las Empresas para Innovar (CEI)[2]. Esos conocimientos sirven para continuar avanzando, desde el Derecho, en la investigación relativa a qué estructuras y acuerdos resultan idóneos para la innovación y para atraer inversiones hacia sectores e industrias especialmente sometidas a riesgo de innovación. Por ejemplo, para captar inversiones en procesos apoyados en la generación o en el aprovechamiento de tecnología patentada; o en la producción de resultados (productos, servicios, procedimientos) que resulten innovadores, entre otros. Y es aquí donde la innovación empresarial –realizada desde las empresas– y la gobernanza confluyen.

No siempre es fácil explicar la razón por la cual, empresas con condiciones externas similares muestran resultados muy diferentes en innovación[3].

2. BELLOC, F., «Corporate governance and innovation: A survey», *Journal of Economics Surveys*, 26(5), (2012), pp. 835-864.
3. En los años 1940, Schumpeter propuso dos conceptos de innovación: incremental y radical. Esa diferenciación se considera clásica a la hora de definir las innovaciones. Las incrementales –que aportan mejoras de producto, proceso o sistema de gestión– no rompen con lo definido hasta ese momento a pesar del grado de novedad que desarrollan. Las radicales posibilitan los cambios revolucionarios, transformaciones decisivas, avances totalmente novedosos para la sociedad y la economía, a pesar de que representan un mayor riesgo para la inversión SCHUMPETER, J. Teoría *del desenvolvimiento económico.* Quinta Reimpresión, México, Fondo de Cultura Económica, (1978).

El gobierno corporativo puede ayudar a comprender la actividad innovadora de las empresas, en la medida en que se ocupa de los *distintos modos de relación entre los actores que intervienen en los procesos y decisiones dentro de la empresa o en su entorno*. Y en la medida en que analiza los procesos mediante los cuales los individuos organizan su adopción de decisiones e integran sus recursos financieros, humanos y físicos dentro de la empresa, cuestiones todas ellas relevantes para la dinámica de la innovación empresarial[4].

En tanto que el análisis de gobernanza corporativa examina los antecedentes, componentes y efectos de los distintos modos de organización e interrelación de interesados es útil para encontrar claves que favorecen (o que suponen un obstáculo) para la innovación en la empresa privada. Y que constituyen riesgos, atractivos u obstáculos para la inversión privada en innovación tecnológica, social, cultural, industrial[5].

Se recuerda aquí alguna diferencia entre dos grandes familias o modelos distintos de gobernanza, el modelo llamado financiero y el modelo llamado estratégico.

1.1. MODELOS FINANCIEROS O CLÁSICOS

El modelo financiero de organización corporativa se centra en la confluencia de muchos y variados pequeños inversores que aportan recursos para la financiación de la empresa. La dispersión trae consigo que la gestión del riesgo, y por tanto, de las inversiones se delegue en un equipo directivo competente, experto. Estos dirigentes conforman el órgano de administración (aunque algunos de sus miembros pueden ser altos cargos externos a éste) y generalmente no son titulares ni del capital ni del resto de los activos de la empresa.

Los administradores, consejeros y directivos trabajarían con los activos de la empresa, y en coherencia con el mandato recibido, –en un mundo ideal exento de conflictos– se subordinarían a los objetivos e intereses de los accionistas, los auténticos dueños. Aunque en el mundo real surjan conflictos.

En este modelo clásico para analizar el gobierno corporativo se presta mucha atención a lo que los anglosajones han llamado costes de agencia, es

4. BELLOC, F., «Corporate governance…» (*cit*).
5. BOBILLO A. M./ RODRÍGUEZ-SANZ, J.A./ TEJERINA-GAITE, F., «Corporate governance drivers of firm innovation capacity», *Review of international Economics* Special issue paper (2017) (disponible en, *https://doi.org/10.1111/roie.12321)*.

decir, a los conflictos de intereses que surgen entre los dueños y los administradores cuyas aspiraciones y preferencias son en principio distintas. Cuando estas teorías o modelos se trasladan a otros sistemas jurídicos, los conflictos se ubican entre los accionistas mayoritarios y los minoritarios, cuyos derechos e intereses podrían verse perjudicados por aquellos en virtud del mayor poder absoluto y relativo que ostentan en la adopción de decisiones[6].

Sobre tales puntos de partida, la relación entre el gobierno corporativo y la innovación se explicará en función de cómo los consejeros y los accionistas o inversores perciban los efectos de dirigir recursos (inversión) a la obtención de resultados novedosos (innovación). La decisión de invertir en I+D e innovación, especialmente cuando se trata de innovaciones radicales en el sentido *shumpeteriano*, genera un conflicto entre quienes estén principalmente motivados por percibir dividendos o retribuciones o cuales quiera otras rentabilidades en el corto plazo (que serían en principio los directivos, pero también muchos socios). Y entre aquellos más atentos a las rentabilidades a medio o largo plazo[7].

1.2. MODELOS SOCIALMENTE RESPONSABLES

En los modelos socialmente responsables la atención se centra en el conjunto de interesados o *stakeholders* que rodean a la sociedad mercantil y a su actividad empresarial. Se ocupan de cómo distribuir recursos para satisfacer la variedad de intereses que componen el entorno empresarial.

La visión socialmente responsable de la gobernanza corporativa ofrece explicaciones para comprender los modos en los que interactúan intereses mucho más amplios que los mencionados en el modelo anterior. Y estudian cómo es posible modificar la asignación clásica de tales recursos[8] teniendo en cuenta las aportaciones (*input*) de distinto tipo (no solo monetarias) que realizan los *stakeholders*. La prioridad es conseguir un crecimiento en el tiempo, incluso a costa de una disminución del valor de las acciones[9] y atender

---

6. O'CONNOR, M., / RAFFERTY, M., «Corporate governance and innovation», *Journal of Financial and Quantitative Analysis*, 47(2), (2012), pp. 397-413.
7. O'CONNOR, M., / RAFFERTY, M., «Corporate governance...» *(cit)*.
8. HART, O./MOORE, J., «Debt and seniority: An analysis of the role of hard claims in constraining management», *American Economic Review*, 85(3), (1995), pp. 567-585.
9. Sobre las teorías, y evolución en la concepción del gobierno corporativo, PÉREZ CARRILLO, E F «Gobernanza corporativa y de entidades del sector financiero: complejidad creciente, y nueva articulación funcional y orgánica de actores, intereses y

a un mayor número de interesados que conforman una visión holística de la empresa integrada en su entorno.

En estos modelos se tiene especialmente en cuenta la divergencia de objetivos entre unos grupos de interesados y otros. En general se relacionan con objetivosde inversión y de obtención de resultados a largo plazo. Dado que aquí se toma conciencia de un conjunto muy amplio de intereses e interesados, entre ellos pueden situarse algunos perfectamente compatibles con la innovación básica o aplicada: la comunidad científica, las organizaciones innovadoras, el sector público de la economía y la sociedad en general. En cierto modo, la propia visión socialmente responsable parece abocar a objetivos de innovación[10].

2. GOBIERNO CORPORATIVO INTERNO Y GESTIÓN DE LA INNOVACIÓN

Contrastados ambos modelos de gobernanza, cabe reflexionar sobre si uno es superior al otro a los efectos que aquí nos ocupan. Y es que, para fomentar la innovación, además de superar la dificultad de atender a todos los interesados en la empresa y en su actividad (ya sea en un modelo financiero o en uno socialmente responsable de gobernanza), los retos son muchos. Partiendo de la propia delimitación o conceptualización de innovación, pasando por su valoración; hasta la especialidad de los riesgos que incorpora en el proceso productivo, en la inversión y en la propia adopción de decisiones, la atracción de inversiones para obtener resultados innovadores no está exenta de complejidad[11].

riesgos», en *Actores, actuaciones y controles del buen gobierno societario y financiero*, PEREZ CARRILLLO (dir) / TORRES CARLOS (coord.) Madrid, Marcial Pons, 2018, pp. 33-63. También de la misma autora «Empresa socialmente responsable, y crecimiento empresarial sostenible», Empresa *responsable y crecimiento sostenible: aspectos conceptuales, societarios y financieros*, PEREZ CARRILLO, E. F., Cizur Menor Aranzadi (monografías RdS) (coord.) (2012), pp. 25-57.

10. Reflexionando sobre el papel de la innovación en materia de sostenibilidad, utilizando la palanca de la propiedad industrial, *vid. CANDELARIO MACIAS, M.A.*,«La propiedad industrial (la innovación) como acicate de crecimiento sostenible en un entorno de Responsabilidad Social Empresarial», *Comunicaciones en propiedad industrial y derecho de la competencia*, 67, (2012), pp. 21-66. De la misma autora, «Los vínculos entre la innovación tecnológica y la RSE en tiempos de COVID19» en *La propiedad industrial en tiempos de COVID-19*, CANDELARIO MACÍAS (dir) Valencia, Tirant lo blanch (2022), pp. 49-77.

11. La innovación se define aquí en un sentido muy clásico, «schumpeteriano», como la introducción en el mercado de un nuevo bien o de una nueva clase de bienes; o de

Corresponde analizar el papel de los principales actores del gobierno corporativo y su tendencia a mantener el estatus quo o a adoptar decisiones proclives al cambio, a la innovación.

2.1. ALGUNOS ACTORES DE GOBIERNO CORPORATIVO INTERNO Y SU INFLUENCIA EN LA CAPACIDAD DE LA EMPRESA ARA INNOVAR (CEI)

El gobierno corporativo representa, en sí mismo, un activo en la empresa. Vinculado a conceptos como el *know how* está sujeto tanto a factores internos como externos de la empresa y de la persona jurídica que se sirve de soporte y titularidad. La gobernanza pone orden entre el resto de los activos y pasivos y puede ocupar un papel fundamental de cara a fomentar la innovación. Es un activo inmaterial que incorpora la adopción de decisiones y la ordenación de otros activos (desde el acceso a la información, la relación entre los miembros del equipo de gobierno, la elaboración de grandes políticas y estrategias de la organización) a la obtención y logro de objetivos corporativos[12].

Los factores externos, como el marco regulatorio o la estructura del mercado de valores no pueden controlarse desde la propia sociedad, pero la gobernanza interna si es susceptible de ser amoldada desde el interior de las organizaciones. En ese nivel interno es posible introducir incentivos y variables contractuales (estatutarias, acuerdos de accionistas y otros acuerdos) para favorecer unos u otros objetivos. Y, para dar prioridad o para potenciar unos u otros intereses, también en relación con las innovaciones[13].

---

un nuevo método de producción aun no experimentado. Se incluyen también en la definición la apertura de mercados en otros; la incorporación de nuevas fuentes de suministro (energético, de materias primas, de semielaborados); o la implantación de nuevas estructuras de mercado. Más allá de estas definiciones, caben aproximaciones diversas a los fenómenos de innovación, a los grandes retos de los procesos corporativos que los acompañan, y a los riesgos que los acompañan (por ejemplo, los riesgos de infracción de patentes, de falta de eficacia de las innovaciones, entre otros). Los modelos de desarrollo basados en la innovación tienen interés también público, *vid.* EUROPEA, *Nueva Agenda Europea de Innovación, COM/2022/332 final* (2022).

12. Un Gobierno Corporativo adaptado a la innovación es útil para combinar el resto de los activos, combinarlos y sistematizarlos en forma que también faciliten los resultados también innovadores, como se explica en O'CONNOR, M., / RAFFERTY, M., «Corporate governance…» *cit*. También, KNOTT, A. M., / BRYCE, D. J., / POSEN, H. E., «On the strategic accumulation of intangible assets», *Science*, 14(2), (2003) 192-207.
13. JENSEN, M. C., & MURPHY, K. J., «Performance pay and top-management incentives», *Journal of Political Economy,* 98(2), (1990) pp. 225-264.

2.1.1. Accionistas o inversores. Especial atención al activismo de los institucionales

Algunos estudios sobre la economía y la gestión de la innovación han abordado la influencia de la concentración de capital en manos de ciertos inversores, principalmente en las de los institucionales y de otros largoplacistas, sobre la capacidad de la empresa para innovar (CEI). Los resultados no son del todo concluyentes[14], o al menos, no parece que pueda establecerse una línea sencilla y directa entre activismo y tendencia a asumir riesgos de innovación de I+D+i. Pero sí existe un conjunto de relaciones indirectas que, eventualmente, son susceptibles de orientar la actividad de la empresa hacia opciones innovadoras de producción[15].

La composición del conjunto de inversores, sus intereses a largo plazo y su activismo son elementos que definen la gobernanza, especialmente en entornos en los que no existen controles externos fuertes. Es decir, la intervención de los socios e inversores será más definitiva y definitoria cuando los auditores, las agencias de calificación, los inversores institucionales en busca de oportunidades, o el mercado de control corporativo (con presiones hacia la adquisición de empresas) no ejercen una fuerte influencia[16].

Más concretamente algunos socios y accionistas actúan significativamente, como palanca de la innovación. Son *los que se comprometen a medio o largo plazo* con la empresa, y su estrategia temporal es coherente con la exigida para la innovación (especialmente en terrenos como el tecnológico o el industrial), ya que generalmente la inversión en activos intangibles supone costes a corto plazo que únicamente maduran con el resultado de beneficios

---

14. BENNEDSEN, M./ WOLFENZON, D., The balance of power in closely held corporations. *Journal of Financial Economics*, 58(1-2), (2000), pp. 113-139. WANG, M., «Types of institutional investors constrain abnormal accruals?» *Corporate Governance: An International Review*, 22(1), (2014), pp. 43-67. La heterogeneidad de los inversores se relaciona con sus distintas motivaciones y reacciones. Los institucionales suelen tender al largo plazo, aunque las presiones del mercado pueden empujarlos a otros comportamientos, según se explica en AGUILERA, R./JACKSON, G., «The cross-national diversity of corporate governance: Dimensions and determinants». *Academy of Management Review*, 28(3), (2003) pp. 447-465.).
15. PARTHIBAN, D./ MICHAEL A. H./JAVIER G., «The Influence of Activism by Institutional Investors on R&D» *The Academy of Management Journal*, Vol. 44, n.º 1 (2001), pp. 144-157. Entre nosotros, CANDELARIO MACÍAS, M.A., «Los vínculos...», *cit.*, en especial pp. 55-57.
16. BOBILLO A. M./ RODRÍGUEZ-SANZ, J.A./ TEJERINA-GAITE, F., «Corporate...» *(cit).*

visibles en el largo. Junto con su disposición a la estabilidad en la inversión, una actitud de «*activismo*», es decir, de participación en la adopción de decisiones y en los órganos de la empresa en la que invierten es también necesaria para propiciar la continuidad en la búsqueda de la innovación.

La relación entre la gobernanza con accionistas largoplacistas y la innovación no es sencilla. Así, por ejemplo, ciertos institucionales como los fondos de pensiones serían los más proclives al largoplacismo[17] debido a sus propias estrategias internas, pero no son necesariamente los más identificados con inversiones en innovación[18]. En cuanto a otros institucionales y no institucionales tenedores de grandes bloques de capital en las entidades emisoras tienen a permanecer en el accionariado ya que, que en términos reales, gozan de menos flexibilidad para desinvertir pues sus ventas dan señales negativas al mercado que terminan siendo perjudiciales para ellos mismos. Por ello preferirán intervenir en la gestión y en la configuración de las grandes estrategias corporativas, en lugar de transmitir su capital. Así, su influencia para promover la innovación es grande. Lo que no puede deducirse ni predecirse con tanta sencillez es su orientación positiva, neutra o negativa ante la innovación en la empresa de la que son co-dueños[19]. Y es que los mismos que pueden potenciar la innovación, también podrían

17. En línea con esta investigación empírica la mayoría de los autores encuentran un vínculo positivo entre el activismo de los inversores institucionales y los gastos en I+D, Así, KELM, K. M./ NARAYANAN, V. K./ PINCHES, G. E., Shareholder value creation during R&D innovation and commercialization stages. *Academy of Management Journal*, 38, (1995), pp. 770 y ss. En un repaso amplio y tomando nota, también, de opiniones en contra, ASENSIO-LÓPEZ, D/ CABEZA GARCÍA, L/ GONZÁLEZ ÁLVAREZ, N., *Corporate governance and innovation a theoretical review,* European journal of management and business economics (2019), pp. 266-284.

18. Los análisis sobre la distribución de los inversores de capital riesgo pone de manifiesto que los fondos de pensiones y las compañías de seguros representan solo el 12,7 % del total de fondos de capital riesgo recaudados en la UE en 2020, y que existe una fuerte presencia de agencias gubernamentales (casi el 35 %). COMISIÓN EUROPEA, *Nueva Agenda Europea de Innovación,* COM/2022/332 final (2022). En especial p. 5.

19. Hoy en día, y a expensas de futuras investigaciones sobre esta cuestión, sólo es posible aventurar algunas ideas genéricas sobre las preferencias y orientaciones de los inversores. La influencia sobre el valor de la empresa que tienen las grandes ventas de valores por parte de los accionistas de bloque implica que éstas no se producen a menudo: Los socios institucionales, o privados, que ostentan porcentajes del capital suficientemente relevantes como para poder bloquear decisiones y que invierten a largo plazo tienen menos capacidad para vender sin producir efectos negativos en los precios. Sobre el particular, *vid.* MARLER, J. H., / FAUGÈRE, C., Shareholder activism and middle management equity incentives. Corporate *Governance: An International Review*, 18/4 (2010), pp. 313-328.

preferir permanecer pasivos y no ejercen su poder, o adoptar posiciones negativas en relación con la asunción de riesgos rodeados de un especial alea de incertidumbre.

Cierto es que, en general, en la mayor parte de la doctrina económica que ha analizado el fenómeno, existe consenso en el sentido de que los institucionales largoplacistas tienen a favorecer la innovación[20]. Pero incluso entre éstos es preciso diferenciar situaciones y distintos niveles de su contribución activa a los objetivos de la entidad en la que invierten. El activismo de bajo nivel se asocia con inversores muy reacios al riesgo, que prefieren invertir en proyectos diseñados para generar rendimientos a corto plazo. La poca participación de los socios inversores se relaciona con una disposición escasamente propicia a apoyar inversiones en activos intangibles a largo. Frente a ellos, el segmento de inversores institucionales más activos (y menos reacios al riesgo) estarían dispuestos a centrarse en el horizonte a largo plazo[21] en lugar de perseguir de forma oportunista los beneficios inmediatos. Por otra parte, ciertas características que rodean a algunos potenciales inversores se consideran significativas en términos de impulsar su intervención a largo plazo porque, a través de ellas adquieren información valiosa. Por ejemplo, la coincidencia entre la posición de inversor y de prestamista de las entidades de crédito, entre otras.

2.1.2. Administración, administradores y consejeros

Los consejos eficaces y bien estructurados que siguen pautas de gobernanza reconocidas suelen obtener mejores resultados en materia de innovación[22]. Así, existen algunos rasgos como la separación entre la función de presidente de la de consejero delegado; el nombramiento de independientes; o la creación de comisiones especializadas, que parecen potenciar la innovación.

20. Los inversores más dispuestos a participar son contemplados a menudo como los más deseables desde la perspectiva de la innovación, los «high quality», expresión atribuida a Warren Buffet. Ver, CUNNINGHAM, L A., «Who are quality shareholders and why you should care», *Delaware Journal of Corporate Law;* 47/3, (2023), pp. 575-594. También, ROCK E B, «Shareholder Eugenics in the Public Corporation», 97 *Cornell Law. Review.* 97 (2012) 849– 879.

21. TILBA, A./MCNULTY, T., «Engaged versus Disengaged Ownership: The Case of Pension Funds in the UK». *Corporate Governance*, 21/2 (2013), pp. 165-182. *https://doi.org/10.1111/j.1467-8683.2012.00933.x.*

22. ASENSIO-LÓPEZ, D/ CABEZA GARCÍA, L/ GONZÁLEZ ÁLVAREZ, N., *Corporate governance ..., (cit)* pp. 266 ss.

La aplicación de estándares reconocidos en relación con la gobernanza interna no tiene como consecuencia inmediata el que la empresa innove, pero una combinación adecuada de estos factores si favorece el perfil innovador de la entidad.

2.1.2.1. Independientes

El efecto de los consejeros independientes sobre la CEI, es decir sobre las decisiones favorables a que la entidad asigne sus recursos a la innovación, merece atención.

El nombramiento de independientes permite incorporar capacidades específicas al conjunto del consejo, por lo que consiste en una medida,cuando menos, a ser valorada, en toda entidad que aspire a adentrarse en ámbitos de innovación[23].

Contar con independientes refleja a menudo una nítida separación entre la propiedad y la dirección. Esta separación, en principio, permitiría a los consejeros actuar con mayor libertad de criterio profesional y beneficiarse de conocimientos adquiridos en otras empresas o en las profesiones de origen, así como supervisar a los consejeros ejecutivos. Por estas razones, la intervención de los independientes potenciaría, en principio, la innovación. Sin embargo, también se ha reportado que ese efecto puede ser casi insignificante, o incluso revertirse cuando no tales independientes tienen una dedicación intensa en la organización, o si mantienen actitudes meramente pasivas.

Incluso se ha sugerido que una inadecuada introducción de independientes puede fomentar el cortoplacismo[24]. Para aquilatar el impacto de

---

23. *vid.* SÁNCHEZ-CALERO GUILARTE, J., «Los consejeros independientes: análisis de su presencia en el IBEX-35», *Documentos de trabajo del Departamento de Derecho Mercantil,* n.º 1, (2006). También, RONCERO SÁNCHEZ, A., «Transparencia sobre la composición del consejo de administración en sociedades cotizadas: entre la clasificación y la cualificación de los consejeros», *Sociedades cotizadas y transparencia en los mercados,* RONCERO SÁNCHEZ (coord.) RODRIGUEZ ARTIGAS/ FERNÁNDEZ DE LA GÁDARA/ QUIJANO GONZÁLEZ/ ALONSO UREBA/ESTEBAN VELASCO, (Dirs.) Cizur Menor, Thomson Aranzadi Reuters (2019) tomo I pp. 793-838, en especial pp. 811 y ss.; y 821 y ss.
24. Conforme a su deber general de diligencia, los administradores deberán interpretar e integrar el ordenamiento adecuándolo a las características concretas de cada entidad y de su entorno. Deberán tomar en consideración el conjunto de circunstancias concurrentes en la organización que dirigen y las características concretas de su nombramiento. Y, completando estas obligaciones, deben mantenerse alerta sobre el estado y desarrollo de la técnica (lo que se deduce del artículo 225 apartado 3 LSC). Ciertamente,

los independientes, además de su cualificación y experiencia hay que tener en cuenta otras variables. Entre ellas, el número de miembros del consejo exigidos por los estatutos, el número de cargos que cada uno de estos consejeros ostentan en otras empresas en las que prestan sus servicios de forma simultánea y el número de administradores externos independientes obligatorios conforme a estatutos.

2.1.2.2. *Comisiones especializadas*

Las comisiones (especializadas) del consejo constituyen instrumento de gobierno corporativo interno, cuya naturaleza legal o contractual depende de que estén impuestas por una norma jurídica. Su impacto sobre la adopción de decisiones puede ser muy importante[25].

Algunas vienen impuestas por el ordenamiento y otras por vía estatutaria o por medio de la competencia de autorregulación del órgano de administración. La articulación de comisiones internas de apoyo al consejo forma parte de las medidas de buen gobierno corporativo[26] idóneas especialmente en las grandes sociedades de capital. En las sociedades cotizadas, las comisiones internas contempladas en los artículos 529 *terdecíes* a 529 *quindecíes* LSC tienen, incluso, legalmente encomendadas algunas funciones, como la de auditoría y retribuciones, aunque aquí interesan más bien las comisiones de creación voluntaria por parte de cada organización o sociedad –sin necesidad de impulso legislativo específico–.

Se ha indicado[27] que la creación de estas comisiones tiene lugar en aquellos ámbitos donde aparecen con cierta habitualidad serios conflictos de

---

en algunos ámbitos con fuerte contenido tecnológico ya se ha impuesto la obligación legal de formación (asistir a formaciones periódicas), como ya explicamos en otro lugar. A modo de ejemplo, Directiva (UE) 2022/2555 del Parlamento Europeo y del Consejo de 14 de diciembre de 2022 relativa a las medidas destinadas a garantizar un elevado nivel común de ciberseguridad en toda la Unión, (Directiva NIS2).

25. Así en relación con las impuestas a determinadas sociedades por la Ley de Sociedades de Capital, la labor de las comisiones de nombramientos y de auditoría en la transparencia de los estados contables; en el nombramiento y selección de consejeros resulta evidente.

26. *Vid.* PEÑAS MOYANO, M. J., «La función de las comisiones internas del consejo sobre el control societario», en FERNÁNDEZ-ALBOR y PÉREZ CARRILLO (dirs.) *Actores, actuaciones y controles del buen gobierno societario y financiero*, Madrid, Marcial Pons, 2018, pp. 351-366, en especial p. 361. Precisamente en materia de ciberseguridad, resultan idóneas para lograr el objetivo de seguridad y control de riesgos.

27. *Vid.* PEÑAS MOYANO, M. J., «La función de las comisiones internas del consejo sobre el control societario», en FERNÁNDEZ-ALBOR y PÉREZ CARRILLO (dirs.) *Actores,*

interés, así como en los que requieren de conocimientos especializados. Contribuyen a la adopción de decisiones complejas, a preparar los asuntos sobre los que el consejo vaya a deliberar, y en relación con los que la pericia resulte especialmente necesaria. Precisamente, la materia de innovación es un terreno proclive a beneficiarse de cuando las decisiones del pleno del consejo hayan sido preparadas elaboradas e incluso controladas.

La observación del gobierno corporativo permite identificar la generalización de determinadas comisiones, como las de riesgos tecnológicos o de sostenibilidad (creadas con estos nombres o bajo denominaciones similares en algunas cotizadas). En el caso de que se decida establecer una comisión de innovación contribuiría a orientar, informar y en su caso a supervisar los resultados.

2.1.2.3. *Retribución*

Los sistemas de retribución de consejeros no dejan de reflejar aspectos fundamentales del gobierno corporativo de las empresas, y estrategias en su dirección[28]. Por ello, la remuneración de los administradores y consejeros si que puede mostrar una relación más directa con la tendencia a asumir riesgos de innovación. Esta retribución suele constar de un componente a corto plazo y otro a largo plazo. La retribución a corto plazo consiste en un salario calculado en términos monetarios y una prima vinculada a los resultados durante un período no superior a un año. La retribución a largo plazo es una compensación basada en acciones, que está vinculada a objetivos a más largo plazo, durante un período de al menos 5 años, a menudo.

Comparando estos periodos con los necesarios para generar capacidad innovadora en la empresa y para obtener resultados, parece evidente que la retribución a largo plazo es más idónea para alinear los intereses de los inversores con los objetivos de innovación. Las inversiones y estrategias de innovación requieren mantener estrategias con el tiempo suficiente para lograr una ventaja competitiva sostenible a largo plazo. Por lo tanto, la relación entre retribución de administradores y temporalidad de la inversión en innovación hasta su madurez debe ser coherente.

---

actuaciones y controles del buen gobierno societario y financiero, Madrid, Marcial Pons, 2018, pp. 351-366, en especial p. 361.

28. *Vid*. HIERRO ANIBARRO, S., «Poder de decisión y de retribución en el moderno derecho de sociedades y en el marco del gobierno corporativo», en *Retribución de Consejeros*, HIERRO ANIBARRO, (dir) Madrid, Marcial Pons, 2018, pp. 13-18.

Las innovaciones se juzgan a corto plazo por sus cualidades técnicas y, a largo plazo, por el valor que crean a través de la revalorización del precio de las acciones. Relacionando esta circunstancia con los sistemas de retribución pueden extraerse algunas consecuencias. Por ejemplo, que los mecanismos basados en efectivo y primas funciona como un incentivo a corto plazo para la remuneración de los ejecutivos son susceptibles de favorecer la incorporación de tecnologías o procedimientos puntera, pero difícilmente retribuyen los resultados económicos en términos de valor de acción.

Tanto los directivos con aversión al riesgo, como los interesados en la innovación procedimental al margen de su efectividad económica preferirán incentivos en metálico a corto pazo; por ello centrarán sus referencias técnicas como administradores, y sus objetivos, en el corto plazo. Por el contrario, el sistema de retribución al largo es coherente con el objetivo de aumentar la capacidad de las empresas para innovar. Sobre esta base, no es difícil deducir que los incentivos de los directivos de empresas con gran capacidad de innovación y en la que el objetivo estratégico radique en la innovación deberían basarse en los resultados de la creación de conocimiento. Y, que combinar los incentivos a corto plazo y a largo plazo permite la explotación eficaz de la capacidad de innovación de la empresa, así como participar en innovaciones exitosas.

Por lo que respecta a la cuantía de las retribuciones se ha dicho que, especialmente en relación con los consejeros delegados, el exceso de retribuciones puede generar inmovilismo[29].

2.1.2.4. *Eficacia y rendimiento*

El rendimiento de la gestión es un mecanismo que pivota en torno al papel de las capacidades de gestión y de los recursos involucrados en ésta. La eficacia y rendimiento de los cuadros directivos generan estabilidad y creación de valor empresarial de modo sostenible. Por el contrario, la gestión ineficiente se relaciona, al menos en el mercado de control corporativo, como un mecanismo disciplinario en relación con las empresas que cotizan en bolsa.

---

29. Hay que prestar atención a que los consejeros delegados muy bien pagados pueden llegar a tener un exceso de confianza y adoptar comportamientos, como el despilfarro de capital que no son óptimos para los intereses de los accionistas. BEN-DAVID, I./ GRAHAM, J/ HARVEY, C., «Managerial Miscalibration», *Quaterly Journal of Economics*, 128/4, (2013) pp. 1547-1584.

Desde un punto de vista teórico, puede decirse que el rendimiento de la gestión depende de la eficacia de un conjunto de mecanismos de gobernanza que sirven para controlar los conflictos de intereses que se generan en torno a la empresa, más que de la eficacia de un único mecanismo. Unos buenos resultados de gestión implican que el alineamiento de intereses es óptimo; y que, junto con la capacidad de crear y desarrollar innovaciones, contribuirán previsiblemente a la creación de valor empresarial sostenible.

Pero incluso en relación con estos parámetros, el éxito en la obtención de resultados innovadores por parte de la empresa exige cautelas adicionales. Así, por ejemplo, la difusión excesivamente positiva de estos resultados puede conducir a estrategias de divulgación excesivamente positivas (*window dressing*), que inducen a error a los mercados financieros lo que a largo plazo acaba perjudicando.

Cabe añadir que existen instrumentos para favorecer la asunción de riesgos por parte de los administradores, de procurar la eficacia minimizando sus riesgos. Entre ellos destacaría sin duda la contratación de seguros de responsabilidad de administradores, con coberturas adecuadas.

3. GOBIERNO CORPORATIVO EXTERNO. ASPECTOS DE LA RELACIÓN CON LOS INVERSORES

3.1. INNOVACIÓN E INVERSIÓN

Los grandes vectores de desarrollo y de crecimiento que se pueden predecir hoy en día pasan, fundamentalmente por reconocer un conjunto de revoluciones muy vinculadas con los enormes desarrollos tecnológicos en marcha. Desde la digitalización, a la sostenibilidad, la gestión de algoritmos inteligentes, las nuevas tecnologías «profundas» van a necesitar de amplio capital empresarial, tecnológico, científico y financiero. Sin embargo, pese a la necesidad de contar con un tejido industrial innovador en el que las nuevas empresas sean capaces de desarrollar sus proyectos y de hacerlos crecer, no siempre es posible atraer capital a estos fines.

Concretamente, la UE no parece haber logrado el camino para un auténtico crecimiento de la innovación, para aglutinar capital privado en torno a tal objetivo. Europa cuenta con un número de emergentes tecnológicas en expansión significativamente inferior a Estados Unidos y China. La financiación de la expansión y crecimiento (escalada) de nuestras empresas emergentes también va a la zaga[30], pese a los esfuerzos que se siguen realizando desde el sector público estatal y desde la UE[31].

Entre los factores que frenan la atracción de capital para financiar los cambios tecnológicos y la innovación, se encuentra (en el caso de la UE) la persistencia de los productos bancarios tradicionales como fuente principal de inversión en el sector industrial[32]. A ello se unen las exigencias de los bancos, que no siempre están al alcance de las pequeñas empresas y menos si se trata de emergentes con poco recorrido andado y mucho riesgo[33]. Y, no ayuda el hecho de que las fórmulas de financiación basadas en el mercado no bancario (como las asociaciones mediante recursos propios, préstamos participativos, entre otros) vienen desempeñando un papel secundario entre nosotros, pese a los intentos de cambio que son evidentes al menos en lo que va de siglo[34].

La aversión al riesgo identificada en muchos sectores europeos va de la mano de la fragmentación y del escaso desarrollo de las inversiones a riesgo

---

30. QUAS, A./ MASON, C./ COMPANO, R. /GAVIGAN, J. / TESTA, G., *Tackling the Scale-up Gap,* EUR 30948 EN, Publications Office of the European Union, JRC127232 Luxembourg, 2021, (disponible en doi: 10.2760/982079).

31. Así por ejemplo en marzo de 2022 se firmó el Acuerdo de Garantía InvestEU entre la Comisión Europea y el Grupo BEI para facilitar la financiación con productos financieros de InvestEU en el marco de la investigación, la innovación y la digitalización da lugar a inversiones del BEI por valor de 5. 500.000.000€ hasta 2027 para apoyar innovaciones de vanguardia y para atraer al capital privado a cofinanciar. Llama la atención el proyecto piloto (European Scale-Up Action for Risk Capital) en favor del capital riesgo para las emergentes en expansión que se nutrirá también de fondos InvestEU y que también se orienta a servir de palanca para captar inversión privada. COMISIÓN EUROPEA, *Nueva Agenda Europea de Innovación, COM/2022/332 final* (2022), p. 8.

32. Los préstamos, los créditos y los descubiertos bancarios siguen siendo la principal fuente de financiación externa de las empresas europeas, favorecidos a menudo por la fiscalidad. COMISIÓN EUROPEA «*Analysis of European Corporate Bonds Market.* Analytical report supporting the main report from the Commission Expert Group on Corporate Bonds» Oficina de Publicaciones (2017) (disponible en *https://finance.ec.europa.eu/system/files/2017-11/171120-corporate-bonds-analytical-report_en.pdf*).

33. VIÑUELAS SANZ, M., «Los préstamos participativos», *Revista de Derecho Mercantil,* 305 (2017), pp. 305-357. GARCÍA MANDALONIZ, M., *La financiación de las PYMES,* Cizur Menor, Thomson-Aranzadi, (2003), *passim.*

34. Para fomentar la financiación no bancaria se venían introduciendo reformas que no siempre han tenido mucho éxito, *vid.* PALÁ LAGUNA, R.; y CUERVO ARANGO, C., «Alternativas a la financiación bancaria en el nuevo régimen de fomento de la financiación empresarial: el acceso a los SMN y el tránsito a los mercados secundarios oficiales de valores. Las plataformas de financiación participativa», *Anuario de Capital Riesgo 2014,* 2015, pp. 83-113.

(capital riesgo y otros esquemas a gran escala). Por el contrario, los inversores se centran en mercados regionales que sólo soportan un pequeño número de rondas de inversión de escaso volumen. E incluso así, las rondas de más volumen se realizan a impulso de inversores extranjeros.

Un problema adicional es que las ofertas públicas iniciales (OPI) que permiten el crecimiento (escalada) de las emergentes, y una salida a los iniciales inversores a riesgo, desempeñan un papel menos significativo en la financiación en la UE en comparación con Estados Unidos: además de limitar la productividad y rentabilidad de la inversión en innovación, ha motivado que las empresas europeas más exitosas se vean tentadas a salir del continente[35].

Todo ello sin pasar por alto otras cuestiones como la difícil coordinación entre las acciones de fomento a nivel europeo y en el plano nacional[36]; o como la infrarrepresentación del sexo femenino y de las minorías entre las innovadoras europeas. Estos asuntos también son objeto de atención en los informes de la Comisión Europea[37]. En ausencia de auténticos mercados de riesgo privado capaces de asumir grandes volúmenes de riesgos, las

---

35. En 2020, solo el 5 % del importe total de la desinversión tuvo lugar a través de OPI en la UE, frente al 30 % notificado en Estados Unidos COMISIÓN EUROPEA, *Nueva Agenda Europea de Innovación, COM/2022/332 final* (2022). En especial pp. 5 a 8.

36. La Comisión Europea ofrece apoyo de financiación a riesgo a través del Fondo Europeo de Inversiones (FEI) y del Banco europeo de Inversiones (BEI). *Vid.* TRIBUNAL DE CUENTAS EUROPEO, *Informe especial 19, Intervenciones de capital riesgo de la UE gestionados de forma centralizada: es necesario proporcional mayor orientación* Bruselas, Oficina de Publicaciones de la UE, (2019). La Comisión también proporciona otras fuentes de financiación (como capital riesgo o garantías de préstamos) especialmente para las pymes. Para ello se basa en programas gestionados por la propia Comisión Europea (como el Programa para la Competitividad de las Empresas y para las Pequeñas y Medianas Empresas– COSME), o en gestión compartida con los Estados cuando intervienen los Fondos Estructurales y de Inversión Europeos. La ayuda de la UE abarca diversos instrumentos financieros (instrumentos de capital y deuda, garantías de préstamos y capital riesgo, mecanismos para el refuerzo de capacidades y la distribución de riesgos, pero estas acciones no forman parte de las actuaciones de la Unión de Mercados de Capitales, con la consiguiente falta de coordinación e incluso de coherencia entre unas medidas y otras, ver TRIBUNAL DE CUENTAS EUROPEO, *Informe especial 25, Unión de los mercados de capitales, avance lento hacia una meta ambiciosa, orientación* Bruselas, Oficina de Publicaciones de la UE (2020).

37. Las mujeres y las minorías están infrarrepresentadas tanto en las empresas emergentes de tecnología, como en los fondos de inversión. Con datos estadísticos ver COMISIÓN EUROPEA, *Nueva Agenda Europea de Innovación, COM/2022/332 final* (2022). En especial p. 6.

dificultades se siguen intentando atajar mediante programas de ayudas con recursos públicos europeos[38].

3.2. FINANCIACIÓN DE LA INNOVACIÓN (ESPECIALMENTE LA INNOVACIÓN TECNOLÓGICA) EN LOS MERCADOS ABIERTOS O SEMI ABIERTOS

A mitad de camino entre los mercados públicos, los Mercados Regulados (MR), o Mercados Oficiales, y los mercados privados (a menudo meros mostradores de intercambios y contratación bilateral), encontramos estructuras intermedias con variados regímenes de trasparencia y distintos modos organizativos cuya función en lafinanciación de la innovación, especialmente a través de pymes, es significativa[39]. Ello les dota de una relevancia grande, especialmente cuando se está indicando que, especialmente en España, la pequeña y mediana empresa es responsable de una parte fundamental del esfuerzo en atracción de inversión para innovar aunque no siempre accede a financiación no bancaria en virtud de diversas barreras a las que se enfrenta[40].

O bien accede a rondas y entornosdonde sólo pueden captar recursos muy limitados[41].

---

38. En particular el programa women2invest (disponible en) *https://eit.europa.eu/our-activities/opportunities/eit-opens-call-investors-participate-women2invest.*

39. Son figuras híbridas que comparten rasgos con las bolsas oficiales y también con los centros privados, sin llegar a mimetizarse por completo con ninguno de ellos. Así, si entre los principales rasgos de los mercados públicos encontramos su estructura multilateral y formal, o la ejecución no discrecional de las transacciones, su régimen de publicidad puede matizarse o reducirse por lo que podríamos hablar de mercados semipúblicos en relación a los sistemas multilaterales de negociación (SMN) en tanto eran regulados en el régimen de la primera Directiva MIFID, que los sometió sólo a trasparencia plena post negocial. O los sistemas organizados de contratación (SOC), a raíz de MIFID 2/MIFIR, que incluyéndose entre los llamados centros de negociación, operan sin embargo conforme a criterios de admisión discrecionales. Por otra parte, encontraríamos mercados semiprivados cuando sus participantes intercambian valores cotizados y enrutan las operaciones, aunque las transacciones propiamente dichas se concluyen en «privado». Así, podríamos definir como semipúblicos algunos mercados OTC de derivados, que –siendo eminentemente privados– están sometidos a compensación y a ciertas normas de trasparencia; en virtud del Reglamento y paquete regulatorio EMIR, o a las transacciones –también transparentes– en el seno de Internalizadores Sistemáticos (IS).

40. *Vid*, MINISTERIO DE INDUSTRIA, COMERCIO Y TURISMO, *Marco estratégico en política de PYME 2030*, Gobierno de España (2019) pp. 49-51 (disponible en *https://industria.gob.es/es-es/Servicios/MarcoEstrategicoPYME/Marco%20Estratégico%20PYME.pdf*).

41. Los instrumentos de financiación de proyectos de Pymes a menudo operan en mercados con poca liquidez con un bajo número de inversores, lo que a su vez reduce la demanda

3.3. A PROPÓSITO DE LOS INVERSORES DE CAPITAL RIESGO

Dentro de los inversores que operan en la financiación de desarrollo temprano y de la escalada de las empresas innovadoras, el capital riesgo ocupa un lugar destacado. Tanto si nos referimos al concepto normativizado y definido en el derecho positivo español y europeo, como si incluimos esquemas más amplios, el capital riesgo se considera tanto un baluarte de la inversión finalista en innovación, cuanto un sector en el que la UE se sitúa claramente a la zaga[42].

Entre nosotros, el régimen jurídico ´del capital riesgo en sentido estricto –normativo– se localiza en la Ley 22/2014, de 12 de noviembre, por la que se regulan las entidades de capital-riesgo, otras entidades de inversión colectiva de tipo cerrado y las sociedades gestoras de entidades de inversión colectiva de tipo cerrado, y por la que se modifica la Ley 35/2003, de 4 de noviembre, de instituciones de Inversión Colectiva (LCR). Entre las aportaciones de esta LCR destaca la incorporación de las sucesivas modificaciones de los Reglamentos europeos sobre fondos de inversión y sus gestoras. A su vez fue modificada en varias ocasiones, por ejemplo, mediante el art. 17 de la Ley 18/2022, de 28 de septiembre, de creación y crecimiento de empresas[43].

---

y la oferta futuras. *Vid*, OCDE, *Enhancing SME access to diversified financing instruments, discussion paper, Conferencia Ministerial de PYME*, México (2018) (archive web disponible en *https://web-archive.oecd.org/2023-01-20/473804-oecd-sme-ministerial-conference-mexico-2018.htm*).

42. En la Comunicación COMISIÓN EUROPEA, *Iniciativa sobre las empresas emergentes y en expansión*, COM /2016/ 733 final. (2016) se indica que existen diferencias sustanciales durante la fase de expansión entre Estados Unidos y la Unión Europa, debido, en parte, a la cantidad de financiación disponible para la inversión de capital riesgo, muy superior en el primer caso y a que los fondos de CR en Europa son, de media, más pequeños y no pueden ayudar de manera suficiente a las empresas a pasar de su fase emergente a empresas de mediana capitalización.

43. El Capítulo V modifica el régimen de las plataformas de financiación participativa, «plataformas de *crowdfunding*») que ponen en contacto, de manera profesional y a través de medios electrónicos, a una pluralidad de personas físicas o jurídicas que ofrecen financiación con otras personas físicas o jurídicas que la solicitan en nombre propio para destinarlo a un proyecto concreto. Como es sabido, ya estaban reguladas en España desde 2015 en el título V de la Ley 5/2015, de 27 de abril, de fomento de la financiación empresarial, y algo después, el 7 de octubre de 2020, la Unión Europea aprobó el Reglamento (UE) 2020/1503 del Parlamento Europeo y del Consejo, relativo a los proveedores europeos de servicios de financiación participativa para empresas. La Ley 18/2022 adapta nuestro ordenamiento, con novedades como la inclusión de la «gestión de carteras» para permitir que los proveedores de servicios de financiación participativa inviertan fondos en nombre del inversor. También permite que las pla-

Ni la LCR ni las reformas inciden en los importantísimos aspectos contractuales y de gobernanza que rodean a este tipo de inversores.

Los inversores de capital riesgo son intermediarios especializados que invierten capital en empresas, a las que también apoyan con servicios profesionales, y ejercen una influencia muy positiva, en general[44]. Se agrupan en organismos, las Entidades de capital-riesgo (ECR), entidades de inversión colectiva de tipo cerrado que obtienen capital de una serie de inversores mediante una actividad comercial. Su objetivo es generar ganancias o rendimientos para los inversores para lo que toman posiciones temporales en el capital de otras empresas[45]. Actúan en entidades que, de otro modo, podrían quedar excluidas del mercado de deuda corporativa y de otras fuentes de financiación privada y su intervención puede adoptar formas contractualmente y corporativamente muy diversas. En todo caso, corresponderá a los dirigentes y administradores de estas entidades observar los comportamientos adecuados y prudentes para materializar su inversión[46].

---

taformas puedan operar con inversores en una sociedad de responsabilidad limitada, cuyo objeto social y única actividad consista en ser tenedora de las participaciones de la empresa en que se invierte, en una entidad sujeta a la supervisión de la CNMV o en otras figuras. Esta posibilidad no estaba prohibida pero ahora se contempla expresamente. En todo caso, el impacto de estas reformas no se prevé muy relevante (nuestra opinión).

44. El valor de la inversión en capital riesgo queda confirmado por las cifras que muestran que las empresas respaldadas por este tipo de inversión: crecen más; son más productivas a la hora de generar patentes; son más innovadoras. *Vid.* McCAHERY, J. A. / VERMEULEN, E., «Corporate Governance and Innovation – Venture Capital, Joint Ventures, and Family Businesses» *ECGI – Law Working Paper* N.º 65/2006, (disponible en *https://ssrn.com/abstract=894785* or *http://dx.doi.org/10.2139/ssrn.894785*).

45. Estas empresas objetivo son en principio de naturaleza no inmobiliaria ni financiera ni deben cotizar en el primer mercado de bolsas de valores o en cualquier otro mercado regulado equivalente de la Unión Europea o del resto de países miembros de la Organización para la Cooperación y el Desarrollo Económicos, con las salvedades introducidas por la ley 18/2022, articulo 17.2.

46. Los responsables de las entidades inversoras, ya se trate de gestoras o de otras entidades de capital riesgo están sometidos a deberes de lealtad y diligencia, además de a los propios de la regulación sectorial, que comparten base con los deberes de los dirigentes de entidades que participan en operaciones estructurales y de M&A. *vid.* HIERRO ANIBARRO, S. y ZUECO, T., «Aproximación a los deberes de administradores en las adquisiciones de empresa», en COHEN, A. y MUÑOZ, A. (Dir.), VIÑUELAS, M. (Coord.), *Deberes de los administradores de las sociedades de capital*, Cizur Menor, Civitas, (2023), pp. 571-597. Y, de los mismos autores, «Los deberes de los administradores de las sociedades implicadas en operaciones de M&A», *Indret*, (2024), 1 (DOI: 10.31009/InDret.2024.i1.01).

3.3.1. Conflictos de intereses

La presencia de capital riesgo en la empresa plantea conflictos que son abordados fundamentalmente mediante acuerdos. Precisamente, en virtud del marco contractual pactado, el fundador o la empresa que recibe la inversión asume una serie de obligadores de actuar tomando en consideración los intereses del inversor, con trasparencia, lealtad, diligencia, dentro del respeto de la discrecionalidad[47]. Por su parte el capitalista provee financiación y apoyo de conocimiento en sus distintos ámbitos. Los inversores de capital riesgo, a cambio de la financiación que entregan (o que prestan), exigen comportamientos profesionales (que ellos mismos sugieren) para lograr el éxito en la empresa, obtener rentabilidad y poder eventualmente desinvertir percibiendo beneficios.

Las empresas de capital riesgo concentran su esfuerzo y participación en sectores con un alto grado de incertidumbre, en los que las lagunas de información entre empresarios y capitalistas de riesgo especialmente intensas[48]. Se trata, a menudo, de sectores tecnológicos o más vinculados a la innovación, con aspectos disruptivos que dificultan el acceso a modos tradicionales de financiación (banca). En estos ámbitos fuertemente innovadores, el capital riesgo representa una fuente principal de financiación y la capacidad para atraerlo repercute en la viabilidad de proyectos y empresas.

La empresa objetivo se beneficia de la influencia del inversor, Pero, al desarrollarse la relación sinalagmática entre ellos, surgen conflictos. Un tipo asimetría que se produce deriva del apego personal del empresario y fundador respecto de la empresa. Esta circunstancia puede tintar el juicio

---

47. *Vid.* JUSTE MENCÍA, J., «Artículo 226. Protección de la discrecionalidad empresarial», Comentario de la ley de Sociedades de Capital. La junta general. La administración de la sociedad, GARCÍA - CRUCES GONZÁLEZ/ SANCHO GARGALLO, (dirs.), Valencia, Tirant lo blanch, 2021, pp. 3105-3116. También, NAVARRO FRÍAS, I., «El deber de legalidad de los administradores sociales. Algunas reflexiones acerca de la infracción eficiente de la ley y la "legal judgment rule"», *Revista de Derecho Mercantil*, n.º 311, 2019 (BIB 2019, 698, extraído de la base de datos Aranzadi Instituciones).

48. Salvando las distancias, las ECR precisan de información en modo paralelo a lo que sucede con los inversores en bolsa. De esta forma, la información contribuye tanto al interés del capitalista, como al de la empresa objetivo e incluso al general. *Vid.* (aunque en relación con los mercados de valores) BLANCO SÁNCHEZ, M J «El deber de información como norma de conducta en los mercados de valores. Apuntes para un futuro cercano», en *Responsabilidad social corporativa (RSC): economía colaborativa y cumplimiento normativo,* RUIZ MUÑOZ/DE LA VEGA JUSTRIBÓ (dirs), Valencia, Tirant lo blach (2019), pp. 95-115.

del último, o contribuir a orientar las decisiones empresariales en un sentido opuesto al del inversor. Para evitar este tipo de conflicto, el externo demandará poder de supervisión y control, incluso por encima de la regla de proporcionalidad que rige en la sociedad anónima. Puede traducirse en la integración orgánica del capitalista en el órgano de dirección del fundador (*infra*) o de otros modos que garanticen las exigencias de información, control y supervisión. Los acuerdos con los inversores, que forman parte del gobierno corporativo externo, inciden en el desarrollo de la futura relación entre unos y otros. Y son esenciales para atraer capital riesgo en volúmenes y con proyección.

3.3.2. Integración en los órganos (participación en el consejo)

Entre los problemas y desequilibrios que influyen en la relación entre la empresa financiada y los inversores se encuentran las asimetrías relativas a la información y al poder de decisión.

La asimetría en perjuicio del externo se nasa en un insuficiente acceso a información. Pero además alcanza a cuestiones organizativas como en relación con la organización interna de la empresa, o con la creación de unidades que favorezcan un modo u otro de producción, o de crecimiento corporativo, o de supervisión de actividad, por mencionar algunos aspectos. Afecta también a decisiones relativas a la tecnología que se vaya a adquirir –o generar–, a la calidad; así como a la fortaleza del equipo dirigente del fundador. Para alcanzar equilibrio el inversor exige información completa, actualizada, periódica que incluye el acceso a documentos de gestión. O, yendo más allá, demanda su propia participación en los órganos de dirección.

Previamente a su entrada, los inversores de capital riesgo realizan análisis sobre la competencia en el mercado, sobre los productos, la tecnología, la clientela e incluso sobre el equipo directivo. Los resultados de estos análisis sirven, en principio, para que los inversores de capital riesgo adopten decisiones de inversión adecuadas. Pero, para garantizar que este *know how* repercute sobre el desarrollo del proyecto aspiran a supervisar sus inversiones, para lo que su presencia externa puede resultar insuficiente. Por ello, a menudo, el capital riesgo busca la integración orgánica directa mediante mecanismos puros de gobierno corporativo interno, por ejemplo, mediante la incorporación al consejo de administración.

Formar parte del consejo granjea al inversor acceso a información clave, así como poder sobre la adopción de decisiones en la sociedad que desarrolla el proyecto financiado[49]. A tales efectos, el propio inversor selecciona expertos para ocupar el puesto de miembro del órgano de administración, lo que cohonesta perfectamente con la aportación de conocimientos técnicos a la empresa por parte de los capitales riesgo[50].

3.3.3. Articulación de derechos del capital

La estructura de gobierno corporativo de las empresas cotizadas cuenta con mecanismos que permiten combinar la presencia de accionistas dispersos, –quienes apenas participan en la adopción de decisiones por carecer de poder o de interés–; con otros que gozan de una capacidad de control desproporcionada respecto de su participación en el capital social. Junto con otras causas, la no-intervención de los primeros da lugar al mayor peso relativo de los segundos en términos de poder de decisión. En cambio, al menos en ordenamientos como el español, instrumentos de articulación del capital como las obligaciones convertibles, las acciones rescatables o las acciones de lealtad, por mencionar algunos, no están a disposición en las no cotizadas[51].

---

49. Ya negocien a entrada en el consejo o no, los capitalistas de riesgo exigen un acceso puntual a la información, incluidos los estados financieros mensuales detallados y otros estados de explotación. Pueden exigir inspeccionar las cuentas financieras de la empresa cuando lo deseen. GARCÍA MANDALONIZ, M., *La financiación de las PYMES*, Cizur Menor, Thomson-Aranzadi, (2003) pp. 375-376.

50. La incorporación al consejo activa sus deberes como consejeros, por ejemplo, el deber de diligencia. Ver HERNANDO CEBRIÁ, L., *El Deber de Diligente administración en el marco de los deberes de los administradores sociales. La regla del buen juicio empresarial*, Madrid, Marcial Pons, 2009, p. 55. El artículo 225, apartado 2 LSC establece que los administradores deberán tener la dedicación adecuada y adoptar medidas para la dirección y el control de la sociedad. En alusión al llamado deber de dedicación MAMBRILLA RIVERA, V. M,. «Las concretas manifestaciones del deber general de diligencia de los administradores», en *Junta general y consejo de administración en la sociedad cotizada*, RONCERO SÁNCHEZ (coord.), RODRÍGUEZ ARTIGAS/ ALONSO UREBA/ FERNÁNDEZ DE LA GÁNDARA/VELASCO SAN PEDRO/QUIJANO GONZÁLEZ/ ESTEBAN VELASCO (dirs.), vol. 2, Cizur Menor, Thomson Reuters, (2016), pp. 345-381, en particular pp. 360, ss.

51. Así, instrumentos que permitirían atribuir mayor poder a algunos como son las acciones de voto múltiple o la convertibilidad de las obligaciones o las acciones rescatables están contempladas en nuestra LSC para las sociedades cotizadas. Sin embargo, la variedad tipológica en las acciones es tradicionalmente empleada, especialmente en países anglosajones, para propiciar los pactos de entrada de capital, *vid.* PEÑAS MOYANO, B., Las *clases de acciones como instrumentos financieros en los derechos de sociedades británico y estadounidense*, Cizur Menor, Aranzadi, (2008).

Junto a la habilidad para distinguir entre proyectos y entre la variedad de empresas, para predecir sus posibilidades de crecimiento, o para entender la idoneidad (o la incompetencia) del equipo inicial, los términos del acuerdo de inversión contemplan la estrategia de entrada (y salida) de la inversión[52]. La estructura de entrada como recursos propios (o como deuda) y los mecanismos pactados para la salida ejercen enorme influencia sobre el éxito financiero de la operación. Por ejemplo, la posibilidad de trasformar inversión capital; o los términos para desinvertir; o para reducir la exposición al riesgo de que en futuras rondas el precio de la acción haya disminuido (antidilución o de aseguramiento de valor) son componentes esenciales de una estrategia de inversión del capital riesgo que financia la innovación[53].

3.3.3.1. *Fase de entrada: especialización por sectores o por instrumentos de inversión*

Los inversores a riesgo suelen especializarse en entidades de uno u otro sector y en una fase específica de su desarrollo. En función de las capacidades y conocimientos de la propia gestora, además de realizar análisis puramente financieros, se centran en los rasgos, retos y potencialidades de alguna industria o sector: energía, biotecnología, tecnología, por mencionar algunas.

Además de la elección del sector, el procedimiento de entrada contribuye al éxito del proceso. En ocasiones, el inversor puede estar interesado en adquirir valores de modo que acceda directamente a la condición de accionista o socio, procurándose algún privilegio (por ejemplo, preferencia

---

52. TOLOSSA F. / ZHOU X., «Corporate Governance, Innovation Capacity and Firm Performance Evidence from Chinese Listed Firms», *International Journal of Empirical Finance and Management Sciences* 12(2020):26-42, (disponible en SSRN: *https://ssrn.com/abstract=3951811*).

53. Los pactos de aseguramiento del valor de la acción pueden presentar formulaciones muy distintas como los «descuentos» al suscriptor sobre el precio de referencia de las acciones, las «acciones gratuitas» por cada cierto número de acciones suscritas o, «coberturas» razonables sobre el valor de cotización A la luz del art. 150 LSC podría parecer que estos pactos son contrarios al derecho positivo. Sin embargo, dentro de márgenes de razonabilidad que se analizan casuísticamente y con todas sus características, tanto la doctrina como la jurisprudencia tiende a admitirlos. Con más detalle explicando estos pactos y a favor de admitir su licitud, *Vid.* VAQUERIZO ALONSO, A., «Los pactos accesorios de aseguramiento del valor de la acción», *Revista de Derecho de Sociedades, 48* (2016), pp. 263-287. En un sentido más amplio a propósito de los negocios sobre acciones propias y ayuda financiera para adquirir capital, *vid. passim,* VELASCO SAN PEDRO, L,. «Los negocios sobre las propias participaciones y acciones» *Revista de Derecho de Sociedades,* 36 (2011) pp. 123-132.

en cuanto a los dividendos y en caso de liquidación). O exigirá garantías adicionales como las llamadas disposiciones «antidilución», ya mencionadas.

3.3.3.2. *Estructura y sucesivas etapas*

La inversión en la entidad objetivo no siempre se realiza de una sola vez, sino que puede efectuarse por etapas. La financiación por etapas permite a los inversores de capital riesgo la opción real de dejar de financiar la empresa, o de limitar la exposición inicialmente prevista si se incumplen ciertas premisas, por ejemplo, en términos de gestión o resultados parciales. En la mayoría de las operaciones, el inversor proporciona al empresario el capital suficiente para alcanzar determinados hitos vinculados a acontecimientos importantes como la finalización de un plan de negocio, la producción de un prototipo, la obtención de una patente o la comercialización inicial de un producto. El hecho de que, cuando no se ha alcanzado un hito o suceso contemplado en los acuerdos de inversión, los capitalistas puedan abandonar el proyecto, limita su exposición al riesgo. Y por lo tanto supone un incentivo para su entrada.

Si la financiación inicial se agota antes de que el equipo de gestión de la empresa objetivo haya cumplido un hito preestablecido y acordado, el inversor de capital riesgo tiene la opción de abandonar la financiación o de reducir el nivel de exposición. Ello, teniendo en cuenta que la retirada de los financiadores de la primera ronda para financiar las posteriores revela información; y puede disuadir a otros fondos, es un ariete a favor de una gestión más eficiente. Con todo, es decir, aunque la inversión por etapas permite mejorar la posición del inversor en términos de información y conflictos; es susceptible también de dar lugar a comportamientos oportunistas o cortoplacistas. Crea incentivos para que el empresario se centre en aumentar la probabilidad de resultados positivos a corto plazo de la empresa.

3.3.3.3. *Pactos de gobernanza*

En el marco de la entrada de capital riesgo, o en otros marcos que se puedan idear para la provisión de recursos para la innovación, inversores y empresas receptoras concluyen acuerdos en los que se planifica la vida de la futura relación entre ellos: acuerdos de gobernanza en los que procurarán contemplar todas las incidencias previsibles[54].

54. Los pactos de gobernanza pretenden ser completos en el sentido de contemplar todas las vicisitudes, aunque, la lógica y la doctrina explican que en la práctica el carácter

Para la redacción de estos acuerdos es importante contar con información y expertos para prever, dentro de unos márgenes de fiabilidad razonables, las posibles incidencias en el desarrollo del proyecto empresarial e innovador que se pretende hacer crecer, escalar[55]. También, para establecer reglas relacionadas con la inyección de inversión, y con la obtención de rentabilidades conforme a estudios y proyecciones de viabilidad.

En estos pactos, complejos duraderos y de relación, se atribuyen derechos de voto, de liquidación, de control conforme a las exigencias del fundador y del inversor. A menudo, la eficacia futura de estos acuerdos exige reformas en los estatutos de la empresa societaria en la que invierten. Por ejemplo, para garantizar un dividendo superior u otros derechos, los estatutos tendrán que contemplar acciones privilegiadas, clases y series de valores que permitan acomodar las exigencias de los inversores. O, para facilitar la influencia directa en el consejo de administración por parte de los inversores, convendrá contar con una estructura de capital y clases que hagan viable la agrupación para cooptar. O para proteger al inversor frente a futuras emisiones a la baja, pueden incorporarse vetos a la creación de valores. Otras exigencias de las ECR pueden venir de la mano de disposiciones estatutarias para convertir deuda en capital, o las relativas a la desinversión pueden ser también exigencias del capital.

Otro rasgo al que aspiran los inversores es el de la convertibilidad. En nuestra LSC la deuda corporativa –obligaciones– convertibles está contemplada para las cotizadas, En el resto de las entidades habrá que recurrir a fórmulas como los préstamos participativos (art 20 del Real Decreto-ley 7/1996, de 7 de junio, sobre medidas urgentes de carácter fiscal y de fomento y liberalización de la actividad económica[56]), sin perjuicio de otros acuerdos

---

totalmente cerrado es casi imposible, por lo que se habla de contratos incompletos o abiertos. Por su utilidad e importancia en términos de gobernanza de las inversiones, se recomienda consultar, *passim*, DÍEZ GARCÍA, H., *Contratos incompletos y acuerdos «suficientes»*, Cizur Menor, Thomson Reuters Aranzadi, (2022).

55. Estos pactos guardan similitud con los acuerdos para financiar proyectos, en el sentido de que la empresa receptora se considere un proyecto en si mismo. Y también porque, a menudo, se trata de obtener recursos económicos y financieros para escalar un proyecto concreto. Por ello es recomendable tener en cuenta lo señalado en relación con los contratos financieros y de garantías RIVAS FERRER, V., «La Financiación de Proyectos como marco de referencia integrador de contratos de proyecto y contratos financieros», *Revista de Derecho Mercantil*, 289 (2013) (consultado en base de datos Aranzadi Instituciones, BIB 2013, 1753).

56. En su origen los préstamos participativos ideados para la reconversión industrial de la España que acababa de unirse a la Comunidad Económica Europea, las empresas

de crédito o de préstamo en relación con los que se procurará pactar una prioridad –en caso de crisis de liquidez–. U otros acuerdos de financiación, por ejemplo, a través de plataformas cuya regulación se ha actualizado recientemente con el Reglamento (UE) 2020/1503 y su adaptación entre nosotros tras la Ley 18/2022[57].

El pacto de salida o desinversión es una parte de los acuerdos en los que ambas partes atienden, y que se articula por vía contractual más o menos estandarizada. Para garantizar la entrada de capital a un coste asumible, restando buena parte del riesgo con el inversor, existen fórmulas contractuales más o menos estandarizadas que prevén precisamente como será la salida, y que se orientan a proteger especialmente algunos intereses en juego. Así, las cláusulas de convertibilidad *Simple Agreement Fund for Future Equity* (SAFE) y *Keep it Simple Security* (KISS) que permiten que la aportación inicial no necesite ser reembolsada por la empresa que la recibe o que no acrezca intereses (o que no los genere salvo en situaciones pactadas como suelen ser ciertas operaciones estructurales)[58]. Y otras disposiciones para

---

necesitaron de cifras muy relevantes para su financiación y los bancos, entidades de crédito, se consideraron los más idóneos para facilitarlos. Sin embargo, las entidades que pueden concederlos no tienen por qué ser del sector financiero. E incluso podrían ser personas físicas. La Ley 22/2014, de 12 de noviembre, recurre a la figura del préstamo participativo como primera actividad complementaria para realizar el objeto social de tales entidades. Distinguen la inversión en préstamos participativos sin límite dentro del coeficiente obligatorio de inversión a empresas que se encuentren en su ámbito de actividad principal siempre que su rentabilidad esté completamente ligada a los beneficios o pérdidas de la empresa de modo que sea nula si la empresa no obtiene beneficios (art. 13.3, b); y la inversión en «otros» préstamos participativos, que no vinculan íntegramente su retribución al componente variable (art. 13.3, c). Sobre estas cuestiones, ver VIÑUELAS SANZ, M., «Los préstamos participativos», *Revista de Derecho Mercantil*, 305 (2017), pp. 305-357.

57. RODRIGUEZ MARTINEZ, I, «El nuevo modelo regulador dela financiación participativa», *Revista de Derecho Mercantil*, 328 (2023) (consulta en BD Aranzadi Instituciones, IB 2023, 1261.El Reglamento (UE) 2020/1503 regula los proveedores de servicios de financiación participativa para facilitar la prestación transfronteriza de servicios, pero no se adentra en las cuestiones contractuales de esta financiación ni o aspira a regular el fenómeno del crowdfunding en su totalidad, se limita a obligar a los Estados miembros a establecer unas bases mínimas del *crowdfunding financiero.*
Recuérdese que con estos préstamos se busca la participación de la entidad prestamista en los beneficios de la financiada, además del frecuente cobro de un interés fijo o variable. En relación con estos instrumentos, VIÑUELAS SANZ, M., «Los préstamos...», *cit.*

58. El SAFE permite que la inversión no devengue intereses y pueda reintegrarse a través de capital en el proyecto. En las cláusulas KISS si se generan intereses y se fijan plazos de devolución, pero además se establecen derechos políticos para el inversor.

proteger las expectativas financieras de los inversores en el momento de la desinversión: por ejemplo, dando preferencia a la salida con venta a terceros sobre la recompra de acciones por parte de la sociedad, socios, directivos o trabajadores u otros compradores internos que pueden estar en mejor situación en cuanto a la información, que el propio capitalista a riesgo.

4. ALGUNAS REFORMAS RECIENTES EN EL DERECHO SOCIETARIO Y DE VALORES ESPAÑOL. ENTRE LA (IN) UTILIDAD Y LA ESPERANZA

Cabe observar, no sin desmayo, que las reformas que se han realizado en la UE, o en España –especialmente en el ámbito del derecho de sociedades– con la manifiesta pretensión de activar el número y volumen de empresas activas sigue repitiendo pautas reconocidas por su escaso éxito. Ciertamente, no avanzan tanto por la vía del fomento y promoción de pautas de gobernanza corporativa idóneas para orientar el equilibrio de intereses o la incorporación de conocimiento, sino por otros derroteros.

Buena parte de las recientes modificaciones de nuestro ordenamiento societario, que se han justificado públicamente como medidas para potenciar la creación y el crecimiento de las empresas innovadoras, parecen ahondar en otra dirección distinta. Las disposiciones a las que se alude propiciarían la consolidación de una cultura de empresa subvencionada que poco o nada tiene que ofrecer en términos de un auténtico esfuerzo potenciador o facilitador de la inversión privada en innovación. Sirva de ejemplo la llamada «Ley de Startups», aprobada mediante la Ley 28/2022, de 21 de diciembre, de fomento del ecosistema de las empresas emergentes que enruta la fracasada senda de sus predecesoras. Aunque no había una ley específica para empresas emergentes, si contábamos desde hace tiempo con medidas y programas para apoyar el ecosistema emprendedor[59] y sus resultados no han sido brillantes.

La operatividad del SAFE está orientada a la protección de la empresa que recibe la inversión y del empresario fundador, mientras el KISS lo está a la protección del inversor, pero ambas suelen combinarse en función de las necesidades de cada operación. Estas cláusulas han sido explicadas con más precisión por MIRANDA, D., «El uso de SAFEs en España», Blog Kfund, 24.03.2021 (disponible en *https://www.kfund.vc/post/especial-yc-el-uso-de-safes-en-espana*).

59. Por ejemplo, la Ley 14/2013, de 27 de septiembre, de apoyo a los emprendedores y su internacionalización, y el Real Decreto 1/2016, que establecían un marco jurídico para facilitar la creación y el crecimiento de las empresas innovadoras. Esta normativa incluía

La Ley 28/2022 tiene «sedicentemente», como principal objetivo fomentar la creación, el desarrollo y la internacionalización de las empresas emergentes. Buscaría dar respuesta a los principales retos a los que se enfrentan las empresas emergentes y en especial a los riesgos derivados de su carácter innovador, a la dificultad de acceso a la financiación en las distintas fases de su desarrollo o a la necesidad de disponer de trabajadores altamente cualificados. Tan loables objetivos se saldan, en cambio, con un articulado carente de orden en el que se atribuyen algunas ventajas fiscales –casi cosméticas–, se anuncian simplificaciones en la burocracia societaria, y se reconoce la posibilidad de entregar opciones sobre el capital (también en la SL) a los trabajadores. Ha querido el legislador situar en el núcleo de esta Ley cuestiones como la determinación o etiquetado de estas empresas mediante una certificación externa de ENISA[60], que no deja de suponer una trava administrativa más; o en excepcionar la causa de disolución por disminución del patrimonio neto por debajo del 50% del capital social (siempre que no sea procedente solicitar la declaración de concurso).

Otro ejemplo de reforma reciente aprobada, en teoría, para fomentar el espíritu empresarial innovador, sería la Ley 18/2022, de 28 de septiembre, de creación y crecimiento de empresas. De ésta, se destararía la *zanahoria* de la constitución de la sociedad por un único euro (aunque los socios responden igualmente hasta el capital mínimo para las sociedades limitadas de 3.000,00 €). La SL de un solo euro no es sino una adaptación o generalización de lo que ya había sido previsto para la antigua Sociedad Limitada de Formación Sucesiva (figura ahora extinguida por su escaso éxito). Y es que, aunque es conocida desde hace tiempo en otros ordenamientos como el inglés abordar proyectos empresariales con vocación de escalada innovadora no resulta especialmente interesante para favorecer la innovación en los campos tecnológicos o en los más proclives a generar conocimiento, riqueza o desarrollo industrial. Reducir la exigencia de capital para eliminarla, no es –por sí sola– el mejor modo de atraer los recursos suficientes que posibiliten desarrollar una autentica escalada y crecimiento.

---

aspectos como la simplificación de trámites administrativos, la creación de la figura del emprendedor de responsabilidad limitada, beneficios fiscales y la creación del régimen especial de la Seguridad Social para los autónomos, aunque su impacto es modesto. Otras regulaciones específicas en materia de empresa innovadora y de emprendimiento no han tenido gran éxito en su implantación. Por ejemplo, el beneficio fiscal del *Patent Box*, cuya aplicación en España es reducida debido a la falta de seguridad que la AEAT genera en el contribuyente.

60. La ENISA certificará, conforme a la Orden PCM/825/2023, de 20 de julio, si nos encontramos ante una empresa emergente.

Más interés y esperanza suscitan otras normas que forman ya parte del moderno derecho de sociedades. Y que se han incorporado al ordenamiento sin utilizar grandes nombres o sin abogar por metas grandilocuentes. Entre éstas se situaría la posibilidad abierta desde 2015 a la SL de emitir obligaciones, bonos de empresa que pueden tener una función en el plano de la financiación empresarial *extra* bancaria, incluso aunque la convertibilidad de obligaciones en la SRL no esté admitida[61]. O la legislación (y la práctica) relativa a los centros de negociación de valores llamados –por influencia del marco MIFID– Sistemas Multilaterales de Negociación (SMN)[62]. La Ley 6/2023, de 17 de marzo, de los Mercados de Valores y de los Servicios de Inversión (LMVSI) modifica el régimen de los SMN (como, entre nosotros, el BME Growth, el BME MTF Equity o el Portfolio Stock Exchange). Además, simplifica el acceso a estos mercados por parte de emisores de renta fija

61. De cara conseguir recursos, las sociedades de capital (art. 401.1 LSC) pueden, en lugar de pedir un préstamo a un banco o aumentar el capital social contra aportaciones de los socios, emitir obligaciones, lo cual no supone sacrificio para los socios. Las obligaciones, también denominadas bonos, son valores emitidos en masa por la sociedad y que representan partes alícuotas de un crédito que sus titulares tienen ante la sociedad. Este crédito se fracciona en tantas partes iguales como obligaciones pertenecientes a la misma emisión haya, y tienen el carácter de valores negociables que otorgan a sus titulares el derecho a recibir los intereses pactados y el reembolso del principal a su vencimiento. En función de su ley de circulación, se puede hablar de obligaciones nominativas y obligaciones al portador (art. 412.2 LSC). También se puede distinguir entre obligaciones con prima y sin prima, en función de si el precio o valor de reembolso coincide con su valor nominal o de emisión, o es superior porque se busca compensar al obligacionista por la pérdida de poder adquisitivo que provoca la aplicación del principio nominalista por el efecto combinado de la inflación y del largo plazo de este tipo de financiación. En función del grado de prelación del crédito, se puede distinguir entre obligaciones garantizadas, obligaciones ordinarias y obligaciones subordinadas. La competencia para acordar la emisión de las ordinarias corresponde al órgano de administración (art. 406 LSC, en la redacción por la Ley 5/2015), aunque para las convertibles (admitidas sólo en la sociedad anónima, por el momento, tendrá que intervenir la junta general) Ampliamente sobre estos bonos de empresa, si bien anteriormente a la gran reforma de 2015, *vid.* LEÓN SANZ, F J «Las obligaciones», *Revista de Derecho de Sociedades*, 36 (2011) pp. 229-238.

62. Estos mercados alternativos fueron conceptualizados en la Directiva de Mercados de Instrumentos Financieros, Directiva 2014/65/UE del Parlamento Europeo y del Consejo de 15 de mayo de 2014 relativa a los mercados de instrumentos financieros y por la que se modifican la Directiva 2002/92/CE y la Directiva 2011/61/UE (MIFID2) Conforme a ella, el SMS o sistema multilateral, es operado por una empresa de servicios de inversión o por un organismo rector del mercado, que permite reunir –dentro del sistema y según normas no discrecionales– los diversos intereses de compra y de venta sobre instrumentos financieros de múltiples terceros para dar lugar a contratos.

(incluyendo los de valores participativos) y potencia la admisión de las pyme para captar capital en tales centros de negociación[63]. Todo ello sin olvidar los refuerzos para evitar abusos y fraudes a los inversores que reciban ofertas en Internet, redes sociales o medios de comunicación[64]. Además, la LMVSI modifica la LSC de forma que sus arts. 535 *bis* a 535 *quater* recogen las especialidades del régimen de las sociedades con propósito para la adquisición (*special purpose acquisition company*, SPAC) entidades especiales, temporales, para captar inversores mediante una oferta pública y posterior solicitud de admisión a negociación para adquirir la totalidad o una participación en el capital de otra sociedad o de otras sociedades cotizadas o no cotizadas[65], con lo que suponen instrumentos de captación de capitales.

---

63. En cuanto a la definición de Pyme en la LMVSI, de modo que, junto a los requisitos de MiFID 2 que exigía una capitalización de mercado inferior a 200 millones de euros en los últimos 3 ejercicios, en virtud del art. 76.4 LMVSI, también tendrán dicha consideración los emisores de deuda que no dispongan de acciones o instrumentos asimilados que se negocien en algún centro de negociación, cuando el valor nominal de sus emisiones de deuda durante el ejercicio anterior en el conjunto de la UE sea por valor inferior a 50 millones de euros, con lo que se mejoran sus vías de financiación. Esta ampliación favorecerá el acceso de las entidades innovadoras que, como se ha indicado incluye un porcentaje muy relevante de Pymes. *Vid.* HERRERO MORANT, R «Análisis de las novedades de la Ley de los Mercados de Valores y de los Servicios de Inversión», *Revista de Derecho del Sistema Financiero*, 6 (2003), (extraído de base de datos Aranzadi Instituciones, BIB 2023, 72658).

64. Los gestores de las plataformas digitales o soportes consultables en Internet donde se anuncien los instrumentos financieros o servicios de inversión al público en general deberán, previamente a autorizar la campaña de publicidad o el posicionamiento en sus plataformas, recabar información de los anunciantes, confirmar que cuentan con la correspondiente autorización para prestar servicios de inversión. Además, comprobarán que no se encuentran dentro del listado de entidades advertidas por la CNMV u otros organismos supervisores extranjeros. *Vid.* HERRERO MORANT, R., Análisis, *cit.*

65. Se trata de mecanismos alternativo a la salida a bolsa tradicional que diversifica las fuentes de financiación de las empresas, que precisa de las reformas introducidas para superar el régimen general de la LSC, por ejemplo, en materia de autocartera o emisión de acciones rescatables. Las peculiaridades legales ahora admitidas en la LSC a través de la LMVSI, para valores cotizados en MR y en SMN –con sus peculiaridades respectivas– subsisten hasta que se formalice la adquisición o se inscriba la fusión (art. 535 *bis* LSC). Para una aproximación a las reformas mencionadas en el texto principal, *vid.* PALÁ LAGUNA, R., «Las modificaciones de la Ley de Sociedades de Capital por la nueva Ley de los Mercados de Valores», *Análisis GA&P*, núm. marzo, (2023), (disponible en *https://www.ga-p.com/publicaciones/las-modificaciones-de-la-ley-de-sociedades-de-capital-por-la-nueva-ley-de-los-mercados-de-valores/*) (consulta el 15 de enero de 2024). En la doctrina española, con atención al análisis comparado y nacional de estos vehículos de adquisición, ampliamente, *vid.* FERNÁNDEZ TORRES, I., «El marco normativo de las SPAC», *Revista de derecho bancario y bursátil,* 140 (2023) pp. 135-146.

5. REFLEXIONES AL CIERRE

Vivimos rodeados de anuncios, advertencias, informes y observaciones que presagian cambios. El cambio de la digitalización. El de la sostenibilidad. El de la recuperación después de (una u otra) crisis. En todos los casos, estas trasformaciones llegan, se gestionan, se viven y se superan con innovación. Innovación en el sentido de dotar de distintas utilidades a instrumentos conocidos, o de idear nuevos utensilios, o de gestionarlos de otra manera. O innovación como inevitable necesidad para *surfear* las distintas olas de trasformaciones y retos. En este trabajo dedicado a reflexionar sobre algunos aspectos idóneos para fomentar la innovación, subyace el objetivo de la «gran innovación», la basada en tecnologías punteras avanzadísimas (y caras).

El componente empresarial (y vital) de las revoluciones que se nos van echando encima implica que serán muchos los emprendedores y las emprendedoras que intenten domesticar el cambio, dotarle de utilidad. Y, a buscar obtener rentabilidad en ese ejercicio de aprehender la innovación y el cambio. Especialmente en la vertiente mercantil, empresarial de la innovación, sólo los que se adapten mejor a las exigencias cambiantes van a lograr abrir camino y triunfar.

Junto a la creatividad, trabajo, disciplina, capacitación técnica y experiencia, la innovación productiva –también hoy en día– exige recursos. Recursos económicos, humanos, tecnológicos, artísticos, científicos; y todos ellos, tienen costes elevados, que pueden ser precisados en términos monetarios y financieros. La innovación tiene precio y las empresas deben pagarlo para abordarla con éxito.

En el mundo empresarial, especialmente en la pequeña y mediana empresa, la financiación tradicional a través de entidades de crédito es insuficiente para hacer frente a los inmensos retos de la innovación. Lo es por causa de las exigencias que desde el sector y desde el regulador bancario se imponen, en términos de estructura e incluso por volumen. Por ello, otros actores e inversores privados, incluyendo a los que apuestan sus recursos en mercados de valores, o a venturas a riesgo están llamados a ocupar un papel destacado en la actual financiación empresarial.

El colegislador europeo viene informando de la importancia de contribuir a financiar privadamente la innovación. Pero al mismo tiempo no cesan sus aportaciones a programas de financiación pública subvencionada. Similarmente sucede a nivel nacional. Y no es que desde aquí se deseche todo tipo de ayuda o medida económica de fomento. Es que tales medidas pueden constituir una parte muy reducida de entre las que impactan a favor de lograr una innovación sostenida. E incluso pueden resultar negativas.

La calidad de los proyectos, la adecuada instrumentalización de los mecanismos de propiedad industrial o intelectual son aspectos básicos y esenciales para potenciar la innovación tecnológica y sostenible. Pero esos elementos deberán encajar en un marco de gobernanza interna bien estructurada y en unas relaciones con los inversores (inicialmente) externos que faciliten la integración de intereses y de aspiraciones de unos y de otros. Por ello corresponde ahondar en las reformas y recomendaciones que lleven el gobierno corporativo a ser reconocido como palanca de la inversión en innovación, y como paladín de las innovaciones con éxito.

Articulación de comisiones y unidades operativas especializadas, contratación de consejeros independientes, o al menos expertos, en el sector de interés en el que se pretende innovar, constituyen instrumentos de buen gobierno empresarial interno importantísimos para potenciar la innovación. Además, son compatibles tanto con los modelos de gobernanza clásicos como con los orientados a la responsabilidad social *multi-stakeholder.*

Del mismo modo, atraer inversión a largo plazo que entienda y comparta objetivos, que aporte conocimiento a la organización, debe formar parte de la cultura de adaptación y aprovechamiento de las novedades, innovaciones y revoluciones que ya nos rodean o que se pueden atisbar en el horizonte.

6. BIBLIOGRADÍA Y DOCUMENTACIÓN

AGUILERA, R./JACKSON, G., «The cross-national diversity of corporate governance: Dimensions and determinants». *Academy of Management Review*, 28(3) (2003) pp. 447-465.

ASENSIO-LÓPEZ, D./ CABEZA GARCÍA, L./ GONZÁLEZ ÁLVAREZ, N., «Corporate governance and innovation a theoretical review», *European journal of management and business economics* (2019), pp. 266-284.

BELLOC, F., «Corporate governance and innovation: A survey», *Journal of Economics Surveys*, 26(5) (2012), pp. 835-864.

BEN-DAVID, I./ GRAHAM, J./ HARVEY, C., «Managerial Miscalibration», *Quaterly Journal of Economics*, 128/4 (2013) pp. 1547-1584.

BENNEDSEN, M./ WOLFENZON, D., The balance of power in closely held corporations. *Journal of Financial Economics*, 58(1-2) (2000), pp. 113-139.

BLANCO SÁNCHEZ, M. J., «El deber de información como norma de conducta en los mercados de valores. Apuntes para un futuro cercano», en *Responsabilidad social corporativa (RSC): economía colaborativa y cumplimiento normativo,* RUIZ MUÑOZ/DE LA VEGA JUSTRIBÓ (dirs), Valencia, Tirant lo blach (2019), pp. 95-115.

BOBILLO, A. M./ RODRÍGUEZ-SANZ, J. A./ TEJERINA-GAITE, F., «Corporate governance drivers of firm innovation capacity», *Review of international Economics* Special issue paper (2017) (disponible en, *https://doi.org/10.1111/roie.12321).*

CANDELARIO MACIAS, M. A., «Los vínculos entre la innovación tecnológica y la RSE en tiempos de COVID19» en *La propiedad industrial en tiempos de COVID-19* CANDELARIO MACÍAS (dir) Valencia, Tirant lo blanch (2022) pp. 49-77.

– «La propiedad industrial (la innovación) como acicate de crecimiento sostenible en un entorno de Responsabilidad Social Empresarial», *Comunicaciones en propiedad industrial y derecho de la competencia,* 67 (2012), pp. 21-66.

COMISIÓN EUROPEA, *Nueva Agenda Europea de Innovación, COM/2022/332 final* (2022).

– *Analysis of European Corporate Bonds Market.* Analytical report supporting the main report from the Commission Expert Group on Corporate Bonds Oficina de Publicaciones (2017) (disponible en *https://finance.ec.europa.eu/system/files/2017-11/171120-corporate-bonds-analytical-report_en.pdf*).

– *Iniciativa sobre las empresas emergentes y en expansión, COM/2016/733 final* (2016).

DÍEZ GARCÍA, H., *Contratos incompletos y acuerdos «suficientes»,* Cizur Menor, Thomson Reuters Aranzadi (2022).

FERNÁNDEZ TORRES, I., «El marco normativo de las SPAC», Revista de derecho bancario y bursátil, 140 (2023) pp. 135-146.

GARCÍA MANDALONIZ, M., *La financiación de las PYMES,* Cizur Menor, Thomson-Aranzadi (2003).

HART, O./MOORE, J., «Debt and seniority: An analysis of the role of hard claims in constraining management», *American Economic Review,* 85(3) (1995), pp. 567-585.

HERNANDO CEBRIÁ, L., *El Deber de Diligente administración en el marco de los deberes de los administradores sociales. La regla del buen juicio empresarial,* Madrid, Marcial Pons, 2009.

HERRERO MAZARÍO, C./ CALATAYUD VILLALÓN, A., «La combinación de intereses en operaciones de financiación potencialmente lesivas para el interés social», *Revista de Derecho de Sociedades,* 62 (2021), (Aranzadi Instituciones BIB 2021\3996).

HERRERO MORANT, R., «Análisis de las novedades de la Ley de los Mercados de Valores y de los Servicios de Inversión», *Revista de Derecho del Sistema Financiero,* 6 (2003), BIB 2023\72658.

HIERRO ANIBARRO, S., «Poder de decisión y de retribución en el moderno derecho de sociedades y en el marco del gobierno corporativo», en *Retribución de Consejeros,* HIERRO ANIBARRO (dir), Madrid, Marcial Pons (2018), pp. 13-18.

HIERRO ANIBARRO, S. y ZUECO, T., «Aproximación a los deberes de administradores en las adquisiciones de empresa», en COHEN, A. y MUÑOZ, A. (Dir.), VIÑUELAS, M. (Coord.), *Deberes de los administradores de las sociedades de capital,* Cizur Menor, Civitas (2023), pp. 571-597.

– «Los deberes de los administradores de las sociedades implicadas en operaciones de M&A», *Indret* (2024), 1 (DOI: 10.31009/InDret.2024.i1.01).

JENSEN, M. C. & MURPHY, K. J., «Performance pay and top-management incentives», *Journal of Political Economy,* 98(2) (1990) pp. 225-264.

JUSTE MENCÍA, J., «Artículo 226. Protección de la discrecionalidad empresarial», *Comentario de la ley de Sociedades de Capital. La junta general. La administración de la sociedad,* GARCÍA - CRUCES GONZÁLEZ/SANCHO GARGALLO. (dirs.), Valencia, Tirant lo blanch, 2021, pp. 3105-3116.

KELM, K. M./ NARAYANAN, V. K./ PINCHES, G. E., «Shareholder value creation during R&D innovation and commercialization stages». *Academy of Management Joumnal,* 38 (1995).

KNOTT, A. M./ BRYCE, D. J./ POSEN, H. E., «On the strategic accumulation of intangible assets», *Science,* 14(2) (2003) 192-207.

LEÓN SANZ, F. J., «Las obligaciones», Revista de Derecho de Sociedades, 36 (2011) pp. 229-238.

MAMBRILLA RIVERA, V. M., «Las concretas manifestaciones del deber general de diligencia de los administradores», en *Junta general y consejo de administración en la sociedad cotizada,* RONCERO SÁNCHEZ (coord.), RODRÍGUEZ ARTIGAS/ ALONSO UREBA/ FERNÁNDEZ DE LA GÁNDARA/ VELASCO SAN PEDRO/ QUIJANO GONZÁLEZ/ ESTEBAN VELASCO (dirs.), vol. 2, Cizur Menor, Thomson Reuters (2016), pp. 345-381.

MARLER, J. H. / FAUGÈRE, C., «Shareholder activism and middle management equity incentives.» Corporate *Governance: An International Review*, 18/4 (2010), pp. 313-328.

McCAHERY, J. A. / VERMEULEN, E., «Corporate Governance and Innovation Venture Capital, Joint Ventures, and Family Businesses» *ECGI - Law Working Paper* n.º 65/2006 (disponible en *https://ssrn.com/abstract=894785* or *http://dx.doi.org/10.2139/ssrn.894785*).

MINISTERIO DE INDUSTRIA, COMERCIO Y TURISMO, *Marco estratégico en política de PYME 2030,* Gobierno de España (2019) (disponible en *https://industria.gob.es/es-es/Servicios/MarcoEstrategicoPYME/Marco%20Estratégico%20PYME.pdf*).

MIRANDA, D., «El uso deSAFEs en España», *Blog Kfund,* 24.03.2021 (2021) (disponible en *https://www.kfund.vc/post/especial-yc-el-uso-de-safes-en-espana*).

OCDE, *Enhancing SME access to diversified financing instruments, discussion paper, Conferencia Ministerial de PYME,* México (2018) (archive web disponible en *https://web-archive.oecd.org/2023-01-20/473804-oecd-sme-ministerial-conference-mexico-2018.htm*).

NAVARRO FRÍAS, I., «El deber de legalidad de los administradores sociales. Algunas reflexiones acerca de la infracción eficiente de la ley y la "legal judgment rule"», *Revista de Derecho Mercantil,* n.º 311, 2019 (BIB 2019, 698, extraído de la base de datos Aranzadi Instituciones).

O'CONNOR, M. / RAFFERTY, M., «Corporate governance and innovation», *Journal of Financial and Quantitative Analysis*, 47(2) (2012), pp. 397-413.

PALÁ LAGUNA, R., «La nueva Ley de los Mercados de Valores y de los Servicios de Inversión», *Análisis GA&P,* núm. marzo (2023), *https://www.ga-p.com/publicaciones/la-nueva-ley-de-los-mercados-de-valores-y-de-los-servicios-de-inversion/* (consultada el 15 de enero de 2024).

PALÁ LAGUNA, R. / y CUERVO ARANGO, C., «Alternativas a la financiación bancaria en el nuevo régimen de fomento de la financiación empresarial: el acceso a los SMN y el tránsito a los mercados secundarios oficiales de valores. Las plataformas de financiación participativa», *Anuario de Capital Riesgo 2014,* 2015, pp. 83-113.

PARTHIBAN, D. / MICHAEL A. H. / JAVIER G., «The Influence of Activism by Institutional Investors on R&D» *The Academy of Management Journal,* Vol. 44, n.º 1 (2001), pp. 144-157.

PEÑAS MOYANO, B., *Las clases de acciones como instrumentos financieros en los derechos de sociedades británico y estadounidense,* Cizur Menor, Aranzadi (2008).

PEÑAS MOYANO, M.J., «La función de las comisiones internas del consejo sobre el control societario», en FERNÁNDEZ-ALBOR y PÉREZ CARRILLO (dirs.) *Actores, actuaciones y controles del buen gobierno societario y financiero*, Madrid, Marcial Pons, 2018, pp. 351-366.

PÉREZ CARRILLO, E. F., «Gobernanza corporativa y de entidades del sector financiero: complejidad creciente, y nueva articulación funcional y orgánica de actores, intereses y riesgos», en *Actores, actuaciones y controles del buen gobierno societario y financiero*, PEREZ CARRILLLO (dir) / TORRES CARLOS (coord.) Madrid, Marcial Pons, 2018, pp. 33-63.

– Empresa socialmente responsable, y crecimiento empresarial sostenible, Empresa *responsable y crecimiento sostenible: aspectos conceptuales, societarios y financieros*, PEREZ CARRILLO, E. F., Cizur Menor Aranzadi (monografías RdS) (coord.) (2012) pp. 25-57.

QUAS, A. / MASON, C. / COMPANO, R. /GAVIGAN, J. / TESTA, G., *Tackling the Scale-up Gap*, EUR 30948 EN, Publications Office of the European Union, JRC127232 Luxembourg, 2021 (disponible en doi:10.2760/982079).

RIVAS FERRER, V., «La Financiación de Proyectos como marco de referencia integrador de contratos de proyecto y contratos financieros», Revista *de Derecho Mercantil*, 289 (2013) (consultado en base de datos Aranzadi Instituciones, BIB 2013, 1753).

RODRIGUEZ MARTINEZ, I., «El nuevo modelo regulador de la financiación participativa», *Revista de Derecho Mercantil*, 328 (2023) (consulta en base de datos Aranzadi Instituciones, IB 2023, 1261).

RONCERO SÁNCHEZ, A., «Transparencia sobre la composición del consejo de administración en sociedades cotizadas: entre la clasificación y la cualificación de los consejeros», *Sociedades cotizadas y transparencia en los mercados*, RONCERO SÁNCHEZ (coord.) RODRIGUEZ ARTIGAS/ FERNÁNDEZ DE LA GÁDARA/ QUIJANO GONZÁLEZ/ ALONSO UREBA/ESTEBAN VELASCO (Dirs.) Cizur Menor, Thomson Aranzadi Reuters (2019) tomo I pp. 793-838.

SÁNCHEZ-CALERO GUILARTE, J., «Los consejeros independientes: análisis de su presencia en el IBEX-35», *Documentos de trabajo del Departamento de Derecho Mercantil*, n.º 1 (2006).

SCHUMPETER, J., Teoría *del desenvolvimiento económico*. Quinta Reimpresión, Fondo de Cultura Económica, México (1978).

TILBA, A. / MCNULTY, T., «Engaged versus Disengaged Ownership: The Case of Pension Funds in the UK». *Corporate Governance*, 21/2 (2013), pp. 165-182. *https://doi.org/10.1111/j.1467-8683.2012.00933.x.*

TOLOSSA F. / ZHOU X., «Corporate Governance, Innovation Capacity and Firm Performance Evidence from Chinese Listed Firms», *International Journal of Empirical Finance and Management Sciences* 12(2020):26-42 (disponible en SSRN: *https://ssrn.com/abstract=3951811*).

TRIBUNAL DE CUENTAS EUROPEO, *Informe especial 19, Intervenciones de capital riesgo de la UE gestionados de forma centralizada: es necesario proporcional mayor orientación* Bruselas, Oficina de Publicaciones de la UE (2019).

– *Informe especial 25, Unión de los mercados de capitales, avance lento hacia una meta ambiciosa, orientación* Bruselas, Oficina de Publicaciones de la UE (2020).

VAQUERIZO ALONSO, A., «Los pactos accesorios de aseguramiento del valor de la acción», *Revista de Derecho de Sociedades, 48* (2016), pp. 263-287.

VELASCO SAN PEDRO, L., «Los negocios sobre las propias participaciones y acciones» *Revista de Derecho de Sociedades,* 36 (2011) pp. 123-132.

VIÑUELAS SANZ, M., «Los préstamos participativos», *Revista de Derecho Mercantil*, 305 (2017), pp. 305-357.

WANG, M., «Types of institutional investors constrain abnormal accruals?» *Corporate Governance: An International Review*, 22(1) (2014), pp. 43-67.

Capítulo 2

El papel de las patentes en la sostenibilidad y Economía Circular[1]

FÁTIMA MATEOS CANDELARIO
Agente Europeo de Patentes
ClarkeModet España

SUMARIO: 1. ECONOMÍA CIRCULAR Y ESTRATEGIA. 2. IMPORTANCIA DE LA INNOVACIÓN Y LOS SISTEMAS DE PROPIEDAD INDUSTRIAL. 3. PATENTES COMO INDICADOR DE PROGRESO TECNOLÓGICO. 4. BIBLIOGRAFÍA.

1. ECONOMÍA CIRCULAR Y ESTRATEGIA

En los últimos tiempos la Economía Circular está jugando un papel muy importante en los retos tecnológicos a los que se están enfrentando todo tipo de industrias, y se ha convertido en una de las prioridades en la agenda política y empresarial de la Unión Europea (UE).

La Economía Circular se define como un «*Modelo de producción y consumo que implica compartir, alquilar, reutilizar, reparar, renovar y reciclar materiales y productos existentes todas las veces que sea posible para crear un valor añadido. De esta forma, el ciclo de vida de los productos se extiende*»[2].

---

1. Este trabajo ha sido expuesto en el *Congreso Internacional: Los nuevos horizontes y metas de la propiedad industrial* celebrado los días 19 y 20 de octubre de 2023, Universidad Carlos III de Madrid.
2. Nota de prensa del Parlamento Europeo «*Economía Circular: definición, importancia y beneficios*». Publicada el 24 de mayo de 2023. *https://www.europarl.europa.eu/news/es/head-*

Con la implantación de la Economía Circular lo que se desea es alargar la vida útil de los productos a través de:

i. un diseño mejorado, limpio, seguro y sostenible para la circularidad,
ii. aumentar la reutilización, la reparabilidad, la durabilidad y la capacidad de actualización,
iii. promover procesos industriales innovadores (por ejemplo, simbiosis industrial), y
iv. promover formas innovadoras de consumo como la economía colaborativa.

A nivel práctico se pretende reducir los residuos al mínimo, aprovechando al máximo la capacidad de reciclaje, para que productivamente sean utilizados una y otra vez, creando así un valor adicional.

Este modelo económico emergente pretende alejarse del modelo tradicional de *«usar y tirar»*, en el que se genera una gran acumulación de residuos en el entorno, que derivan en grandes problemas medioambientales.

Ante esta situación, la Organización de las Naciones Unidas (ONU) ha adoptado 17 Objetivos de Desarrollo Sostenible (ODS), con 169 metas, que abarcan las esferas económica, social y medioambiental.

Los Objetivos de Desarrollo Sostenible (ODS) u Objetivos Globales son 17 objetivos interconectados que han sido diseñados para ser un *«plan para lograr un futuro mejor y más sostenible para todos»*. Los 17 ODS son los que se enumeran a continuación[3]:

1. Fin de la pobreza. Poner fin a la pobreza en todas sus formas en todo el mundo para lograr la sostenibilidad económica.

2. Hambre cero. Poner fin al hambre, lograr la seguridad alimentaria y la mejora de la nutrición y promover la agricultura sostenible.

3. Salud y bienestar. Garantizar una vida sana y promover el bienestar para todos en todas las edades.

---

lines/economy/20151201STO05603/economia-circular-definicion-importancia-y-beneficios#:~:-text=La%20econom%C3%ADa%20circular%20es%20un,de%20los%20productos%20se%20extiende (consultado el 9 de enero de 2024).

3. Página oficial de las Naciones Unidas - *https://www.un.org/sustainabledevelopment/es/objetivos-de-desarrollo-sostenible/* (Consultado el 9 de enero de 2024).

4. **Educación de calidad.** Garantizar una educación inclusiva, equitativa y de calidad a la infancia y promover oportunidades de aprendizaje durante toda la vida para todos.

5. **Igualdad de género.** Lograr la igualdad entre los géneros y empoderar a todas las mujeres y las niñas.

6. **Agua limpia y saneamiento.** Garantizar la disponibilidad de agua, su gestión sostenible y el saneamiento para todos.

7. **Energía asequible y no contaminante.** Garantizar el acceso a una energía asequible, segura, sostenible y moderna para todos.

8. **Trabajo decente y crecimiento económico.** Promover el crecimiento económico sostenido, inclusivo y sostenible, el empleo pleno y productivo y el trabajo decente para todos.

9. **Industria, innovación e infraestructuras.** Desarrollar infraestructuras resilientes, promover la industrialización inclusiva y sostenible, y fomentar la innovación.

10. **Reducción de las desigualdades.** Reducir la desigualdad en y entre los países.

11. **Ciudades y comunidades sostenibles.** Lograr que las ciudades y los asentamientos humanos sean inclusivos, seguros, resilientes y sostenibles.

12. **Producción y consumo responsables.**Garantizar modalidades de consumo y producción sostenibles.

13. **Acción por el clima.** Adoptar medidas urgentes para combatir el cambio climático y sus efectos.

14. **Vida submarina.** Conservar y utilizar en forma sostenible los océanos, los mares y los recursos marinos.

15. **Vida de ecosistemas terrestres.** Gestionar sosteniblemente los bosques, luchar contra la desertificación, detener e invertir la degradación de las tierras y detener la pérdida de biodiversidad.

16. **Paz, justicias e institucionessólidas.** Promover sociedades, justas, pacíficas e inclusivas.

17. **Alianzas para lograr objetivos.** Revitalizar la Alianza Mundial para el Desarrollo Sustentable.

La ONU ha propuesto numerosos pasos a seguir para dar soluciones a los problemas mencionados y apunta a la Economía Circular como herramienta para alcanzar dichos objetivos. Curiosamente, al menos 5 de ellos están relacionados con la Economía Circular y son los siguientes:

- ODS6: Agua limpia y saneamiento;
- ODS7: Energía asequible y no contaminante;
- ODS8: Trabajo decente y crecimiento económico;
- ODS12: Producción y consumo responsables; y
- ODS15: Vida de ecosistemas terrestres.

Estos objetivos se adaptan de manera local, es decir, cada país establece las estrategias adecuadas, alineándolas con los objetivos en función de sus capacidades de gestión y recursos. Periódicamente se revisa el progreso de cada uno de estos objetivos por país.

Por ejemplo, para hacer frente a esta situación, en España se ha puesto en marcha la Estrategia Española de Economía Circular, denominada *«España Circular 2030»*. Esta estrategia establece las bases para impulsar un nuevo modelo de producción y consumo en el que el valor de los productos, materiales y recursos se mantenga dentro de la economía el mayor tiempo posible, con el mínimo desperdicio y reutilizando al máximo los residuos que no se puedan evitar[4].

Esta estrategia contribuye a los esfuerzos de España por conseguir una economía sostenible, descarbonizada, que utilice los recursos de forma eficiente y que sea competitiva.

Los principios generales que constituyen la piedra angular de esta Estrategia, inspirados en los marcos legales europeo y español, son los siguientes:

- Protección y mejora del medio ambiente,
- Acción preventiva,
- Descarbonización de la economía,
- Principio de *«quien contamina paga»*,

4. MINISTERIO PARA LA TRANSICIÓN ECOLÓGICA Y EL RETO DEMOGRÁFICO – ESPAÑA CIRCULAR 2030– *«Estrategia Española de Economía Circular»* (2020) *https://www.miteco.gob.es/content/dam/miteco/es/calidad-y-evaluacion-ambiental/temas/economia-circular/espanacircular2030_def1_tcm30-509532_mod_tcm30-509532.pdf* (Consultado el 9 de enero de 2024).

- Protección de la salud,
- Racionalización y eficiencia,
- Cooperación y coordinación entre entidades públicas,
- Participación ciudadana,
- Desarrollo sostenible,
- Solidaridad entre personas y territorios,
- Integración de la conciencia medioambiental en la toma de decisiones,
- Economía cada vez más competitiva. y
- Generación de empleo de calidad.

Además, el desarrollo de la Estrategia de Economía Circular y la consecución de los objetivos estratégicos descritos deben conducir a alcanzar una serie de metas cuantificables al final de la década. Es por ello que la estrategia establece los siguientes objetivos para el año 2030[5]:

- Reducir un 30% el consumo interno de materiales en relación con el PIB nacional, tomando como referencia 2010.
- Reducir los residuos en un 15% con respecto a los niveles de residuos de 2010.
- Reducir el desperdicio alimentario a lo largo de toda la cadena alimentaria: reducción del 50% por persona en el comercio minorista y los hogares y del 20% en las cadenas de producción y abastecimiento a partir de 2020, avanzando así hacia el Objetivo de Desarrollo Sostenible (ODS).
- Promover la reutilización y las actividades que faciliten la reutilización hasta alcanzar el 10% de los residuos municipales.
- Reducir las emisiones de gases de efecto invernadero por debajo de los 10 millones de toneladas de CO_{2eq}.
- Mejorar la eficiencia en el uso del agua en un 10%.

Sin embargo, el último Informe de los Objetivos de Desarrollo Sostenible, publicado en septiembre de 2023[6], refleja que aún existe mucho camino

5. Ídem 4.
6. Informe de los Objetivos de Desarrollo Sostenible. Edición especial 2023 (septiembre 2023) *https://unstats.un.org/sdgs/report/2023/The-Sustainable-Development-Goals-Report-2023_Spanish.pdf* (Consultado el 9 de enero de 2024).

por recorrer y que la velocidad de avance de los objetivos es relativamente baja, por lo que existe cierta preocupación en si los países serán capaces de alcanzar las metas deseadas.

Los últimos datos y evaluaciones a nivel mundial de los organismos ofrecen un panorama preocupante: de las aproximadamente 140 metas que pueden evaluarse, la mitad presentan desviaciones moderadas o graves de la trayectoria deseada o ideal. Esta evaluación subraya la urgente necesidad de intensificar los esfuerzos para garantizar que los ODS mantengan su rumbo y avancen hacia un futuro sostenible para todos.

Específicamente, en dicho informe se pone de manifiesto que el progreso del 37% de las metas se encuentran estancadas o en retroceso, el 48% grave o moderadamente retrasadas y tan sólo un 15% de las metas están bien encauzadas.

Figura 1.–Evaluación del progreso de los 17 Objetivos basada en las metas evaluadas, 2023 o datos más recientes (expresado en %)

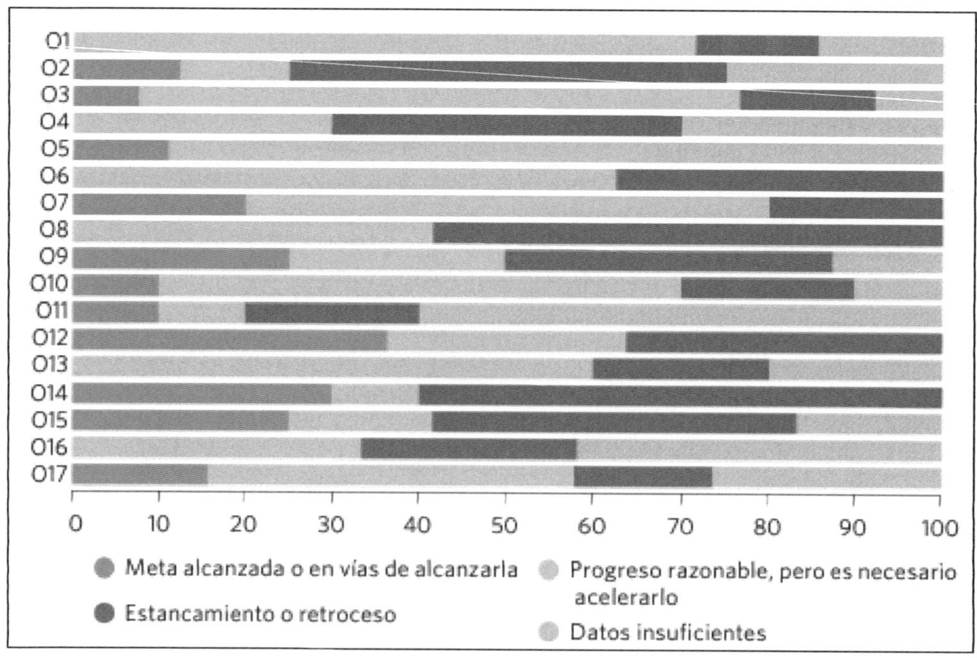

Fuente: Informe de los Objetivos de Desarrollo Sostenible-ONU (2023)[7]

7. Ídem 6.

En la Figura 1 se presenta con mayor detalle la evaluación del progreso de los 17 Objetivos basado en las metas evaluadas (expresado en %). Curiosamente, uno de los objetivos que presenta un mayor % de meta alcanzada, aunque por debajo del 50%, es el de producción y consumo responsables (ODS12), el cual está íntimamente ligado a la Economía Circular.

Otro de los objetivos relacionados con la Economía Circular es el Agua limpia y saneamiento (ODS6), el cual presenta casi un 60% de meta alcanzada pero su progreso está por debajo de lo planeado y es por eso por lo que urge acelerarlo.

Estos datos confirman nuevamente el alto interés que está despertando esta nueva forma de economía adaptada a la situación mundial actual. El modelo de Economía Circular ofrece un nuevo potencial para la innovación y la integración entre los ecosistemas naturales, las empresas, la vida cotidiana de las personas y la gestión de residuos.

Las estrategias hacia la sostenibilidad y la Economía Circular ayudan por una parte al objetivo más social de preservar los recursos naturales y la mitigación del cambio climático y, por otra parte, motivan a la innovación y el diseño de tecnologías económicamente atractivas. Pero ¿qué necesitamos para alcanzar o para trabajar esta estrategia?

El Acuerdo de París sobre el Cambio Climático[8], específicamente en su artículo 10, da algunas pistas de la respuesta a esta pregunta: «*Para dar una respuesta mundial eficaz y a largo plazo al cambio climático y promover el crecimiento económico y el desarrollo sostenible es* ***indispensable posibilitar, alentar y acelerar la innovación***». Y es aquí donde la innovación y los sistemas de propiedad industrial juegan un papel fundamental.

2. IMPORTANCIA DE LA INNOVACIÓN Y LOS SISTEMAS DE PROPIEDAD INDUSTRIAL

La innovación juega un papel clave en la transición hacia una Economía Circular, en el desarrollo de nuevas tecnologías, procesos, servicios y modelos de negocio.

---

8. El Acuerdo de París es un acuerdo dentro del marco de la Convención Marco de las Naciones Unidas sobre el Cambio Climático que establece medidas para la reducción de las emisiones de gases de efecto invernadero. Fue adoptado por 196 Partes en la COP21 en París, el 12 de diciembre de 2015 y entró en vigor el 4 de noviembre de 2016. Su objetivo es limitar el calentamiento mundial a muy por debajo de 2, preferiblemente a 1,5 grados centígrados, en comparación con los niveles preindustriales.

Tanto los sistemas de propiedad industrial que promueven la innovación, mediante actividades de transferencia y difusión, como los derechos de PI, que incentivan nuevos desarrollos, son herramientas que pueden contribuir a la aceleración en el desarrollo de tecnologías que ayuden a alcanzar los objetivos de sostenibilidad (económica y medioambiental) deseados.

Un ejemplo es el desarrollo de tecnologías verdes, las cuales están teniendo un alto impacto en la Economía Circular. Las tecnologías verdes son tecnologías ambientalmente racionales, es decir, que protegen el medio ambiente, son menos contaminantes, usan todos los recursos de una manera más sostenible, reciclan más de sus desechos y productos, y manejan los desechos residuales de una manera más aceptable que las tecnologías que sustituyen.

Las tecnologías verdes abarcan sectores como el energético, el relacionado con la gestión del agua, la agricultura y silvicultura, gestión de residuos, transporte, nuevos productos, materiales y procesos y edificación y construcción.

En relación con estas tecnologías, algunas oficinas de patentes han identificado la necesidad de acelerar la innovación y han implementado programas para un procesamiento acelerado de solicitudes de patentes relacionadas con tecnología verdes[9][10].

La oficina de patentes de Reino Unido (Intelectual Property Office of the United Kingdom, UKIPO) es un buen ejemplo, ya que en 2009 implementó el «Green Channel»[11], que ofrece una revisión acelerada de patentes para tecnología que benefician al medio ambiente. Ese mismo año Australia[12], Israel[13],

9. LANE, E.L. *«Building the global green patent highway: a proposal for international harmonization of green technology fast track programs»*. Berkeley Technology Law Journal, (2012), pp. 1119-1170.

10. DECHEZLEPRÊTRE, A.; GLACHANT, M.; MÉNIÈRE, Y., *«What drives the international transfer of climate change mitigation technologies? Empirical evidence from patent data»*. Environmental and Resource Economics, vol. 54, no 2, (2013), pp. 161-178.

11. UKIPO (United Kingdom Intellectual Property Office), *«Guidance Patents: accelerated processing»*, 13 de junio de 2014. Disponible en: *https://www.gov.uk/guidance/patents-accelerated-processing* (Consultado el 9 de enero de 2024).

12. Para más información, consulte: *https://www.ajpark.com/insights/australia-fast-tracking-patents-for-green-technology-solutions/* (Consultado el 9 de enero de 2024).

13. ILPO (Israel Patent Office), «Green applications», 7 de abril de 2021. Disponible en: *https://www.gov.il/en/departments/general/green-app* (Consultado el 9 de enero de 2024).

Japón, la República de Corea y los EE.UU.[14] lanzaron propuestas de tramitación y/o exámenes acelerados similares[15].

Unos años más tarde, entre 2011 y 2012, Canadá[16], Brasil[17], China[18] y Taiwán[19] implantaron propuestas similares de aceleración en la tramitación y/o examen de patentes relacionadas con tecnologías verdes.

Por otra parte, en 2022, surgió otra iniciativa denominada «IPO GREEN», que apoya a las Oficinas de propiedad industrial (PI) para promulgar políticas y programas ecológicos. Esta iniciativa, lanzada con fondos de la Oficina de Patentes de Japón, pretende reunir a las Oficinas de PI para compartir sus experiencias y conocimientos.

Con esta iniciativa se pretende proporcionar información sobre las diferentes actividades de las Oficinas de PI que ayuden a estimular el desarrollo y la implementación de nuevas soluciones tecnológicas que ayuden a mitigar el cambio climático.

Entre las principales actividades relacionadas con patentes que se enmarcan en esta iniciativa se encuentran tramitación acelerada de solicitudes de patentes o apoyo financiero para solicitudes de patentes, entre otras.

Otra de las iniciativas es «WIPO GREEN»[20], la cual fue desarrollada por la Organización Mundial de la Propiedad Intelectual (OMPI/WIPO

---

14. Para más información, consulte: *https://blog.juristat.com/green-tech* (Consultado el 9 de enero de 2024).
15. Para más información, consulte: *https://www.wipo.int/wipo_magazine/en/2013/03/article_0002.html* (Consultado el 9 de enero de 2024).
16. CIPO (Canadian Intellectual Property Office), «Expedited Examination of Patent Applications Relating to Green Technology: Instructions». Disponible en: *https://ised-isde.canada.ca/site/canadian-intellectual-property-office/en/patents/expedited-examination-patent-applications-relating-green-technology-instructions* (Consultado el 9 de enero de 2024).
17. MOREIRA, P., «Updated Landscape on expedited Protection of "Green" Inventions in Brazil». Nota de prensa publicada el 18 de mayo de 2021. Disponible en: *https://www3.wipo.int/wipogreen/en/news/2021/news_0016.html* (Consultado el 9 de enero de 2024).
18. WEIWEI, H., «Stepping up of the green technologies in China –From the view of Intellectual Property–». China Intellectual Property Magazine, abril 2014, vol. 60. Disponible en: *http://www.chinaipmagazine.com/en/journal-show.asp?id=1061* (Consultado el 9 de enero de 2024).
19. TIPO (Taiwan Intellectual Property Office), «Accelerated Examination Program (AEP)». Noticia publicada el 31 de marzo de 2016. Disponible en: *https://www.tipo.gov.tw/en/cp-824-873219-841ee-2.html* (Consultado el 9 de enero de 2024).
20. Para más información, consulte: *https://www3.wipo.int/wipogreen/en/* (Consultado el 9 de enero de 2024).

por sus siglas en inglés) en 2013. «WIPO GREEN» es una plataforma cuyo propósito de catalizar y acelerar la innovación y transferencia de tecnologías verdes (en todos los ámbitos). El principal objetivo de esta plataforma es expandir la adopción y utilización de dichas tecnologías para favorecer la transición hacia un futuro con un nivel reducido de emisiones de carbono[21].

Todas estas iniciativas, tanto nacionales como internacionales, pretenden contribuir a esa necesidad de aceleración en la tramitación de las tecnologías verdes y su llegada al mercado[22].

En definitiva, el objetivo es garantizar que las tecnologías novedosas reciban una protección mediante patente de una manera más rápida, sin que ello suponga una pérdida o disminución en la calidad de las búsquedas y exámenes realizados. De este modo se pretende motivar a los desarrolladores de estas tecnologías a invertir los recursos necesarios en el desarrollo de nuevas tecnologías, y por otra a potenciar que esas tecnologías lleguen al mercado más rápidamente.

3. PATENTES COMO INDICADOR DE PROGRESO TECNOLÓGICO

Uno de los principales retos que presenta el escaso avance de la cifra de circularidad global es la necesidad de una transformación sistémica del actual modelo de producción y consumo. En este sentido, cada vez está siendo más necesario poder establecer objetivos de mejora que hagan avanzar hacia este proceso de transformación y, para ello, medir se convierte en una acción imprescindible[23].

En los últimos años, se han registrado avances importantes tanto a nivel metodológico como a nivel político y científico en materia de análisis y medición de la Economía Circular. No obstante, sigue sin existir una metodología específica de análisis integral suficientemente elaborada y

---

21. STEVENS, P., «*WIPO GREEN: The place to go for green tech*». WIPO MAGAZINE, 2014, no 1, pp. 2-5. Disponible en: *https://www.wipo.int/wipo_magazine/en/2014/01/article_0001.html* (Consultado el 9 de enero de 2024).
22. DIETTERICH, A., «*WIPO GREEN: Supporting green innovation and technology transfer*». WIPO MAGAZINE, 2020, no 1, pp. 17-23.
23. FORÉTICA - «*La rendición de cuentas de la circularidad: una guía práctica para la medición*» (2023). *https://foretica.org/wp-content/uploads/2023/07/LA_RENDICION_DE_CUENTAS_DE_LA_CIRCULARIDAD.pdf* (Consultado el 20 de enero de 2024).

consensuada para el seguimiento y evaluación de los procesos de Economía Circular[24].

En este sentido la Unión Europea (UE) ha establecido dos indicadores para monitorear la evolución en la Economía Circular[25].

El primer indicador refleja la contribución de la Economía Circular a la creación de empleo, inversión y valor añadido bruto.

El segundo indicador refleja la innovación verde y, por tanto, el desarrollo de tecnologías innovadoras relacionadas con la Economía Circular que ayuden a impulsar la competitividad global de la UE. Este indicador cubre las patentes relacionadas con el reciclaje y las materias primas secundarias como indicador de la innovación.

Específicamente, las estadísticas de patentes son una de las familias de indicadores más utilizadas para evaluar el progreso tecnológico en un sector industrial específico. Además, son ampliamente aceptados como indicadores de innovación orientados a los resultados.

Las patentes relacionadas con la Economía Circular ayudan a revisar el progreso de las innovaciones en este ámbito[26]. Los análisis de patentes ofrecen una visión general del desarrollo tecnológico en el sector porque la creación de patentes requiere la creación de nueva información y prácticas. Esto a su vez fomenta la productividad y competitividad de las empresas permitiendo el desarrollo de industrias de Economía Circular.

El desarrollo de técnicas innovadoras para la recogida, el transporte y el almacenamiento de residuos y, en particular, para el reciclaje de materiales, ayudará a reducir la dependencia de la UE de productos básicos críticos, mejorará la resiliencia de la UE ante posibles interrupciones en el suministro de materiales y respaldará la competitividad de las industrias nacionales. Es por ello por lo que se ha utilizado el número de solicitudes de patente

---

24. UNIVERSIDAD DE ALCALÁ - *«Metodología para la creación de un sistema de indicadores que midan la Economía Circular en Madrid»* - (2019) *https://foropormadrid.es/wp-content/uploads/2021/09/indicadores-economia-circular.pdf* (Consultado el 20 de enero de 2024).
25. EUROPEAN COMMISSION *«Measuring progress towards circular economy in the European Union –Key indicators for a revised monitoring framework»–* (2023) *https://eur-lex.europa.eu/legal-content/EN/TXT/PDF/?uri=CELEX:52023SC0306* (Consultado el 20 de enero de 2024).
26. NIKOLOVA-MINKOVA, V. «Circular Economy and Patents for Treatment of Waste». SHS Web of Conferences. EDP Sciences, (2023), p. 02010.

como indicador en el cuadro de indicadores de materias primas, según un análisis realizado por Eurostat.

El número de patentes en estos ámbitos da una indicación de la actividad innovadora en tecnologías de reciclaje y reutilización de materiales en la UE, y también en relación con el contexto global.

Como se puede observar en la Figura 2, en la UE, el número total de patentes anuales presentadas que están relacionadas con el reciclaje y las materias primas secundarias aumentó de 259 a 295 (+14%) entre 2000 y 2019.

Figura 2.–Patentes solicitadas en el período de 2000-2019 en la Unión europea (UE) relacionadas con la gestión de residuos y el reciclaje (patentes por millón de habitantes)

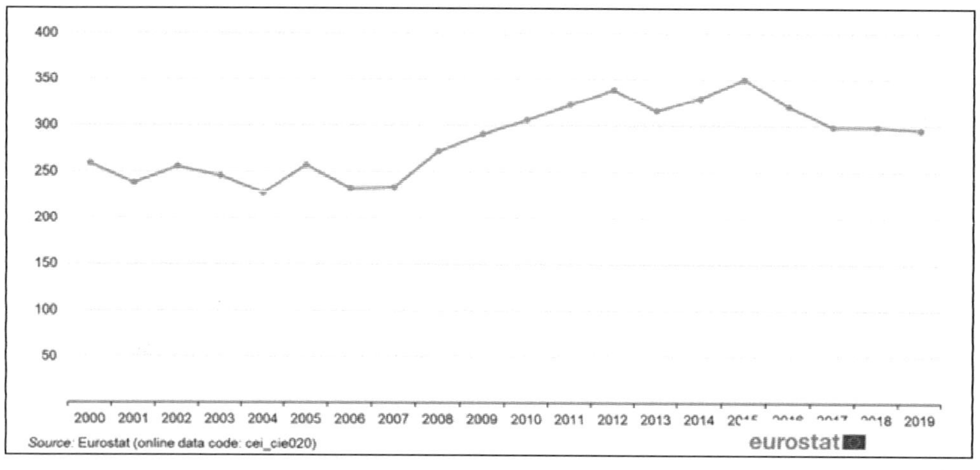

Fuente: Eurostat[27]

Poniendo el foco por país, en la Figura 3 se muestra una comparativa por país de patentes solicitadas en el período de 2000-2019 relacionadas con la gestión de residuos y el reciclaje. En la UE, en 2019, el mayor número de patentes por millón de habitantes se presentó en Finlandia, seguida de Luxemburgo, Irlanda, Países Bajos, Austria y Alemania.

Finlandia, que destaca como uno de los países con mayor número de patentes relacionadas con la gestión de residuos y reciclaje, utiliza también las patentes como un indicador de innovación y para monitorear el avance de

27. Idem 25.

los diferentes aspectos que influyen en el desarrollo de la Economía Circular. Un ejemplo son los diversos estudios que ha publicado su Instituto nacional de estadística (Statistics Finland) desde 2020[28], en los que destacan que el diseño ayuda a producir materiales, productos y servicios basados en el modelo de Economía Circular. El diseño y la innovación pueden contribuir a la prevención de la producción de residuos, ampliando los ciclos de vida de los productos y reduciendo los impactos ambientales. En este ámbito en concreto utilizan los datos de patentes solicitadas para describir el progreso tecnológico y como indicador del nivel de innovación.

Figura 3.–Patentes solicitadas en el período de 2000-2019 en la Unión europea (UE) relacionadas con la gestión de residuos y el reciclaje (patentes por millón de habitantes)

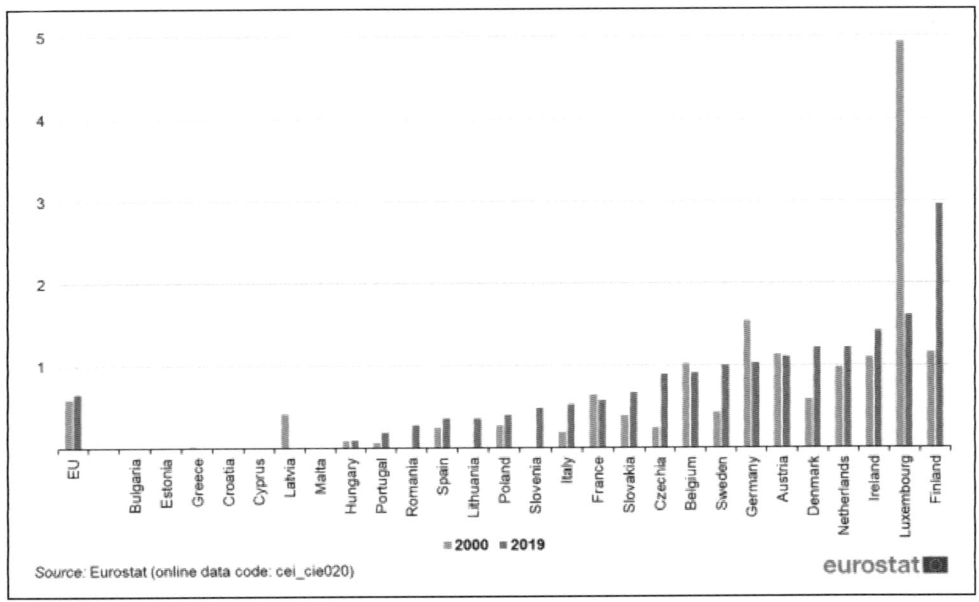

Fuente: Eurostat[29]

Sin embargo, estos indicadores no sólo están siendo utilizados para evaluar el progreso a nivel europeo. Si alejamos el foco y establecemos una visión mundial, existen otros países como China, en los que el número de

28. Statics Finland «*Indicators for the circular economy*» (2022) *https://www.stat.fi/tup/kiertotalous/kiertotalousliiketoiminnan-indikaattorit_en.html* (Consultado el 20 de enero de 2024).
29. Idem 25.

patentes relacionadas con la Economía Circular, específicamente con el reciclaje, ha crecido en los últimos años y representa actualmente un 55% de las innovaciones mundiales (véase Figura 4).

Figura 4.–Patentes concedidas sobre tecnologías relacionadas con el reciclaje a nivel mundial (2010-2019)

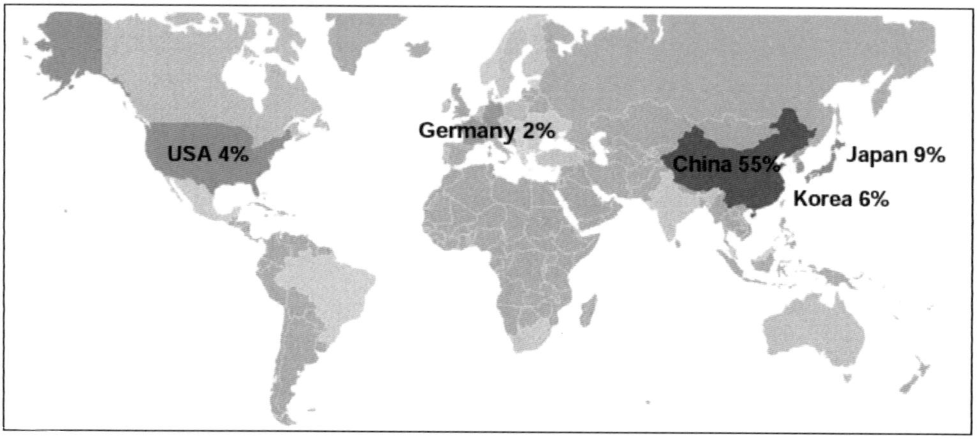

Fuente: Cipher (2020)[30]

Los principales propietarios de estas innovaciones son las instituciones académicas con sede en China (véase Figura 5). La Academia China de Ciencias (CAS) es la academia nacional de ciencias naturales y figura entre las mayores organizaciones de investigación del mundo. La Universidad de Ciencia y Tecnología de Kunming (KUST) es una de las mejores universidades de China, muy vinculada a la industria y centrada en el desarrollo sostenible. Otro de los principales propietarios es la Universidad Central del Sur (CSU) es otra de las grandes universidades chinas, con centros de investigación en Geociencias e Ingeniería Medioambiental.

Sin embargo, las patentes no sólo se utilizan como indicador de progreso tecnológico basado en el número de patentes solicitadas o concedidas. Existe un gran número de estudios y artículos científicos que ponen de manifiesto la relación de las patentes con otros factores a nivel empresarial.

30. CIPHER- «*Recycling technologies for a Circular Economy: Waste management is coming home*» (july 2020) *https://cipher.ai/wp-content/uploads/2020/07/Circular-Economy_July2020.pdf?utm_source=Website+Banner+Ad&utm_medium=social&utm_term=Circular+economy+report_PI&utm_content=Patent+Innovation-+circular+economy&utm_campaign=-Social+PARENT+2021* (Consultado el 20 de enero de 2024).

Figura 5.–Familias de patentes por año de publicación, total y para los diez principales titulares (2010-2019)

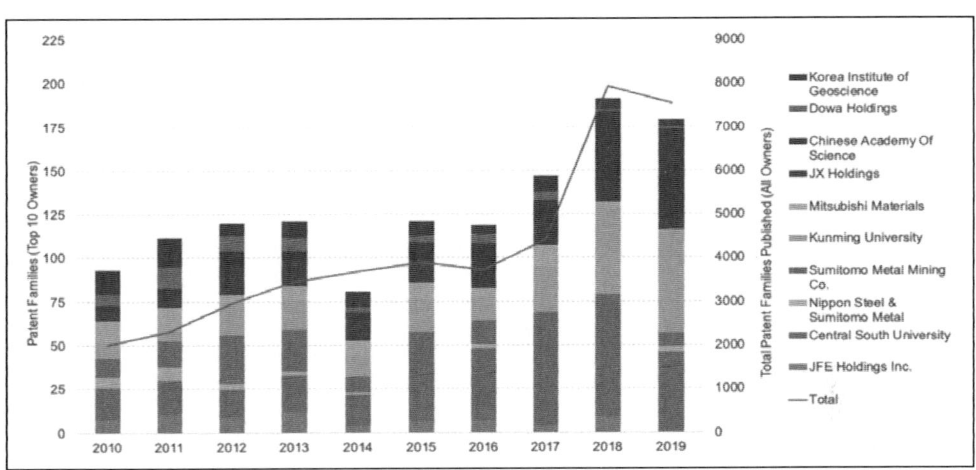

Fuente: Cipher (2020)[31]

El uso de datos de patentes provoca algunas limitaciones que sugieren un trabajo más interdisciplinar sobre este tema debido a la naturaleza sistémica de la Economía Circular a nivel de empresa[32]. Kesidou y Demirel (2014)[33] demuestran que las capacidades existentes en las empresas son cruciales para generar tecnologías ecológicas[34], y la inversión en I+D medioambiental o la actividad investigadora interna también facilitan la eco innovación en las empresas. De hecho, ambos aspectos se han relacionado con el registro de patentes y la actividad innovadora en curso[35, 36].

31. Idem 29.
32. MARÍN-VINUESA, L.M.; PORTILLO-TARRAGONA, P.; SCARPELLINI, Sabina, «Firms capabilities management for waste patents in a circular economy». International Journal of Productivity and Performance Management, 2023, vol. 72, n.° 5, pp. 1368-1391.
33. KESIDOU, E. and DEMIREL, P., *«On the drivers of eco-innovation: Empirical evidence from China»*, NUBS Research Paper Series n.°. 2010-03, (2014).
34. PORTILLO-TARRAGONA, P., SCARPELLINI, S., MONEVA, J., VALERO-GIL, J. and ARANDA-USÓN, A., «Classification and Measurement of the Firms Resources and Capabilities Applied to Eco-Innovation Projects from a Resource-Based View Perspective», Sustainability, Vol. 10 n.°. 9, (2018), p. 3161.
35. ARAGON-CORREA, J. A. and LEYVA-DE LA HIZ, D. I., «The Influence of Technology Differences on Corporate Environmental Patents: A Resource-Based Versus an Institutional View of Green Innovations», Business Strategy and the Environment, Vol. 25 n.°. 6 (2016), pp. 421-434.
36. Ídem 32.

Portillo-Tarragona (2022)[37] y Marín-Vinuesa (2023)[38] describen estudios sobre los activos intangibles relacionados con la Economía Circular, definidos como «patentes circulares», que se clasifican y miden para agruparlos en las capacidades de innovación de una empresa.

El primer estudio[39] citado ha diseñado un modelo de la relación causa-efecto entre las patentes circulares que poseen las empresas y sus capacidades mediante modelización de ecuaciones.

En cuanto al segundo estudio[40], se definió y midió las capacidades aplicadas por las empresas a las patentes relacionadas con residuos y sus relaciones con el desempeño económico de las empresas para apoyar la toma de decisiones hacia una Economía Circular. Este estudio concluye que las empresas pueden obtener ventajas competitivas en un entorno de Economía Circular utilizando sus capacidades actuales en la gestión de su experiencia acumulada asociada a las prácticas de innovación y patentamiento, la colaboración con institutos de I+D, la persistencia en las actividades de innovación, y la gestión de la diversidad de patentes como activos intangibles estratégicos.

Estos recientes estudios ofrecen una nueva visión que puede permitir la transición a un modelo empresarial de Economía Circular a través de la medición y la valoración de los activos intangibles (como son las patentes) y las capacidades específicas de la empresa en un en un marco de gestión medioambiental.

Por lo tanto, se puede concluir que el análisis de las patentes solas o en combinación con otros parámetros propios de las empresas son una increíble herramienta para medir el progreso tecnológico en las diferentes áreas relacionadas con la Economía Circular. Esto impactará de manera positiva en la consecución de los ODS marcados, y en especial, aquellos relacionados con la Economía Circular.

4. BIBLIOGRAFÍA

ARAGON-CORREA, J. A. and LEYVA-DE LA HIZ, D. I., «The Influence of Technology Differences on Corporate Environmental Patents: A

37. PORTILLO-TARRAGONA, P.; SCARPELLINI, S.; MARÍN-VINUESA, L. M., «"Circular patents" and dynamic capabilities: new insights for patenting in a circular economy». Technology Analysis & Strategic Management (2022), pp. 1-16.
38. Ídem 32.
39. Ídem 37.
40. Ídem 32.

Resource-Based Versus an Institutional View of Green Innovations», Business Strategy and the Environment, Vol. 25 No. 6 (2016), pp. 421-434.

CIPHER *«Recycling technologies for a Circular Economy: Waste management is coming home»* (july 2020) *https://cipher.ai/wp-content/uploads/2020/07/Circular-Economy_July2020.pdf?utm_source=Website+Banner+Ad&utm_medium=social&utm_term=Circular+economy+report_PI&utm_content=Patent+Innovation-+circular+economy&utm_campaign=Social+PARENT+2021* (Consultado el 20 de enerode 2024).

CIPO (Canadian Intellectual Property Office), «Expedited Examination of Patent Applications Relating to Green Technology: Instructions». Disponible en: *https://ised-isde.canada.ca/site/canadian-intellectual-property-office/en/patents/expedited-examination-patent-applications-relating-green-technology-instructions* (Consultado el 9 de enero de 2024).

DECHEZLEPRÊTRE, A.; GLACHANT, M.; MÉNIÈRE, Y., «What drives the international transfer of climate change mitigation technologies? Empirical evidence from patent data». Environmental and Resource Economics, vol. 54, no 2, 2013, pp. 161-178.

DIETTERICH, A., *«WIPO GREEN: Supporting green innovation and technology transfer»*. WIPO MAGAZINE, 2020, n.º 1, pp. 17-23.

EUROPEAN COMMISSION, *«Measuring progress towards circular economy in the European Union –Key indicators for a revised monitoring framework–»* (2023) *https://eur-lex.europa.eu/legal-content/EN/TXT/PDF/?uri=CELEX:52023SC0306* (Consultado el 20 de enero de 2024).

FORÉTICA, *«La rendición de cuentas de la circularidad: una guía práctica para la medición»* (2023). *https://foretica.org/wp-content/uploads/2023/07/LA_RENDICION_DE_CUENTAS_DE_LA_CIRCULARIDAD.pdf* (Consultado el 20 de enero de 2024).

ILPO (Israel Patent Office), «Green applications», 7 de abril de 2021. Disponible en: *https://www.gov.il/en/departments/general/green-app* (Consultado el 9 de enero de 2024).

KESIDOU, E. and DEMIREL, P., «On the drivers of eco-innovation: Empirical evidence from China», NUBS Research Pa*per se*ries No. 2010-03 (2014).

LANE, E. L., «Building the global green patent highway: a proposal for international harmonization of green technology fast track programs». Berkeley Technology Law Journal, 2012, pp. 1119-1170.

MARÍN-VINUESA, L. M.; PORTILLO-TARRAGONA, P.; SCARPELLINI, Sabina, «Firms capabilities management for waste patents in a circular economy». International Journal of Productivity and Performance Management, 2023, vol. 72, n.º 5, pp. 1368-1391.

MINISTERIO PARA LA TRANSICIÓN ECOLÓGICA Y EL RETO DEMOGRÁFICO –ESPAÑA CIRCULAR 2030– *«Estrategia Española de Economía Circular»* (2020) *https://www.miteco.gob.es/content/dam/miteco/es/calidad-y-evaluacion-ambiental/temas/economia-circular/espanacircular2030_def1_tcm30-509532_mod_tcm30-509532.pdf* (Consultado el 9 de enero de 2024).

MOREIRA, P., «Updated Landscape on expedited Protection of "Green" Inventions in Brazil». Nota de prensa publicada el 18 de mayo de 2021. Disponible en: *https://www3.wipo.int/wipogreen/en/news/2021/news_0016.html* (Consultado el 9 de enero de 2024).

NIKOLOVA-MINKOVA, V., «Circular Economy and Patents for Treatment of Waste».SHS Web of Conferences. EDP Sciences (2023), p. 02010.

ORGANIZACIÓN DE LAS NACIONES UNIDAS, –Presentación de Objetivos de Desarrollo Sostenible (ODS)– *https://www.un.org/sustainabledevelopment/es/objetivos-de-desarrollo-sostenible/* (Consultado el 9 de enero de 2024).

ORGANIZACIÓN DE LAS NACIONES UNIDAS, - Informe de los Objetivos de Desarrollo Sostenible. Edición especial 2023 (septiembre 2023) *https://unstats.un.org/sdgs/report/2023/The-Sustainable-Development-Goals-Report-2023_Spanish.pdf* (Consultado el 9 de enero de 2024).

PORTILLO-TARRAGONA, P., SCARPELLINI, S., MONEVA, J., VALERO-GIL, J. and ARANDA-USÓN, A., «Classification and Measurement of the Firms Resources and Capabilities Applied to Eco-Innovation Projects from a Resource-Based View Perspective», Sustainability, Vol. 10 n.º 9 (2018), p. 3161.

PORTILLO-TARRAGONA, P.; SCARPELLINI, S.; MARÍN-VINUESA, L. M., «Circular patents and dynamic capabilities: new insights for patenting in a circular economy». Technology Analysis & Strategic Management (2022), pp. 1-16.

PARLAMENTO EUROPEO, Nota de prensa *«Economía Circular: definición, importancia y beneficios»*. Publicada el 24 de mayo de 2023. *https://www.europarl.europa.eu/news/es/headlines/economy/20151201STO05603/economia-circular-definicion-importancia-y-beneficios#:~:text=La%20econom%C3%ADa%20circular%20es%20un,de%20los%20productos%20se%20extiende* (Consultado el 9 de enero de 2024).

Statics Finland, «*Indicators for the circular economy*» (2022) *https://www.stat.fi/tup/kiertotalous/kiertotalousliiketoiminnan-indikaattorit_en.html* (Consultado el 20 de enero de 2024).

STEVENS, P., «*WIPO GREEN: The place to go for green tech*». WIPO MAGAZINE, 2014, no 1, pp. 2-5. Disponible en: *https://www.wipo.int/wipo_magazine/en/2014/01/article_0001.html* (Consultado el 9 de enero de 2024).

TIPO (Taiwan Intellectual Property Office), «Accelerated Examination Program (AEP)». Noticia publicada el 31 de marzo de 2016. Disponible en: *https://www.tipo.gov.tw/en/cp-824-873219-841ee-2.html* (Consultado el 9 de enero de 2024).

UKIPO (United Kingdom Intellectual Property Office), «Guidance Patents: accelerated processing», 13 de junio de 2014. Disponible en: *https://www.gov.uk/guidance/patents-accelerated-processing* (Consultado el 9 de enero de 2024).

UNIVERSIDAD DE ALCALÁ, –«*Metodología para la creación de un sistema de indicadores que midan la Economía Circular en Madrid*» – (2019) *https://foropormadrid.es/wp-content/uploads/2021/09/indicadores-economia-circular.pdf* (Consultado el 20 de enero de 2024).

WEIWEI, H., «Stepping up of the green technologies in China - From the view of Intellectual Property». China Intellectual Property Magazine, abril 2014, vol. 60. Disponible en: *http://www.chinaipmagazine.com/en/journal-show.asp?id=1061* (Consultado el 9 de enero de 2024).

Capítulo 3

Los modelos de utilidad sanitarios. Procedimiento de obtención y protección: España e Italia a examen[1]

EDUARDO MARCOS MARTÍNEZ
Dottorando en la Università di Roma Tor Vergata (Roma II), Italia

INTRODUCCIÓN

La devastante pandemia maltrató, nuestro logrado sistema sanitario nacional, y no sólo ello, evidenció, además, las patologías fisiológicas nega-

1. Este trabajo ha sido expuesto en el *Congreso Internacional: Los nuevos horizontes y metas de la propiedad industrial* celebrado los días 19 y 20 de octubre de 2023, Universidad Carlos III de Madrid. Además, es resultado del Proyecto TED2021-130344B-I00, «Desafíos y Retos de la ordenación de las innovaciones de cambio climático», financiado por MCIN/AEI/10.13039/501100011033 y por la UE NextGenerationEU/PRTR.

tivas existentes, al interno del sistema sanitario[2]. Recordemos que, la crisis sanitaria, originada por el SARS-CoV-2 (en adelante, Covid-19) duró, cerca, de dos años[3]. A fecha de la redacción del presente trabajo (2024) nuestra Sanidad, aún reviste graves y consonantes problemas, que por, mencionar, el inmediato a resolver es: la mejora de la atención primaria, con el objetivo de evitar, los colapsos sanitarios, en las dependencias de Urgencias.

Debido a ello, con cautela, debemos utilizar la palabra «superar», puesto que, la crisis sanitaria, ha activado, procesos de cambio; a tenor de la financiación que, presumiblemente recibirá el Estado de los fondos europeos[4], si bien, estos fondos, quedan supeditados a la adopción de nuevos modelos, estrategias y soluciones, que rindan posible, un eficaz y eficiente sistema, que garantice la salud, y los cuidados mínimos al ciudadano.

Durante el estadio de la pandemia, los diversos estados tuvieron que, abordar, el problema de la escasez de medios y materiales ventiladores[5], de equipos suficientes de protección personal (mascarillas, objetos de protec-

---

2. El Sistema Sanitario español, complejo, se compone en base a tres subsistemas legales. El sistema sanitario nacional universal (Sistema Nacional de Salud, en adelante SNS); las diversas mutualidades de funcionarios civiles, miembros de las Fuerzas Armadas y el Poder Judicial (MUFACE, MUGEJU e ISFAS); y las mutuas centradas en la asistencia en casos de accidente y enfermedad profesionales, denominadas, Mutuas Colaboradoras con la Seguridad Social. Ello evoca, indudablemente, la creación de mecanismos de colaboración suficientes para su organización y ejecución. El sistema viene organizado en dos niveles: Estado y Comunidad Autónoma. Las competencias en materia sanitaria fueron transferidas a las 17 Comunidades Autónomas. Dicho lo anterior, las diferencias de calidad de prestación de servicios entre las diferentes comunidades que componen nuestro territorio, la escasez de profesionales en materia de Atención Primaria, la adquisición de fármacos y medicamentos, son retos que afronta nuestro Estado de bienestar.
3. Se data el primer caso de COVID-19 en España, el 31 de enero de 2020, en San Sebastián de La Gomera. Ante la rápida expansión de contagio, el 14 de marzo el Gobierno decretó el estado de alarma en todo el territorio nacional: Boletín Oficial del Estado núm. 67, de 14 de marzo de 2020; Real Decreto 463/2020, de 14 de marzo, por el que se declara el estado de alarma para la gestión de la situación de crisis sanitaria ocasionada por el COVID-19.
4. Nos referimos a los denominados fondos *Next Generation UE*, el pasado julio de 2020, el Consejo Europeo acordó un instrumento excepcional de recuperación temporal, dotado con 750.000 millones de euros para el conjunto de los Estados Miembros.
5. La ventilación mecánica invasiva era la medida fundamental de soporte de tratamiento para el Síndrome de Distrés Respiratorio Agudo (SDRA). Encontrado en: Ferrera, M. (2001). Tratamiento de la insuficiencia respiratoria aguda. Medicina Integral, 38(5), 200-207. *https://www.elsevier.es/es-revista-medicina-integral-63-articulo-tratamiento-insuficiencia-respiratoria-aguda-13018822.*

ción nasal y bucal). Por ello, las instituciones estatales, junto a las sanitarias y a la comunidad en general, ante la necesidad de dar respuesta a un mortal problema, se vieron obligados a, desarrollar, estrategias conjuntas e innovadoras, que a corto plazo ofrecieran una útil respuesta, y sobre todo, que ayudasen a detener su propagación (vacunas) y al tratamiento de los casos graves. La escasez de medios para afrontar esta crisis, pone, si cabe, más de relieve, la necesaria investigación en materia de propiedad intelectual, en particular, en ámbito sanitario.

Parafraseando al Padre Pío de Pietrelcina «*Bendita la crisis que te hizo crecer* (...)»; si bien parece que, en tiempos de necesidad, el humano es capaz de desarrollar nuevas ideas, ante graves problemas. La búsqueda incesante de un remedio científico y de creación de material adapto al tratamiento de pacientes, fueron claves, en la detención de la mortalidad producida por el virus.

De la experiencia pandémica, podemos realizar una serie de reflexiones, cuyo resultado aporte, una o distintas soluciones útiles, en servidumbre al interés público de la Salud, principio rector recogido, en el artículo 43 de la Constitución española[6].

La Medicina, no es ajena al mundo societario. Nos parece propedéutico, en esta introducción, cuestionar, a nuestro juicio, una errónea idea, de Sanidad pública y gratuidad, puesto que, parece macábro unir el binomio, sanidad y empresa, *a priori*, resultan contrarias, a la idea pública de atención sanitaria, y dañino al bien jurídico protegido del artículo 43 CE.

Escribir acerca de: Sanidad y Empresa, o Sanidad y Sociedades, puede crear cierto recelo, ya que, este binomio, viene asociado automáticamente a una idea siniestra de, negocio con la salud del ciudadano, o como si la gestión del tipo societario de la sanidad, comportara necesariamente, prejuicios contra la salud del ciudadano[7], en beneficio de dividendos[8].

---

6. Artículo 43.1 «Se reconoce el derecho a la protección de la salud. 2. Compete a los poderes públicos organizar y tutelar la salud pública a través de medidas preventivas y de las prestaciones y servicios necesarios. La ley establecerá los derechos y deberes de todos al respecto».
7. Recordemos el Real Decreto-Ley 7/2018 sobre el Acceso Universal al Sistema Nacional de Salud ha consolidado el modelo español, al garantizar que, todas las personas que se encuentran en territorio español deben ser atendidas, en igualdad de condiciones. «BOE» núm. 183, de 30 de julio de 2018.
8. Cabe recordar que, el gasto sanitario público en el año 2021, supuso 87.941 millones de euros, lo que representa el 7,3 por ciento, del producto interior bruto (PIB).

En contra de esta presente, y generalizada idea, nos resulta oportuno resaltar que, en nuestro país, existen numerosas sociedades cuyo objeto social, es de tipo sanitario. Si tenemos en cuenta, los datos obtenidos del Instituto Nacional de Estadística,[9] (en adelante INE) según los cuales, durante el año 2022 existían 163.997 compañías vinculadas a la sanidad. Siendo 6.039 más que en 2021 y prácticamente las mismas que en 2020 (160.849). Estos datos nos constatan, un dinamismo empresarial en el sector de la salud postpandemia. Si atendiéramos al ranking mundial, realizados por entidades independientes, como Bloomerg, la cual sitúa durante tres años consecutivos, al sistema sanitario español, entre los tres mejores del mundo[10],y el más eficiente de Europa. Estas premisas, nos llevan a inducir que, el binomio, Sanidad-Empresa, cuanto meno no es antagónico, y que resulta necesario, para garantizar, la plena tutela de la salud del ciudadano.

La Sanidad, su organización, gestión, y componentes, han adquirido una colosal dimensión, que la rinde compleja, por lo que, deviene necesaria, una constante búsqueda de fórmulas gestionales eficientes y eficaces (*governance sanitaria*), además de la obtención de fondos derivados de terceros y entes, que incrementen los presupuestos regionales y estatal, en materia sanitaria, y una específica contratación público-privada de profesionales sanitarios, para la consecución de los fines constitucionales reservados a dicho artículo.

En particular, la colaboración público-privado, tiene un componente utilitario. En un justo uso, sirve como herramienta, para la mejora de las prestaciones sanitarias, y en general, a la Sanidad; tanto en cuanto se creen

---

El gasto per cápita ascendió a 1.858 euros por habitante. La Estadística de Gasto Sanitario Público (EGSP) es una operación, incluida en el Plan Estadístico Nacional con la denominación de Cuentas Satélites del Gasto Sanitario Público. Actualmente, la unidad responsable de su producción es la Subdirección General de Cartera de Servicios del Sistema Nacional de Salud y Fondos de Compensación del Ministerio de Sanidad, que la elabora junto con las comunidades autónomas y otros organismos implicados en la gestión del gasto sanitario público. Ministerio de Sanidad. (s.f.). La Estadística de Gasto Sanitario Público en España. Subdirección General de Cartera de Servicios del Sistema Nacional de Salud y Fondos de Compensación. Recuperado de *https://www.sanidad.gob.es/estadEstudios/estadisticas/docs/EGSP2008/egspPrincipalesResultados.pdf.*

9. Instituto Nacional de Estadística (INE). (2022). Directorio Central de Empresas (DIRCE) a 1 de enero de 2022 [Notas de prensa]. Recuperado de *https://ine.es/prensa/dirce_2022.pdf.*

10. Visto en: *https://worldpopulationreview.com/country-rankings/healthiest-countries.*

canales de recíproca colaboración, e incluso, procedimientos, y vías de estímulo, cuyos objetivos sean, de promover la investigación intelectual en materia sanitaria, su colaboración comportará beneficios sanitarios al ciudadano.

Dicho lo cual, no podemos obviar que, la Medicina, es una ciencia, y como tal, necesita de continúa y dedicada investigación, ensayo, y tiempo, para conseguir su completo progreso e innovación, con vista a una aplicación del tipo práctica que repercuta directamente en el ciudadano.

De estas incipientes reflexiones, nace el presente trabajo, el estudio del instituto jurídico del modelo de utilidad[11], especialmente, el de tipo sanitario, que, a nuestro juicio, parece una *quasi* olvidada figura industrial, que si bien fue crucial, para dar una sanitaria respuesta, ante el adviento, de la crisis sanitaria.

Con el objetivo de realizar un trabajo completo, abordaremos el *status* de este instituto jurídico, junto a su regulación, al interno del ordenamiento español. Además, realizaremos un ejercicio del tipo comparativo, con la normativa italiana, y su efectiva aplicación ante los tribunales, de esta figura de protección.

La elección de Italia, como modelo comparativo, proviene por dos motivos: el primero, Italia es nuestro principal «competidor sanitario» en el ranking de salud, siendo un estado de similares características, y de estilos de

11. Encontramos en la página oficial de la Oficina de Patentes y Marcas (en adelante OEPM) qué se entiende por Modelo de Utilidad: La definición que nos ofrece es:*un modelo de utilidad es un título de propiedad industrial que reconoce el derecho exclusivo sobre una invención, impidiendo a otros su fabricación, venta o utilización sin consentimiento del titular. Como contrapartida, el modelo de utilidad se pone a disposición del público para conocimiento general. Mediante esta modalidad, el titular puede proteger rápidamente su invención en España durante 10 años desde la fecha de presentación de la solicitud. No se podrá mediante modelo de utilidad algunas invenciones que sí son protegibles a través de la modalidad de patente, como los procedimientos, la materia biológica o las sustancias y composiciones farmacéuticas. Para obtener el modelo de utilidad, la solicitud deberá ser susceptible de protección como modelo de utilidad y superar un examen de requisitos de formales. La invención no será objeto de búsqueda y examen sustantivo durante el procedimiento de concesión, pero cualquier tercero podrá oponerse a su concesión, en cuyo caso, la OEPM decidirá sobre la concesión. Fuente: Ministerio de Industria, Comercio y Turismo - Oficina Española de Patentes y Marcas. (s.f.). ¿Qué es un modelo de utilidad?* Recuperado de *https://www.oepm.es/es/invenciones/como-proteger-las-invenciones/conceptos-basicos/que-es-unmodelo-deutilidad/#:~:text=Un%20modelo%20de%20utilidad%20es,del%20p%C3%BAblico%20para%20conocimiento%20general.*

vida saludable, coherentes y modélicos. En segundo lugar, la común idea de sanidad pública y accesible al ciudadano que obliga a ambos estados a encontrar soluciones intelectuales para asumir la responsabilidad que deriva de una protección constitucional del Derecho a la Salud.

Finalizando este apartado introductorio, nuestro objetivo es, ensalzar, el valor técnico-científico de la investigación sanitaria, junto a la figura, de los modelos de utilidad sanitarios, a nuestro parecer, tan necesarios, como la patente sanitaria.

1. ESTADO DE LA TÉCNICA EN ESPAÑA

Siendo cultores de la materia pública, debemos pues, antes de continuar, matizar la causa, del por qué, en sede de derecho industrial, viene realizado el presente estudio. La complejidad del Derecho hace que, no existan, compartimientos jurídicos estancos. Existe una estrecha relación entre, Propiedad industrial, y Derecho administrativo. A título meramente ejemplificativo, podemos encontrar razón, a esta, aseveración, en el estudio o fase práctica, del procedimiento de adquisición de la Patente o Modelo Utilidad. Si esbozáramos con sumo detalle, el proceso de solicitud de una patente, o modelo de utilidad, podríamos observar como este procedimiento, es puramente administrativo: desde la presentación de dicha solicitud, hasta la publicación de la solicitud, y de la IET[12].

Asimismo, la ley aplicable, permite, además, la revisión en vía administrativa de los actos y resoluciones dictados por los órganos de la Oficina Española de Patentes y Marcas, y de las resoluciones adoptadas por los órganos competentes de la dicha oficina, que pongan fin a la vía administrativa, siendo recurribles, por medio del recurso administrativo, ante el órgano competente, en este caso, la Jurisdicción Contencioso-administrativa[13].

12. Ley 24/2015, de 24 de julio, de Patentes. «BOE» núm. 177. Es de aplicación el Título V de la presente Ley, que regula el procedimiento a seguir para la obtención de la protección. De modo sintético mencionamos el proceso: 1. Presentación de la solicitud. 2. Otorgamiento de fecha de presentación y admisión a trámite. 3. Examen de oficio de la solicitud. 4. Realización del informe sobre el estado de la técnica (IET) y la opinión escrita. 5. Publicación de la solicitud y del IET.6. Observaciones de terceros. 7. Petición del examen sustantivo.8. Examen sustantivo y resolución (concesión o denegación).

13. Artículo 54. Revisión de los actos en vía administrativa y contencioso-administrativa. 1. Los actos y resoluciones dictados por los órganos de la Oficina Española de Patentes

No obstante, en España, las fuentes del Derecho Industrial son múltiples, y de diversa naturaleza; Convenio de París para la Protección de la Propiedad Industrial[14], Arreglo de Madrid, relativo al Registro Internacional de Marcas[15]. La experiencia normativa italiana, no dista a la nuestra, pero ostenta particularidades. En el punto correspondiente, analizaremos en detalle, la natura jurídica del modelo de utilidad y el *íter*- procedimental, para la obtención de la protección y del derecho industrial, y el eventual proceso, que puede iniciarse para su recurso o tutela del interés.

1.1. LOS MODELOS DE UTILIDAD DE TIPO SANITARIO; ALCANCE DE PROTECCIÓN Y TIPOS DE REIVINDICACIONES EN MODELOS DE UTILIDAD

La literatura jurídica, junto a la jurisprudencia, han ocupado grandes y elaborados trabajos y reflexiones, acerca de definir la Patente, y delimitar los puntos y/o características diferenciadoras del Modelo de Utilidad[16].

---

y Marcas serán recurribles de conformidad con lo dispuesto en esta Ley y en la Ley 30/1992, de 26 de noviembre, de Régimen Jurídico de las Administraciones Públicas y del Procedimiento Administrativo Común. 2. Las resoluciones de los recursos administrativos dictados por los órganos competentes de la Oficina Española de Patentes y Marcas que pongan fin a la vía administrativa serán recurribles ante la Jurisdicción Contencioso-administrativa. 3. Frente a la resolución de concesión de una patente la Oficina Española de Patentes y Marcas no podrá ejercer de oficio o a instancia de parte la potestad revisora prevista en el artículo 102 de la Ley 30/1992, de 26 de noviembre, si la nulidad de la patente se funda en alguna de las causas previstas en el artículo 102 de la presente Ley. Dichas causas de nulidad sólo se podrán hacer valer ante los tribunales.

14. El Convenio de París (1883), se aplica a la propiedad industrial en su acepción más amplia, con inclusión de las patentes, las marcas, los dibujos y modelos industriales, los modelos de utilidad, las marcas de servicio, los nombres comerciales, las indicaciones geográficas y a la represión de la competencia desleal
15. El Sistema de Madrid (1981) de Registro internacional de marcas se rige por el Arreglo de Madrid, adoptado en 1891. El sistema permite proteger una marca en gran número de países (131) mediante la obtención de un registro internacional que surte efecto en cada una de las Partes Contratantes que hayan sido designadas.
16. FERNÁNDEZ-NÓVOA RODRÍGUEZ, C., *Procedimiento de concesión y efectos de la patente en la nueva Ley española de patentes,* Actas de derecho industrial y derecho de autor, Tomo 11, 1985-1986, pp. 87-102; *El fundamento del sistema de patentes,* Actas de derecho industrial y derecho de autor, Tomo 7, 1981, pp. 13-30.

Tal y como acertadamente, señala la Profesora CANDELARIO,[17] la Ley 24/2015, no realiza una definición exacta, de Modelo de Utilidad,[18] sino que, más bien, se concentra en el objeto y los requisitos para su protección[19]. Dejando, huerfana de conceptualización, esta figura, permitiendo, así, un amplio margen de aplicación e interpretación.

La Profesora, en su elaborada obra, realiza una completa definición: «*estamos ante una categoría de la propiedad industrial, aproximada y similar a la patente de invención, cuya demanda industrial, aproximada y similar a la patente de invención, cuya demanda inventiva, valor científica y avance tecnológico es de índole menor, toda vez que estamos ante un perfeccionamiento técnico que se ilustra en una mejora de tipo práctica o en una ventaja de su empleo o fabricación y/o en efecto beneficioso en cuanto a la aptitud del objeto para satisfacer la necesidad humana*»[20].

Esta conceptualización, además de, ofrecernos, una definición exacta, nos resulta, además, una definición de carácter premonitorio, puesto que, durante la pandemia, los modelos de utilidad proliferaron, en tanto cuant, era una necesidad vital humana, la innovativa creación, y perfeccionamiento técnico, de instrumentos sanitarios.

Como característica esencial, podemos evidenciar que, los modelos de utilidad, tienen un fin utilitario[21], cuyos requisitos marcados por la mencionada Ley (novedad, actividad inventiva, aplicación industrial) han de estar, siempre presentes, para conseguir la obtención, de la concesión.

El alcance de protección, y tipos de reivindicaciones, que existen en el Modelo de Utilidad, pertenecientes al marco de la Ley de Patentes 24/2015, abarcaría a objetos con estructuras o configuraciones que proporcionan beneficios técnicos, así como, a productos, caracterizados por su composición, que generen ventajas.

---

17. CANDELARIO MACÍAS, M. I., *La innovación en la pequeña empresa: El modelo de utilidad*. Tirant lo Blanch, 2018, p. 36.
18. Ley 24/2015, de 24 de julio, de Patentes. Publicado en el Boletín Oficial del Estado (BOE), n.º 177, de 25/07/2015. Entrada en vigor el 01/04/2017.
19. Ley de Patentes de Invención y Modelos de Utilidad 24/2015. Capítulo I, Arts. 137-140.
20. CANDELARIO MACÍAS, *op. cit.*, p. 53.
21. Real Academia Española (RAE). (s.f.). Definición de «utilitario, ria». En Diccionario de la lengua española: adj. Perteneciente o relativo al utilitarismo, que es la actitud que valora exageradamente la utilidad.

En términos del alcance de protección, los modelos de utilidad, pueden aplicarse a herramientas, instrumentos, utensilios, instalaciones, dispositivos (o partes de estos), productos químicos, productos alimenticios, productos cosméticos. Esto implica, una amplia gama de invenciones técnicas, objeto de ser beneficiadas de la protección industrial.

En virtud de lo anteriormente mencionado, podemos delimitar, y listar casuísticamente, el campo inventivo, donde pueden ser producidos, los elementos inventivos necesarios, para la creación de Modelos de Utilidad del tipo, sanitario:

a) Productos Farmacéuticos: Estos productos, dada su alta complejidad, en cuanto a los procedimientos de registro sanitario, requieren un nivel técnico significativo. Dado su impacto crítico en la salud de las personas, están sujetos a procedimientos rigurosos y requisitos sustanciales. Su relación con los derechos de propiedad industrial es notable, ya que afectan directamente la salud de las personas. En este contexto, los registros de productos farmacéuticos tienen una vinculación relevante tanto con las marcas como con las patentes.

b) Dispositivos Sanitarios: (Instrumentos Quirúrgicos o Hospitalarios): En similitud con los medicamentos, estos dispositivos están estrechamente ligados a la salud de las personas y, por ende, están sujetos a requisitos y exigencias de naturaleza compleja.

c) Productos Cosméticos: El término «cosméticos» abarca no solo el maquillaje, sino también perfumes, cremas, tratamientos, y otros productos, destinados a entrar, en contacto con la piel, o ser aplicados sobre ella.

d) Productos de Limpieza: Estos productos, caracterizados por su composición química, guardan una relación inherente con la salud de las personas.

e) Productos de Tabaco: Debido a su naturaleza, altamente regulada, y a su conocido impacto perjudicial para la salud, las autoridades sanitarias, ejercen un estricto control sobre estos productos. Esto los conecta, intrínsecamente, con los derechos de propiedad industrial, especialmente en lo que respecta a las marcas.

f) Alimentos: Estos productos constituyen el sustento tanto de, humanos, como de animales, por lo que, requieren, una supervisión rigurosa. Su relación primordial con los derechos de propiedad industrial, se encuentra, principalmente, en el ámbito de las marcas, dado que son productos generalmente destinados al consumo masivo.

g) Bebidas: Esta categoría engloba tanto bebidas alcohólicas, como no alcohólicas. Es importante destacar que las bebidas alcohólicas, están sujetas a requisitos más complejos, y mantienen una relación algo más estrecha con los derechos de propiedad industrial en comparación con las no alcohólicas.

Así, por tanto, dentro de los diferentes campos, donde se pueden desarrollar un modelo de utilidad de índole sanitario, el titular del desarrollo, ha de tener presente una premisa relevante: el Modelo de Utilidad, no es una solución ante un mal funcionamiento. Por ejemplo, no podríamos, encuadrar cayendo erróneamente, en considerar como modelo de utilidad, unas pinzas quirúrgicas, donde el tornillo no cierra el engranaje y se le aplica una solución efectiva para su funcionamiento. A pesar de que, el usuario, realizara una solución, al problema, para su efectiva utilización, no podría ser considerada una actividad de tipo innovativa, ya que, el modelo de utilidad, debe ser nuevo, precisando una actividad del tipo inventiva, y habiendo necesariamente, una aplicación industrial del tipo industrial[22].

Continuando con la presente, nos resulta relevante, destacar, el artículo 137 de la Ley[23], puesto que, existen, ciertas restricciones en cuanto a lo que puede protegerse, como Modelo de Utilidad. El citado artículo, incluiría sustancias y composiciones farmacéuticas destinadas al uso en medicina humana, o veterinaria, así como invenciones relacionadas con materia bio-

22. OTERO LASTRES, J. M., *El resultado «útil» como rasgo conceptual del modelo de utilidad.* Actas de derecho industrial y derecho de autor, Tomo 6, 1979-1980, pp. 183-194.OTERO LASTRES, J.M., en C. Fernández-Nóvoa, & M. Botana Agra (Eds.), *Manual de la propiedad industrial,* Título II, Capítulo XIV,. Marcial Pons, Ediciones Jurídicas y Sociales, 2017, pp. 273-291.

23. Artículo 137. Invenciones que pueden ser protegidas como modelos de utilidad.1. Podrán protegerse como modelos de utilidad, de acuerdo con lo dispuesto en este Título, las invenciones industrialmente aplicables que, siendo nuevas e implicando actividad inventiva, consisten en dar a un objeto o producto una configuración, estructura o composición de la que resulte alguna ventaja prácticamente apreciable para su uso o fabricación.2. No podrán ser protegidas como modelos de utilidad además de las materias e invenciones excluidas de patentabilidad en aplicación de los artículos 4 y 5 de esta Ley, las invenciones de procedimiento, las que recaigan sobre materia biológica y las sustancias y composiciones farmacéuticas.

lógica. Además, precisa, que los procedimientos, no pueden ser protegidos por este instituto.

Cuando se trata de productos, obtenidos mediante un proceso específico, conocido como «*Product by Process*»[24], la protección recae en el producto mismo, siempre que sea nuevo, habiendo éste, superado, un proceso inventivo, y no haya otra forma de definirlo. El derecho se centra, en las propiedades técnicas conferidas al producto mediante ese concreto proceso, no en el proceso en sí.

En cuanto a las reivindicaciones en modelos de utilidad, se pueden utilizar dos tipos principales: las reivindicaciones de producto y las reivindicaciones declarativas. Las reivindicaciones de producto son válidas, y se centran, en el producto en sí mismo, mientras que las reivindicaciones declarativas pueden estar relacionadas, con el aparato, o sistema, que lleva a cabo, el proceso técnico.

En vía conclusiva, los modelos de utilidad ofrecen una amplia protección para diversas innovaciones técnicas, y es fundamental comprender el alcance de protección y los tipos de reivindicaciones para aprovechar al máximo esta forma de protección de la propiedad industrial. La experiencia normativa y judicial española, nos porta a reconocer la relevancia que adquiere el derecho a una correcta protección en las actividades investigativas sanitarias. Pero, no podemos caer en la ingenuidad, de que, el procedimiento de reconocimiento de la Patente o Modelo de Utilidad, no pueda usarse de forma retorcida, es decir, el abuso por parte de grandes sociedades en la activación de procedimientos de reconocimiento para la obtención de monopolios sanitarios.

2. ESTADO DE LA TÉCNICA EN ITALIA: *MODELLI DI UTILITÀ*

El ordenamiento italiano muestra una diferencia en el nacimiento y desarrollo, del «*modelli di utilità*» (en adelante, modelo de utilidad). La legislación

24. La definición la encontramos en la página oficial European Patent Office. Encontrado en: *https://www.epo.org/en/legal/guidelines-epc/2023/f_iv_4_12.html* que realiza la definición de *Product by Service* (Relación a la reclamación de producto obtenido por proceso). «Una reclamación que define un producto en términos de un proceso debe interpretarse como una reclamación al producto en sí. El contenido técnico de la invención no radica en el proceso en sí, sino más bien en las propiedades técnicas conferidas al producto por el proceso.»

italiana, a diferencia del Convenio de Múnich[25], distingue, en su normativa interna, los aspectos o los momentos de desarrollo técnico, de las invenciones industriales[26].

Dicho lo anterior, hallamos, dentro su legislación, el artículo 2592 del Código civil italiano,[27] relativo a los modelos de utilidad, el cual reza: «*Quien, de conformidad con la ley, haya obtenido una protección para una invención capaz de conferir a máquinas o a partes de las mismas, instrumentos herramientas u objetos particularmente eficaces o convenientes en su aplicación o utilización, tiene el derecho exclusivo de poner en práctica la invención, de disponer de ella y de disponer de ella y de comerciar con los productos a los que se refiera. Una patente para máquinas en su conjunto no incluye la protección de las partes individuales*».

Para comprender la *ratio legis*, natura del presente instituto, debemos, primeramente, recordar, la relevante pronunciación realizada por la *Corte de Cassazione*. El supremo, órgano judicial, con la Sentencia n. 3932/1984, aclaró que, la declaración de validez de una invención o modelo de utilidad, o de los requisitos constitutivos de su novedad intrínseca o extrínseca, o de su carácter peculiar, utilizable para su diferenciación, quedaría bajo la discreción, o apreciación del juez de mérito en la causa, el cual, puede verse accionado a la legitimidad en caso en que, viniera justificado la motivación lógica, congrua, y jurídicamente correcta.

Recientemente, la *Corte di Cassazione*, de nuevo, se pronunciaba, con la Resolución n. 21565/2021[28], acerca de las patentes de invenciones indus-

25. Convenio de Múnich sobre Concesión de Patentes Europeas, de 5 de octubre de 1973 (versión consolidada tras la entrada en vigor del Acta de revisión de 29 de noviembre de 2000). Instrumento de adhesión de 10 de julio de 1986 (BOE núm. 234, de 30 de septiembre de 1986).

26. FRANZOSI, M., «Invenzione e modello di utilità, la Convenzione di Monaco comporta il rifiuto della distinzione qualitativa», *Riv. Dir. Ind.*, I, 2008, p. 159.

27. Art. 2592. (Modelli di utilità). «*Chi, in conformità della legge, ha ottenuto un brevetto per un'invenzione atta a conferire a macchine o parti di esse, strumenti, utensili od oggetti particolare efficacia o comodità di applicazione o d'impiego, ha il diritto esclusivo di attuare l'invenzione, di disporne e di fare commercio dei prodotti a cui si riferisce. Il brevetto per le macchine nel loro complesso non comprende la protezione delle singole parti*».

28. En particular, el recurrente denunció en primer lugar la violación o falsa aplicación de los artículos 45 y siguientes del Código de la Propiedad Industrial (CIP) y de los artículos 2585 y 2592 del Código Civil. Además, se alegaba que el Tribunal no había examinado un hecho decisivo, que habría conducido a una italiano, apreciación diferente de la validez de la patente de invención industrial que –siempre según las alegaciones del recurren-

triales, destacando sus características distintivas a los modelos de utilidad. El alto tribunal italiano reiteró esencialmente, los principios ya establecidos en la jurisprudencia, precisando que, la apreciación de la existencia efectiva de las características de la invención, correspondería al juez de fondo, y no podía impugnarse ante el Tribunal de Casación (salvo en caso de defecto de motivación, en la medida en que tal defecto podía plantearse ante el Tribunal de Casación).

En línea sucesiva, el artículo 82 Codice Propietà Industriale,[29] (en adelante, Código de Propiedad Industrial), reza de la siguiente manera: «*Objeto de la patente 1. Pueden constituir el objeto de una patente de modelo de utilidad los modelos nuevos capaces de conferir una eficacia o una comodidad de aplicación o de utilización particulares a las máquinas, o a partes de las mismas, a los instrumentos, a las herramientas o a los objetos de uso en general, tales como los modelos nuevos consistentes en conformaciones, disposiciones, configuraciones o combinaciones particulares de partes. 2. La patente de máquinas en su conjunto no incluye la protección de las partes individuales. 3. Los efectos de una patente de modelo de utilidad se extenderán a los modelos que consigan la misma utilidad, siempre que utilicen el mismo concepto innovador*».

Precisando la figura, encontramos reflejado en el artículo 2592 c.c. y en los artículos 82-86 c.p.i., los modelos de utilidad, ocupándose de ofrecer, definir, y delimitar su naturaleza jurídica, a esta actividad del tipo inven-

---

te– había sido apreciada por el tribunal de mérito sin identificación previa del problema técnico resuelto por la propia patente. El Tribunal de Primera Instancia no consideró fundadas las alegaciones de la recurrente. Por una parte, estimó que era sabido que una invención industrial debe basarse en la solución de un problema técnico, que, por tanto, debe determinarse correctamente. Por otra parte, decidió hacer hincapié en determinados elementos decisivos para distinguir las invenciones de los modelos de utilidad. En concreto, el Tribunal reconoció que, en general, el problema técnico objeto de una invención es un problema que aún no ha sido resuelto, lo que hace que la invención sea apta para su realización concreta en el ámbito industrial, de modo que supone un avance con respecto a la tecnología y los conocimientos existentes. Por el contrario, el modelo de utilidad, que requiere un carácter de novedad intrínseca, opera en el plano de la eficacia y conveniencia de uso de un objeto preexistente, al que confiere, en cierta medida, una utilidad nueva y adicional.

29. *Oggetto del brevetto «1. Possono costituire oggetto di brevetto per modello di utilità i nuovi modelli atti a conferire particolare efficacia o comodità di applicazione o di impiego a macchine, o parti di esse, strumenti, utensili od oggetti di uso in genere, quali i nuovi modelli consistenti in particolari conformazioni, disposizioni, configurazioni o combinazioni di parti.2. Il brevetto per le macchine nel loro complesso non comprende la protezione delle singole parti.3. Gli effetti del brevetto per modello di utilità si estendono ai modelli che conseguono pari utilità, purché» utilizzino lo stesso concetto innovativo.*

tiva. Por consiguiente, analizamos en detalle cada uno de los siguientes artículos:

El artículo 82.1 c.p.i. define el objeto del modelo de utilidad, como, la forma de un producto. Esta definición nos postula hacia la idea, de la teoría cualitativa. Mientras que el párrafo segundo, ha sido objeto de debate doctrinal, la *Corte di Cassazione,* Sección I Orden Civil, ha precisado, la diferencia entre modelo de utilidad y patente, con la ya, mencionada *ordinanza* n.21565/2021. La Corte reiteró, esencialmente, los principios ya establecidos, en materia de legitimación. En particular, el recurrente (*Otma S.n.c. di Spaggiari & C*) denunció, en primer lugar, la violación, o falsa aplicación, de los artículos 45 y siguientes del Código de la Propiedad Industrial, y de los artículos 2585 y 2592 del Código Civil. Además, se alegaba, que el tribunal no había examinado un hecho decisivo, que habría conducido, a una apreciación diferente, de la validez de la patente –siempre según las alegaciones del recurrente– sino que, en cambio, había sido apreciada por el tribunal de mérito, sin identificación previa, del problema técnico, resuelto por la propia patente.

Así pues, la Corte, no consideró fundadas las alegaciones de la recurrente. Por una parte, estimó, que era sabido, que, una invención industrial, debe basarse en la solución de un problema técnico, y por tanto, debe determinarse correctamente. Por otra parte, insistió en determinados elementos decisivos, para distinguir, las patentes, de los modelos de utilidad. En particular, el tribunal, reconoció que, en general, el problema técnico objeto de una invención, es un problema que, aún, no ha sido resuelto, lo que hace que la invención sea apta para su realización concreta, en el ámbito industrial, de modo que, supone un avance, con respecto a la tecnología, y los conocimientos existentes.

En cambio, el modelo de utilidad exige un carácter de novedad intrínseca, el cual opera, en el plano de la eficacia, y de la conveniencia de uso, de un objeto preexistente, al que confiere, en cierta medida, una utilidad nueva, y adicional.

Por consiguiente, el alto órgano jurisdiccional italiano, ordenó que, el problema técnico controvertido, no había sido, en absoluto, pasado por alto, por el tribunal de primera instancia. Antes bien, debía considerarse «intrínsecamente resuelto», por la solución muy innovadora ideada con la patente. Por último, precisó, que, la apreciación de la existencia efectiva de las características de la invención correspondía al juez de fondo, y no podía impugnarse, ante el Tribunal de Casación (salvo en caso de defecto de motivación, en la medida en que tal defecto podía plantearse ante el Tribunal de Casación). Por estas razones, el recurso fue desestimado.

Continuando con análisis del citado artículo, el mismo, en el párrafo tercero, introduce un elemento diverso, el objeto de la exclusiva, referido al concepto innovativo que no coincide con la mera forma del objeto, yuxtaponiendo a los modelos de utilidad a las invenciones y ofreciendo argumentos a favor de la teoría cualitativa.

En vía sucesiva, el artículo 83, no evoca duda, puesto que, otorga al autor el derecho al registro del nuevo modelo de utilidad *«Il diritto al brevetto spetta all'autore del nuovo modello di utilità ed ai suoi aventi causa»*[30].

Mientras, los artículos 84[31] y 85[32], respectivamente, prevén la solicitud alternativa de registro por patente, o modelo de utilidad, donde se evidencia, por parte del legislador italiano, la dificulta de elección. Además, se fija, la duración de registro en 10 años, mientras que, el 85.2. reenvía al artículo 53 del mismo Código, el cual versa, acerca de los derechos reconocidos.

Por último, el artículo 86 c.p.i., realiza un llamamiento a las normas de invención, realizando una aplicación de tipo extensiva, y relaciona los modelos de utilidad, a las normas, en materia de invención de trabajadores dependientes, y de licencias obligatorias[33].

---

30. El derecho a la patente pertenece al autor del nuevo modelo de utilidad y a su derecho habiente. CASANTI, F., *Diritto penale industriale: marchi, invenzioni, modelli di utilità, design, IGP e DOP, Made in Italy*. Torino: G. Giappichelli, 2023.; SENA, G., *et al. I diritti sulle invenzioni e sui modelli di utilità*. 4. ed. Milano: Giuffrè, 2011.
31. Art. 84 c.p.i. - Patente alternativa. Es lícito al solicitante de una patente de invención industrial, en virtud del presente Código, presentar al mismo tiempo una solicitud de patente de modelo de utilidad, para que sea válida en el caso de que la primera no sea concedida o lo sea sólo en parte. 2. Si la solicitud se refiere a un modelo en lugar de a una invención o viceversa, la Oficina Italiana de Patentes y Marcas invitará al interesado, asignándole un plazo, a modificar la solicitud, que surtirá efecto, sin embargo, a partir de la fecha de la presentación inicial. 3. Si la solicitud de patente de modelo de utilidad contiene también una invención o viceversa, se aplicará el artículo 16.
32. Art. 85 c.p.i. - Duración y efectos de la patente La patente de modelo de utilidad dura 10 años a partir de la fecha de presentación de la solicitud. 2. Los derechos conferidos y el comienzo de los efectos de la patente se regularán de conformidad con el artículo 53.
33. Las disposiciones de la Sección IV, relativa a las invenciones industriales, surtirán efecto, además de en dichas invenciones, en el ámbito de los modelos de utilidad,

Habiendo desmenuzado la legislación aplicable, y las principales pronunciaciones relativas a este instituto jurídico, podemos concluir que: el elemento de novedad debe aparecer, aunque sea de forma sutil, para poder efectivamente otorgar un carácter creativo al modelo de utilidad, y que existen, reales dudas, acerca de apreciar la diferencia entre patente y modelo de utilidad, pero no por ello, el legislador y los operadores competentes, no deben, realizar esfuerzos apreciativos y con carácter industrial, a las invenciones, con el fin de encuadrar, el resultado, en el instituto correspondiente, es decir, patente o modelo de utilidad. El positivismo italiano y la experiencia judicial, también abogan por la idea de que el objeto a patente es constituido desde una idea inventiva, no siendo reducible a un sólo producto, realizando una distinción entre idea de solución o medio para conseguir un resultado y actividad inventiva.

2.1. PROCEDIMIENTO OBTENCIÓN DEL DERECHO INDUSTRIAL

El procedimiento de solicitud comienza con la presentación (descripción, reivindicaciones y, en su caso, dibujos) de los documentos, que componen, el objeto nato de la actividad inventiva. Estos deben redactarse, con arreglo a criterios adecuados y técnicos. La solicitud, secreta, se hace accesible al público, 18 meses después, de la fecha de presentación. El solicitante, puede, pedir, la accesibilidad anticipada al público, en cuyo caso, los documentos se vuelven accesibles, al público, 90 días después, de la fecha de presentación de la solicitud.

A continuación, el expediente de modelo de utilidad se somete a un examen, administrativo, y técnico preliminar: se comprueba que la documentación sea completa, y que, las tasas de presentación se hayan abonado debidamente. De hecho, en el procedimiento para la obtención registro de un modelo de utilidad, no se realiza una búsqueda del estado de la técnica, ya que, el examen, se realiza sobre la base de los anexos presentados por el solicitante[34].

---

según proceda. 2. En particular, las disposiciones relativas a las invenciones de los empleados y a las licencias obligatorias se hacen extensivas a las patentes de modelos de utilidad.

34. La solicitud de invención industrial, y modelo de utilidad, deberá ser presentada en su totalidad, por ejemplo, para los casos en los que, no viene presentada con un documento asimilable a una descripción o, si contiene una referencia a una solicitud anterior, o no se facilita su número, fecha de presentación, situación y datos de identificación, solicitud del solicitante; si la solicitud de obtención vegetal no va acompañada de al menos un

El plazo para la conclusión del procedimiento de concesión de la protección del modelo de utilidad es de 180 días, a partir, de la fecha, en que la solicitud, se pone a disposición del público, en conformidad con el art. 53 del Decreto Legislativo núm. 30/2005 (Decreto del Primer Ministro núm. 272/2010)[35].

Incluso, en el caso de una solicitud de entrada, en la fase nacional, por *Patent Cooperation Treaty* (PCT), el plazo previsto, para la conclusión del procedimiento de concesión de protección de modelo de utilidad, se mantiene fijo, es decir, en 180 días, teniendo en cuenta que la UIBM (*Ufficio italiano brevetti e marchi*) inicia el examen de la solicitud, no antes de 30 meses, a partir de la fecha de presentación de la solicitud PCT, o de la fecha de prioridad, si se reivindica, de conformidad con el art. 3 párr. 1 del D.M. del 13/11/2019[36]. «*La Oficina iniciará el examen de la solicitud no antes de 30 meses a partir de la fecha de presentación o de la fecha de prioridad, si se reivindica, incluso si la solicitud se presenta antes de treinta meses, con arreglo a lo dispuesto en los Artículos 23 y 40 del Tratado de Cooperación en materia de Patentes. El inicio del examen es comunicado por la oficina al solicitante con la fijación del plazo para la*

---

ejemplar de la descripción, con al menos un ejemplar de las fotografías; si la solicitud de modelos y dibujos no va acompañada de la reproducción gráfica o fotográfica; si a la solicitud de topografías no se adjunta un documento que permita su identificación; si no se entregan los documentos acreditativos del pago de las tasas prescritas tasas prescritas en el plazo establecido en el decreto Ministro delle imprese e del *made in Italy* (del Ministro de Empresa y Comercio); si no se domicilia domicilio o no se indica un representante autorizado.

35. *Art. 53. Effetti della brevettazione. 1. I diritti esclusivi considerati da questo codice sono conferiti con la concessione del brevetto. 2. Gli effetti del brevetto decorrono dalla data in cui la domanda con la descrizione e gli eventuali disegni è resa accessibile al pubblico. 3. Decorso il termine di diciotto mesi dalla data di deposito della domanda oppure dalla data di priorità, ovvero dopo novanta giorni dalla data di deposito della domanda se il richiedente ha dichiarato nella domanda stessa di volerla rendere immediatamente accessibile al pubblico, l'Ufficio italiano brevetti e marchi pone a disposizione del pubblico la domanda con gli allegati. 4. Nei confronti delle persone alle quali la domanda con la descrizione e gli eventuali disegni è stata notificata a cura del richiedente, gli effetti del brevetto per invenzione industriale decorrono dalla data di tale notifica.*

36. *Decreto 13 novembre 2019 Ingresso della domanda internazionale di brevetto nella fase nazionale di esame di fronte all'Ufficio italiano brevetti e marchi. (19A07519) (GU Serie Generale n.283 del 03-12-2019). Art. 3.1.«L'ufficio avvia l'esame della domanda non prima dei trenta mesi dalla data di deposito o dalla data di priorità, se rivendicata, anche nel caso in cui la domanda venga presentata prima dei trenta mesi, sulla base di quanto previsto dagli articoli 23 e 40 del Trattato di cooperazione in materia di brevetti. L'avvio dell'esame viene comunicato dall'ufficio al richiedente con la fissazione del termine entro cui è ammesso il deposito della eventuale replica alle obiezioni contenute nell'opinione scritta dell'Autorità internazionale di ricerca e di esame».*

presentación de cualquier respuesta a las objeciones contenidas en las objeciones contenidas en la opinión escrita de la Administración encargada de la búsqueda y del examen internacionales».

2.2. PROCEDIMIENTO ADMINISTRATIVO DE PROTECCIÓN

El art. 117 de al Código de Propiedad industrial italiano,[37] establece que, la concesión de un derecho de propiedad industrial no afecta, al ejercicio de las acciones relativas, a la validez, y titularidad de los derechos de propiedad industrial. Es por ello que, basándonos en la aplicación del citado artículo, un interesado, o sujeto, dentro del marco legal correspondiente, pueda acciones legales, con el objetivo de, declarar nulos, los títulos en cuestión, o para que, se transfieran al titular legítimo.

Dicho lo cual, los procedimientos administrativos, y en sede judicial, son autónomos, por lo que, cuentan con premisas, y efectos diferentes. En particular, los procedimientos administrativos, sólo se basan, en una deliberación sumaria o parcial de las causas de nulidad, por lo que no pueden tener fuerza de cosa juzgada.

Además, la autoridad administrativa, conoce del derecho subjetivo del solicitante a obtener la concesión del título, mientras que la autoridad judicial se pronuncia sobre la existencia de derechos exclusivos derivados de la concesión del título.

El Tribunal Constitucional italiano ha dictaminado expresamente que la valoración encomendada a la autoridad administrativa es puramente extrínseca y, por tanto, incapaz de prejuzgar el ejercicio de las acciones de nulidad y pertenencia[38].

En cuanto al procedimiento administrativo, puede recaer en:

– contra las decisiones adoptadas por la UIBM cabe recurso ante la *Comissione di Ricorsi* (art. 135 CIP);

– Por lo que respecta a las Marcas, el Decreto Legislativo n.° 15, de 20 de febrero de 2019[39], introdujo un procedimiento administrativo, alterna-

37. *Art. 117 Codice Proprietà Industriale. «1. La registrazione e la brevettazione non pregiudicano l'esercizio delle azioni circa la validità e l'appartenenza dei diritti di proprietà industriale».*

38. (Tribunal Constitucional, 29 de julio de 2005, n.° 345).

39. *Decreto Legislativo 20 febbraio 2019, n. 15. Attuazione della direttiva (UE) 2015/2436 del Parlamento europeo e del Consiglio, del 16 dicembre 2015, sul ravvicinamento delle legislazioni*

tivo al judicial, para determinar la caducidad o nulidad de una marca (art. 184-bis ss. c.p.i.).

2.3. PROTECCIÓN PROCESAL PENDIENTE DEL PROCEDIMIENTO ADMINISTRATIVO

El artículo 120.1 c.p.i.[40] permite entablar una acción judicial sobre la base de un título cuyo procedimiento de concesión esté pendiente. Análoga previsión, viene configurado en el art. 132 del c.p.i.[41] para los procedimientos cautelares. Las acciones de protección son:

1. *Azioni di cognizione* (acciones de conocimiento);

2. *Azioni di accertamento positivo o negativo circa la validità del titolo.o decadenza* (acciones declarativas positivas o negativas sobre la validez o no del título o su caducidad);

3. *Azioni di condanna alla cessazione della contraffazione e al risacirmento dei danni* (acción de cesación de la infracción y de indemnización por daños y perjuicios);

---

degli Stati membri in materia di marchi d'impresa nonché per l'adeguamento della normativa nazionale alle disposizioni del regolamento (UE) 2015/2424 del Parlamento europeo e del Consiglio, del 16 dicembre 2015, recante modifica al regolamento sul marchio comunitario. (19G00026).

40. Art. 120 (Jurisdicción y competencia). 1. Las acciones en materia de propiedad industrial cuyos títulos estén concedidos o en curso de concesión se ejercitarán ante las autoridades judiciales del Estado, cualquiera que sea la nacionalidad, domicilio o residencia de las partes. Si la acción de nulidad se ejercita cuando el título aún no ha sido concedido, la sentencia sólo podrá pronunciarse después de que la Oficina Italiana de Patentes y Marcas se haya pronunciado sobre la solicitud de concesión, examinándola con preferencia sobre las solicitudes presentadas en fecha anterior. El juez, teniendo en cuenta las circunstancias, ordenará la suspensión del juicio, por una o más veces, fijando con la misma medida la audiencia en la que continuará el juicio.

41. Art. 132.2. 2. Si el tribunal, al dictar la medida cautelar, no fijare el plazo en el que las partes deberán iniciar el procedimiento sobre el fondo, éste deberá iniciarse en un plazo de veinte días hábiles o de treinta y un días naturales, según cuál sea el plazo más largo. El plazo correrá a partir del pronunciamiento del auto si se dicta en una vista o, en caso contrario, a partir de su comunicación. Si se han solicitado medidas cautelares adicionales a la descripción junto con ésta o subordinadas a ella, el auto del juez designado que se pronuncie también sobre dichas medidas adicionales se tendrá en cuenta a efectos del cómputo del plazo.

4. *Azioni costitutive ex art.* 76, *comma* 3, c.p.i. (acciones constitutivas: en las que se solicita el pronunciamiento de cambios legales, como la conversión de la patente inválida de conformidad con el art. 76.3 c.p.i.);

5. *Azioni cautelari* (acciones cautelares: son acciones típicas, en el sentido de que se rigen de forma expresa y especial por el código, requerimiento, embargo, descripción, etc.);

6. *Azioni esecutive* (acciones de ejecución forzosa, ejecución forzosa de obligaciones de hacer o no hacer).

2.4. JURISDICCIÓN Y COMPETENCIA

a) Jurisdicción

Los asuntos en materia de títulos de propiedad industrial suelen tener elementos de conexión con ordenamientos jurídicos extranjeros. De hecho, puede ocurrir que la infracción de un derecho registrado en Italia sea llevada a cabo por un sujeto extranjero o que un sujeto italiano infrinja derechos con efectos en el extranjero.

El art. 120.1 del c.p.i. atribuye competencia a los tribunales italianos en todos los litigios relativos a la propiedad industrial, cuyos títulos, estén concedidos, o en curso de concesión, con independencia de la nacionalidad, domicilio o residencia de las partes.

Esta norma debe coordinarse con otras fuentes legislativas y contractuales, entre ellas el Reg. UE 1215/2012[42], el cual, se refiere:

– Al criterio general de atribución de competencia: el del domicilio del demandado (art. 4)[43];

– la prórroga de la competencia (expresa, por acuerdo escrito entre las partes, o tácita, cuando el demandado no alega falta de competencia);

---

42. Reglamento (UE) n. 1215/2012 del Parlamento Europeo y del Consejo Europeo y del Consejo de 12 de diciembre de 2012 relativo a la competencia judicial, el reconocimiento y la ejecución de esoluciones judiciales en materia civil y mercantil.

43. Artículo 4.1. Salvo lo dispuesto en el presente Reglamento, las personas domiciliadas en un Estado miembro estarán sometidas, sea cual sea su nacionalidad, a los órganos jurisdiccionales de dichoEstado.2. A las personas que no tengan la nacionalidad del Estado miembro en que estén domiciliadas les serán de aplicación las normas de competencia judicial que se apliquen a los nacionales de dicho Estado miembro

– la conexidad de los asuntos;

– al criterio exclusivo relativo al registro y validez de los títulos de propiedad industrial sujetos a depósito o registro: la competencia corresponde a los tribunales del Estado en cuyo territorio se haya efectuado el depósito o registro (art. 24)[44].

Por lo tanto, en el caso de una acción por infracción interpuesta en Italia, en la que se plantee una cuestión de nulidad de una patente concedida en el extranjero, el tribunal italiano debe declarar su incompetencia.

b) Competencia

Las acciones relativas a derechos de propiedad industrial se ejercitan ante las secciones especializadas de lo mercantil (sólo las relativas a competencia desleal pura y dura pertenecen a las secciones ordinarias).

La competencia territorial, como ya hemos acenado anteriormente, se rige por el art. 120 c.p.i:

– obligatorio para las acciones de nulidad y caducidad;

– el domicilio indicado con la solicitud de patente (exclusivo a efectos de jurisdicción); también en caso de indicación de domicilio contenida en la carta de nombramiento del agente; también para las porciones italianas de la patente europea;

– el foro del demandado en general;

---

44. Competencias exclusivas Artículo 24 Son exclusivamente competentes, sin consideración del domicilio de las partes, los órganos jurisdiccionales de los Estados miembros que se indican a continuación: 3) en materia de validez de las inscripciones en los registros públicos, los órganos jurisdiccionales del Estado miembro en que se encuentre el registro; 4) en materia de inscripciones o validez de patentes, marcas, diseños o dibujos y modelos y demás derechos análogos sometidos a depósito o registro, independientemente de que la cuestión se haya suscitado por vía de acción o por vía de excepción, los órganos jurisdiccionales del Estado en que se haya solicitado, efectuado o tenido por efectuado el depósito o registro en virtud de lo dispuesto en algún instrumento de la Unión o en algún convenio internacional. Sin perjuicio de la competencia de la Oficina Europea de Patentes según el Convenio sobre la Patente Europea, firmado en Múnich el 5 de octubre de 1973, los órganos jurisdiccionales de cada Estado miembro serán los únicos competentes en materia de registro o validez de una patente europea expedida para dicho Estado miembro.

– el *forum commissi delicti*: lugar donde se cometieron los hechos[45]:

– falsificación en línea: jurisdicción generalizada;

– agente provocador: puede ocurrir que el titular de los derechos intente crear la competencia territorial de un tribunal determinado provocando un acto de infracción dentro de la circunscripción de dicho tribunal, acto que, sin la intervención de un agente provocador, no se habría producido en ese lugar; tiende a descartarse que esto establezca la competencia del tribunal al que se acude;

– acumulación subjetiva: demandar al fabricante y al revendedor en el foro de este último, cuando la conducta de ambos está conectada, se ha producido un acto de infracción en ese lugar y el revendedor no es un demandado ficticio (práctica de forum shopping: por ejemplo, en el caso del revendedor que compra el producto al fabricante supuestamente infractor sólo tras la solicitud del demandante).

3. CONCLUSIONES

Para finalizar el presente trabajo y tras haber realizado un estudio concreto sobre los modelos de utilidad de ámbito sanitario podemos realizar las siguientes conclusiones:

PRIMERA.–La pandemia destacó la necesidad de mejorar el sistema de atención médica y resaltó la importancia de la colaboración entre la medicina y empresa. A pesar de ciertos estigmas sobre la relación entre salud y empresa, el aumento de sociedades con objeto social salud, muestra un dinamismo empresarial en el sector sanitario, lo que puede impulsar el crecimiento y la investigación en este campo esencial.

SEGUNDA.–La respuesta a la crisis sanitaria fue de tipo investigativa, la obtención de patentes farmacéuticas, modelos de utilidad para mitigar los efectos devastadores del virus fueron clave en la lucha contra el COVID-19.

45. Respecto a este último criterio. 1.- Lugar donde tiene lugar la producción o la comercialización o la mera oferta de venta recibida por el destinatario o la publicidad o la importación o exportación de las mercancías; también lugar donde se realiza la actividad de intermediación dirigida a vender un producto en el extranjero o la actividad preparatoria; 2.- la jurisprudencia italiana, también ha vinculado este criterio, al lugar, donde se produjo el daño, o incluso a la sede del titular del derecho lesionado, donde sufrió los efectos perjudiciales; pero esta tesis es discutida, ya que la norma se refiere al lugar donde se cometen los hechos, es decir, al lugar de la conducta.

TERCERA.–Los modelos de utilidad en el ámbito sanitario abarcan una amplia gama de productos, desde productos farmacéuticos hasta dispositivos médicos, productos cosméticos y más. Sin embargo, existen restricciones legales sobre lo que se puede proteger como modelo de utilidad, como sustancias farmacéuticas destinadas al uso médico y procedimientos. Comprender el alcance de protección y los tipos de reivindicaciones es esencial para aprovechar al máximo esta forma de protección de la propiedad industrial en el campo de la salud.

CUARTA.–Por tanto, el sistema italiano, prevé, una distinción entre invención y modelo de utilidad individuado en términos *cuantitativos*, es decir, al grado de aportación creativa y de la importancia de lo descubierto, habiendo realizado una valuación bajo un perfil de relevancia técnica. Desde el punto de vista *cualitativo*, la jurisprudencia italiana adopta prevalentemente dicho criterio Cass., 2 abril 2008, aunque soliciten una aportación del tipo creativa, menor y distinta también para los modelos de utilidad, pero teniendo en cuenta la tipología del objeto, siendo una forma útil.

4. BIBLIOGRAFÍA

4.1. BIBLIOGRAFÍA ESPAÑOLA

CANDELARIO MACÍAS, M. I., (2018). *La innovación en la pequeña empresa: el modelo de utilidad*. Tirant lo Blanch.

CANDELARIO MACÍAS, M. I., (2020). *El Aseguramiento de la Innovación Tecnológica*. Tirant lo Blanch.

CANDELARIO MACÍAS, M. I., VEGA JUSTRIBÓ, B. DE LA, DOPAZO FRAGUÍO, P., EIZMENDI AMAYUELAS, A., PAREDES PÉREZ, J. I., RUIZ MUÑOZ, M., & TEIJEIRA RODRÍGUEZ, M., (2014). *El Mercado Eléctrico Abuso de Posición de Dominio*. Tirant lo Blanch.

CURTO POLO, M., (2021). *El acceso a las prestaciones sanitarias esenciales para hacer frente a la COVID-19 y los derechos de propiedad intelectual: Especial referencia a las licencias obligatorias de patente*. Revista Electrónica de Direito. RED, 24. Universidad Nacional de Educación a Distancia.

DREXL, J., & LEE, N., (Eds.). (2013). *Pharmaceutical innovation, competition and patent law: A trilateral perspective*. Edward Elgar Pub. Ltd.

FERRERA, M., (2001). *Tratamiento de la insuficiencia respiratoria aguda. Medicina Integral, 38(5), 200-207*. Elsevier.

FERNÁNDEZ-NÓVOA RODRÍGUEZ, C., (1981). *El fundamento del sistema de patentes*, Actas de Derecho Industrial y Derecho de Autor, Tomo 7, 1981.

FERNÁNDEZ-NÓVOA RODRÍGUEZ, C., (1986). *Procedimiento de concesión y efectos de la patente en la nueva ley española de patentes*, Actas de Derecho Industrial y Derecho de Autor, Tomo 11.

OTERO LASTRES, J. M., (1980) El resultado «útil» como rasgo conceptual del modelo de utilidad. Actas de Derecho Industrial y Derecho de Autor, Tomo 6.

OTERO LASTRES, J. M., EN C. FERNÁNDEZ-NÓVOA, & M. BOTANA AGRA, (2017), *Manual de la propiedad industrial*, Título II, Capítulo XIV,. Marcial Pons, Ediciones jurídicas y sociales.

4.2. BIBLIOGRAFIA ITALIANA

CASANTI, F., (2023). *Diritto penale industriale: marchi, invenzioni, modelli di utilità, design, IGP e DOP, Made in Italy.* Torino: G. Giappichelli.

CASSANO, G., VINCENZO. F., BRUNO T., (2023) *Prova e tutele nel diritto d'autore e nel diritto industriale.* Milano: Giuffrè Francis Lefebvre.

FRANZOSI, M., (2008). *Invenzione e modello di utilità, la Convenzione di Monaco comporta il rifiuto della distinzione qualitativa*, Riv. Dir. Ind., I.

SCUFFI, M, FRANZOSI, M., (2013) *Diritto industriale italiano.* Padova: CEDAM.

SENA, G., *et al.* (2011). *I diritti sulle invenzioni e sui modelli di utilità.* 4. ed. Milano: Giuffrè.

BOE n.º 67, de 14 de marzo de 2020 Real Decreto 463/2020, de 14 de marzo, por el que se declara el estado de alarma para la gestión de la situación de crisis sanitaria ocasionada por el COVID-19.

Constitución Española «BOE» n.º311, de 29 de diciembre de 1978.

Decreto Legislativo 20 febbraio 2019, n. 15. Attuazione della direttiva (UE) 2015/2436 del Parlamento europeo e del Consiglio, del 16 dicembre 2015, sul ravvicinamento delle legislazioni degli Stati membri in materia di marchi d'impresa nonché per l'adeguamento della normativa nazionale alle disposizioni del regolamento (UE) 2015/2424 del Parlamento europeo e del Consiglio, del 16 dicembre 2015, recante modifica al regolamento sul marchio comunitario. (19G00026).

Decreto 13 novembre 2019. Ingresso della domanda internazionale di brevetto nella fase nazionale di esame di fronte all'Ufficio italiano brevetti e marchi. (19A07519) (GU Serie Generale n.283 del 03-12-2019).

European Patent Office. (s.f.). Product-by-process claim. Recuperado de *https://www.epo.org/en/legal/guidelines-epc/2023/f_iv_4_12.html.*

Instituto Nacional de Estadística (INE). (2022). Directorio Central de Empresas (DIRCE) a 1 de enero de 2022 [Notas de prensa]. Recuperado de *https://ine.es/prensa/dirce_2022.pdf.*

Ley 24/2015, de 24 de julio, de Patentes. Publicado en el BOE (BOE), n.º 177, de 25/07/2015. Entrada en vigor el 01/04/2017.

Ministerio de Industria, Comercio y Turismo - Oficina Española de Patentes y Marcas. (s.f.). ¿Qué es un modelo de utilidad? Recuperado de *https://www.oepm.es/es/invenciones/como-proteger-las-invenciones/conceptos-basicos/que-es unmodelodeutilidad/#:~:text=Un%20modelo%20de%20utilidad%20es,del%20p%C3%BAblico%20para%20conocimiento%20general.*

Ministerio de Sanidad. (s.f.). La Estadística de Gasto Sanitario Público en España. Subdirección General de Cartera de Servicios del Sistema Nacional de Salud y Fondos de Compensación. Recuperado de *https://www.sanidad.gob.es/estadEstudios/estadisticas/docs/EGSP2008/egspPrincipalesResultados.pdf.*

Real Academia Española (RAE). (s.f.). Definición de «utilitario, ria». En Diccionario de la lengua española: adj. Perteneciente o relativo al utilitarismo, que es la actitud que valora exageradamente la utilidad.

Real Decreto-Ley 7/2018 sobre el Acceso Universal al Sistema Nacional de Salud.«BOE» núm. 183, de 30 de julio de 2018.

Reglamento (UE) n. 1215/2012 del Parlamento Europeo y del Consejo Europeo y del Consejo de 12 de diciembre de 2012 relativo a la competencia judicial, el reconocimiento y la ejecución de resoluciones judiciales en materia civil y mercantil.

Capítulo 4

La infracción del derecho de marca en el Metaverso[1]

BLANCA TORRUBIA CHALMETA
Profesora Agregada de Derecho Mercantil
Universitat Oberta de Catalunya

1. APROXIMACIÓN AL METAVERSO

El término metaverso, que procede del inglés *metaverse*, se compone del elemento «meta» (del griego μετα) «después de»[2] y la terminación «verso»

---

1. Este trabajo ha sido expuesto en el Congreso Internacional: Los nuevos horizontes y metas de la propiedad industrial celebrado los días 19 y 20 de octubre de 2023, Universidad Carlos III de Madrid. Además, es resultado del Proyecto TED2021-130344B-I00, Desafíos y Retos de la ordenación de las innovaciones de cambio climático, financiado por MCIN/AEI/10.13039/501100011033 y por la UENextGenerationEU/PRTR.

2. Meta-, de acuerdo con la RAE es un elemento compositivo que significa «junto a», «después de», «entre», «con» o «acerca de»: *https://dle.rae.es/meta-*

(de universo)[3]. Fue acuñado por vez primera en 1992 en la novela de ciencia ficción *Snow Crash* de Neal Stephenson[4]. En ella, el protagonista (Hiroaki Hiro) es un repartidor de pizza en el mundo real y un príncipe guerrero en el metaverso (mundo virtual)[5]. El autor introduce el término «avatar» para referirse a los personajes virtuales que representan a personas del mundo real.

En una primera aproximación al concepto se podría decir que el metaverso es un entorno 3D de realidad virtual en el que se puede interactuar con los elementos que conforman dicho entorno y con otros usuarios[6]. Con estas características, el metaverso se ha afianzado en el sector de los mundos virtuales y en el de los videojuegos, donde existen plataformas en las que los usuarios pueden interactuar, contratar servicios y comprar elementos (activos) digitales como parcelas, muebles, vestimenta, etc. utilizando, bien la moneda virtual de la plataforma, bien criptomonedas.

A diferencia de los juegos de rol multijugador masivos online, los mundos virtuales no finalizan (no tienen objetivos que alcanzar) y se centran en la interacción entre los usuarios y la exploración del mundo virtual. Estos mundos tienen carácter «multipropósito», dado que permiten a los usuarios realizar una amplia gama de actividades, muchas de las cuales también se pueden realizar en el mundo físico, entre ellas el juego (p. ej. entrenar, reuniones laborales, sociales y citas o hacer compras). Este rasgo los diferencia de otros metaversos pensados, total o principalmente, para una única actividad, que normalmente es el juego[7].

---

3. Fundéu RAE: *https://www.fundeu.es/recomendacion/metaverso-neologismo-valido/* Consultada el 16.01.2024. En esta entrada se señala que «metaverso» se considera una adaptación válida en español; que la terminación *–verso–* también se emplea para hacer referencia a los universos basados en entornos virtuales, como criptoverso (de las criptomonedas), o a mundos alternativos de fantasía, como bativerso (de Batman) y spiderverso (de Spiderman), a los cuales se les aplica también, de modo genérico, el nombre de metaverso, y que en ciencias y otros ámbitos, multiverso alude a la posible existencia de múltiples universos paralelos.
4. De la editorial Gigamesh, el título «Snow crash» hace referencia a la imagen que los ordenadores Apple proyectaban tras un fallo del sistema.
5. Hiroaki descubre un virus que amenaza con provocar el infocalipsis y debe enfrentarse a él.
6. El diccionario de Oxford señala que es un término coloquial utilizado para describir una representación de la realidad llevada a cabo mediante programas de realidad virtual. *https://www.oxfordreference.com/display/10.1093/oi/authority.20110803100153307*
7. GARCÍA SIGMAN, L.I., ¿Narcotráfico en metaversos basados en cadenas de bloques? (Y algunas ideas sobre el uso que los narcotraficantes pueden darle a las DEFI, las DAO y los NFT). *Revista Aequitas: Estudios sobre historia, derecho e instituciones*, n.º 19, 2022, p. 201. Disponible en: *https://revistaaequitas.wordpress.com/2022/04/01/revista-aequitas-no-19-2022/*

Con las características propuestas en la definición de metaverso (entorno 3D de realidad virtual en el que se puede interactuar), Linden Lab (de Philip Linden) lanza en 2003 la plataforma multimedia SECOND LIFE, considerado el paradigma de mundo virtual exitoso[8]. En ella los usuarios (llamados residentes) podrán interactuar a través de mensajería instantánea, chat y voz, crear objetos virtuales, comprar e intercambiar bienes y servicios virtuales. En el año de su lanzamiento la plataforma superó los 10 millones de cuentas. En la actualidad se calcula que hay 750.000 usuarios activos por mes cuyas transacciones generan 650 millones de dólares al año[9]. La moneda (Linden dólar), de circuito cerrado, permite a los residentes crear su propio avatar y desarrollar una segunda vida virtual. Los usuarios pueden participar en la producción de noticias y crear revistas, blogs, agencias de noticias, podcasts y estaciones de televisión. Existen tres periódicos: «the Alphaville Herald», «the Metaverse Messenger», que con 100.000 lectores regulares llegó a ser en 2009 el periódico más leído en la plataforma[10], y «the Second Life Newspaper».

https://secondlife.com/

---

8. Second Life no fue la primera plataforma de mundo virtual, lo fue Habitat, lanzada en 1989 con interfaz gráfica 2D y avatares (dibujos animados) que se comunicaban a través de bocadillos de chat. Luego aparecieron otras plataformas (Traveler, Croquet, ActiveWorlds, There, Blue Mars, Second Life y Open Simulator) que comenzaron a utilizar una interfaz gráfica de usuario y la comunicación multimedia, de modo que los usuarios ya podían utilizar su avatar. CitySpace (1993-1996) fue uno de los primeros proto-metaversos. Deuxième Monde (1997-2002) será el primer proto-metaverso francés, con la réplica virtual de París. Por su parte, la empresa finlandesa Sulake en el año 2000 crea una comunidad interactiva con la réplica de un hotel Habbo en el que los usuarios pueden ir a restaurantes, cines y clubes y crear habitaciones de invitados.
9. SIMON, J. P. señala que *Second life* decayó, entre otras causas, por no lograr incorporar la plataforma al teléfono móvil. The metaverse: updating the Internet (Web 3.0) or just a new development for immersive videogames? *Profesional de la información*, v. 32, n.º 3, 2023, e320317, p. 7. Disponible en: *https://doi.org/10.3145/epi.2023.may.17*
10. BRENNEN, B./DE LA CERNA, E., Journalism in Second Life. *Journalism studies*, v. 11, n.º 4, 2010 p. 550.

En España, la primera plataforma de metaverso, UTTOPION, se lanza en 2022. Cuenta con dos comunidades en las que se puede adquirir una parcela: Musichood, para crear y consumir música, ir de compras, asistir a eventos de marcas y artistas y conectarse con toda la comunidad; y Sportsvilla, para, además de comprar y vender artículos deportivos, apoyar a los deportistas o equipos favoritos. Existen tres perfiles en UTTOPION: el de usuario o uttopian, que permite crear un avatar, personalizar el condo (casa virtual gratuita), asistir a eventos musicales y deportivos desde cualquier dispositivo, chatear con amigos o hablar con la propia voz; el de mettastreamer (creador de contenido), que permite invitar a los fans al condo, monetizar los suscriptores, crear un espacio virtual propio, subir contenido y compartirlo con amigos y con la comunidad, y el de titular de una marca, que permite crear, publicitar y vender artículos digitales y reales.

https://www.uttopion.com/

Ahora bien, el objetivo del metaverso va más allá de ser un simple videojuego o una experiencia inmersiva en un mundo virtual. El metaverso pretende crear un universo digital paralelo en el que las experiencias e interacciones se aproximen y conecten con las del mundo físico. En palabras de Matthew Ball[11], pretende ser: «un mundo siempre activo y en tiempo real en el que un número ilimitado de personas podrá participar al mismo tiempo. Tendrá una economía en pleno funcionamiento y abarcará los mundos físico y digital. Los datos, los elementos digitales, el contenido y la propiedad intelectual (PI) funcionarán en todo el Metaverso, y muchas personas y empresas crearán el contenido, las tiendas y las experiencias que lo pueblan».

McCormick lo explica en su blog de manera gráfica: «un participante puede caminar por un centro comercial virtual y comprar un disfraz digital

11. BALL, M., El metaverso. Edit. Deusto, 2022, p. 65. Este autor señala que se estima que el metaverso representará el 12% del PIB mundial a finales de esta década.

de Mickey Mouse en la tienda de Disney para que lo use su avatar, luego ir al patio de comidas para elegir algo para comer y enviarlo a su casa física a través de Uber Eats, y asistir a un concierto de los Beatles en vivo en el Spotify Performing Arts Center. Puede seguir el concierto en sus AirPods en Spotify cuando quiera salir a correr en el mundo físico, compitiendo contra sus amigos en una experiencia similar a AR Peloton. Todo fluye: sus datos y compras se transmiten entre los mundos físico y digital»[12].

Teniendo en cuenta este objetivo, los expertos han definido el metaverso como «una red de espacios virtuales multiusuario en 3D, interconectados, interoperables, inmersivos y persistentes, que fusionan la realidad física con la virtualidad digital»[13], o como «una red masiva e interoperable de mundos virtuales 3D renderizados[14] en tiempo real que pueden ser experimentados de forma sincrónica y persistente por un número efectivamente ilimitado de usuarios con un sentido de presencia individual, y con continuidad de datos, como identidad, historia, derechos, objetos, comunicaciones y pagos»[15].

Son, por tanto, características del metaverso que los espacios que lo integran estén:

a) Interconectados: conectados o vinculados. Un avatar podría pasar de un

b) Interoperables: con capacidad para intercambiar información, ya sean datos, documentos u otros objetos digitales, de manera uniforme y eficiente.

c) Inmersivos: son capaces de generar ambientes que se puedan percibir a través de estímulos sensoriales.

d) Persistentes: no se pueden detener, funcionan en tiempo real con independencia de que los usuarios estén o no conectados[16].

---

12. McCORMICK, P., Not Boring by Packy McCormick (24/10/2020). Tencent's Dreams. Part II: Investing in the Metaverse. *https://www.notboring.co/p/tencents-dreams/comments*
13. SIMON, J.P., The metaverse: cit. p. 3.
14. El término renderización, del inglés *rendering* (representación) es un anglicismo utilizado en el ámbito de la informática para referirse al proceso de generar una imagen o animación a partir de una imagen 2D o 3D (un archivo de escena) utilizando un software especial que calcula la forma en que la luz interactúa con los objetos, los materiales y las superficies de la escena, aplica texturas y produce una representación visual realista o estilizada de la escena.
15. BALL, M., *El metaverso,* cit. pp. 76 y ss.
16. No se puede detener como sucede, por ejemplo, con los videojuegos de las plataformas tradicionales (p. ej. Play Station 5, Nintendo Switch o Xbox Series X o S).

Hoy en día no existe un metaverso que cumpla con estas características; todavía se precisan inversiones cuantiosas en los componentes que lo fundamentan[17]. Por ello, a las plataformas 3D de mundos virtuales y videojuegos que permiten la interacción de los participantes los expertos las denominan «proto-metaversos»[18] o «metaversos impropios»[19] porque no están interconectadas ni son interoperables, y tampoco son inmersivas ni persistentes, por ello, en el mejor de los casos, se puede hablar de una red de experiencias virtuales[20].

2. METAVERSO CENTRALIZADO Y METAVERSO DESCENTRALIZADO

Para comprender la diferencia entre el metaverso centralizado y el metaverso descentralizado hay que hacer una referencia, siquiera de manera somera, a la evolución de la web, dado que esta diferenciación está asociada con esta evolución.

---

17. Son diversos los componentes que fundamentan el metaverso. SIMON, Jean-Paul se refiere a: Hardware (dispositivos de acceso e interfaz –teléfonos móviles, PCs, auriculares para VR, gafas inteligentes– para AR, elementos para percibir el sentido del tacto y del olfato); Infraestructura: red e informática (5G y red de baja latencia –bajo retraso en la comunicación–, e infraestructura en la nube; Contenido y aplicaciones [softwares y contenido de terceros, contenido generado por los usuarios [CGU], y de los desarrolladores y creadores]; Comunidades [diversos tipos de uso para muchos usuarios dentro de la plataforma y entre aplicaciones/plataformas; Sistemas para realizar transacciones o comercio directo, en especial el pago, y de seguridad / identidad. Este autor añade que el metaverso debe contar, además, con cuatro pilares: 1] Tecnología 3D, necesaria para la espacialización de la web (motores de diseño 3D en tiempo real y modelos 3D), y otras herramientas de visualización (como el desarrollo de avatares); 2) Formatos de realidad extendida (XR): VR, AR, realidad mixta –que combina ambas– y otras formas alternativas de aplicaciones inmersivas que permiten vincular el mundo físico y el virtual; 3) Producción en masa de contenido, que implica el uso de inteligencia artificial (IA). 4) Economía del metaverso, que se sustenta en la combinación de la tecnología blockchain y los NFTs. Estos últimos crean escasez y, por lo tanto, valor en los mundos virtuales, y proporcionan prueba de propiedad en el metaverso. *The metaverse.* cit, pp. 3 y 4.
18. SIMON, J. P., The metaverse, cit. p. 3.
19. JIMÉNEZ SERRANÍA, V., Metaverso y Moda. *Cuadernos del Centro de Estudios en Diseño y Comunicación*. Ensayos, n.º 181, 2023 (Ejemplar dedicado a: Sostenibilidad y Protección del Diseño), p. 275.
20. LAMARCHE-TOLOZA, Á., Les réalités du Métavers. Derrière la ruée vers l'or. Les réalités du Métavers et le rôle de la blockchain dans la virtualisation du monde. 2022. *https://www.clubopenprospective.org/copie-de-2022-s%C3%A9ance-2.* Citado por SIMON, J.P. cit. p. 3.

2.1. EVOLUCIÓN DE LA WEB

La Web1 o Web 1.0 se desarrolla en los años 60. Los navegadores eran solo de texto (ELISA) y los usuarios eran meros consumidores del contenido que subían los informáticos a los servidores. Esta web se moderniza con la aparición del lenguaje HTML, que ofrece contenido con mejores estructuras y más atractivos para leer, pero el usuario continúa sin poder interactuar en la web; esta sólo sirve para buscar y leer información. El lenguaje HTML y el protocolo SMTP (que permite utilizar el correo electrónico) son de acceso libre o abierto.

La Web2 o Web 2.0 también llamada web social aparece a partir del año 2001 en el contexto de la crisis de las empresas puntocom[21]. Esta web permite al usuario interactuar, y lo hace sobre la base de tres principios: 1) la web como plataforma, 2) la inteligencia colectiva, y 3) la arquitectura de participación. Aparecen así las redes sociales, los blogs y las wikis, que fomentan la colaboración entre usuarios. Estos, ya no se limitan a acceder a la información, sino que la generan. La Web2 es también la de las grandes tecnológicas de Silicon Valley[22] que utilizan protocolos cerrados en las plataformas[23]. Facebook, Twitter, Instagram se ejecutan en servidores centrales y su «backend» es privado[24]. Además, requieren datos personales de los usuarios para poder ingresar a ellas; y, también, los almacenan. Todas las decisiones relativas a este tipo de aplicaciones se adoptan de manera

21. Entre 1997 y 2001 se produjo una corriente económica especulativa de gran intensidad. El rápido aumento de los precios de las acciones de las sociedades vinculadas al nuevo sector de Internet y a la llamada nueva economía, la especulación individual y la gran disponibilidad de capital de riesgo provocaron la llamada burbuja puntocom. Con el tiempo, muchas de estas empresas quebraron o abandonaron su actividad.

22. En Silicon Valley, región situada en el área de la bahía de San Francisco de California, tienen la sede social Google, Facebook (ahora Meta), Microsoft, Dell, Intel, Sony y las precursoras HP y Xerox; Adobe; Ebay; Toshiba, Cisco, Apple e IBM.

23. PALAFOX FLORES, O. E., señala que el uso de smartphone para acceder a redes sociales ha impulsado el crecimiento de usuarios, en específico con redes que nacieron sólo en versión móvil, como Snapchat, WhatsApp e Instagram. Y, el uso de PC y ordenador portátil se ha enfocado a redes sociales alternas o específicas como Slideshare, LinkedIn y Flickr, que por su naturaleza facilita su uso en estos dispositivos. Wordpress, la evolución de la página web. *MADGU. Mundo, Arquitectura, Diseño Gráfico Y Urbanismo, 1*(1), 8, 2018. Disponible en: *https://doi.org/10.36800/madgu.v1i1.16.*

24. El «frontend» es lo que el usuario ve y es la interfaz que utiliza para interactuar con la aplicación; mientras que el «backend» es la lógica central de la aplicación (cómo se reciben y devuelven datos procesados, de forma que facilite la navegación y se garantice el funcionamiento y la seguridad de diferentes funciones).

centralizada (por la empresa propietaria). Su carácter centralizado las hace proclives a cambios repentinos en las «reglas del juego» (p. ej. en las políticas de privacidad); y, también, al control y la censura de lo que sucede en ellas)[25].

La web 3.0, cuya definición o caracterización todavía se debate, surge en 2006. En esta etapa las webs pasan a describirse de forma semántica, de modo que la información se encuentra de forma más rápida y eficiente; se incorpora la tecnología 3D que abre la puerta a las nuevas formas de comunicación y colaboración entre usuarios, y el acceso a la web ya no se limita al navegador del PC, sino que se logra con otros dispositivos y tecnología inteligente. Pero hay un hito especialmente destacable: la irrupción de la tecnología *blockchain*, que permite la aparición de un nuevo modelo de gobernanza (el descentralizado).

La Web4 o 4.0 o web predictiva es la web en la que estamos entrando y se caracteriza porque la inteligencia artificial se convierte en la principal tecnología haciendo que los sitios sean inteligentes y capaces de interactuar con el usuario y responder a sus necesidades. La experiencia del usuario pasa a ser esencial a la hora de diseñar o crear plataformas, productos y servicios.

En la web 4.0, la voz pasa a ser un vehículo de intercomunicación (se utiliza, por ejemplo, para realizar búsquedas), de modo que es posible dar una orden de voz y que esta se cumpla. «Pide un taxi» o «reserva un hotel» son órdenes que se pueden dar desde dispositivos móviles u ordenadores y obtener un resultado óptimo. Caracterizan la web 4.0: a) la comprensión del lenguaje cotidiano; b) la comunicación entre dispositivos (m2m, máquina a máquina); c) el uso de información relacionada (GPS, sensores de temperatura, etc.); d) las nuevas formas de interacción con el usuario. La web 4.0, permitirá la integración entre objetos y entornos digitales y reales, y una mayor interacción entre seres humanos y máquinas.

La Comisión ha adoptado el 11 de julio de 2023 una nueva estrategia sobre Web 4.0 y mundos virtuales para dirigir la próxima transición tecnológica y garantizar un entorno digital abierto, seguro, fiable, justo e inclusivo para los ciudadanos, las empresas y las administraciones públicas de la UE. En esta comunicación se señala que los mundos virtuales afectarán a la manera en que las personas conviven, reuniendo oportunidades y riesgos que deben abordarse, y que la nueva estrategia aspira a una web 4.0 y a mundos virtuales que reflejen los valores y principios de la UE, en los que los derechos de las personas se apliquen plenamente y en los que las empresas europeas puedan

25. GARCÍA SIGMAN, L. I., ¿Narcotráfico, cit. pp. 193-194.

prosperar. Esta estrategia se alinea con los objetivos para 2030 del programa político para la Década Digital y tres de sus pilares clave de la digitalización: competencias, empresas y servicios públicos. El cuarto pilar, las infraestructuras, se aborda en el paquete de conectividad de la Comisión y sus esfuerzos más amplios en materia de computación, computación en la nube y capacidades en el borde. También aborda la apertura y la gobernanza mundial de los mundos virtuales y la Web 4.0 como líneas de acción específicas[26].

2.2. TECNOLOGÍA *BLOCKCHAIN* Y TNFS

La tecnología *blockchain*, sobre la que se crea la criptomoneda Bitcoin, es una de las innovaciones tecnológicas más notables de los últimos años[27]. Surgida en un entorno informático muy restringido, se extendió en poco tiempo a múltiples sectores[28]. De esta tecnología se ha dicho que ha llegado para liberar sectores altamente regulados como la banca, la industria energética e, incluso, el mercado del arte[29], y que democratiza el papel de estas autoridades reguladoras, distribuyendo sus privilegios y deberes entre todos los usuarios del sistema[30]. Se pone, así, el énfasis en la posibilidad que brinda esta tecnología de prescindir de una autoridad reguladora que controle y audite los diferentes procesos.

---

26. *Vid., https://ec.europa.eu/commission/presscorner/detail/es/IP_23_3718.*

27. La blockchain, tecnología que subyace en el Bitcoin, fue ideada por Satoshi Nakamoto, cuya identidad no se conoce hasta el momento. Para Nakamoto, una forma de dinero en efectivo electrónico puramente peer-to-peer debería permitir enviar pagos online directamente entre las partes y sin pasar a través de una institución financiera. Las firmas digitales son parte de la solución, pero los beneficios principales desaparecen si un tercero de confianza sigue siendo imprescindible para prevenir el doble gasto. Bitcoin: A Peer-to-Peer Electronic Cash System. Accesible en: *https://bitcoin.org/files/bitcoin-paper/bitcoin_es.pdf.*

28. LINARES, R., FERNÁNDEZ MANZANO, E. & GONZÁLEZ VASCO, M. I., Oportunidades de la tecnología *blockchain*. La industria cinematográfica: Criptomonedas, tókenes y NFTs. *InMediaciones de la Comunicación*, 19(1), 2024 pp. 139. Disponible en: *https://doi.org/10.18861/ic.2024.19.1.3457.*

29. MAKRIDAKIS, S. & CHRISTODOULOU, K., Blockchain: Current Challenges and Future Prospects/Applications. *Future Internet*, 11, 2019. Disponible en: *https://doi.org/10.3390/fi11120258* y PATRICKSON B., What do blockchain technologies imply for digital creative industries? *Creativity and Innovation Management*, 30(3), 2021, pp. 586. Disponible en: *https://doi.org/10.1111/caim.12456.*

30. LIU, L., ZHANG, W. & HAN, C., LIU, L., ZHANG, W. & HAN, C., A survey for the application of blockchain technology in the media. Peer-to-Peer Netw. Appl. 14, 2021, 3145. Disponible en: *https://doi.org/10.1007/s12083-021-01168-5.*

Blockchain es una Tecnología de Registro Distribuido (DLT, del inglés *Distributed Ledger Technology*). Las DLTs constituyen un conjunto de tecnologías que permiten que distintos ordenadores o servidores, denominados nodos, conformen un registro compartido que almacena datos de forma permanente, simultánea y pública[31]. El registro tiene carácter distribuido porque la información registrada se distribuye entre todos los nodos que constituyen la red, y descentralizado[32] porque no existe un servidor central del que dependa la red. Y, las relaciones que se establecen entre los nodos se basan en un régimen *peer-to-peer*, esto es, en la igualdad de los miembros de la red. No obstante, existe la posibilidad de que se produzca una acumulación del poder computacional en unos pocos nodos y, en consecuencia, de que la red distribuida quede bajo su control[33]. En cualquier caso, es importante señalar que, aunque el registro se reproduzca de forma distribuida y descentralizada, es un registro único, de modo que todos los datos se almacenan por igual en todos los nodos[34].

La *blockchain* es una base de datos accesible a un grupo de usuarios en la que cada anotación –que no puede ser borrada ni editada– se debe ajustar a las reglas previamente acordadas por ellos[35]. Estas anotaciones se realizan con un sistema de criptografía asimétrica de modo que los usuarios de la *blockchain* tienen dos llaves: una llave privada, que se utiliza para «firmar»

31. IBÁÑEZ JIMÉNEZ, J.W., *Blockchain: primeras cuestiones en el ordenamiento español*. Edit. Dykinson, 2018, p. 15.

32. Para MATTHIEU QUINIOU es preferible el término «no centralizado» a «descentralizado» porque técnicamente en una red descentralizada existe un nodo central que posteriormente se ramifica en nodos «centralizados» de segundo nivel y estos nodos constituyen a su vez el punto central del que dependen los nodos pertenecientes a los niveles sucesivos. Esto es, en puridad la arquitectura de las redes DLT es distribuida y los nodos se encuentran en un régimen de comunicación peer-to-peer. En *Blockchain. The Advent of Desintermediation*. John Wiley & Sons, 2019, pp. 7-11.

33. IBÁÑEZ JIMÉNEZ, J.W., *Blockchain*, cit., p. 17. No obstante, como anteriormente sedijo, los mineros que dispongan de una mayoría en la red no tienen incentivos para manipularla debido a que podrían en riesgo el capital que han invertido para alcanzar esa posición de dominio.

34. GONZÁLEZ-MENESES GARCÍA VALDECASAS, M., *Entender Blockchain. Una introducción a la tecnología de registro distribuido*. Edit. Aranzadi, 2017, p. 40.

35. Para un estudio jurídico de la *blockchain* nos remitimos también a CROUS PUIG, A., Blockchain y función notarial: del principio de custodia y su conjugación con el entorno digital y la tecnología de registro distribuido, en Oliver Cuello, R. (dir.) *Los retos de la Empresa, el Derecho y la Comunicación en el mundo actual*, Edit. J.M Bosch, 2023, pp. 345-365 y VALPUESTA GASTAMINZA, E. M./HERNÁNDEZ PEÑA, J.C. (dirs.), *Blockchain: aspectos jurídicos de su utilización*. Edit. La Ley, 2022.

las transacciones, y otra pública, que sirve para validar si las transacciones fueron firmadas por las correspondientes llaves privadas[36].

Las bases de datos distribuidas existían con anterioridad al surgimiento de las DLTs, no obstante, la coordinación de aquellos sistemas dependía de una autoridad central. Los registros DLT, en cambio, se sirven de protocolos de consenso[37] para gestionar de forma segura la anotación de las transacciones sin un servidor central.

Tras el Bitcoin se planteó la posibilidad de que las DLTs se utilizasen para transferir otra clase de activos distintos del dinero, como los TNF, de los que seguidamente se hablará. Surgió así Ethereum, el primer registro DLT de código abierto que permite el desarrollo por terceros de las llamadas aplicaciones descentralizadas (DAPPs) gracias al lenguaje Solidity y a los denominados *smart contracts*, principal aportación de Ethereum. Estos son un tipo de *software* que contiene instrucciones que se autoejecutan cuando concurren una serie de circunstancias predeterminadas.

Las DAPPs, en particular, las construidas sobre cadenas de bloque de código abierto y sin permiso[38], permiten a cualquier usuario que, desde cualquier lugar del mundo y en cualquier momento, interactúe con ellas y de forma altamente anónima. Los contratos inteligentes que la hacen funcionar son públicos y, por lo tanto, transparentes y auditables. A su vez, estos mismos *smart contracts* por sus rasgos, proporcionan previsibilidad y su naturaleza descentralizada las convierte en resistentes a la censura. En muchos casos, las

36. Todas las transacciones que se realizan se transmiten a la red de pares. Como los ordenadores (nodos de la red) conocen las llaves públicas, pueden, mediante un algoritmo de verificación, constatar que las transacciones fueron firmadas con las llaves privadas que les corresponden (así las validan).

37. El protocolo de consenso es el conjunto de reglas programadas que indican a los miembros de un registro distribuido cómo deben introducir transacciones y verificarlas. Permiten sustituir a la autoridad central que actúa como coordinador del sistema. *Vid.* ROMERO UGARTE, J. L., Tecnología de Registros Distribuidos (DLT): una introducción. *Boletín económico-Banco de España*, N 4, 2018, pp. 1-2.

38. Según quien pueden acceder a ellas y leer su contenido, una cadena de bloques se considera «abierta» o «pública» si cualquiera puede hacerlo, y «cerrada» o «privada» si sólo algunas personas pueden hacerlo. A su vez, atendiendo a quienes pueden realizar las transacciones en una *blockchain*, esta se define como «sin permiso» si cualquiera puede realizarlas y como «con permiso» si sólo los actores autorizados pueden llevarlas a cabo. Tomando como criterio quiénes pueden validar las transacciones, también se habla de cadenas de bloques «sin permiso» si cualquiera puede llevar a cabo esta acción; y «con permiso» si sólo quienes cuentan con autorización pueden hacerlo.

decisiones relacionadas con el desarrollo y futuro del proyecto son tomadas por la comunidad de sus usuarios a través de Organizaciones Autónomas Descentralizadas (DAOs del inglés *Decentralized Autonomous Organization*)[39]. Las DAOs operan a través de contratos inteligentes que contienen reglas y protocolos que determinan cómo se toman las decisiones y cómo se llevan a cabo las transacciones en la *blockchain*[40].

Las transacciones que se desarrollan en las plataformas blockchain tienen como soporte un monedero o cartera de criptoactivos (wallet)[41] que funciona en la práctica de manera similar a una cuenta bancaria. La *wallet* permite almacenar criptomonedas, que no tienen existencia física, sino que están represen-

---

39. GARCÍA SIGMAN, L. I., ¿Narcotráfico, cit., p. 194. Este autor explica que las DAO se desarrollan por personas que buscan trabajar con un mismo objetivo, que puede ser filantrópico, lúdico, o financiero y cuyas reglas de gobernanza están codificadas en contratos inteligentes dentro de la cadena de bloques. Una vez establecidas estas reglas, la DAO comienza un período de financiamiento para poder generar su «patrimonio» o tesoro, que servirá para financiar las iniciativas que vote la comunidad y para recompensar a los miembros que realicen determinadas actividades preestablecidas en los contratos inteligentes. El tesoro se genera con la aportación de tókenes (por ejemplo, la criptomoneda Ether) que hacen personas interesadas en el proyecto. A cambio, reciben tókenes de gobernanza de la DAO que les permitirán, en el futuro, tomar decisiones de la organización. Una vez que concluye el período de financiamiento, la organización comienza a funcionar plenamente. Los fondos quedan bloqueados en un *smart contract*. A partir de entonces, los poseedores de tókenes de gobernanza pueden hacer propuestas (por ejemplo, cómo gastar parte del tesoro). Estas iniciativas serán debatidas (normalmente en un foro creado a tal fin); y, luego, votadas por la comunidad. Si la mayoría está de acuerdo, se ejecutarán o implementarán de manera automática, gracias a los *smart contracts*. Las DAOs intentan ser una alternativa democrática a las organizaciones jerarquizadas tradicionales, con un modelo de gobernanza descentralizado, horizontal, transparente, auditable, previsible y desburocratizado.
40. Las DAOs plantean diversas cuestiones jurídicas, como la de su naturaleza jurídica, su personalidad jurídica, la posibilidad de que se cometan delitos a través de estas, la imposibilidad de imponer el cumplimiento la ley, la ausencia de una sede física, la dificultad de embargar activos y la dificultad de determinar la jurisdicción aplicable. *Vid.* al respecto ERCILLA GARCÍA, J., Aproximación Jurídica a las Organizaciones Autónomas Descentralizadas (DAOs). *Revista Aranzadi de derecho y nuevas tecnologías*, n.º 52, 2020.
41. Dentro de las *wallet* se distingue entre *hot wallets* y cold wallets. Las primeras son menos seguras porque están conectadas con la plataforma. Las *cold wallets*, por el contrario, guardan las criptomonedas sin utilizar internet con lo que no pueden ser objeto de hackeo. Las *hot wallet* se suelen utilizar por quienes no tienen un gran volumen de criptomonedas o quieren operar a corto plazo, ya que es más rápido comprar y vender. Es la opción más habitual empleada por los usuarios del mundo criptomoneda. Las *cold wallets* se suelen utilizar por quienes tienen invertido un volumen considerable de criptomonedas o lo quieren mantener a largo plazo.

tadas mediante registros dentro de una *blockhain*. Esta cartera tiene una clave pública y una clave privada. La clave pública sería el equivalente al IBAN que facilitamos para que nos puedan enviar fondos pero que no permite a los terceros retirarlos y la clave privada es la que nos permite acceder y comprar, vender las criptomonedas.

Un tóken es una unidad de valor digital que se almacena en un registro digital. Existen tókenes fungibles y tókenes no fungibles (TNF) –en inglés *Non Fungible Tóken* (NFT)–. Son fungibles las criptomonedas (p. ej. Bitcoin). El tóken fungible permite su intercambio por otro idéntico. El TNF, por el contrario, no puede intercambiarse por otro. Los NFT son unidades de datos únicas –y, por lo tanto, no intercambiables– que se almacenan en una *blockhain*. Los contratos inteligentes permiten que los TNF se «acuñen» («mint» en inglés); y posibilitan la asignación de la propiedad y la gestión de su transferibilidad dentro de la plataforma blockhain sobre la que se ejecutan. Cada TNF es único porque cuenta con un identificador propio y con ciertos metadatos que ningún otro tóken puede replicar; por lo tanto, no puede haber dos iguales.

Un TNF es indivisible, no puede dividirse en unidades más pequeñas como ocurre con otros criptoactivos como el Bitcoin o el Ether (se puede comprar, por ejemplo, 0,1 BTC o 0,01 ETH). En el caso de las colecciones de TNF, su creador determina el número de ejemplares. Todas las transacciones realizadas con un TNF quedan registradas y almacenadas en la cadena de bloques. Un TNF es de propiedad única de quien tiene acceso y control a la última dirección a la que ha quedado vinculado. Los TNFs son trazables ya que hay un registro público (la blockhain) en el que todos pueden verificar las transacciones realizadas. Y, también, son indestructibles de igual modo que la cadena de bloques sobre la que se ejecuta el contrato inteligente con el que están asociados.

2.3. OBRAS DE ARTE Y TNFS

Los TNFs se utilizan, tanto en la creación de arte digital (p. ej. música, videos, colecciones, etc.); como en la de elementos empleados en juegos y mundos virtuales (nombres, *skins* o apariencias del avatar, ropa, tierras, etc.).

Los TNF pueden ser activos completamente digitales (p. ej. piezas de arte digital) o versiones tókenizadas de activos del mundo físico (p. ej. tiques para un concierto en el mundo físico). Cualquier elemento que pueda representarse en formato digital (un dibujo, una foto, un vídeo o un escaneado), puede convertirse en un TNF.

En relación con las obras de arte se pueden encontrar, por tanto, diferentes tipos de TNF. El más común consiste en un archivo de metadatos que contiene información codificada de una versión digital de la obra. Pero también puede ocurrir un TNF incorpore la obra en sí a la cadena de bloques; este tipo de TNF se utiliza menos por lo costoso que resulta introducir la información en la cadena de bloques. Los TNF más habituales son fragmentos de código que se escriben en una cadena de bloques[42].

Una de las claves para certificar las características de un TNF y facilitar su interoperabilidad en múltiples plataformas son los diversos estándares existentes, siendo el más utilizado el ERC-721, de Ethereum, y el más reciente el ERC-1155. Los estándares establecen los elementos que deben estar presentes y los opcionales. Son esenciales el ID del tóken (un número que se genera al crear el tóken) y la dirección del *smartcontract* (la dirección de la cadena de bloques en la que se implementa). La combinación de estos dos elementos hace que el tóken sea único. La mayoría de los TNF también suelen incluir un enlace a la obra original, dado que el TNF no es la obra, sino una certificación digital única vinculada de algún modo a la obra original.

Un NFT se crea utilizando plataformas como OpenSea o Mintable, donde el artista sube el archivo digital y crea un *smart contract* asociado a él. En estas plataformas aparecen listados los NFT a los que pueden acceder los posibles compradores. La *wallet* con criptomonedas Ethereum es la que permite comprar los TNFs de modo que el comprador realiza una transferencia al creador y éste le traspasa la propiedad del TNF. Las *wallets* más conocidas y usadas son Metamask, Enjin, Math Wallet, *Trust* Wallet y Alpha Wallet.

En este contexto, es importante aclarar que quien adquiere un tóken no necesariamente adquiere la obra de arte y los derechos conexos. Puede ocurrir que sólo se hayan adquirido los metadatos asociados a dicha obra[43].

42. GUADAMUZ, A., Los tókenes no fungibles y el derecho de autor. *Revista de la OMPI*, diciembre de 2021. Disponible en: *https://www.wipo.int/wipo_magazine/es/2021/04/article_0007.html* Este autor señala que el estándar de TNF se utilizó por primera vez en el entorno de Ethereum para una serie de avatares pixelados del proyecto CryptoPunks, lanzado en junio de 2017, y que luego, se han ido convirtiendo en TNF otros tipos de obras, incluidos los memes, los álbumes de música y el arte digital.

43. GUADAMUZ, A., Los tókenes, cit. quien señala que la confusión puede deberse a lo mucho que se ha llegado a pagar por algunos tókenes. Así, el director ejecutivo de Twitter (ahora X), Jack Dorsey, vendió el TNF de su primer tuit por 2,5 millones de USD. La NBA vende sus mejores jugadas en NBA Top Shot, una colección de TNF de momentos de la NBA a precios desorbitados. Un TNF de un collage de obras del artista digital Beeple se subastó en Christie's y se vendió a otro criptoempresario por 69 millones de USD. El músico Grimes ha vendido obras de arte digitales por más de 6 millones de USD.

Diversos artistas han denunciado a través de las redes y medios sociales la utilización, sin su autorización, de sus obras como TNF. Incluso se han llegado a convertir en TNF obras de titularidad pública del Rijksmuseum de Ámsterdam. La mayoría de los casos en los que se ha detectado una infracción del derecho de autor han sido resueltos al margen de la vía judicial, normalmente con la retirada del tóken de la correspondiente plataforma.

2.4. DIFERENCIAS ENTRE METAVERSO/S CENTRALIZADO Y METAVERSO/S DESCENTRALIZADO/S

Llegados a este punto, ya puede comprenderse el porqué de la existencia de dos tipos de metaverso (o mejor, proto-metaverso): los centralizados y los descentralizados.

En los metaversos centralizados (Meta, Roblox, Fortntite), las reglas por las que se rigen, esto es, los términos y las condiciones de uso, se establecen por una empresa o un conjunto de empresas.

Meta Horizon Worlds (antes Facebook Horizon), es un metaverso de realidad virtual, con un sistema de creación de mundos y juegos integrado. Desarrollado por Meta Platforms[44] en EE. UU. y Canadá en diciembre de 2021, se introdujo en 2022 en España y Francia. Se espera que Meta encabece la ejecución y desarrollo de metaversos en los próximos años (es la que destina y cuenta con más recursos humanos y tecnológicos para ello).

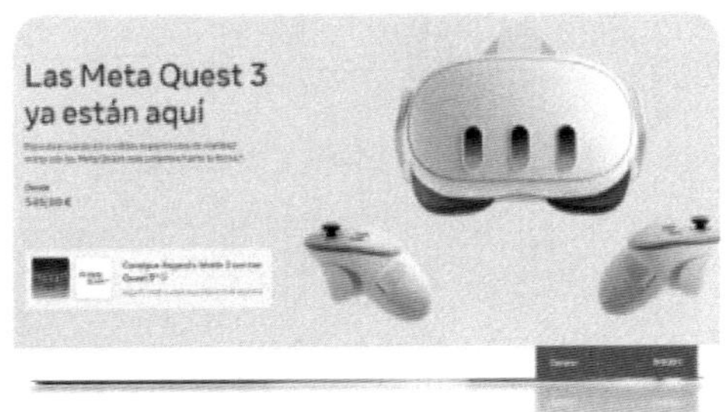

https://www.meta.com/es-es/experiences/2532035600194083/

44. Meta Platforms, Inc. (anteriormente Facebook, Inc.), con sede en Menlo Park (California) es la empresa matriz de Facebook, Instagram, WhatsApp, Threads y otras. También ha adquirido Oculus VR, Giphy y Mapillary, y tiene una participación del 9,9 % ven Jio Platforms. Fundada por Mark Zuckerberg y otros cuatro compañeros de Harvard, originalmente como *TheFacebook.com* (el actual Facebook). Meta es considerada una de las empresas más valiosas del mundo y una de las cinco grandes empresas de tecnología junto con Microsoft, Amazon, Apple y Alphabet (Google).

Por su parte, los metaversos descentralizados se construyen sobre la base de la tecnología blockchain y los TNF. La gobernanza se desarrolla a través de las DAO, de modo que son los participantes quienes deciden de acuerdo con las reglas de gobernanza establecidas en su creación. Las DAO no tienen una estructura tradicional ni un domicilio físico dado que están descentralizadas. La incorporación de los contratos inteligentes a la red Ethereum hizo posible su creación. Con ellos la organización y funcionamiento de la DAO opera de manera automática de modo que la voluntad del conjunto se cumple sin intermediarios.

Decentraland, The Sandbox, Cryptovoxels y Somnium Space se consideran los metaversos descentralizados más recientes. Todos ellos ofrecen experiencias similares a la de los mundos virtuales como Second Life, pero, a diferencia de estos, utilizan tecnologías *blockchain*. Así, todas las transacciones se basan en la criptomoneda única de cada mundo. Los artículos o terrenos del mundo se comercializan como NFTs, que actúan como certificados que prueban la propiedad.

Decentraland y The Sandbox son los más populares y, aunque tienen estéticas diferentes, funcionan de manera similar. Avatares y tierra comercializados como NFTs y tókenes que permiten la adquisición de activos digitales que conlleva formar parte de la gobernanza del metaverso. Cuentan con *marketplaces* que permiten hacer transacciones con los activos digitales. Estos dos mundos descentralizados buscan ser un metaverso gobernado por la comunidad y propiedad de la comunidad.

https://market.decentraland.org/lands https://decentraland.org/

La plataforma Decentraland surge en 2017 como metaverso 3D inmersivo que permite a los participantes comprar terrenos –consta de 90.601 parcelas (Land)– mientras exploran el universo virtual. La criptomoneda de Decentraland es el MANA (basada en la tecnología blockchain de Ethereum). Con MANA se pueden comprar nombres, avatares, propiedades, muebles, vestimentas etc. a través del Marketplace. Hay 2.190.000.000 MANAs. La DAO permite la toma de decisiones a los titulares de MANA, nombres y tierras (Land).

Sandbox fue lanzada en 2012 por Arthur Madrid y Sébastien Borget como un simple juego, y en 2018 se introdujo 3D y la blockchain de Ethereum. Similar a Decentraland, también se divide en parcelas digitales NFT. SAND es la criptomoneda del ecosistema (tóken de Ethereum) para la compra y venta de bienes y para participar en la gobernanza del metaverso. Existen 3.000.000.000 de SAND.

https://www.sandbox.game/en/

Los mundos virtuales descentralizados (proto-metaversos), en tanto abiertos, gobernados por la comunidad y propiedad de la comunidad están más cerca de llegar a ser un auténtico metaverso o metaverso «ideal». Este metaverso se podría definir como entorno 3D interactivo, persistente y autónomo, descentralizado y sin límites (pertenece a todos los usuarios, que pueden ser ilimitados) y con una economía virtual propia.

Esta economía es descentralizada, impulsada por las criptomonedas, permite participar a todos los usuarios (comprar, vender e intercambiar «activos digitales» como avatares, obras de arte, ropa virtual, o entradas para eventos) y en ella existe confluencia de datos, compras y dinero entre los mundos físico y digital. La tecnología *blockchain* es la que garantiza que las transacciones sean seguras en todo el mundo.

3. PROTECCIÓN DE LA MARCA EN EL METAVERSO

El metaverso multiplica las posibilidades de explotación del derecho de marca, teniendo en cuenta que el conjunto de plataformas constituye un entorno cada vez más grande, con multitud de participantes y múltiples opciones de negocio.

Por lo anterior, es fundamental para los titulares de marcas contar con una adecuada protección en el metaverso, lo que requiere elaborar una buena estrategia jurídica que tenga en cuenta el registro, la vigilancia y la actuación frente a la infracción de la marca.

3.1. REGISTRO

El principio de especialidad que rige el derecho de marca hace que el registro de una marca se realice en relación con determinados productos y servicios descritos en una clasificación internacional. Esta clasificación comprende 45 categorías, de las cuales 34 se refieren a productos y 11 a servicios. La Clasificación de Niza se basa en un tratado multilateral administrado por la OMPI: el Arreglo de Niza relativo a la Clasificación Internacional de Productos y Servicios para el Registro de las Marcas, concertado en 1957, que está abierto a los Estados parte en el Convenio de París para la Protección de la Propiedad Industrial.

La Clasificación de Niza, que se actualiza periódicamente para adaptarse a las necesidades que van surgiendo en relación con el registro y la protección del derecho de marca. En este sentido, en su 12ª edición 2024 (fecha de última actualización 01/02/2024)[45] incluye ahora, entre otros, los siguientes productos y servicios:

– Dentro de la clase 9: a) Aplicaciones de *software* descargables para acuñar tókenes no fungibles [TNF]; b) Archivos de imágenes digitales descargables autenticados por tókenes no fungibles [TNF], y c) Archivos digitales de música descargables autenticados por tókenes no fungibles [TNF]; d) Programas informáticos para el entretenimiento, e) Monederos electrónicos descargables, f) *Software* informático descargable para su uso como monedero, y) *Software* descargable para la gestión de transacciones con criptoactivos mediante la tecnología de cadena de bloques.

– En la clase 25: Ropa autenticada por tókenes no fungibles [TNF].

– En la clase 35: a) Marketing mediante la colocación de productos de terceros en entornos virtuales; b) Servicios de venta minorista en relación con archivos de imágenes digitales descargables autenticados por tókenes no fungibles [TNF], c) Suministro de espacios de venta en línea para vendedores y compradores de archivos de imágenes digitales descargables autenticados

45. *https://consultas2.oepm.es/clinmar/inicio.action* Fecha de la última consulta: 06/02/2024.

por tókenes no fungibles [TNF], y d) Transacciones financieras mediante cadena de bloques [*blockchain*].

– En la 42: a) Suministro de *software* no descargable en línea para acuñar tókenes no fungibles, b) Programación informática de contratos inteligentes en una cadena de bloques. Y.

– En la clase 36: a) Servicios de pago por billetera electrónica/servicios de pago por monedero electrónico, b) Transferencia electrónica de fondos mediante la tecnología de cadena de bloques; c) Transferencia electrónica de criptoactivos.

En relación con las solicitudes de marca para ser utilizadas en el metaverso, se han detectado numerosos intentos de registro de mala fe, entre otros, para marcas como Prada o Gucci.

3.2. VIGILANCIA

El desarrollo del metaverso y las transacciones que se realizan en él hacen prever que aparezcan progresivamente servicios de vigilancia con recursos y sistemas especiales para detectar infracciones de los derechos de marca. Ahora bien, la colaboración de los participantes y clientes es y será una de las vías más efectivas para alertar a los titulares de las marcas de los usos indebidos.

En la actualidad continúan empleándose los procedimientos clásicos: cartas de requerimiento de cese y desistimiento y procedimientos judiciales para intentar detener las infracciones[46].

4. INFRACCIONES DE MARCA EN EL METAVERSO. EL CASO DE LOS «METABIRKINS»

Como ejemplo de resolución judicial sobre infracción del derecho de marca en el metaverso en relación con la libre expresión artística cabe hacer referencia al caso «Metabirkins» resuelto en el ámbito del Tribunal del distrito sur de Nueva York.

A finales de 2021 al artista Mason Rothschild comienza a comercializar en el metaverso una colección de 100 TNFs denominados «MetaBirkins».

46. PARK, K., Marcas en el metaverso. *Revista de la OMPI*. marzo 2022. Disponible en: *https://www.wipo.int/wipo_magazine/es/2022/01/article_0006.html*.

La obra consistía en representaciones digitales transformadas del famoso bolso Birkin de Hermès con distintos dibujos y colores y en un material que no era piel sino una especie de vellón sintético. Tras requerir sin éxito al demandado el cese de su actividad, en enero de 2022 Hermès interpuso una demanda contra él. La demanda se basaba en el registro y uso indebido del nombre de dominio «MetaBirkins.com»; y el uso sin justa causa de la marca registrada «Birkin» que le permitía obtener una ventaja desleal de su renombre. Hermès solicitó también la indemnización de los daños y perjuicios causados, incluyendo los beneficios obtenidos por el artista por la venta de los NFTs.

Imagen de algunos de los 100 NFT «Metabirkins»[47]

Imagen de bolsos «Birkin»[48]

Rothschild alegó en su defensa que en la página web «Metabirkins.com» había una advertencia que negaba cualquier relación con la casa Hermès y que los «MetaBirkins» no constituían una copia del bolso, sino una creación artística fruto de su derecho a la libertad de expresión garantizada por la Primera Enmienda de la Constitución de los Estados Unidos de América.

En febrero de 2023 el jurado del Tribunal del distrito sur de Nueva York consideró a Mason Rothschild culpable de infracción del derecho de marca (registrada) y de dilución de marca condenándole por ello al pago de 110.000 dólares, y de una apropiación del nombre de dominio «cybersquatting» condenándole por este concepto al pago de 23.000 dólares.

Con este veredicto Hermès solicitó que se dictara un requerimiento permanente de cese de la comercialización de los «Metabirkins» en contra del artista. Por su parte, Mason Rothschild solicitó que se dictara una nueva

47. Imagen obtenida en: *https://planetanft.com/hermes-gana-la-primera-demanda-de-marca-registrada-contra-los-nft-de-metabirkins/.*

48. Imagen obtenida en: *https://www.hermes.com/es/es/content/297703-birkin/.*

sentencia a su favor o que se celebrara un nuevo juicio que pudiera revocar o suavizar de algún modo el veredicto del jurado.

El 23 de junio de 2023 el juez del tribunal confirma el veredicto del jurado y accede a la solicitud formulada por Hermès para lograr el requerimiento permanente[49], obligando a Mason Rothschild:

a) y a quienes actúen de acuerdo o participen activamente con él, a cesar permanentemente en la venta y comercialización de los TNFs «Metabirkins», justificándolo en la alta probabilidad de que tal comercialización genere confusión a los consumidores;

b) a transferir a Hermès el nombre de dominio «Metabirkins.com», por considerarlo ciberocupación, y le prohíbe registrar, utilizar o traficar con cualquier nombre de dominio o nombre de usuario en redes sociales o plataformas TNF que empleen o de cualquier modo incorporen la marca «Metabirkins»;

c) a devolver cualquier beneficio obtenido con los TNFs «Metabirkins» desde el 31 de enero de 2023, otorgándole un plazo para determinar por escrito la cuantía y abonarlos a Hermès; y

d) a comunicar la resolución a los compradores de los TNFs infractores mediante el envío de una copia.

El juez fundamentó la decisión de imponer la obligación de cese permanente de la comercialización a Mason Rothschild y a quienes actuaran de acuerdo o participaran activamente con él en la consideración de que en el caso Hermès se cumplían los cuatro presupuestos que el Tribunal Supremo había establecido en la sentencia eBay Inc. contra MercExchange[50] para acordar una medida de esta naturaleza:

1. Que exista un perjuicio irreparable, para lo que tiene en cuenta el derecho de la parte demandante a «una presunción refutable de daño irreparable» que decreta el veredicto del jurado.

2. Que los mecanismos disponibles en derecho para reparar dicho perjuicio sean inadecuados. El juez considera que los daños continuados sufridos por Hermès como consecuencia de las ventas incesantes de los TNFs

49. Puede consultarse en: *https://fingfx.thomsonreuters.com/gfx/legaldocs/akpeqbebbpr/HERMES%20NFTS%20LAWSUIT%20pi.pdf.*

50. Referencia: eBay Inc. v. MercExchange, L.L.C., 547 U.S. 388 (2006).

«Metabirkins» en las distintas plataformas por el demandado no quedarían plenamente compensados con una mera sanción pecuniaria.

3. Que se produzca con base en un recurso de equidad entre las partes. El juez entiende que el demandado renunció a su derecho a que los TNFs «Metabirkins» se encuadraran en el concepto de expresión artística amparada en la libertad de expresión desde el momento en que los utilizó de forma que supuso un aprovechamiento de la reputación de Hermès. Ahora bien, al objeto de evitar cualquier conducta inconstitucional y ante la posibilidad de que, atendido el contexto de evidente inseguridad y laguna jurídicas, pudieran llegar a considerarse obras de arte algunos aspectos de los TNFs, el juez no accedió a la petición de obligar al demandado a entregárselos a Hermès.

4. Que la medida cautelar permanente no afecte al interés público, entendiendo que el público tiene derecho a no sufrir confusión en relación con el origen de una obra de arte o de cualquier producto de consumo.

Esta sentencia puede servir de criterio de actuación para los tribunales nacionales de los Estados miembros de la Unión Europea, teniendo en cuenta que el Considerando 21 del Reglamento (UE) 2017/1001, de 14 de junio de 2017 sobre la marca de la Unión Europea señala que «el uso de la marca realizado por terceros con fines de expresión artística debe considerarse lícito en la medida en que al mismo tiempo sea conforme a las prácticas leales en materia industrial y comercial. Además, el presente Reglamento debe aplicarse de tal modo que se garantice el pleno respeto de los derechos y libertades fundamentales, y en particular la libertad de expresión».

5. BIBLIOGRAFÍA

BALL, M., *El metaverso*. Edit. Deusto, 2022.

BRENNEN, B./DELA-CERNA, E., Journalism in Second Life. *Journalism studies* v. 11, n. 4 (2010), pp. 546-554.

CROUS PUIG, A., *Blockchain* y función notarial: del principio de custodia y su conjugación con el entorno digital y la tecnología de registro distribuido, en Oliver Cuello, R. (dir.), *Los retos de la Empresa, el Derecho y la Comunicación en el mundo actual*, Edit. J.M Bosch, 2023, pp. 345-365.

ERCILLA GARCÍA, J., Aproximación Jurídica a las Organizaciones Autónomas Descentralizadas (DAOs). *Revista Aranzadi de derecho y nuevas tecnologías*, n.º 52 (2020).

GARCÍA SIGMAN, L. I., ¿Narcotráfico en metaversos basados en cadenas de bloques? (Y algunas ideas sobre el uso que los narcotraficantes pueden darle a las DEFI, las DAO y los NFT). *Revista Aequitas: Estudios sobre historia, derecho e instituciones*, n.º 19, 2022, pp. 181-256.

GONZÁLEZ-MENESES GARCÍA VALDECASAS, M., *Entender Blockchain. Una introducción a la tecnología de registro distribuido*. Edit. Aranzadi, 2017.

GUADAMUZ, A., «Los tókenes no fungibles y el derecho de autor», *Revista de la OMPI*, diciembre de 2021. Disponible en: *https://www.wipo.int/wipo_magazine/es/2021/04/article_0007.html.*

IBÁÑEZ JIMÉNEZ, J. W., *Blockchain: primeras cuestiones en el ordenamiento español*. Edit. Dykinson, 2018.

JIMÉNEZ SERRANÍA, V., *«Metaverso y Moda». Cuadernos del Centro de Estudios en Diseño y Comunicación. Ensayos, n.º 181 (2023)* (Ejemplar dedicado a: Sostenibilidad y Protección del Diseño), pp. 273-294.

LAMARCHE-TOLOZA, Á., «Les réalités du Métavers. Derrière la ruée vers l'or. Les réalités du Métavers et le rôle de la blockchain dans la virtualisation du monde» (2022). Disponible en: *https://www.clubopenprospective.org/copie-de-2022-s%C3%A9ance-2.*

LINARES, R., FERNÁNDEZ MANZANO, E. & GONZÁLEZ VASCO, M. I., «Oportunidades de la tecnología *blockchain*. La industria cinematográfica: Criptomonedas, tokens y NFTs». *In Mediaciones de la Comunicación*, 19 (1) (2024), pp. 137-159. Disponible en: *https://doi.org/10.18861/ic.2024.19.1.3457.*

LIU, L., ZHANG, W. & HAN, C.: LIU, L., ZHANG, W. & HAN, C., «A survey for the application of blockchain technology in the media. *Peer-to-Peer Netw». Appl.* 14, 3143-3165, 2021. Disponible en: *https://doi.org/10.1007/s12083-021-01168-5.*

MAKRIDAKIS, S. & CHRISTODOULOU, K., «Blockchain: Current Challenges and Future Prospects/Applications». *Future Internet*, 11 (2019). Disponible en: *https://doi.org/10.3390/fi11120258.*

McCORMICK, P., Not Boring by Packy McCormick (24/10/2020). Tencent's Dreams. Part II: Investing in the Metaverse. *https://www.notboring.co/p/tencents-dreams/comments.*

NAKAMOTO, S. *Bitcoin, A Peer-to-Peer Electronic Cash System*. Disponible en: *https://bitcoin.org/files/bitcoin-paper/bitcoin_es.pdf.*

PALAFOX FLORES, O. E., Wordpress, la evolución de la página web. *MADGU. Mundo, Arquitectura, Diseño Gráfico Y Urbanismo*, *1*(1), 8 (2018). Disponible en: *https://doi.org/10.36800/madgu.v1i1.16.*

PARK, K., Marcas en el metaverso. *Revista de la OMPI*. (Marzo 2022). Disponible en: *https://www.wipo.int/wipo_magazine/es/2022/01/article_0006.html*.

PATRICKSON B., What do blockchain technologies imply for digital creative industries? *Creativity and Innovation Management*, 30(3) (2021), pp. 585-595. Disponible en: *https://doi.org/10.1111/caim.12456*.

QUINIOU, M., *Blockchain. The Advent of Desintermediation*. John Wiley & Sons, Nueva Jersey, 2019.

ROMERO UGARTE, J. L., «Tecnología de Registros Distribuidos (DLT): una introducción». *Boletín económico-Banco de España*, n.º 4 (2018).

SIMON, J. P., The metaverse: updating the Internet (Web 3.0) or just a new development for immersive videogames? *Profesional de la información*, v. 32, n. 3 (2023), e320317. Disponible en: *https://doi.org/10.3145/epi.2023.may.17*.

VALPUESTA GASTAMINZA, E. M./HERNÁNDEZ PEÑA, J. C., (dirs.), *Blockchain: aspectos jurídicos de su utilización*. Edit. La Ley, 2022.

Capítulo 5

Analizando el universo de los videojuegos desde la perspectiva del Derecho de Marcas[1]

GONZALO MARÍA NAZAR DE LA VEGA[2]
Profesor de la Universidad de Buenos Aires y Palermo
Argentina

1. INTRODUCCIÓN

La industria de videojuegos ha crecido de manera vertiginosa en los últimos años. En el año 2023, el mercado mundial generó 184.000 millones

---

1. Este trabajo ha sido expuesto en el Congreso Internacional: Los nuevos horizontes y metas de la propiedad industrial celebrado los días 19 y 20 de octubre de 2023, Universidad Carlos III de Madrid. Además, es resultado del Proyecto TED2021-130344B-I00, «Desafíos y Retos de la ordenación de las innovaciones de cambio climático»; financiado por MCIN/AEI/10.13039/501100011033 y por la UE NextGenerationEU/PRTR.
2. Profesor de la Universidad de Buenos Aires y de la Universidad de Palermo (Argentina). Subdirector del Instituto de Análisis Económico del Derecho de la Universidad de Palermo. Ex investigador del Instituto Max Planck para la Innovación y Competencia (Múnich, Alemania), doctorando en la Universidad Carlos III de Madrid.

de dólares, lo que representa un crecimiento interanual del 2,6%, destacándose como uno de los sectores de mayor expansión dentro de la industria del entretenimiento. De igual manera, la cantidad de jugadores crece año a año de manera exponencial[3].

Los videojuegos son conceptualizados como obras creativas de particular complejidad, puesto que, en comparación con las demás obras protegidas por derechos de autor, suelen ser mucho más intrincados, toda vez que se componen de diferentes elementos como programas informáticos, contenidos audiovisuales, imágenes, diseños, obras literarias, narraciones, música, interpretaciones artísticas, entre otros[4]. Asimismo, además de involucrar cuestiones creativas, exhiben una cuota de tecnología determinante para su éxito.

En el ámbito de los videojuegos, el empleo de marcas va más allá de las prácticas convencionales como, por ejemplo, nombrar un juego. Existen otros usos que presentan algunas particularidades, entre ellos, cuando los desarrolladores de videojuegos, potenciados por el progreso tecnológico constante, buscan otorgar una percepción de mayor realidad al jugador, utilizando marcas ajenas en los diferentes escenarios, sin un permiso expreso del titular marcario.

Asimismo, hoy en día, es común que las empresas aprovechen el contexto digital de los videojuegos, participando activamente en el juego de diferentes maneras, como puede ser, comercializando productos digitales (herramientas o apariencias de los jugadores-*skins*) que integran la dinámica del juego.

A causa de estas cuestiones, entre otras, se ha entendido que, en la industria de videojuegos, el derecho marcario es el derecho de Propiedad Intelectual con mayor importancia, después del derecho de autor[5].

En ese contexto, resulta necesario el estudio de la interacción entre el videojuego, como obra protegida de derecho de autor, y las marcas. En ese sentido, este trabajo tiene como objetivo delinear los límites de los derechos conferidos a los titulares de marcas en este ámbito.

---

3. Newzoo, «Global Games Market Report», octubre 2023, p, 5 (disponible en *https://newzoo.com/*).
4. PIECHÓWKA, A., «When video games meet IP law», junio 2021, Revista de la Organización Mundial de la Propiedad Intelectual.
5. GEORGIEVA, H., «Legal Protection of Video Games» Proceedings of the Annual Scientific Conference of Angel Kanchev University of Ruse and Union of Scientists - Ruse, 2017, Volume 56, Book 7, SAT-2B.313-2-L -04., (*https://ssrn.com/abstract=3166951*).

2. EL VIDEOJUEGO COMO OBRA CREATIVA

La Real Academia Española define al videojuego como un «juego electrónico que se visualiza en una pantalla»[6]. Esa simple definición no se condice con el hecho de que se trata de una obra compleja y variada, toda vez que posee un elemento endógeno como la jugabilidad que suele resultar ajena a otras obras creativas. De esa manera, los videojuegos son creados no solo para mirar, admirar o apreciar, sino para interactuar a través del *software*.

Actualmente, no existe una definición jurídica uniforme del concepto de videojuego como obra completa, objeto de propiedad intelectual, ni disposiciones relativas a su protección jurídica general. No obstante, en la legislación estadounidense sobre derechos de autor, desde hace mucho tiempo se considera que la protección subsiste tanto en el programa informático subyacente del videojuego como en la presentación audiovisual generada por el mismo, en particular «el efecto completo del juego tal como aparece y suena»[7]. En esa misma línea, el Tribunal de Justicia de la Unión Europea (TJUE) ha desarrollado a lo largo de los años una amplia jurisprudencia que sustenta los principios de la legislación sobre derechos de autor. En el asunto Nintendo[8], el Tribunal expuso:

> «Los videojuegos […] constituyen una materia compleja que comprende no sólo un programa informático sino también elementos gráficos y sonoros que, aunque cifrados en lenguaje informático poseen un valor creativo único que no puede reducirse a dicho cifrado. En la medida en que las partes de un videojuego, en este caso, los elementos gráficos y sonoros, forman parte de su originalidad, están protegidas, junto con toda la obra, por los derechos de autor en el contexto del sistema establecido por la Directiva 2001/29».

Además, en otras sentencias como Infopaq[9], Levola[10] y Cofemel[11], el mismo tribunal agregó que, para lograr la protección, deben cumplirse dos criterios: 1) la obra debe ser original (en el sentido de que debe ser una

6. Sitio oficial de la Real Academia Española (*https://www.rae.es*).
7. Tetris Holding, LLC v. Xio Interactive, Inc., 863 F Supp 2d 394 (DNJ. 2012).
8. TJUE, asunto C-355/12, Nintendo Co Ltd v. PC Box SRL y 9Net SRL, 23/01/2014.
9. TJUE, asunto C-5/08, Infopaq International A/S v Danske Dagblades Forening, 16/07/2009.
10. TJUE, asunto C-310/17, Levola Hengelo BV v Smilde Foods BV, 13/11/2018.
11. TJUE, asunto C-683/17 Cofemel - Sociedade de Vestuario SA v G-Star Raw CV, 12/09/2019.

creación intelectual propia del autor) y 2) debe expresarse de un modo que la haga identificable con suficiente precisión y objetividad, aunque dicha expresión no sea necesariamente de forma permanente[12].

Vale destacar que aquella solución no es uniforme en todas las jurisdicciones. Por ejemplo, la legislación británica sobre derechos de autor determinó un sistema de listas cerradas, lo que significa que, para gozar de protección de los derechos de autor, las obras deben expresarse de una manera que se ajuste a una de las categorías determinadas. Esta limitación es importante en el ámbito de los videojuegos, donde algunos elementos, como la mecánica del juego, estarían más asociados a ideas que a expresiones originales y, por tanto, quedarían fuera del ámbito de aplicación de los derechos de autor. Así, en el caso Nova v. Mazooma[13], un tribunal británico sostuvo que las secuencias de imágenes generadas en la pantalla durante el juego no podían protegerse como obra dramática, ya que la secuencia precisa de imágenes mostradas variaría inevitablemente en función de cómo se jugara. También, consideró que los derechos de autor literarios que subsisten en un programa de ordenador solo se aplican al código en el que está escrito y no se extienden a la funcionalidad implementada por ese código, como la mecánica del juego en este caso.

3. LAS MARCAS Y LOS DERECHOS CONFERIDOS A SUS TITULARES

En el Derecho de Marcas prevalece la tendencia a definir el bien inmaterial (marca) objeto de regulación, a diferencia de lo que sucede, por ejemplo, con el Derecho de Patentes[14]. En esa línea, corresponde recordar que una marca es un signo distintivo (palabra, símbolo u otro) utilizado para diferenciar los productos o servicios de una empresa frente al resto de competidores. Esta función diferenciadora se instrumenta mediante el requisito de «capacidad o aptitud distintiva» necesaria para el registro de un signo como tal[15].

12. V. Document of the Advisory Committee on Enforcement - World Intellectual Property Organization, «Copyright infringement in the Video Game Industry», August, 30, 2022, (*https://www.wipo.int/edocs/mdocs/enforcement/en/wipo_ace_15/wipo_ace_15_4.pdf*).

13. British Court of Appeal, Nova Productions Ltd v Mazooma Games Ltd [2007] EWCA Civ 219. Para mayor información es interesante la discusión desarrollada por Nick Kempton, «Copyright Protection of Video Games in the Post-Brexit World» (2020) 3(2) IELR 131 (*https://www.youtube.com/watch?v=oJ7Yay6JTAA*).

14. FERNANDEZ NOVOA, C., Tratado sobre Derecho de Marcas, Marcial Pons, 2004, p. 38.

15. En modo coincidente lo establecen el art. 15, inc. 1, Acuerdo sobre los Aspectos de los Derechos de Propiedad Intelectual relacionados con el Comercio –ADPIC–; el art. 4,

Hoy en día, sería casi imposible concebir el lanzamiento de un producto sin que tenga una identificación que le permitiera al público consumidor asociar al signo distintivo con los productos elaborados o los servicios prestados por una determinada empresa. Como lo explica Pouillet, una marca «...es también al mismo tiempo una garantía para el consumidor y para el fabricante; para el consumidor, que se asegura que le entreguen el producto que él quiere comprar; para el fabricante que encuentra así un medio de distinguirse de sus competidores y de afirmar el valor de sus productos. Es la marca la que le da la mercadería su individualidad; ella permite reconocerla entre miles de otras análogas o parecidas...»[16].

El derecho fundamental que confiere la marca a su titular es el derecho exclusivo de utilizarla en el tráfico económico. Para proteger ese derecho exclusivo, las normas otorgan *ius prohibendi*, es decir, acciones que el titular de la marca puede ejercitar frente a terceros que utilicen, en el tráfico económico sin su consentimiento, cualquier signo idéntico a la marca para productos o servicios idénticos; o cualquier signo idéntico o semejante para distinguir productos o servicios idénticos o similares, cuando la semejanza entre los signos y la similitud entre los productos y servicios implique un riesgo de confusión en el público[17], tal como lo prevé la legislación nacional[18], europea[19], e internacional[20]. Ello significa que, en principio, tal facultad de exclusión no alcanza a situaciones en donde no existe tal riesgo, como puede ser el uso referencial o meramente descriptivo de marcas ajenas. Esta concepción se centra en la función originaria de la marca, esta es, la de indicación del origen empresarial.

En lo referente a esa función, el TJUE se expidió en el caso Opel AG c. Autec AG[21] relativo al empleo de la marca Opel-Blitz en maquetas de autos de juguete. En este caso, el juzgado requirente había entendido que no había infracción marcaria, dado que el fabricante de juguetes había indicado claramente su marca en los envases y accesorios, por lo que no existía riesgo de

---

inc. a, Reglamento UE 2017/1001 del Parlamento Europeo y del Consejo; y el art. 4, Ley 17/2001 de Marcas española.

16. POUILLET. E., «Traité des Marques de Fabrique et de la Concurrence Déloyale et Tous Genres», Paris, 1912, p. 14.
17. BAYLOS CARROZA, H., Tratado de Derecho Industrial, Thomson Reuters, 2009, Madrid, pp. 1280-1282.
18. Art. 34, incs. a y b, Ley 17/2001 de Marcas de España.
19. Art. 10 de la Directiva (UE) 2015/2436 del Parlamento Europeo y del Consejo y 9 del Reglamento Europeo.
20. Art. 16 del Tratado sobre los ADPIC.
21. TJUE, asunto C-48/05, Adam Opel c. Autec, 25/01/2007.

que los consumidores fueran inducidos a error en cuanto al origen comercial de los coches de juguete. Al respecto, el TJUE resaltó que:

> «Si, con estas explicaciones, el órgano jurisdiccional remitente pretendía subrayar que el público pertinente no percibe que el signo idéntico al logo Opel que figura sobre los modelos a escala reducida comercializados por Autec indique que estos productos proceden de Adam Opel o de una empresa relacionada económicamente con ésta, entonces deberá constatar que el uso controvertido en el asunto principal no vulnera la función esencial del logo Opel como marca registrada para juguetes» (ap. 24).

Es dable agregar que en ese caso, también se expuso que correspondía al órgano jurisdiccional remitente examinar si aquella utilización implicaba la alusión a una característica del juguete comercializado o se estaba obteniendo un beneficio del carácter distintivo o reputación de la marca. De esa manera, el tribunal estableció que, si mediante el uso sin causa justa se obtiene indebidamente un beneficio del carácter distintivo o de la reputación de la marca, o se causa un perjuicio a los mismos, podría existir una infracción marcaria.

Es relevante destacar que, a pesar de que originalmente solo se tutelaba la función de indicación de origen empresarial (también conocidos como uso «a título de marca» o «en función marcaria») y no alcanzaba a usos de otro tipo, posteriormente, esa postura ha vivido un progresivo declive a medida que otras funciones de la marca han encontrado amparo bajo el Derecho de Marcas[22]. En ese sentido, en la jurisprudencia del TJUE se ha consolidado la doctrina que otorga a la marca otras funciones adicionales, como la función de comunicación, inversión o publicidad, entre otras.

Al respecto, es relevante destacar el precedente L'Oréal c. Bellure[23], que se centraba en la disputa sobre la comercialización de imitaciones de perfumes por parte de la empresa demandada, aprovechando su actividad en base a la reconocida marca de la demandante. En aquella oportunidad, el TJUE hizo referencia a la existencia de otras funciones, al exponer que:

> «Corresponde al órgano jurisdiccional remitente apreciar si, en una situación como la del litigio principal, el uso que se hace de las marcas de las que son titulares L'Oréal y otros puede menoscabar una de

22. PEREZ GARCÍA, R., «La expansión del derecho de Marca», Marcial Pons, Buenos Aires, 2021, pp. 183-198.
23. TJUE, asunto C-487/07, L'Oréal c. Bellure, 18/06/2009.

las funciones de esas marcas, como, en particular, sus funciones de comunicación, de inversión o de publicidad» (ap. 63).

Posteriormente, en dos antecedentes referidos a la utilización de marca ajena como palabra clave en el sistema de avisos publicitarios Adwords de Google Inc., Google France v. Louis Vuitton[24] e Interflora v. Marks and Spencer[25], el TJUE precisó el concepto de las funciones publicitarias y de inversión. En cuanto a la función publicitaria, destacó que se ve afectada cuando la utilización no autorizada de la marca tiene repercusiones sobre el empleo publicitario de una marca por parte de su titular, es decir, para persuadir a los consumidores como instrumento de estrategia comercial. Por otra parte, expuso que la función de inversión refiere a la posibilidad de emplear la marca por su titular para adquirir o conservar una reputación que permita atraer a los consumidores y ganarse una clientela fiel. Aclaró que, si bien puede solaparse con la función publicitaria, es diferente en cuanto no solo se logra mediante la publicidad, sino también a través de diversas técnicas comerciales, por eso corre peligro cuando se afecta la reputación de la marca[26].

Esa ampliación de las funciones de la marca implica una extensión de los derechos exclusivos de los titulares marcarios y significa un fortalecimiento el Derecho de Marcas, cuya finalidad es proteger el fruto de la labor empresarial y reconocer la inversión que existe detrás de la puesta a disposición del público de un determinado bien o servicio, y tutelar simultáneamente al consumidor, con el fin de defender su autonomía y evitar que pueda caer en error de hecho o confusión en el proceso de selección y adquisición de los bienes y servicios[27].

4. EL NACIMIENTO DEL DERECHO EXCLUSIVO SOBRE MARCAS Y SU APLICACIÓN EN LOS VIDEOJUEGOS

El nacimiento del derecho exclusivo sobre una marca se asienta sobre uno de los dos siguientes principios: el principio de prioridad en el uso; y

---

24. TJUE, casos acumulados, Google France SARL y Google Inc. c. Louis Vuitton Malletier SA (C-236/08), Google France SARL c. Viaticum SA and Luteciel SARL (C-237/08) y Google France SARL c. Centre National de Recherche en Relations Humaines (CNRRH) SARL and Others (C-238/08), 23/03/2010.

25. TJUE, Asunto C-323/09, Interflora Inc e Interflora British Unit c. Marks & Spencer plc y Flowers Direct Online Ltd., 22/09/2011.

26. Ver en particular, los considerandos 92, 93, 96 y 97, «Google France»; y cons. 39, 55, 59, 60, 61 y 63 de «Interflora».

27. ANTEQUERA, P., *Estudios de Derecho Industrial y Derecho de Autor*, Ed. Temis, 2009, pp. 189.

el principio de inscripción registral. El primero de ellos es que el que ha prevalecido en las primeras etapas del sistema de marcas, cuando el derecho sobre la marca se adquiría a través de la utilización efectiva del correspondiente signo en el mercado, a nombre de quien la usaba por primera vez para designar sus productos[28].

Posteriormente se abrió paso la etapa de inscripción registral que es la que prevalece en la mayoría de las jurisdicciones. Esto quiere decir que quien presente primero la solicitud se convierte en el titular de los derechos de la marca. Incluso en los Estados Unidos, donde todavía se da preferencia al uso efectivo en el mercado sobre la posible fecha de solicitud anterior, resulta esencial presentar la solicitud de manera pronta para intentar establecer una base de apoyo, dado que la fecha de dichasolicitud determinará cuándo se considera el primer uso, incluso si este se materializa más adelante[29].

Como es sabido, el registro de un signo en una clase del nomenclador de marcas da lugar al cumplimiento del principio de especialidad. Esto determina un alcance limitado de protección en cuanto a que, en principio, solamente se adquiere el derecho exclusivo para utilizar el signo en relación con la clase en virtud de la cual se registró. Es decir, que la marca solo confiere derechos a impedir que terceras personas puedan utilizar aquel signo para distinguir sus productos o servicios en el comercio (*ius prohibendi)*, únicamente en lo que se refiere a los bienes o servicios designados en la solicitud de registro administrativo.

Sin perjuicio de ello, este principio puede ser desafiado en los casos de marcas notorias o renombradas, donde la reputación y el alcance de la marca son tan significativos que se busca protección más allá de las categorías originales de registro para evitar confusión o aprovechamiento indebido[30].

En el ámbito del videojuego, las marcas suelen aparecer en la introducción del videojuego, en la interfaz gráfica, así como en la caja y en la publicidad. De igual modo, pueden involucrar al nombre y logo del videojuego, los sonidos y colores distintivos, eslóganes e, incluso, algunos elementos como herramientas, armas o automóviles, entre otros[31]. Las clases más utilizadas en torno a los videojuegos son la 9 (*software*), 25 (ropa), 28 (videojuegos,

28. FERNANDEZ NOVOA, C., Tratado sobre Derecho de Marcas, op.cit., pp. 79-81.
29. PARK, K., «Marcas en el Metaverso», OMPI Revista, marzo 2022, disponible en *https://www.wipo.int/wipo_magazine/es/2022/01/article_0006.html.*
30. FERNANDEZ NOVOA, C., Tratado sobre Derecho de Marcas, op.cit., pp. 412-413.
31. PIECHÓWKA, A., «When video games meet IP law», *op. cit.*

cartuchos, juguetes), 35 (servicios comerciales con productos virtuales), 41 (educación, esparcimiento, entretenimiento) y 42 (servicios informáticos). Es importante destacar que la clase 9 es, además, la destinada para la protección de los bienes virtuales, como «contenido digital». En esta se incluyen, por ejemplo, los tokens no fungibles (NFT)[32].

5. LA UTILIZACIÓN DE MARCA AJENA EN UN VIDEOJUEGO

Como se advirtió al principio, el derecho marcario no es un derecho absoluto, sino que debe analizarse en qué supuestos la utilización que se haga de marca ajena en el contexto de un videojuego es permitida. En ese sentido, en este punto se analizarán los prerrequisitos dispuestos por las normas europeas para que sea posible ejercer derecho de exclusión marcario. De ese modo, vamos a hacer referencia al artículo 9 del Reglamento UE 2017/1001[33] que replica lo establecido en la Directiva UE 2015/2436.

En esas normas se desprenden los prerrequisitos para la procedencia de la acción marcaria, los cuales son la base de análisis. Estos son: el uso del signo; que esa utilización sea con relación a productos o servicios; en el curso de operaciones comerciales; y en cumplimiento de una función marcaria.

A continuación, se procede a identificarlos en el contexto de un videojuego.

En cuanto al uso del signo, podemos señalar que debe ser entendido en sentido amplio. Esto implica no limitarse exclusivamente a su aplicación perceptible a través de texto, sonido o imágenes, sino que abarca también otros usos en los cuales el signo distintivo puede no ser directamente percibido. Un ejemplo de esto se observa en la utilización de marcas ajenas

32. EUIPO, Trade mark guidelines, p. 6.25.

33. «Artículo 9. Derechos conferidos por la marca de la Unión. 1. El registro de una marca de la Unión conferirá a su titular derechos exclusivos. 2. Sin perjuicio de los derechos de los titulares adquiridos antes de la fecha de presentación de la solicitud o la fecha de prioridad de la marca de la Unión, el titular de esta estará facultado para prohibir a cualquier tercero, sin su consentimiento, el uso en el tráfico económico de cualquier signo en relación con productos o servicios cuando: (a) el signo sea idéntico a la marca de la Unión y se utilice en relación con productos o servicios idénticos a aquellos para los que la marca de la Unión esté registrada; (b) el signo sea idéntico o similar a la marca de la Unión y se utilice en relación con productos o servicios idénticos o similares a los productos o servicios para los cuales la marca de la Unión esté registrada, si existe un riesgo de confusión por parte del público; el riesgo de confusión incluye el riesgo de asociación entre el signo y la marca; [...]».

como palabras clave en servicios de AdWords y metaetiquetas (metatags). En estas situaciones, la utilización de la denominación marcaria no es percibida directamente por el internauta a través de sus sentidos, pero sigue considerándose un uso concreto del signo[34].

De igual modo, dicho uso debe estar vinculado a un producto o servicio específico. Ello se fundamenta en la naturaleza comercial de las marcas, las cuales funcionan como identificadores distintivos de origen para productos o servicios particulares. Este también debe ser considerado en sentido amplio. En los videojuegos o mundos virtuales podría entenderse que existe un uso sobre un producto o servicio, por ejemplo, cuando se percibe claramente que un signo marcario se utiliza para un elemento virtual (ej. herramienta, arma o apariencia del personaje –*skin*–) en el contexto de un videojuego.

Además, el uso del signo debe darse en el curso de operaciones comerciales. Según la jurisprudencia del TJUE, un signo marcario se utiliza en el tráfico económico cuando su uso se produce en el contexto de una actividad comercial con vistas a obtener un beneficio económico y no como un asunto privado[35]. Esta conceptualización traza una línea divisoria clave entre los derechos privados exclusivos del titular de la marca, por un lado, y el derecho del público en general a utilizar libremente las marcas protegidas en contextos no comerciales, por el otro. Es importante hacer hincapié en que, dada la elasticidad de la fórmula, la prueba del uso en el tráfico económico constituye un umbral bajo[36]. En ese sentido, el uso de una marca en un contexto cultural se calificará como uso en el comercio en el momento en que se combine con una actividad comercial[37]. En los videojuegos, podrían excluirse del cumplimiento de este requisito a los ítems creados por aficionados (*fanmade ítems) que* no son comercializados[38].

El último prerequisito consiste en que debe haber un «uso marcario» del signo. Esto significa que la marca sea empleada como identificador de la

34. V. TJUE, Interflora v. Marks and Spencer, *op. cit.*

35. V. TJUE, asuntos C-236/08 a 238/08, Google France and Google, para. 50; y asunto C-206/01, Arsenal v. Reed, para. 40.

36. SENFTLEBEN, M., «Robustness Check: Evaluating and Strengthening Artistic Use Defences in EU Trademark Law», IIC –International Review of Intellectual Property and Competition Law– (2022) volume 53, pp. 567-603.

37. BOHACZEWSKI, M., «Conflicts Between Trade Mark Rights and Freedom of Expression Under EU Trade Mark Law: Reality or Illusion?», IIC –International Review of Intellectual Property and Competition Law–, Volume 51, pp. 856-877, (2020).

38. En estos supuestos podría haber elementos de copyright o derecho de publicidad, pero no marcarios.

fuente comercial en relación con los bienes o servicios propios[39]. En principio, esta condición serviría de filtro para excluir las utilizaciones que no estén relacionadas con la identificación y distinción de productos y servicios[40]. No obstante, como se adelantó en el apartado 3, el campo de acción de las marcas se ha ampliado, otorgando otras funciones, como las funciones de inversión, publicitaria, competencia o identificación de origen, entre otras. De ese modo, el *ius prohibendi* es aplicable cuando se afecta alguna de las funciones jurídicas y económicas encomendadas a las marcas.

Ahora bien, como se advirtió al comienzo de este trabajo, en el proceso creativo del videojuego, algunos escenarios o elementos pueden involucrar la mención de marcas con la idea de buscar una apariencia de realidad. Cuando en el cumplimiento de esa idea de realismo, se establece un mercado en línea (*marketplace)* en el cual los consumidores pueden adquirir un producto oficial o la apariencia de un personaje (*avatar skin)* al que se le aplica un signo marcario, puede ser considerado un uso marcario. Ello se asemeja a lo que sucede con productos reales que se pueden adquirir en línea *(online)*. No obstante, cuando se utiliza una marca ajena con la idea de dar realismo al videojuego exclusivamente, sin que se comercialice un producto digital, en principio, constituye un uso permitido de la marca justificado en la libertad de expresión creativa, que no trae responsabilidad. Esta excepción de gran importancia, se analiza en el apartado siguiente (apartado 6).

Una vez verificados los prerrequisitos previos, la exclusión estará condicionada a determinar que el uso de una marca ajena o similar se limita a productos o servicios idénticos o similares para los cuales se registró la marca, con riesgo de confusión o asociación por parte del público. En el supuesto de la utilización de marcas de renombre, que sea con la idea de obtener una ventaja desleal por el gran poder de identificación que goza en el público consumidor o que produzca una dilución del poder identificatorio.

6. USO DE LA MARCA EN EL CONTEXTO DE UNA OBRA CREATIVA

En cuanto a los límites del derecho marcario y el balance con la libertad de expresión creativa, cuya conclusión se presentó en el apartado anterior,

---

39. TJUE, asunto C-48/05, Opel v. Autec, para. 24, apunta en esa dirección. No obstante, como se analizó en el apartado 3, existió una expansión del derecho marcario en la jurisprudencia subsecuente del tribunal.
40. SENFTLEBEN, M., «Robustness Check: Evaluating and Strengthening Artistic Use Defences in EU Trademark Law», *op. cit.*

es necesario realizar un tratamiento específico, dada la importancia de este tema en el contexto de los videojuegos.

En los considerandos 27 de la Directiva Europea y 21 del Reglamento Europeo, se establece que el uso artístico puede considerarse leal siempre que el artista garantice el cumplimiento de las «prácticas leales en materia industrial y comercial». A la luz de esas previsiones deben analizarse las limitaciones de los derechos de marca estipuladas expresamente, tales como la defensa del uso referencial, la defensa del uso descriptivo y la defensa del uso no distintivo (arts. 14.1 de la Directiva y 14.1 del Reglamento), las que pueden abarcar formas artísticas de uso.

Aun así, la utilización de marca ajena en el contexto de la obra creativa está sujeta a las «prácticas honestas» como criterio que cruza horizontalmente estas previsiones. En ese sentido, podemos entender que, aunque esté en juego la libertad de expresión artística, no se exime al creador de la obra del cumplimiento de las prácticas leales. Este estándar abierto de conducta puede estar sujeto a consideraciones por parte de las partes interesadas, por lo cual suelen haber tensiones. En virtud de ello, cabe hacer mención a algunas consideraciones.

En primer lugar, la expresión artística goza de protección sobre la base de la garantía constitucional de la libertad de expresión y la libertad de las artes en los artículos 11 y 13 de la Carta de los Derechos Fundamentales de la Unión Europea.

En segundo lugar, a pesar de la extensión de las funciones de las marcas, es cierto que la utilización de marca ajena en una obra creativa no tiene vínculo con la función principal, esto es, la utilización como identificador de una actividad comercial, de la cual derivan las demás funciones. Esta idea tiene una profunda repercusión en el ejercicio de ponderación que debe realizarse a la luz del principio de proporcionalidad. Como el artista no utiliza la marca como distintivo de origen, el perjuicio para el titular de la marca es, por definición, reducido o limitado. Ello, aunque el uso artístico que se haga de la marca ajena, la perjudique, por ejemplo, al criticarla[41].

En función de ello, la utilización de la marca ajena en el contexto de una obra artística, en principio, podría considerarse acorde con un uso honesto y legítimo, teniendo en cuenta los derechos constitucionales en juego.

---

41. SENFTLEBEN, M., «Robustness Check: Evaluating and Strengthening Artistic Use Defences in EU Trademark Law», *op. cit.*

En ese marco, el titular de la marca está obligado a demostrar que, a pesar del entorno artístico, el uso induce explícitamente a error a los consumidores en cuanto al origen comercial de la obra de arte. Asimismo, en el caso de una marca con alta reputación, el titular marcario podría alegar una dilución[42]. Es decir, el titular de la marca debe estar obligado a demostrar que el uso difumina, menoscaba o explota deliberadamente de manera desleal el carácter distintivo o el renombre de dicha marca.

La evolución de la jurisprudencia en Estados Unidos y en Europa ofrece un apoyo adicional a este tema. Por lo que respecta a la protección contra la confusión, la evolución de la denominada «test de Rogers»» de los Estados Unidos reviste especial importancia. En cuanto a las demandas de dilución, la sentencia del Tribunal de Justicia del Benelux en el asunto Moe¨t Hennessy/Cedric Art también ofrece un modelo para la aplicación del sesgo explicado a favor del uso artístico.

6.1. ANÁLISIS DE LA CONFUNDIBILIDAD («TEST DE ROGERS»)

En el caso Rogers del año 1989[43], la actriz Ginger Rogers, quien había sido compañera de baile en varias películas de Fred Astaire, intentó detener la inclusión de su nombre en el título de la película «Ginger and Fred,» dirigida por Federico Fellini.

El tribunal de primera instancia desestimó la demanda al argumentar que los títulos de las películas estaban protegidos, al considerarlos esenciales para describir el contenido de la obra. Sin embargo, el Tribunal del Segundo Circuito modificó la decisión inicial. Enfatizó que los títulos de las películas, al igual que cualquier expresión artística, poseen una naturaleza dual, ya que incorporan aspectos artísticos y comerciales. En consecuencia, si bien están amparados por la libertad de expresión, esta protección no es absoluta, ya que no se pueden permitir conductas engañosas para los consumidores. Por lo tanto, se argumentó que era necesario llevar a cabo un análisis equilibrado entre los intereses en juego, que son, por un lado, la libertad de expresión y, por otro lado, el riesgo de confusión que podría afectar al público. Así, para llegar a esta conclusión, ese tribunal desarrolló una guía que ayuda a equilibrar la protección de los derechos de marca con la libertad de expresión, reconociendo la protección de la expresión artística, que ahora se conoce

42. TJUE, asunto C-375/97, General Motors v. Yplon («Chevy»), 14/09/1999, para. 24-28; asunto C-301/07, Pago v. Tirolmilch, 6/10/2009, paras. 29-30; entre otros.

43. Rogers versus Grimaldi, 875 F.2d 994 (2d Cir. 1989).

como el «Test de Rogers». Según este test, las acciones marcarias solo serán procedentes por el uso de una marca ajena en el título de una creación si se puede demostrar que: i) no tiene relevancia artística en relación con la obra que identifica, o ii) si tiene alguna relevancia artística, que sea explícitamente engañoso en términos de su fuente o el contenido de la obra. Por lo tanto, el uso permitido en un contexto artístico es la norma; el uso infractor es la excepción. Solamente si el uso no autorizado induce explícitamente a error al público, puede prosperar una reclamación por infracción[44].

Posteriormente, el Test de Rogers fue adoptado por los otros tribunales de apelación en varios circuitos judiciales de los Estados Unidos. Su aplicación se ha expandido más allá de los títulos de obras y se ha extendido a diversas formas de creación, incluyendo videojuegos, pinturas y series de televisión[45]. En este contexto, es importante mencionar dos decisiones judiciales del ámbito norteamericano en los casos de Rock Star Videos, Inc[46]. y Virag[47] relativos a videojuegos.

El primero de ellos involucra al videojuego *Grand Theft Auto*, fabricado y distribuido por la empresa Rockstar Videos, Inc. Cada entrega de esta serie presenta una versión ficticia y caricaturesca de una ciudad real (por ejemplo, Nueva York, Los Ángeles o Las Vegas) y sigue a un protagonista que realiza diversas misiones en esa metrópoli ficticia. En el juego que se desarrolla en Los Ángeles se incluyó un club de striptease llamado Pig Pen. Los propietarios del verdadero club de striptease, Play Pen, interpusieron demanda contra Rockstar Games, Inc. por infracción de marca e imagen comercial. En el caso, en un análisis basado en el test de Rogers, se entendió que su inclusión en el videojuego tiene un valor artístico, ya que constituye una representación parodiada del estilo arquitectónico de aquella ciudad. Asimismo, se consideró poco realista suponer que alguien que juega este

44. DINWOODIE, G.B., «Trademark Law as a Normative Project», (August 31, 2023), pp. 24 y siguientes; disponible en SSRN: *https://ssrn.com/abstract=4344834* or *http://dx.doi.org/10.2139/ssrn.4344834*.

45. JORDAN, L. M. y KELLY, D. M., «Another Decade of Rogers versus Grimaldi: Continuing to balance the Lanham Act with The First Amendment Rights of Creators of Artistic». The Trademark Reporter, Vol. 109, p. 833-874 (disponible en *https://www.inta.org/wp-content/uploads/public-files/resources/the-trademark-reporter/vol109_no5_a1_jordan_kelly.pdf*).

46. E.S.S. Entertainment 2000, Inc., versus Rock Star Videos, Inc., 547 f.3d 1095 (9th Cir. 2008).

47. Virag S.R.L. versus Sony Computer Entertainment America LLC, (N.D. Cal. Aug. 21, 2015).

videojuego entienda que la empresa demandante haya contribuido de manera significativa en el videojuego. Se agregó que un consumidor razonable no consideraría que una empresa que opera un club de striptease en el este de Los Ángeles, y que no es ampliamente conocido por el público en general, también esté involucrado en la producción de un videojuego.

El segundo caso se discutió si era legal incluir la representación de la marca Virag en el videojuego Gran Turismo 5. En la vida real, esta marca aparece en un anuncio publicitario en la pista de carreras del conocido circuito de Monza, Italia. En este precedente, también se aplicó el test Rogers para evaluar si era apropiado el uso de esta marca en un videojuego. La demandante, que se dedicaba a la venta de alfombras y pisos, argumentó que la presencia de su logotipo en esta plataforma digital generaba una impresión falsa de una posible autorización o patrocinio de su parte. Para rechazar la demanda, el tribunal argumentó que la inclusión de la marca en este juego electrónico tenía relevancia artística, ya que otorgaba mayor realismo, lo que era uno de los objetivos de la demandada, lo cual, además, era muy valorado por los jugadores. Además, señaló que la representación gráfica de la marca Virag en un puente sobre la pista de carreras virtual no generaba un riesgo de confusión entre los consumidores, ya que el sector económico de los juegos de carreras estaba muy alejado de los productos vendidos por la demandante[48].

6.2. ANÁLISIS DE LA DILUCIÓN (CASO MOËT HENNESSY/ CEDRIC ART)

En el ámbito de la protección contra la dilución, la decisión del Tribunal de Justicia del Benelux en el asunto Moe¨t Hennessy v. Cedric Art. pone de manifiesto una tendencia similar a inmunizar el uso artístico contra las demandas por infracción de marca[49].

El caso se centró en el alcance de la defensa de «causa justa», para terminar de analizar si permitía resistir las demandas de dilución basadas en argumentos de difuminación, empañamiento o parasitismo. En este punto, es importante resaltar que, en el derecho de marcas del Benelux, la defensa

48. En el mismo sentido, se decidió en otros casos como Am General LLC v. Activision Blizzard, Inc. and others 1:2017cv08644 (SDNY 2020) respecto del videojuego *Call of Duty*.
49. SENFTLEBEN, M., «Robustness Check: Evaluating and Strengthening Artistic Use Defences in EU Trademark Law», *op. cit.*

de la «causa justa» también está disponible en virtud del art. 2.20 apartado 2, letra d), del Convenio del Benelux sobre Propiedad Intelectual, que ofrece a los titulares de marcas la posibilidad de presentar demandas por infracción aunque el uso no sirva para distinguir productos o servicios en el tráfico comercial[50].

El caso se centraba en el artista belga Cedric Peers, quien define su estilo artístico como «contemporáneo, fusionando el puntillismo con elementos del arte pop»[51]. En sus obras, realiza collages que incorporan logotipos de marcas reconocidas. Específicamente, en su serie de obras titulada Damn Pérignon, Peers incluye representaciones de mujeres con escasa ropa sosteniendo botellas de champán Dom Pérignon. Algunas de estas obras presentan meros contornos de las botellas, mientras que otras incluyen la icónica etiqueta de la marca. Además de su faceta artística, Peers se involucra en la venta de prendas de vestir que muestran el distintivo contorno de Dom Pérignon.

En virtud de ello, Moët Hennessy Champagne Services, titular de las marcas registradas de Dom Pérignon, presentó una demanda por infracción ante el tribunal comercial de Bruselas, alegando que las pinturas y prendas de vestir infringían sus signos marcarios.

En primer lugar, el Tribunal de Bruselas confirmó que las marcas Dom Pérignon son altamente reconocidas. Sobre esa base, entendió que Peers infringió aquellas marcas en el ámbito de las ventas de ropa. En segundo lugar, en lo concerniente al uso marcario en sus pinturas, estimó que se trataba de un uso «distinto del destinado a distinguir productos o servicios» que, con arreglo al artículo 2.20, apartado 2, letra d), del Convenio Benelux sobre Propiedad Intelectual, puede prohibirse si se aprovecha indebidamente del renombre del signo o lo perjudica, y lo hace sin justa causa.

---

50. «Artículo 2.20 Derechos conferidos por una marca de fábrica o de comercio. 1. El registro de una marca de fábrica o de comercio a que se refiere el artículo 2.2 conferirá a su titular derechos exclusivos sobre la misma. 2. Sin perjuicio de los derechos de los titulares adquiridos con anterioridad a la fecha de presentación o a la fecha de prioridad de la marca registrada, y sin perjuicio de la eventual aplicación del derecho común en materia de responsabilidad civil, el titular de la marca registrada estará facultado para prohibir a cualquier tercero el uso, sin su consentimiento, de cualquier signo que: (...) d. Se utilice para fines distintos de los de distinguir productos o servicios, cuando de su uso sin justa causa se pretenda obtener una ventaja desleal o se pueda causar perjuicio al carácter distintivo o al renombre de la marca». (traducción del autor).

51. Ver sitio web *https://www.cedricgallery.com/*.

En ese marco, el tribunal nacional solicitó al Tribunal de Justicia del Benelux que se pronunciara sobre la cuestión. En concreto, consultó: (i) si la expresión artística puede constituir una causa justa para el uso de una marca y (ii) en caso afirmativo, en qué condiciones.

Al respecto, el tribunal remarcó que el uso de una marca o de un signo similar con fines distintos a los de distinguir productos o servicios está permitido, siempre que la expresión artística sea el resultado original de un proceso creativo de diseño que no tenga por objeto perjudicar a la marca o al titular de la misma.

En el caso, curiosamente, el tribunal se basó explícitamente en el artículo 10.1 del Convenio Europeo de Derechos Humanos (CEDH) para respaldar el derecho del artista a incluir marcas en la expresión artística sin autorización previa[52]. Por lo tanto, analizó el reclamo por infracción de marca a través del prisma de los derechos fundamentales. En lugar de examinar el uso artístico a la luz de las categorías de infracción de marcas, como la difuminación y el aprovechamiento indebido, ajustó su sentencia a la garantía de libertad de expresión del CEDH y exigió un uso que tuviera por objeto causar un daño[53].

7. LA MARCA EN EL LÍMITE DEL MUNDO REAL Y EL MUNDO VIRTUAL

Actualmente, el videojuego, como ámbito de entretenimiento y conexión social, en combinación con el metaverso, ha incorporado interacciones económicas, no solo entre el proveedor y el usuario, sino también entre los propios jugadores. De esa manera, el entorno virtual creado por el proveedor se convierte en un mercado importante para la compra y venta de objetos virtuales, lo que da lugar a contratos accesorios conocidos como microtransacciones. Estos objetos pueden variar ampliamente, desde elementos que brindan ventajas en el juego hasta simples mejoras estéticas o personalizaciones sin ventaja competitiva[54].

---

52. Ver para. 9.

53. SENFTLEBEN, M., «Robustness Check: Evaluating and Strengthening Artistic Use Defences in EU Trademark Law», *op. cit.*

54. Para un análisis más profundo, ver LORENTE LÓPEZ, María C, (2015), «La vulneración de los derechos al honor, a la intimidad y a la propia imagen de los menores a través de las nuevas tecnologías», en Revista Aranzadi Doctrinal, núm. 2/2015, parte Estudio, Aranzadi, Pamplona.

En esa nueva dinámica comercial, también es posible que un tercero utilice una marca ajena enel ámbito virtual. En esa situación cabe entonces, antes que nada, analizar los prerequisitos antedichos (apartado 5). Una vez que estos están presentes en el caso, podemos pasar al siguiente paso, esto es, analizar si existe o no riesgo de confusión.

Es claro que cuando un signo marcario o similar se utiliza por un tercero en una clase para la cual está registrado y por tal razón, se verifica un riesgo de confusión, hay lugar para una probable acción para impedir ese uso no autorizado. Ello implica que, si un tercero comercializa un producto virtual con una marca registrada por el titular marcario en esa misma clase, está abierta la acción adelante para impedir esa utilización. No hay mayor novedad en este punto.

Ahora bien, cabe preguntarse lo que sucede cuando una marca registrada para un producto real es utilizada para un producto digital (clase 9), en el contexto de un videojuego virtual sobre la cual el titular de la marca real no ha requerido protección a la oficina de marcas, ni ha hecho algún tipo de uso de hecho. Este es un punto relevante en estos ámbitos virtuales, dado que una de las principales cuestiones es precisamente si sus registros preexistentes de marcas para productos físicos son suficientes o si es necesario solicitar por separado derechos de marca para productos homólogos virtuales[55]. Es decir, cómo se analizan los casos en los que existe una marca real (no renombrada) que se encuentra activa (ej. 25 para remeras/playeras), que no se encuentra registrada para productos digitales (clase 9) y hay un tercero utilizando ese signo para designar playeras virtuales.

En principio, la falta de uso y registro en la clase pertinente atentaría contra un reclamo por ejercicio del principio de especialidad marcario. Así, al día de hoy, sin que esté en juego una marca con gran fuerza identificatoria en el mundo real, es difícil entender que exista un riesgo de confusión, toda vez que la naturaleza de los productos físicos y virtuales es diferente y no se encuentran en competencia[56].

Ahora bien, es importante tener en cuenta que la evolución tecnológica lleva a que los límites entre el ámbito real y virtual se difuminen. En unos

55. INTA Research, «Trademarks in the Metaverse White Paper», april 12, 2023 (disponible en *https://www.inta.org/perspectives/inta-research/trademarks-in-the-metaverse-white-paper/*).

56. TENKHOFF, C., GROTKAMP, P., y BURGESS-TATE, S., «Brands in the Metaverse: The Concept of Interdimensional Confusion, between the Physical and the Virtual Space under EU Trade Mark Law», Grur International, 72(7), 2023, pp. 643-649.

años, es probable que esto se acentúe a un nivel en que un local o comercio de cercanía, tenga su presencia virtual para productos o servicios homólogos virtuales. En este punto, cabría plantearse si la conclusión anterior debería ser reconsiderada, y si sería adecuado ampliar la protección a los productos o servicios homólogos virtuales, sin que ello afecte al examen del caso por el principio de especialidad. Por ahora, repito, no llegamos a ese punto.

En la actualidad, este tipo de análisis se vincula con la utilización de marcas notorias o renombradas que, como se expuso anteriormente, no se encuentran limitadas por la omisión del registro en la clase correspondiente. En ese contexto, ya contamos con algunos antecedentes que, si bien no se dieron en el contexto de un videojuego, cabe tener en consideración por cuanto sus conclusiones pueden trasladarse a estos aspectos que estamos analizando.

Entre los casos pioneros, destaca el precedente de Hermès International, *et al.* v. Mason Rothschild[57], en el cual un jurado federal de Nueva York enfrentó uno de los primeros casos de marcas preexistentes en productos del mundo físico trasladados al mundo virtual, y dictaminó a favor del titular de la marca. La demandada Mason Rothschild había ganado más de un millón de dólares vendiendo bolsos Birkin virtuales autentificados por NFT. En mayo de 2022, el tribunal de distrito denegó la petición de desestimación de la demandada, reconociendo que las alegaciones de Hermès podían tener fundamento. El tribunal de distrito consideró que no había relevancia artística en aquel uso, y concluyó que Hermès había alegado adecuadamente que la etiqueta Metabirkin era explícitamente engañosa y, por lo tanto, podía establecer un reclamo por infracción marcaria. Posteriormente, en la sentencia del 14 de febrero de 2023, se hizo lugar a la demanda por infracción de marca, dilución de marca y ciberocupación.

8. CONCLUSIONES

A modo de conclusión, podemos deducir que el derecho marcario permanece aplicable y relevante en el contexto de videojuego, lo que incluye los últimos desarrollos vinculados al metaverso. Sin embargo, el uso de una marca a los fines de dar una idea de realidad en el videojuego, entendido como obra creativa, es –en principio– un uso protegido contra el *ius prohibendi* que tiene todo titular marcario.

57. Hermès International, *et al.* v. Mason Rothschild, 1:22-cv00384-JSR (S.D.N.Y. 18 de mayo de 2022). Un caso similiar se dio respecto del club de fútbol Juventus FC en el Tribunale ordinario di Roma, 19/07/2022, RG n. 32072/2022.

También, se debe remarcar que los signos distintivos pueden ser registrables en el número indicador del nomenclador (clase 9) para ítems virtuales, y que un registro prudente y anticipado evitará conflictos jurídicos y impedirá que el consumidor se vea afectado. Esta tendencia podría volverse aún más significativa en el futuro, a medida que aumenten los casos de confusión entre los productos o servicios virtuales y los productos o servicios físicos, especialmente con el continuo crecimiento de los entornos virtuales, los cuales ocupan una porción cada vez mayor de nuestro tiempo.

Sin agotar exhaustivamente la temática, dado que sigue en constante evolución y su complejidad aumentará con el tiempo, es innegable que los límites del derecho de los titulares marcarios es un tema que merece ser vigilado de cerca, especialmente en conjunto con los avances tecnológicos y los cambios que estos generen en las conductas de los consumidores.

Capítulo 6

La reforma del régimen jurídico para la protección de los diseños industriales en Europa: principales elementos de una (esperada) innovación normativa[1]

JOSÉ ANTONIO GIL CELEDONIO

Administrador Civil del Estado

Consejero de Industria y Turismo,

Representación Permanente de España ante la UE

SUMARIO: 1. INTRODUCCIÓN: LA ACCIÓN EUROPEA EN MATERIA DE PROPIEDAD INDUSTRIAL. 2. LA PROPUESTA LEGISLATIVA DE LA COMISIÓN EUROPEA Y EL ACUERDO POLÍTICO- INTERINSTITUCIONAL PROVISIONAL. 3. EL ELEFANTE EN LA HABITACIÓN: ¿UN PASO ADELANTE EN LA CLÁUSULA DE REPARACIÓN? 4. CONCLUSIONES. 5. BIBLIOGRAFÍA.

1. INTRODUCCIÓN: LA ACCIÓN EUROPEA EN MATERIA DE PROPIEDAD INDUSTRIAL

Los derechos de propiedad industrial e intelectual se configuran como instituciones jurídicas para proteger un conjunto de derechos *a priori* privados que recaen sobre determinados productos de la mente, desde obras artísticas o literarias a invenciones, signos que identifican el origen comercial

---

1. Este trabajo ha sido expuesto en el *Congreso Internacional: Los nuevos horizontes y metas de la propiedad industrial* celebrado los días 19 y 20 de octubre de 2023, Universidad Carlos III de Madrid.

de un bien o servicio o el aspecto de la apariencia de los productos, con el fin de promover la innovación, impulsar la cultura y la creatividad y sostener el funcionamiento adecuado y competitivo de diferentes mercados, entre otros[2]. En términos generales, comparten rasgos con otros derechos de propiedad (con determinadas excepciones), ya que confieren a sus titulares un conjunto de derechos de exclusión en relación con un objeto de protección determinado y definible, son transferibles a terceros mediante determinados negocios jurídicos de diferente naturaleza y alcance y, por supuesto, su titular puede hacerlos valer en procesos civiles y penales, de ser necesario. Su principal carácter diferenciador frente a otros derechos de propiedad es el que conlleva su intangibilidad, lo que requiere de una acción estatal absolutamente esencial, a través del aparato administrativo, para su virtualidad y garantía[3]. Esto hace que, frente a sus rasgos tradicionalmente ubicados en el ámbito del derecho privado, no sea posible olvidar su fuerte dimensión de derecho público, desde su nacimiento *por mor* de una actuación administrativa manifestada en el consiguiente acto administrativo a las obligaciones jurídico-públicas que la legislación impone a sus titulares en respeto de otra serie de igualmente válidos derechos colectivos y fines públicos[4].

Visto este alcance de manera no exhaustiva, es fácil comprender que, en tanto derechos de propiedad que recaen sobre bienes no tangibles, la propiedad intelectual e industrial se configura como un mecanismo regulador del mercado, muy relevante en manos de empresas pero también de entidades públicas para la consecución de diferentes fines públicos y privados, siempre en constante equilibrio en un contexto de competencia imperfecta y en un mundo en el cual, cada vez más, la innovación es un elemento fundamental para la competitividad y el crecimiento económico[5]. Si quisiéramos pasar

---

2. PILA, J., TORREMANS, P., *European Intellectual Property Law*, Oxford, 2ª ed., 2019, pp. 4 y ss.
3. LEHMAN, M., «The theory of Property Rights and the Proteccion of Intellectual and Industrial Property», *International Review of intellectual property and competition law, Vol. 16.1985, 5*, pp. 525-531.
4. Ha de hacerse, no obstante, una salvedad, en relación a los derechos de autor y sus derechos conexos. Si bien no son objeto de consideración en este estudio, debe recordarse que, en los Estados Miembros de la UE, a diferencia de otros derechos comprendidos bajo la denominación general de «propiedad intelectual», los derechos atribuibles al autor de la obra artística (o los derechos atribuibles a otros sujetos *por mor* de los citados derechos conexos) surgen por la creación misma de dicha obra, sin necesidad de intervención administrativa/registral de carácter constitutivo.
5. CASADO CERVIÑO, A., «El papel de la propiedad industrial en la sociedad del conocimiento: presente y futuro», *Icade: Revista de la Facultad de Derecho, n.º 83-84*, 2, 2011 (Ejemplar dedicado a: Especial 50 Aniversario ICADE. Derecho), p. 82.

de elementos cualitativos a cuantitativos, podríamos destacar que, en el año 2021, se solicitaron 3.4 millones de patentes en todo el mundo, un 3′6% más que las contabilizadas en el ejercicio anual previo, a las que hemos de añadir 13.9 millones de marcas (cuatro veces más que en 2007), así como 1.2 millones de solicitudes de diseños industriales (un incremento del 6.8% respecto de 2020)[6], lo que pone evidente y rápidamente de manifiesto que los derechos de propiedad intelectual e industrial son utilizados de forma masiva en estrategias comerciales y empresariales en todo el mundo, si bien no de manera uniforme: al tradicional dominio de estos sistemas por parte de los países occidentales y de Japón y Corea del Sur, se han unido en los últimos veinte años potencias mundiales o regionales tan relevantes como China, Brasil, India, Irán, Singapur o Indonesia. Estos activos intangibles son las piedras angulares de la estructura económica de los países de nuestro entorno, como pone de manifiesto el hecho de que, durante las dos últimas décadas, el volumen de las inversiones anuales en este tipo de bienes intangibles ha aumentado en 87% en la Unión Europea y un 130% en los Estados Unidos[7].

Pero la relevancia de los derechos de propiedad intelectual e industrial en nuestro mundo obedece a una evolución que merece la pena señalar brevemente. Estos derechos de propiedad intelectual e industrial han operado tradicionalmente dentro de los límites del espacio jurídico estatal y, por ello, su regulación ha partido de una base estrictamente nacional, siguiendo un criterio de territorialidad marcadamente clásico, sobre el cual se ha venido construyendo el resto del sistema. El crecimiento de la productividad y la progresiva industrialización a partir de finales del siglo XVIII posibilitó la configuración de grandes movimientos de mercancías, y los mercados locales, regionales o nacionales se quedaron pequeños, especialmente para aquellos estados que se subieron a esta primera industrialización basada en el empleo de la máquina de vapor como mecanismo fundamental para tecnificar procesos productivos hasta entonces dominados por fuerzas naturales, ya fuesen animales o humanas.

---

6. World Intellectual Property Organization (WIPO). World Intellectual Property Indicators 2022. Geneva. WIPO. DOI:10.34667/tind.47082 *https://www.wipo.int/edocs/pubdocs/en/wipo-pub-941-2022-en-world-intellectual-property-indicators-2022.pdf* [última consulta: 15 de octubre de 2023].

7. THUM-THYSEN, A., VOIGT, P., BILBAO-OSORIO, B., MAIER, C., OGNYANOVA, D., «Unlocking Investment in Intangible Assets», Discussion Paper 047, 2017, p. 14 *https://economy-finance.ec.europa.eu/system/files/2018-01/dp047_en.pdf* [última consulta: 5 de octubre de 2023].

La paralela revolución en los transportes que conllevó, por ejemplo, la aplicación de esta máquina de vapor a la navegación o el nacimiento del ferrocarril hicieron posible las condiciones materiales para la puesta de productos en mercados lejanos de una forma mucho más rápida, barata y segura. Los derechos de propiedad industrial e intelectual, si bien aún en una fase embrionaria, cobraron una nueva perspectiva supranacional, ya que el productor pretendía que sus productos fuesen identificables por consumidores de muy distinta ubicación espacial, costumbres, idiomas y vivencias, con necesidades de protección distintas. Es decir, la expansión del mercado de origen y su interconexión con otros mercados es precondición necesaria para el cuestionamiento de las bases territoriales originales de los derechos de propiedad industrial o, al menos, para la necesidad de acomodar este principio con otros que lo modularan[8].

La necesidad de una primigenia armonización, por discreta que fuese, a fin de, al menos, minimizar los diferentes tratamientos jurídicos a estas mercancías según el espacio nacional en que se moviesen, se hizo sentir: el Convenio de la Unión de París, de 1883, que adoptó diversas normas en relación con todos los derechos de propiedad industrial conocidos y utilizados en la época (como la obligación misma de tener entidades administrativas encargadas de gestionar los derechos de propiedad industrial), codificó el principio del trato nacional (los Estados Contratantes debían conceder a los nacionales de los demás partes idéntica protección a la concedida a sus propios nacionales al amparo de su norma nacional) o una institución esencial para la garantía registral de los derechos de propiedad industrial, como es el derecho de prioridad (una primera solicitud de patente o de registro de la marca presentada en uno de los Estados Contratantes permite que, durante un plazo concreto de 12 meses para las patentes y los modelos de utilidad y seis meses para los diseños industriales y las marcas, la protección solicitada en cualquiera de los demás Estados Contratantes se considerará presentada el mismo día de la solicitud inicial, lo que se conoce como prioridad unionista), lo que simplifica trámites ya que el solicitante no tiene que presentar varias solicitudes en todos los países en los que pueda precisar protección, sino que puede utilizar estratégicamente una primera solicitud para, con el tiempo suficiente, estudiar las condiciones y mecanismos que el derecho nacional del país correspondiente define para que el registro de su derecho de propiedad industrial pueda ser llevado a cabo con éxito.

8. GIL CELEDONIO, J.A., «Una solidaridad de hecho: la configuración del sistema europeo de marcas», *Anuario de la Facultad de Derecho. Universidad de Extremadura, 38, (2022)*, pp. 483-485.

Este Convenio para la Unión de París, que, mediante estos mecanismos generales, buscaba la protección en terceros países contratantes de los usuarios de los derechos de propiedad industrial que contaban con una primera solicitud o un primer registro en un país inicial, añadió además una serie de cuestiones sustantivas aplicables a los derechos de propiedad industrial, cuestiones todas que sentaban el respecto de diferentes países miembros de la Unión de París a mínimos indispensables para que los sistemas nacionales comenzasen a tener un mínimo común denominador[9]. Posteriormente, otros acuerdos internacionales mucho más modernos, como el Acuerdo sobre los Aspectos de los Derechos de Propiedad Intelectual relacionados con el Comercio (Acuerdo sobre los ADPIC o, en inglés, TRIPS), que es un anexo al Convenio por el que se crea la Organización Mundial del Comercio de 1994 o un conjunto de Tratados sobre diferentes materias y títulos de propiedad intelectual e industrial incorporarán otras normas que perfilarán esta idea de la aproximación de las obligaciones nacionales respecto a los sistemas de registro y concesión de derechos de propiedad intelectual e industrial pero, en todo caso, respetando la pieza básica del sistema, que no es otra que la estatalidad del derecho[10].

En el ámbito europeo, que, en todo caso, no puede entenderse ajeno al entorno internacional ya explicitado sino como una parte específica del mismo, es destacable la construcción del mercado único, que en 2023 cumplió 30 años. Se trata de uno de los principales logros de la Unión Europea en su trayectoria reciente. Desde su creación en 1993, los ciudadanos y las empresas se han beneficiado de la libre circulación de personas, servicios, bienes y capitales de un modo que ha colmado y superado las expectativas iniciales. Concebido inicialmente, desde la base territorial estatal que ya hemos mencionado, como un espacio de libre comercio sin barreras arancelarias entre sus miembros, se ha transformado en el mayor mercado único integrado del mundo y ha dotado a la Unión Europea en su conjunto de una fortísima dimensión exportadora, aprovechando su potencia interna, lo que, especialmente en estos tiempos, dota a la Unión Europea de una solidez geopolítica que, de otro modo, no se hubiese podido conseguir[11]:

---

9. FRANKEL, S., GERVAIS, D. J., *International Intellectual Property*, Edward Elgar, Cheltelham, 2016.
10. BERCOVITZ RODRÍGUEZ-CANO, A., *Introducción a las Marcas y otros signos distintivos en el tráfico económico*, 2ª ed., Thomson Reuters- Aranzadi, Cizur Mayor, 2021, pp. 255-265.
11. *Communication from the Commission to the European Parliament, the Council, the European Economic and Social Committee and the Committee of the Regions, The Single*

en la actualidad, representa el 18 % del PIB mundial y es una puerta de entrada para que las empresas (europeas y no europeas) puedan ofrecer sus bienes y servicios a más de 440 millones de ciudadanos (ergo potenciales compradores).

Esto ha sido posible en el ámbito europeo *por mor* de una detallada construcción jurídica, siempre en progreso, en ejecución del derecho originario reconocido en los Tratados. La Unión Europea no es ni una mera confederación de Estados ni ha llegado a ser un Estado Federal, aunque los Tratados son constituciones parciales o tratados constitucionales sectoriales, que «*revelan típicos temas y funciones constitucionales y sustraen ámbitos clásicos a las constituciones nacionales*»[12].

Así las cosas, el artículo 3.3 del actualmente vigente Tratado de la Unión Europea establece que uno de los objetivos de la Unión será el establecimiento de un Mercado interior, cuya definición más certera nos la da el propio Tratado de Funcionamiento de la Unión Europea (en adelante, TFUE), que en su artículo 26.2 establece que este concepto conlleva «*un espacio sin fronteras interiores, en el que la libre circulación de mercancías, personas, servicios y capitales estará garantizada de acuerdo con las disposiciones de los Tratados*»[13]. Como puede entenderse rápidamente, este reconocimiento de las entonces llamadas libertades comunitarias (hoy europeas) tiene una indudable importancia desde el punto de vista económico, ya que busca eliminar barreras físicas a los factores productivos tradicionales que se veían constreñidos por el concepto de frontera. Y de ahí que los derechos de propiedad intelectual e industrial sean clave para la construcción de este mercado interior.

Para la adecuada construcción del mercado interior, el artículo 114 del TFUE ha constituido la base jurídica necesaria (y con amplia utilización, en algunos casos excesiva) para armonizar las legislaciones nacionales con afectación al mercado interior. Dicho artículo establece que

> «*Salvo que los Tratados dispongan otra cosa, se aplicarán las disposiciones siguientes para la consecución de los objetivos enunciados en el artículo 26. El Parlamento Europeo y el Consejo, con arreglo al procedimiento legislativo*

Market at 30, COM (2023) 162 final. *https://eur-lex.europa.eu/legal-content/EN/TXT/HTML/?uri=CELEX:52023DC0162* [última consulta: 15 de octubre de 2023].

12. HÄBERLE, P., «Europa como Comunidad Constitucional en Desarrollo», *Revista de Derecho Constitucional Europeo,* n.º 1 (2004): 13.

13. Tratado de Funcionamiento de la Unión Europea. *https://www.boe.es/doue/2010/083/Z00047-00199.pdf.*

ordinario y previa consulta al Comité Económico y Social, adoptarán las medidas relativas a la aproximación de las disposiciones legales, reglamentarias y administrativas de los Estados miembros que tengan por objeto el establecimiento y el funcionamiento del mercado interior».

De acuerdo con el apartado segundo de dicho artículo 114, esta facultad de armonización para la aproximación de los ordenamientos jurídicos nacionales no puede afectar a las disposiciones fiscales, a las disposiciones relativas a la libre circulación de personas ni a las relativas a los derechos e intereses de los trabajadores por cuenta ajena, por lo que, *contrario sensu*, es evidente que puede ser utilizado para armonizar las normas nacionales que disciplinan algunos de los derechos de propiedad intelectual e industrial.

Es por ello que este artículo que referencia en términos generales la voluntad europea de conseguir un verdadero mercado único debe conectarse, en lo que a nuestro objeto de estudio interesa, con el precepto que centra en el ámbito de la propiedad intelectual e industrial: el artículo 118 del Tratado de Funcionamiento de la Unión Europea. En él se consagra la existencia de títulos de propiedad industrial de carácter unitario, que despliegan efectos de manera automática en todo el territorio de la Unión, lo que ha consagrado un nuevo principio de territorialidad supranacional que supera (y convive) con el tradicional principio de la territorialidad estatal. Este artículo mandata lo siguiente:

«*En el ámbito del establecimiento o del funcionamiento del mercado interior, el Parlamento Europeo y el Consejo establecerán, con arreglo al procedimiento legislativo ordinario, las medidas relativas a la creación de títulos europeos para garantizar una protección uniforme de los derechos de propiedad intelectual e industrial en la Unión y al establecimiento de regímenes de autorización, coordinación y control centralizados a escala de la Unión*».

De lo cual ha derivado un *corpus* legislativo de derecho derivado desarrollado mediante la combinación entre dos fuentes de derecho derivado, reglamentos y directivas, puesto que, a la par, se han combinado los principios de integración y de aproximación o armonización para dar cabida a un sistema de carácter dual, en el que conviven los sistemaseuropeos con los más tradicionales sistemas nacionales, eso sí, con la puesta en marcha de mecanismos que garantizasen la progresiva armonización de los sistemas nacionales para, aun respetando su ámbito de validez dentro delterritorio de los estados miembros, dentro de esas fronteras que Kelsen calificaría como límites territoriales a la potestad estatal para imponer del ordenamiento jurídico, hacer que los requisitos procedimentales y los aspectos sustantivos más relevantes fuesen coincidente. Se trata, por tanto, de crear títulos de propiedad industrial e intelectual que tengan el mismo alcance que el mercado único, por un lado, sin que sean de solicitud obligatoria para los usuarios de los sistemas, en tanto no eliminan (sino que se superponen) a los sistemas nacionales. Pero, a la par, y a fin de remover los obstáculos que obstaculizan el movimiento de bienes y servicios en el mercado interior, así como prevenir falseamientos de la competencia, se armonizan las legislaciones de los Estados Miembros, creando grandes similitudes sustantivas y procedimentales entre los más señeros sistemas nacionales, siempre bajo la égida de la construcción jurisprudencial del Tribunal de Justicia de la Unión Europea.

Este esquema ha sido el que se ha utilizado, en primer lugar, en el ámbito del desarrollo del derecho de marcas europeo, con la aprobación de dos fuentes de diferente rango y alcance: en primer lugar, el Reglamento (CE) n° 40/94 del Consejo, de 20 de diciembre de 1993 sobre la Marca Comunitaria, en ejecución del entonces artículo 235 del Tratado de la Comunidad Europea, que creó el sistema comunitario, sistema que comenzó a ser gestionado y administrado por una agencia descentralizada de la Comunidad Económica Europea, la Oficina de Armonización para el Mercado Interior (OAMI), con sede en la ciudad española de Alicante' y que se ha visto modificado sustantivamente por la pieza legislativa actualmente en vigor, el Reglamento (UE) 2017/1001 del Parlamento Europeo y del Consejo de 14 de junio de 2017[14], sobre la marca de la Unión Europea, que derogó el anterior Reglamento de 1993 y que, de paso, modificó estructuralmente y en términos de gobernanza la agencia alicantina, que ahora recibe el nombre de Oficina de Propiedad Intelectual de la Unión Europea (EUIPO en sus siglas en inglés). Pero, como se ha indicado, son relevantes igualmente las directivas, cuya primera manifestación se remonta a algunos años antes. La Directiva del Consejo, de diciembre de 1988, relativa a la aproximación de las legislaciones de los Estados miembros en materia de marcas (89/107/CEE), fue un primer intento que, casi tres décadas después, se completó con la Directiva (UE) 2015/2436 del Parlamento Europeo y del Consejo, de 16 de diciembre de 2015, relativa a la aproximación de las legislaciones de los Estados miembros en materia de marcas, cuyo plazo de transposición ha finalizado recientemente, el 14 de enero de 2023[15].

14. Diario Oficial de la Unión Europea de 16 de junio de 2017.

15. GARDE LOBO, P. y ALONSO MARTÍN SONSECA, M., «La incorporación al derecho español de la nueva estrategia de la Unión Europea en materia de marcas», *Economía Industrial*, 414, 2019, pp. 135-141.; GIL CELEDONIO, *opus cit.*, 2022.

Un esquema similar, pero con una gran diferencia que luego abordaremos se ha seguido en el ámbito de la protección de los derechos que el obtentor puede disfrutar en relación con las variedades vegetales: el Reglamento (CE) n.º 2100/94 del Consejo, de 27 de julio de 1994, relativo a la protección comunitaria de las obtenciones vegetales, promovido igualmente en ejecución del entonces artículo 235 del Tratado de la Comunidad Europea, creó el sistema europeo de protección comunitaria de las obtenciones vegetales como única y exclusiva forma para las variedades vegetales en la entonces naciente Unión Europea, confiando la administración a la Oficina Comunitaria de Variedades Vegetales, con sede en Angers (Francia). Como decíamos, y si bien el sistema comunitario convive con el sistema nacional que cada Estado Miembro establece para la protección interna de dichos derechos de propiedad industrial, el legislador europeo no ha considerado necesaria la adopción de directivas a fin de aproximar las legislaciones nacionales en la materia, por lo que la única fuente de derecho derivado a la que hacer referencia es el mencionado Reglamento de 1994. No obstante, a pesar de la ausencia de una armonización formal a través de las correspondientes directivas, las legislaciones nacionales se han alineado con el sistema prefigurado en la normativa comunitaria, en lo que se denomina «armonización fría»[16].

Igualmente, y en lo que se centrará este estudio, la trayectoria seguida en materia de marcas fue la referencia para el establecimiento de un sistema comunitario para la protección de los diseños industriales, el otro gran título europeo que ha encontrado fortuna en la integración a través de un título de carácter uniforme y en la aproximación de las legislaciones nacionales. La Directiva 98/71/CE del Parlamento Europeo y del Consejo de 13 de octubre de 1998 sobre la protección jurídica de los dibujos y modelos, dictada con base jurídica en el entonces artículo 100 A del Tratado de la Comunidad Europea, fue el primer texto legislativo en la materia[17], que pronto se vería complementado por el Reglamento (CE) No 6/2002 del Consejo, de 12 de diciembre de 2001, sobre los dibujos y modelos comunitarios, que crearía el sistema de protección uniforme para todo el territorio de la Unión Europea, bajo administración, igualmente, de la actual EUIPO. Pero, a diferencia de lo sucedido en materia de marcas, en donde se vivió una gran actualización

---

16. KUR, A., DREIER, T., *European Intellectual Property Law. Text, Cases and Materials*. Edward Elgar, Cheltenham, 2013, pp. 324-326.

17. CASADO CERVIÑO, A., COS CODINA, J., «Los trabajos comunitarios sobre el Diseño Industrial: la directiva comunitaria», *Gaceta Jurídica de la Unión Europea y de la Competencia, n. 202*, 1999, pp. 31-40.

y modernización de los sistemas en los primeros años de la pasada década del siglo XXI (a través de la ya mencionada reforma de sus textos jurídicos básicos), los textos jurídicos que disciplinan el sistema europeo para la protección del diseño industrial apenas han sido modificados, a pesar de la indiscutible pujanza del sector del diseño y de los numerosos cambios que han impactado directamente sobre el mismo, desde el desarrollo económico que impulsa la competencia entre empresas en el contexto de la exarcerbación de la sociedad de consumo a las tecnologías que impactan de forma directa en los modos de acceso a los productos, como la digitalización o la impresión 3-D, por ejemplo. Es en este contexto en el que se inserta la necesidad de modernizar el sistema para la protección jurídica de los dibujos y modelos, del diseño industrial, en definitiva, tal y como han apuntado determinados académicos[18], ya que las insuficiencias regulatorias y la evolución del sector hacían, al menos, parcialmente ineficaces las soluciones dadas por el legislador europeo, más centradas y orientadas en las demandas de las industrias que hacen un uso más «clásico» de los mecanismos de protección que otorga tradicionalmente esta figura. No obstante, ha de darse habida cuenta de que, al igual que el sistema de la marca europea, el sistema del diseño comunitario es un ejemplo de éxito en el mercado interior: de acuerdo con las estadísticas actualmente disponibles[19], en el año 2016, la EUIPO superó la barrera de las 90.000 solicitudes de diseño comunitario registrado, y, en el año 2021 se registraron más de 100.000 solicitudes.

Y es que, de entre los derechos que normalmente se subsumen bajo el concepto «propiedad industrial», quizá la figura menos tenida en cuenta sea la del diseño industrial. Frente a la relevancia que juegan las patentes en el ámbito de la innovación y el progreso científico tecnológico, y su actual relación con conceptos clave como autonomía estratégica o soberanía tecnológica[20], o a la omnipresencia social y económica de las marcas en la estructura económica mundial, basada en un predominio del comercio y

18. MARGONI, T., «Not for designers: on the inadequacies of UE Design Law and How to fix it», *Journal of Intellectual Property, Information Technology and E-Commerce Law, n. 4,* 2013, pp. 225-248; HARTWIG, H., «The "Legal Review on Industrial Design Protection in Europe": A closer look», *Journal of Intellectual Property Law & Practice*, Volume 13, Issue 4, 2018, pp. 332-336.

19. EUIPO Statistics for Community Designs, visto en *https://euipo.europa.eu/tunnel-web/secure/webdav/guest/document_library/contentPdfs/about_euipo/the_office/statistics-of-community-designs_en.pdf.*

20. VERA ROA, J. y ROJAS ROMERO, E., «La propiedad industrial como instrumento clave para la soberanía tecnológica e industrial», *Economía Industrial*, n.º427, 2023, pp. 85 y ss.

otras actividades vinculadas al sector terciario, la protección jurídica del diseño industrial reviste gran importancia económica, dado el muy relevante papel que la apariencia de los productos juega en su comercialización en un contexto de mercados abiertos y basados en la libre competencia (al menos, como modelo normativo y aspiracional) entre los diferentes empresarios. Algunas de las empresas más exitosas del mundo (con Apple como claro paradigma) basan su estrategia comercial en un cuidado y particular diseño que ha adquirido caracteres casi icónicos y que, por encima incluso del precio final, influyen y decantan la decisión del consumidor, por lo que se presta tanta o más atención a esta inversión en lo formal que a otros tipos de innovaciones de carácter técnico. Es pacífico considerar que, incluso, el valor añadido del diseño supera de manera amplia el valor conjunto de las materias primas utilizadas para el productos y los costes derivados del proceso de fabricación, por ejemplo[21]. De ahí que sea un elemento clave para cualquier estrategia empresarial de carácter innovador que pretenda colocar productos-objetos en el mercado, máxime en una época en la que los canales de compra y venta son múltiples y, por tanto, el diseño industrial alcanza al campo digital. La función del diseño industrial será la de satisfacer las necesidades de la población, expresadas a través de sus demandas, mediante el desarrollo y la producción de objetos que mejoren la vida cotidiana de las personas y de la sociedad en general, de acuerdo con una serie de aspectos formales, funcionales, estéticos, económicos, económicos y simbólicos, y con el respeto adecuado a los marcos legales y a los límites tecnológicos[22]. En España, el marco jurídico de estos derechos puede encontrarse en la Ley 20/2003, de 7 de julio, de Protección Jurídica del Diseño Industrial, una norma dictada dentro de los márgenes que los compromisos internacionales en la materia dejan al legislador español. Unos márgenes que, desde un punto de vista internacional, vienen definidos por los artículos 4, 5 (bis, 5 (quinquies y 11 del Convenio de París para la Protección de la Propiedad Industrial del 20 de marzo de 1883 y, muy especialmente, por el más reciente Acuerdo (de los ADPIC), así como por la intensa red normativa de origen europeo ya pergeñada.

A finales de 2020, cuando el actual colegio de comisarios llevaba más de un año en funcionamiento, y a pesar del shock disruptivo que supuso el estallido de la pandemia de la COVID-19, la Comisión Europea presentó su hoja de ruta en relación con los derechos de propiedad intelectual e indus-

21. BERCOVITZ RODRÍGUEZ-CANO, A., *Apuntes de Derecho Mercantil*, 18ª ed., Aranzadi, Cizur Menor, 2017, pp. 521-522.

22. GAY, A., SAMAR, L., *El Diseño Industrial en la historia*. Ediciones TEC, Argentina, 2007.

trial mediante la Comunicación de la Comisión al Parlamento Europeo, al Consejo, al Comité Económico y Social Europeo y al Comité de las Regiones «Aprovechar al máximo el potencial innovador de la UE: un plan de acción en materia de propiedad intelectual e industrial para apoyar la recuperación y la resiliencia de la UE»[23]. En dicho documento se identifican una serie de retos, entre los que se incluye el hecho de que, a pesar de los avances, los sistemas europeos de propiedad intelectual e industrial siguen sufriendo de una fragmentación que impide aprovechar al máximo sus potencialidades, con procedimientos costosos para los solicitantes y poco claros. En relación con el ámbito de protección del diseño industrial, la Comisión hará el siguiente diagnóstico:

> *«Como parte de la transformación digital, la protección bien calibrada de dibujos y modelos en el entorno digital se vuelve aún más apremiante. Por ejemplo, para garantizar una asimilación fluida de las tecnologías de impresión 3D, necesitamos claridad sobre la protección de los archivos de impresión 3D y sobre las limitaciones en el uso privado de los dibujos y modelos».*

Creo que es relevante señalar, a efectos aclaratorios, que la Comisión Europea, desde el primer momento, ha puesto de manifiesto que la reforma del régimen jurídico de la protección del diseño industrial en la Unión Europea no nace en un contexto vacío, sino que se inspira fuertemente y sigue los pasos de la reforma en materia de marcas que se ha nombrado con anterioridad. La similitud estructural en términos normativos (la existencia de dos normas de rango y naturaleza distintas, una Directiva y un Reglamento) y las similitudes internas y procedimentales de ambos derechos de propiedad industrial, sin duda, facilita este enfoque, aunque, en nuestra opinión, en algunos casos dicho enfoque presenta errores que podrían haberse evitado. Al fin y al cabo, y aunque no vamos a rechazar de plano la idea de que la armonización, en el contexto de la consecución de un mercado único más perfecto, es una buena idea en sí misma, la *vis atractiva* del derecho de marcas sobre el que garantiza la protección jurídica del diseño industrial tiene sus límites.

Dicho esto, la Comisión Europea se basó en una serie de premisas que, no obstante, partían del reconocimiento de que los sistemas de protección del diseño industrial en la UE funcionan de forma adecuada en términos

---

23. COM (2020) 760 final, de 25 de noviembre de 2020. Puede verse en *https://eur-lex.europa.eu/legal-content/ES/TXT/PDF/?uri=CELEX:52020DC0760.*

generales, pero presentan una serie de deficiencias que son susceptibles de mejora. En sus propias palabras,

> *«Los procedimientos de registro están parcialmente desfasados y, en algunos casos, suponen una carga administrativa innecesaria. La protección de las nuevas formas de dibujos y modelos (por ejemplo, dibujos o modelos animados, interfaces gráficas de usuario) no está suficientemente clara. Asimismo, la falta de claridad sobre el alcance de los derechos sobre dibujos y modelos plantea dificultades, en particular en relación con el creciente uso de la impresión 3D o de cara al respeto de los derechos de los dibujos y los modelos frente a los bienes infractores que transitan por la UE. Por último, como consecuencia de la armonización solo parcial de la protección de los dibujos y modelos para los componentes utilizados en la reparación de productos complejos, el mercado de piezas de recambio, que posee importancia económica, sigue estando muy fragmentado, lo cual distorsiona gravemente la competencia y obstaculizando la transición hacia una economía más sostenible y ecológica»*[24].

Por tanto, los motores de la futura reforma serían las siguientes: en primer lugar, la actualización procedimental para eliminar cargas administrativas innecesarias. En segundo lugar, un *aggiornamento* de la normativa a fin de adaptar la protección del diseño industrial al contexto digital, así como para apoyar la lucha contra las vulneraciones de estos derechos y, en tercer lugar, intentar resolver (o, al menos, avanzar) en el complicado asunto de lo que conocemos como «cláusula de reparación», elemento de índole político-económica que ya hizo naufragar anteriores reformas (es adecuado, a este respecto, señalar que hubo un primer intento de reforma de la Directiva en 2004 que buscaba profundizar en este aspecto y, finalmente, fue abandonado en 2014). La Comisión se comprometió a presentar dichas propuestas legislativas, en ejercicio de derecho de iniciativa legislativa en el marco del procedimiento legislativo ordinario, tal y como reconocen los artículos 289 y 294 del Tratado de Funcionamiento de la Unión Europea, en el cuarto trimestre de 2021.

Finalmente, la Comisión Europea presentó sus propuestas el 28 de noviembre de 2022, momento en el cual, precisamente con arreglo al procedimiento legislativo ordinario, los colegisladores (el Parlamento Europeo y el Consejo) comenzaron a ejercitar sus respectivas competencias de examen y enmienda de ambas propuestas legislativas: la propuesta de directiva del Parlamento

---

24. COM (2020), 760, p. 8.

Europeo y del Consejo sobre la protección jurídica de los dibujos y modelos (refundición) y la propuesta de Reglamento del Parlamento Europeo y del Consejo por el que se modifica el Reglamento (CE) n.º 6/2002 del Consejo, sobre los dibujos y modelos comunitarios, y se deroga el Reglamento (CE) n.º 2246/2022 de la Comisión[25]. En ambos casos, se trata de dos propuestas de modificación de textos jurídicos ya existentes, es decir, no se plantea la redacción *ex novo* de dos nuevas propuestas legislativas que derogue completamente las ya existentes. Esta circunstancia es perfectamente lógica, en los términos planteados por la Comisión Europea, en tanto, como se ha visto con anterioridad, se partía de la base de que el sistema actual funcionaba razonablemente bien, pero presentaba determinadas carencias. Esto hará que nos enfrentemos, por tanto, a unos textos legislativos ampliamente continuistas respecto de los vigentes que, si bien pueden variar a lo largo de la tramitación de acuerdo con el procedimiento legislativo ordinario, solo pueden circunscribirse a las modificaciones propuestas por la Comisión, limitando, por tanto, el alcance de la acción de los colegisladores hasta la adopción definitiva del acto, que se espera a lo largo de 2024.

Asimismo, como consideración previa, hay que tener en cuenta que, del mismo modo que en la ya mencionada reforma del sistema europeo de marcas, los objetivos son tanto aproximar las legislaciones nacionales en la materia entre sí como, a su vez, aproximar el conjunto de los sistemas nacionales al sistema europeo, evitando que, use el usuario que pretenda la protección de su diseño industrial el que use, haya excesivas diferencias entre dichos niveles y se produzcan interferencias indeseadas en los mecanismos paralelos de protección. Es por ello que, a la hora de examinar el contenido de las propuestas de reforma, será habitual encontrar cambios que, en espejo, se producen tanto en sede de Directiva como en el texto del Reglamento, con las menciones ya realizadas.

Por tanto, las características primarias de este cambio legislativo son, a modo de resumen, partir de una base limitada en su alcance (y, por tanto, en su ambición), venir fuertemente influida por la exitosa reforma del sistema de marcas, acontecida unos años antes, y ejecutarse en dos ámbitos, afectando a dos fuentes distintas del derecho derivado como son la Directiva y el Reglamento, con el fin de actuar sobre el conjunto del sistema europeo, que no es solamente el gestionado por la EUIPO sino también la suma de los sistemas nacionales, dada la interacción tanto entre ellos como con el sistema gestionado por la Oficina de Alicante.

25. COM (2022) 667 final y COM (2022) 666 final, respectivamente.

2. LA PROPUESTA LEGISLATIVA DE LA COMISIÓN EUROPEA Y EL ACUERDO POLÍTICO-INTERINSTITUCIONAL PROVISIONAL

Comenzando con la propuesta de refundición de la Directiva 98/71/CE, nos centraremos en aquellas disposiciones que tienen carácter nuevo o en aquellas cuya modificación se propone, cotejándolas con las provisiones que, en paralelo, puedan darse en la misma materia en la propuesta de modificación del Reglamento.

En el artículo 2 de la propuesta de Directiva, se pretende actualizar un conjunto de definiciones que den cabida a los aspectos digitales en los que el comercio y, por tanto, el diseño, han de desenvolverse. De ese modo, por ejemplo, la definición de diseño industrial incorpora una mención al movimiento, el tránsito y cualquier tipo de animación de las características tradicionales del diseño, en clara referencia a la animación de las figuras en entornos digitales o en entornos tecnológicos venideros. En este sentido, recuerda a la reforma del concepto de marca que se produjo en el ámbito de la ya mencionada reforma de la normativa para la protección de la marca europea al eliminar el tradicional requisito de representación gráfica para dar cabida a signos que pudieran expresarse de forma clara, y precisa, asegurando el alcance de la protección que se desea obtener. Igualmente, se amplía el concepto de «producto», incluyendo de forma expresa que se entenderá como tal todo artículo industrial o artesanal «independientemente de su incorporación a un objeto físico o su presentación en formato digital», y mencionando de forma literal las interfaces gráficas de usuarios o los logotipos. Esta modificación encuentra adecuado reflejo en la propuesta de modificación del artículo 3 del Reglamento a fin de salvaguardar la coherencia entre ambas normas.

Otro de los cambios relevantes que pueden encontrarse en el texto es que la Directiva cierra la puerta a la protección nacional que pudiese conferirse al diseño no registrado. Si bien es cierto que la Directiva actual permite a los Estados miembros ofrecer protección *extra* registral, la Comisión Europea propone eliminar esa posibilidad limitando la protección de los diseños industriales únicamente a aquellos que estén registrados, esto es, a aquellos que cuenten con un acto administrativo de concesión otorgado por alguna de las Oficinas nacionales o regionales de propiedad industrial e intelectual de los Estados Miembros de la Unión Europea. Esto se consigue mediante la adición de la palabra «exclusivamente» en el apartado 1 de dicho artículo 3, al hacer referencia a los requisitos de protección, lo que, de entrar en vigor, impedirá a los Estados Miembros establecer su propio mecanismo de protección nacional para el diseño no registrado. En puridad, esto refleja la actual situación práctica en los Estados Miembros, ya que el único país que tenía un sistema de ese tipo era el Reino Unido, que ya no es miembro de la Unión Europea. Cabe decir que, no obstante, sí se seguirá permitiendo la protección del diseño no registrado a escala europea en los términos del actual Reglamento, por lo que, en ese sentido, no hay una armonización entre los sistemas nacionales y el sistema europeo.

La siguiente modificación de cierta relevancia se refleja en los nuevos artículos 11 y 12, que hacen referencia al derecho conferido por el diseño industrial una vez registrado y a la presunción en favor del titular de dicho diseño registrado. Estosartículos se añaden, considera la Comisión, a fin de salvaguardar la coherencia del sistema, ya que deben alinearse con lo previsto en los artículos 14 y 17 del Reglamento. Así pues, reconocen en estas disposiciones el principio de titularidad colectiva de los derechos que recaigan sobre un diseño registrado creado por varios autores y el clásico principio de la autoría en el contexto de una relación laboral entre el creador y un empleador, estableciéndose una presunción de propiedad *iuris tantum* a favor del último. Esta presunción de validez, *por mor* de la inclusión de un nuevo artículo 17 de la Directiva, se ubica también en el ámbito de las acciones de infracción, de nuevo, con carácter *iuris tantum* (alineándolo así con el Reglamento en su artículo correspondiente.

En relación con las causas de denegación del registro, se contemplan determinadas modificaciones en los artículos 13 y 29 de la Directiva. Con el fin de armonizar plenamente el alcance del examen de fondo en todos los Estados Miembros de la UE con el del realizado en el seno del procedimiento administrativo de concesión del diseño comunitario registrado, realizado por la EUIPO y recogido en el artículo 47 del Reglamento, es propuesta de la Comisión Europea recoger las causas de denegación de registro de una manera exhaustiva, garantizando que el procedimiento de concesión sea análogo tanto entre los Estados Miembros como en relación con el sistema europeo, de tal modo que se examinen las mismas causas de denegación de manera obligatoria en todos los sistemas, fomentando las prácticas comunes y eliminando posibles barreras que impidan registros solamente en determinados Estados Miembros, quebrantando la uniformidad en el seno del mercado interior. Igualmente, en relación con las causas de nulidad, reconocidas en el artículo 14 de la Directiva, se propone convertir aquellas disposiciones que el legislador consideró opcionales en su momento en causas de carácter obligatorio, para aumentar la previsibilidad y la coherencia con el sistema europeo, que sí las contempla de esta manera. Así, por ejemplo, los Estados Miembros fueron facultados por la Directiva de 1997 para transponer en sus legislaciones nacionales, de manera opcional, una serie de causas de nulidad del diseño registrado basada en la existencia de otros derechos anteriores de propiedad industrial o intelectual como, por ejemplo, la utilización de un signo distintivo anterior en un diseño registrado sin que medie autorización del titular de dicho signo (estando recogida en la legislación nacional dicha facultad de exclusión del titular del signo) que, por tanto, podrían ser alegadas por las partes facultadas para ello a fin de declarar la nulidad (*a posteriori*) de un diseño previamente registrado. Esta causa, junto a otras similares, pasan ahora a incluirse como causas de apreciación obligatoria por los Estados Miembros una vez la Directiva haya de transponerse a la legislación nacional. Se pretende eliminar, por tanto, la posibilidad de que un mismo diseño, solicitada y concedida su protección en dos Estados Miembros conforme sus respectivos procedimientos nacionales, puedan ser atacados por motivos diferentes. Armonización, en definitiva, ya que estas causas están previstas como obligatorias en el ámbito europeo, de acuerdo con lo establecido en el artículo 25 de la actual versión del Reglamento.

No obstante, se ha introducido una cláusula que quiebra, si bien de una manera más teórica que real, ese principio, ya que el acuerdo político-interinstitucional introduce un nuevo motivo de prohibición de registro que, no obstante, podrá ser implementado solamente por aquellos Estados Miembros que así lo deseen, es decir, tiene carácter facultativo. Se trata de un motivo absoluto que pretende que el sistema nacional de concesión y registro del diseño industrial tenga potestad para examinar de oficio si el objeto de protección solicitado contiene una reproducción total o parcial de elementos pertenecientes al patrimonio cultural que sean de interés nacional. El alcance de esta nueva prohibición de registro se explica en el nuevo considerando 27 a) de la propuesta (numeración provisional), en el que se explica que, para evitar, valiéndose del sistema registral existente, una apropiación indebida de este tipo de elementos, se permite esa facultad a las Oficinas Nacionales correspondientes (o la Oficina del BENELUX), teniendo en cuenta una definición amplia del concepto «patrimonio cultural», basada en dos convenciones de la UNESCO: la Convención de 1972 sobre protección del patrimonio mundial cultural y natural, y la Convención para salvaguardar el patrimonio cultural inmaterial de 2003, ambas adoptadas en el seno de dicha Organización Internacional y ratificadas por todos los Estados Miembros de la Unión Europea. Dicho considerando incluye una lista que, a todos los efectos, debe considerar como no exhaustiva y meramente orientativa, en la que se mencionan elementos como monumentos o grupos de monumentos, artefactos, artesanías o vestimentas. La inclusión de este supuesto trata de resolver la preocupación de diferentes Estados Miembros para evitar el alcance expansivo que, más allá de los requisitos de novedad y carácter individual, pueda darse en el seno de procedimiento de concesión si, por ejemplo, una empresa o un particular pretendiera registrar y, por tanto, excluir a terceros de un uso sin autorización, unos determinados diseños de moda que pudieran contener elementos, pensemos, iguales a los existentes en un traje regional no demasiado conocido. Esta inclusión se refleja también en el artículo 14, a fin de reconocer este motivo tanto en el seno del procedimiento de concesión como en sede del procedimiento de invalidez.

Por motivos de actualización normativa, en materia de detalles que no estaban claros en el momento de la adopción de las normas originales, se producen modificaciones de otro tipo. Por este motivo, se pretende modificar tanto el artículo 15 de la Directiva como el artículo 18 del Reglamento, para dotar a los textos de una mayor seguridad jurídica en relación con el requisito de visibilidad, consustancial y elemental en relación con el objetivo de la protección de este derecho de propiedad industrial. Así pues, se propone añadir en la Directiva una disposición específica aclaratoria que establezca de forma clara que la protección de los diseños se extiende (únicamente) a aquellas características de apariencia que se muestran de forma visible en la solicitud de registro.

Como vimos anteriormente, uno de los objetivos de la reforma es acercar una normativa ciertamente desfasada a la realidad tecnológica actual, que, sin duda, presiona sobre el régimen jurídico de la protección del diseño industrial. Para que los titulares de derechos puedan hacer frente de forma más eficaz a los retos planteados por la implantación de tecnologías disruptivas como las de impresión 3D, se propone ampliar el alcance de los derechos sobre el diseño industrial registrado. En este sentido, se añade un nuevo apartado en el que será el artículo 16 de la Directiva donde se destaca, de entre los derechos conferidos por el diseño industrial al titular, la facultad de prohibir «*la creación, la descarga, la copia y la puesta en común o distribución a otros de cualquier soporte o software que registre el diseñó con el fin de permitir la fabricación*» del producto o partes del producto en las que se plasme el diseño, siempre y cuando no medie consentimiento del titular. Esta disposición se ubica, con un contenido materialmente idéntico, en el artículo 19 del Reglamento, a fin de alinear los sistemas nacionales con el sistema europeo.

Además, de un modo que prueba de nuevo la decisiva influencia que tuvo la reforma de la legislación europea en materia de marcas, pretende introducirse una medida que se considera importante para la luchar contra las actividades de vulneración de los derechos de propiedad industrial que conocemos comúnmente como falsificación. Para ello, siguiendo el ejemplo del artículo 10.4 de la antes citada Directiva de Marcas, se pretende añadir al régimen jurídico de los diseños industriales una disposición que permita a los titulares de los derechos impedir que los productos falsificados transiten por el territorio de la UE o estén en otra situación aduanera sin ser despachados a libre práctica, en los términos y con los límites del Reglamento (UE) no 608/2013 del Parlamento Europeo y del Consejo, de 12 de junio de 2013, relativo a la vigilancia por parte de las autoridades aduaneras del respeto de los derechos de propiedad intelectual y por el que se deroga el Reglamento (CE) no 1383/2003 del Consejo. Este elemento, del mismo, modo, se incorpora al artículo 19 del Reglamento.

La propuesta de reforma también alcanza, siquiera de manera breve, a uno de los grandes temas que se suscitan con ocasión de los debates sobre las fórmulas reguladoras de los derechos de propiedad industrial e intelectual, esto es, con el debate sobre su alcance, límites y, por tanto, sobre las excepciones y limitaciones. Así, teniendo en caso la jurisprudencia europea sentada de conformidad con el caso Nintendo[26], para garantizar el adecuado equilibrio de diferentes intereses legítimos en juego, se propone completar la lista de usos autorizados, actualmente reconocida en el artículo 13 de la Directiva (que pasaría a ser artículo 18), añadiendo el uso con el fin de identificar o referirse a un producto, así como para autorizar los fines de comentario, crítica y parodia. Igualmente, dado su carácter sustantivo, esta inclusión se ha extendido también a lo reconocido en el artículo 20 del Reglamento, en relación con el diseño comunitario registrado.

En consonancia con el artículo 22 del Reglamento en su versión actual, se incorpora un nuevo artículo 21 al texto de la Directiva para abordar la posibilidad de invocar derechos basados en el uso anterior. De acuerdo con

26. Tribunal de Justicia de la Unión Europea, Sentencia de 27 de septiembre de 2017, caso Nintendo, asuntos acumulados C-24/16 y C-25-16.

la Comisión Europea, este mecanismo de defensa contra las infracciones está dirigido a proteger a aquellas personas que, de buena fe, hayan invertido en un diseño de producto antes de la fecha de prioridad de un diseño registrado y que, por tanto, presenten interés legítimo en comercializar el producto, incluso si su apariencia está incluida en el ámbito de protección del diseño registrado.

De acuerdo con la nueva redacción dada al artículo 23 de la Directiva, se propone mantener el principio de acumulación de la protección conferida por los diseños industriales y de la protección de los derechos de autor, teniendo en cuenta los avances que se están dando, tanto por vía jurisprudencial como mediante las modificaciones en la legislación nacional sobre derecho de autor que se derivan de la adopción de legislación europea en la materia. Esta compatibilidad de las protecciones es un elemento clave que caracteriza a esta figura en el conjunto de derechos de propiedad intelectual e industrial y, en términos jurídicos, hunde sus raíces ya en el 2.7 del Convenio de Berna para la Protección de las Obras Literarias y Artísticas, del 9 de septiembre de 1886 y ha sido perfilado por múltiples Sentencias del Tribunal de Justicia, como las recientes Sentencias recaídas en los casos conocidos como «Cofemel»[27] o «Brompton»[28]. Es pacífico considerar, en todo caso, que la vía regulatoria por la que apuesta la Comisión Europea es continuista, ya que permite a cada Estado Miembro proceder de acuerdo con sus tradicionales modos de actuar. La doctrina y la jurisprudencia más cualificadas aciertan al decir que, en el caso de España, al amparo de lo reconocido en la Directiva, el legislador ha apostado por un sistema de protección acumulada de carácter parcial o restringido, frente a los modelos, existentes en otros ámbitos del derecho comparado, de acumulación total o de separación total[29]. En el ámbito europeo, por su parte, este principio de acumulación se reconoce en el artículo 96.2 del Reglamento, que apenas se modifica.

Como elemento menor, se recoge un nuevo artículo 24 en la Directiva, con su correlativo artículo 26 bis en el Reglamento, que incorpora que el titular tendrá derecho a informar al público de su diseño registrado mediante

---

27. Tribunal de Justicia de la Unión Europea. Sentencia de 19 de septiembre de 2019, caso Cofemel-Sociedade de Vestuário, S.A., contra G-Star Raw CV. Asunto C-683/17.
28. Tribunal de Justicia de la Unión Europea. Sentencia de 11 de junio de 2020, caso Brompton Bicycle Ltd contra Chedech/Get2Get. Asunto C-833/18.
29. FERNÁNDEZ-NÓVOA, C., OTERO LASTRES, J.M., BOTANA AGRA, M., *Manual de la Propiedad Industrial*, 3ª Ed., Marcial Pons, Barcelona, 2017, pp. 403-406.

la incorporación de un símbolo que incluye una letra «D» rodeada de un círculo al producto en el que se plasme el diseño. Esto recuerda a lo que ya sucede, por ejemplo, con la «C» rodeada de un círculo en el ámbito de los derechos de autor. En todo caso, se trata de plasmar en un texto legislativo una práctica comercial consolidada internacionalmente (reconocida en dos normas ISO de amplia utilización), en relación con la posibilidad de uso que se atribuye al titular a efectos promocionales.

Desde un punto procedimental, se añade a la Directiva un nuevo capítulo, que contiene un buen número de normas mínimas de tal carácter, en su mayoría resultado de buscar la consonancia entre la normativa reguladora del diseño industrial y las novedades procedimentales impuestas por la Directiva de marcas, ya que, en la Directiva en materia de diseños industriales actualmente en vigor no se establecían requisitos mínimos o comunes, sino que se dejaban completamente a la libre elección de la legislación nacional (una legislación que, conviene decir, no está apenas limitada en términos procedimentales por otras fuentes internacionales). Esto, además, contrastaba a su vez con el hecho de que buena parte de esos requisitos procedimentales, ausentes en sede de la Directiva, sí se dictaron en el Reglamento, por lo que el sistema de concesión del diseño comunitario registrado sí tenía ese buen número de elementos normativos de carácter procedimental, por lo que buena parte de las modificaciones que van a describirse a continuación no son más que el resultado de trasladar parte del contenido regulatorio del Reglamento actualmente vigente a la Directiva, a fin de que, posteriormente, sea incorporado al derecho nacional y de este modo se promueva una verdadera armonización en este sentido. Destacaremos, en este sentido, los artículos 25 (requisitos de la solicitud), 26 (requisitos de la representación del diseño en la solicitud), 27 (reconocimiento de las solicitudes múltiples) o el procedimiento para la declaración administrativa de la nulidad y la caducidad (artículo 31).

El artículo 25 pretende homogeneizar un mínimo de condiciones que la solicitud de protección del diseño industrial debe cumplir a fin de que pueda considerarse suficiente y, de este modo, pueda otorgarse fecha de presentación en la Oficina de Propiedad Industrial ante la cual la solicitud se presente. Bastará con que la representación del diseño sea «*susceptible de reproducción*» y permita distinguir «*claramente todos los detalles del objeto para el que se solicita protección y que permita su publicación*», locuciones que recuerdan todas a la reforma operada en la Directiva de Marcas, a fin de eliminar el requisito de representación gráfica del que ya hablamos. Quizá lo más relevante en este ámbito sea el contenido material que se propone incorporar en el apartado tercero de dicha propuesta de artículo, ya que se supera el principio tradicional de la clasificación de los productos a los que vaya a aplicarse el diseño sobre el que se busca obtener la protección, de acuerdo con la clasificación de Locarno. Así, y si bien la relación de los productos a los que vaya a incorporarse o aplicarse el diseño sigue formando parte de los requisitos mínimos a reflejar en la solicitud, el apartado tercero de este nuevo artículo 25 establece que «*la relación de productos... no afectará al alcance de la protección del diseño*», algo que estaba ya previamente reconocido en algunos Estados Miembros, pero no en otros, que deberán modificar, sin duda, su práctica de examen, cuyos elementos sustantivos o de fondo se pretenden limitar al máximo *por mor* de lo reconocido en el propuesto como nuevo artículo 29 de la Directiva. Igualmente, en los términos del nuevo artículo 28 de la propuesta de Directiva, el cumplimiento de los requisitos básicos de la solicitud obligará a las Oficinas de Propiedad Industrial correspondientes a otorgar la fecha de presentación al solicitante.

Igualmente, el propuesto nuevo artículo 26 incorpora, a veces con elevado grado de detalle, y en desarrollo (en parte) del artículo anterior ya citado, un conjunto de previsiones que precisan la forma de representación del diseño, incluyendo una cláusula final que promueve la cooperación en materia de prácticas comunes entre las Oficinas de Propiedad Industrial de los Estados Miembros y la EUIPO, algo que ya se reconoce en el artículo 152.1 d) del Reglamento de la Marca Europea. Esta provisión normativa tiene su espejo en la contenida en los artículos 36 y 36bis del Reglamento.

El nuevo artículo 27 se propone ofrecer la posibilidad al solicitante de combinar varios diseños industriales en una sola instancia de solicitud, de forma coherente con lo que actualmente se recoge en el artículo 37 del Reglamento, y sin exigir que los dibujos y modelos combinados se refieran a productos de la misma clase de la Clasificación de Locarno, como se dispone en la correspondiente modificación del Reglamento. Esta novedad rompe con un principio clásico de unidad de clase, en favor del solicitante, y máxime teniendo en cuenta la apuesta por la simplificación procedimental que ya se ha comentado.

Del mismo modo que, en el seno del procedimiento europeo, se reconoce en el artículo 50 del Reglamento, se propone ofrecer al solicitante la opción de solicitar el aplazamiento de la publicación de una solicitud de diseño durante un período de treinta meses desde la fecha de presentación de la solicitud (o la fecha de prioridad, si se solicitase), cuestión que deberá comunicarse a la Oficina de Propiedad Industrial correspondiente en el momento de presentar la solicitud. Durante dicho período, el solicitante podrá pedir que el diseño se publique, lo que significa que el período de aplazamiento de la solicitud no está, *ab initio*, disponible para el solicitante, pero, una vez en vigor, podrá pedir su acortamiento mediante este mecanismo. Esta institución a disposición del solicitante se reconoce en el nuevo artículo 30.

Por último, como novedad de carácter institucional, la Comisión Europea, siguiendo lo preceptuado en el ámbito marcario, y emulando el artículo 45 de la Directiva de Marcas, incorpora un nuevo artículo 31 según el cual los Estados miembros, de manera obligatoria, deberán establecer un procedimiento administrativo para impugnar la validez de un diseño industrial ya registrado, gestionado por Oficina Nacionales de propiedad industrial. Parece evidente que esta medida no está dirigida a impedir el acceso a la vía judicial, que debe persistir en todo caso como garantía de última *ratio*, sino ubicar un procedimiento administrativo más barato y accesible que permita solventar asuntos sin tener que llegar, precisamente, a los tribunales. Por tanto, lo que se propone es extraer del ámbito procesal una acción tradicionalmente civil para someterla, *prima facie*, a un procedimiento administrativo eficiente y expeditivo. No obstante, esta propuesta de la Comisión Europa no ha seguido apoyada por los colegisladores en el acuerdo político inter-institucional, lo que ha mostrado un límite claro en la capacidad mimética de esta reforma respecto de la reforma del sistema de marcas, como se ha apuntado con anterioridad.

Y es que, dada la litigiosidad en materia de marcas (derivada, en parte, pero no solamente, de la cantidad de derechos marcarios que transitan por el quehacer comercial diario en un mercado tan dinámico como el de la Unión Europea), parece tener todo el sentido establecer un sistema administrativo que descongestione la vía judicial y contribuya a resolver conflictos que, de otro modo, podrían encarecerse y dilatarse en el tiempo, especialmente considerando la tendencial naturaleza eterna de un derecho de marca y la obligación de uso de dicha marca que recae sobre el titular o sus autorizados. Pero esos parámetros están ausentes del derecho de diseño industrial: ni los derechos que recaen sobre el derecho industrial pueden durar más de 25 años (en la mayoría de los sectores, duran muchísimo menos en la práctica), ni existe la carga del uso sobre los titulares ni, en términos prácticos, la litigiosidad en materia de diseños tiene parangón alguno con la de marcas. Por ello, la visión supuestamente racionalizadora de la Comisión Europea no ha encontrado eco en los colegisladores que, a fin de evitar cargas administrativas y problemas presupuestarios para las Oficinas Nacionales, han modificado este artículo para incorporar este sistema como de implantación voluntaria, por tanto, quedando expedita la puerta para aquellos Estados Miembros que deseen poner en marcha el sistema, y viceversa.

Por último, parece relevante destacar que el sistema de tasas aplicables al procedimiento europeo de concesión (que, por tanto, no afecta *prima facie* a los sistemas nacionales) se han simplificado y, a la par, incrementado en determinadas cuantías, internalizando la subida del coste de la vida en todos los años desde que tal listado de tasas (2002) viene aplicándose.

3. EL ELEFANTE EN LA HABITACIÓN: ¿UN PASO ADELANTE EN LA CLÁUSULA DE REPARACIÓN?

Hemos dejado para el final del artículo el cambio que, sin duda, es más controvertido y genera más impacto más allá de los propios aspectos del procedimiento de concesión o del derecho sustantivo de los diseños industriales, si bien alcanza a uno de los elementos claves de toda institución jurídica en el ámbito del derecho de la propiedad industrial, como son sus excepciones y limitaciones, destinadas a controlar escenarios o situaciones en las que el ámbito de la protección es excesivo y, por tanto, se generan fallos e ineficiencias de mercado[30]. Se trata de una cuestión que tiene una clara dimensión estratégica y económica y que ya hizo naufragar una anterior intentona de modificación por falta de acuerdo entre los Estados Miembros.

Ha de mencionarse el debate jurídico en torno a lo que conocemos como cláusula de reparación, que no es más (ni menos) que una limitación al derecho conferido al titular de un diseño industrial registrado sobre un producto complejo en relación a alguno de los componentes que forman el producto complejo, en un caso muy específico, como es la circunstancia de la reparación de dicho componente para restituir la apariencia inicial del producto complejo del que esa pieza forma parte de manera visible. Esta cuestión se ubica, en la propuesta de Directiva,

30. SUTHERSANEN, U., *Design Law: European Union and United States*, 2ª ed, Sweet and Maxwell, 2010, p. 121.

en el artículo 19. Como puede entenderse fácilmente, la posibilidad del ejercicio por parte del diseñador del producto complejo de los derechos conferidos sobre su diseño, extendido en todo momento a sus componentes y en toda circunstancia, otorga un poder de mercado clave, que hace que un derecho de propiedad industrial pueda, en este caso, ser utilizado para limitar la capacidad del comprador del producto complejo para, en un mercado liberalizado, elegir la pieza de recambio que permita la reparación del producto complejo (como sería el caso de un vehículo). Por tanto, en relación a esta cuestión hay dos tendencias: una favorable a la liberalización y, por tanto, a la implementación de dicha cláusula de reparación, de tal modo que la competencia en el mercado primario de productos de recambio se extendiese también al mercado secundario de dichos productos, con la consiguiente competencia y (se espera), bajada de precios, o una visión favorable a la indemnidad de la estética del producto complejo aun después de la compra de dicho producto por el consumidor, en defensa de los derechos del diseñador, que, por tanto, impiden que, en caso de reparación, el consumidor pueda elegir de entre la oferta de piezas de recambio, lo que hace que deba elegir forzosamente la pieza de recambio vinculada o autorizada por el titular de diseño sobre el producto complejo. El enfrentamiento entre ambas posturas llevó, en la Directiva de 1997 actualmente en vigor, a una solución de compromiso: aquellos que quisieran liberalizar sus mercados y, por tanto, aplicar la cláusula de reparación, podrían implementarlo en sus legislaciones nacionales, mientras que aquellos que no quisieran hacerlo, podrían permanecer en sus posiciones más proteccionistas. El único *caveat* era que, desde la entrada en vigor de la Directiva, si algún Estado Miembro quería cambiar su posición en relación a esta cuestión, debería hacerla en el sentido de la liberalización del mercado de piezas de recambio.

Parece evidente que esta solución jurídica, manifestación de un claro compromiso político entre posturas divergentes, supuso una ruptura del mercado europeo de piezas de recambio, en tanto los regímenes jurídicos variaron de unos países a otros. Por un lado, países como los pertenecientes al BENELUX, España, Irlanda, Italia o Polonia implementaron dicha cláusula de reparación. En el otro lado, países como Austria, Dinamarca, Francia, Portugal, República Checa o Alemania, apostaron por la protección total de los componentes visibles en el marco de un producto complejo.

En la actualidad, y de manera no exhaustiva, la situación ha variado de un modo tal que las percepciones son diferentes en relación a la extensión de este tipo de protecciones con base en la estética del producto complejo, ya que, a los objetivos de proteger las innovaciones formales mediante un derecho de propiedad industrial que, por tanto, apoye a aquellos que son creativos, se añaden preocupaciones en torno a la circularidad de la economía, a la transición ecológica, al derecho a reparar y, en general, a políticas públicas que tutelen de mejor manera los derechos de los consumidores a disfrutar de una adecuada oferta de productos en los diferentes mercados, con diferente precio. Es por ello que la Comisión Europea, a fin de lograr la realización del mercado único de piezas de recambio para reparaciones, se propone introducir en la Directiva una cláusula de reparación similar a la que ya figura en el artículo 110 del Reglamento, limitada expresamente a las partes visibles idénticas a las originales de los productos complejos.

Las razones para la existencia de esta cláusula de reparación encuentran acomodo en el contexto internacional, ya que el artículo 26 del Acuerdo de los ADPIC establece que los Miembros podrán prever excepciones limitadas de la protección conferida por el diseño industrial a condición de que tales excepciones no atenten de manera injustificable contra la explotación normal de los diseños industriales ni causen perjuicio injustificado a los legítimos intereses del titular. En relación al alcance de esta cláusula de reparación, que no siempre ha resultado fácil de interpretar, el Tribunal de Justicia de la Unión Europea ha tenido oportunidad de pronunciarse en la célebre sentencia recaída con ocasión del caso conocido como «Acacia», que enfrentó a la compañía italiana Acacia Srl. con Audi y Porsche, conocidas compañías productoras de vehículos utilitarios. Es interesante, en dicha Sentencia, escuchar el razonamiento del Tribunal para justificar la existencia de esta limitación a este derecho de propiedad industrial:

> *«...la protección conferida por los diseños comunitarios puede tener efectos no deseados en el sentido de excluir o limitar la competencia en el mercado, en particular en el caso de productos complejos, caros y de larga vida... la cláusula denominada de reparación pretende evitar la creación de mercados cerrados para determinadas piezas y, en particular, evitar que el consumidor que ha comprado un producto de larga duración, que puede ser oneroso, quede vinculado indefinidamente –por la compra de piezas externas– al fabricante del producto complejo»*[31].

31. Tribunal de Justicia de la Unión Europea. Sentencia de 20 de diciembre de 2017, caso Acacia y Pneusgarda contra Audi AG y Acacia y Rolando D'Amato contra D4. Ing. H.c. F. Porsche AG. Asuntos acumulados C-397/16 y C-435/16.

El elemento central del litigio era dilucidar si, en el caso de unas llantas, la cláusula de reparación permitía que éstas se comercializaran sin vulnerar los derechos de los titulares de los diseños sobre los vehículos Audi y Porsche, según se considerase que la cláusula de reparación se extendía a aquellos productos de reparación de cuya apariencia dependa el diseño protegido o no. Es decir, una cláusula de reparación más limitada en su alcance ampara en menos ocasiones a los productores de piezas de recambio, mientras que, de ocurrir al contrario, se permite mayor libertad de operación a estos productores de piezas de recambio frente a los productores de los vehículos originales.

Ha sido la línea jurisprudencial sentada por el caso Acacia, unida a los condicionamientos anteriormente mencionados, los que han hecho que la propuesta de la Comisión Europea sea, ahora sí, avanzar hacia una verdadera liberalización del mercado de piezas de recambio mediante la inclusión en el proyecto de Directiva de una cláusula de reparación que, con los límites antes mencionados, todos los Estados Miembros deberán implementar en sus legislaciones nacionales en un plazo máximo de 10 años desde la entrada en vigor de la Directiva, lo que concede, en nuestra opinión, un período transitorio lo suficientemente amplio para que todas aquellas industrias, esencialmente la automovilística, pueda transitar hacia un modelo de competencia real en el mercado de piezas de recambio con fines de reparación del producto original, ya que se salvaguardan los derechos actuales de los titulares, y por tanto, el *statu quo*, durante dicho período. El acuerdo político-interinstitucional ha reducido ese período a 8 años desde la entrada en vigor, manteniendo por tanto un período transitorio de carácter uniforme, y el nuevo clausulado tiene su reflejo en los correspondientes considerandos 35 y 35bis. Por tanto, parece que, de una vez, una vez el acuerdo político interinstitucional sea validado por los colegisladores, y transcurra este período transitorio de los 8 años ya mencionados, la cuestión de la armonización del mercado de las piezas de recambio en el mercado interior se habrá resuelto, lo que supondrá la culminación de un régimen jurídico fragmentado tras 30 años de debates. Para un estudio en detalle de la situación, puede verse el siguiente capítulo de este libro.

4. CONCLUSIONES

Durante todo el estudio se ha venido haciendo referencia a la reforma del sistema europeo de protección jurídica de los diseños industrial, partiendo de una aproximación no exhaustiva al derecho europeo de diseños industriales que está por venir, puesto que ha de recordarse que, en el momento que se escriben estas líneas, no estamos hablando de derecho en vigor. El procedimiento legislativo ordinario reconocido en el Tratado de Funcionamiento de la Unión Europa garantiza un concienzudo trabajo antes de la adopción de cualquier norma europea, y ese trabajo no ha finalizado. No obstante, se pueden dar una serie de certezas, que derivan del hecho de que el acuerdo político-institucional provisional que fue alcanzado el 5 de diciembre de 2023 (por tanto, bajo Presidencia de España del Consejo de la Unión Europea) fue ratificado por el Parlamento Europeo en enero de 2024, y probablemente será igualmente respaldado por los Estados Miembros en próximas sesiones de los órganos competentes (fundamentalmente, el Comité de Representantes Permanentes) después del correspondiente trabajo técnico-jurídico. Por tanto, es previsible que a lo largo del año 2024 la Directiva y el Reglamento serán adoptados y, posteriormente, publicados en el Diario Oficial de la Unión Europea. Desde este momento, los Estados Miembros tendrán 36 meses para transponer la Directiva a partir de la fecha de entrada en vigor de la misma, lo que tendrá lugar a los 20 días de la publicación. Asimismo, el Reglamento entrará en vigor, aunque es probable que el sistema europeo requiera de la aprobación de normativa de carácter secundario para que pueda desarrollarse y ejecutarse de la manera adecuada por la EUIPO.

Pero lo que parece seguro es que, después de más de tres décadas, tendremos un nuevo régimen jurídico para la protección de las innovaciones de carácter estético en la Unión Europea y en sus Estados Miembros, de modo que esta figura de la propiedad industrial se verá actualizada y adaptada a los retos actuales, cumplimiento con sus funciones en un mundo en cambio: contribuir a la innovación y ahondar las posibilidades empresariales en el contexto de competencia feroz en los mercados, cada vez más digitales, de modo que los usuarios y consumidores puedan disponer, cada vez, de mejores y más atractivos productos para satisfacer sus necesidades. Si bien es cierto que la propuesta ha sido bien recibida por diferentes académicos[32], solo una evaluación posterior, que deberá ser llevada a cabo en su momento, pondrá de relieve si las novedades de esta reforma han cumplido con los

32. KUR, A., ENDRICH-LAIMBÖCK, T., HUCKSCHLAG, M., *Position Statement of the Max Planck Institute for Innovation and Competition of 23 January 2023 on the «Design Package» (Amendment of the Design Regulation and Recast of the Design Directive). https://www.ip.mpg.de/fileadmin/ipmpg/content/stellungnahmen/MPI_Position_Statement_on_the_Design_Package_01-25.pdf*

fines de política pública bajos los cuáles se dictó, o si se requerirán posteriores actualizaciones. No obstante, puede aventurarse que el enfoque de la Comisión Europea y de buena parte de los Estados Miembros no parece venir influido de manera especialmente intensa por las necesidades en el ámbito digital, no que puede sorprender demasiado en un momento en el que los sectores tradicionales del ámbito de la propiedad intelectual, muy específicamente en su vertiente de propiedad industrial, siguen teniendo intensos y relevantes debates sobre cómo abordar los cambios que las nuevas realidades digitales imponen[33].

En todo caso, se trata de una reforma legislativa que, impulsada por el éxito de la reforma legislativa en materia de marcas, y tras el indudable éxito que ha supuesto la adopción del Reglamento (UE) 2023/2411 del Parlamento Europeo y del Consejo de 18 de octubre de 2023, relativo a la protección de las indicaciones geográficas de productos artesanales e industriales y por el que se modifican los Reglamentos (UE) 2017/1001 y (UE) 2019/1753[34], ha sabido calibrar de manera correcta las posibilidades de éxito y los tiempos, y se ha conseguido con éxito en un momento de incertidumbre en materia de propuestas legislativas sobre propiedad intelectual por parte de la Comisión Europea, ya que las contenidas en el llamado paquete de patentes no parecen convencer de manera definitiva a los Estados Miembros. A la par, merece la pena llamar la atención sobre el paso adelante en materia de regulación global de los diseños industriales que parece estar a punto de darse, con la celebración de la Conferencia Diplomática para adoptar un Tratado sobre el Derecho de Diseños que, por mandato de las Asambleas Generales de la Organización Mundial de la Propiedad Intelectual en 2022, se celebrará en Ryad (Arabia Saudí) en noviembre de 2024. Son tiempos de cambio para la propiedad intelectual, como demuestra la efervescencia legislativa en el ámbito europeo y a escala internacional, lo que permite constatar que la práctica de la disciplina está muy viva y lo seguirá estando próximamente.

5. BIBLIOGRAFÍA

BERCOVITZ RODRÍGUEZ-CANO, A., *Apuntes de Derecho Mercantil*, 18ª ed., Aranzadi, Cizur Menor, 2017.

33. GIL CELEDONIO, J. A., «Digitalización, inteligencia artificial y sus impactos jurídicos» en CANDELARIO MACÍAS, M.I. (coord.), *La propiedad industrial en tiempos de COVID-19*. Tirant lo Blanch, Valencia, 2022, pp. 17-48.
34. MONTERO GARCÍA-NOBLEJAS, P., «Análisis crítico de las reformas del sistema de indicaciones geográficas de la Unión Europea», *La Ley mercantil, n.º 104*, 2023.

BERCOVITZ RODRÍGUEZ-CANO, A., *Introducción a las Marcas y otros signos distintivos en el tráfico económico,* 2ª ed., Thomson Reuters- Aranzadi, Cizur mayor, 2021.

CASADO CERVIÑO, A., «El papel de la propiedad industrial en la sociedad del conocimiento: presente y futuro», *Icade: Revista de la Facultad de Derecho*, n.º 83-84, 2, 2011.

CASADO CERVIÑO, A., COS CODINA, J., «Los trabajos comunitarios sobre el Diseño Industrial: la directiva comunitaria», *Gaceta Jurídica de la Unión Europea y de la Competencia,* n. 202, 1999, pp. 31-40.

FERNÁNDEZ-NÓVOA, C., OTERO LASTRES, J. M., BOTANA AGRA, M., *Manual de la Propiedad Industrial,* 3ª Ed., Marcial Pons, Barcelona, 2017.

FRANKEL, S., GERVAIS, D. J., *International Intellectual Property,* Edward Elgar, Cheltelham, 2016.

GARDE LOBO, P. y ALONSO MARTÍN SONSECA, M., «La incorporación al derecho español de la nueva estrategia de la Unión Europea en materia de marcas», *Economía Industrial,* 414, 2019, pp. 135-141.

GAY, A., SAMAR, L., *El Diseño Industrial en la historia.* Ediciones TEC, Argentina, 2007.

GIL CELEDONIO, J. A., «Digitalización, inteligencia artificial y sus impactos jurídicos» en CANDELARIO MACÍAS, M. I. (coord.), *La propiedad industrial en tiempos de COVID-19.* Tirant lo Blanch, Valencia, 2022.

GIL CELEDONIO, J. A., «Una solidaridad de hecho: la configuración del sistema europeo de marcas», *Anuario de la Facultad de Derecho. Universidad de Extremadura,* 38 (2022), pp. 483-485.

GIL CELEDONIO, J.A., VERA ROA, J. y ROJAS ROMERO, E., «El papel de la propiedad industrial en el debate sobre la soberanía industrial: las propuestas de la Comición Europea en materia de patentes", *Comunicaciones en Propiedad Industrial y Derecho de la competencia,* nº 101, (2024), pp. 141-160.

HÄBERLE, P., «Europa como Comunidad Constitucional en Desarrollo», *Revista de Derecho Constitucional Europeo,* n.º 1 (2004).

HARTWIG, H., «The Legal Review on Industrial Design Protection in Europe»: A closer look», *Journal of Intellectual Property Law & Practice,* Volume 13, Issue 4, 2018, pp. 332-336.

KUR, A., DREIER, T., *European Intellectual Property Law. Text, Cases and Materials.* Edward Elgar, Cheltenham, 2013.

LEHMAN, M., «The theory of Property Rights and the Proteccion of Intellectual and Industrial Property», *International Review of intellectual property and competition law*, Vol. 16.1985, 5, pp. 525-531.

MARGONI, T., «Not for designers: on the inadequacies of UE Design Law and How to fix it», n.º 4, 2013, pp. 225-248.

MONTERO GARCÍA-NOBLEJAS, P., «Análisis crítico de las reformas del sistema de indicaciones geográficas de la Unión Europea», *La Ley mercantil*, n.º 104, 2023.

PILA, J., TORREMANS, P., European Intellectual Property Law, Oxford, 2ª ed., 2019.

SUTHERSANEN, U., *Design Law: European Union and United States*, 2ª ed, Sweet and Maxwell, 2010.

THUM-THYSEN, A., VOIGT, P., BILBAO-OSORIO, B., MAIER, C., OGNYANOVA, D., «Unlocking Investment in Intangible Assets», *Discussion Paper* 047, 2017.

VERA ROA, J. y ROJAS ROMERO, E., «La propiedad industrial como instrumento clave para la soberanía tecnológica e industrial», *Economía Industrial*, n.º 427, 2023.

Capítulo 7

Los des (encuentros) de la cláusula de reparación para piezas de recambio: ¿nuevas reglas de juego en Europa?[1]

MARÍA ISABEL CANDELARIO MACÍAS

Profesora Titular (acreditada Catedrática) de Derecho Mercantil

Universidad Carlos III de Madrid

SUMARIO: 1. CONSIDERACIONES PRELIMINARES. 2. PRESENTE: MARCO NORMATIVO DEL DISEÑO INDUSTRIAL Y LAS PIEZAS DE RECAMBIO. 2.1. *La disciplina de la* cláusula de reparación *en el Derecho Comparado.* 3. FUTURO: PROPUESTAS LEGISLATIVAS EUROPEAS Y LA PROTECCIÓN DE LAS PIEZAS DE RECAMBIO. 4. REFLEXIONES FINALES. 5. BIBLIOGRAFÍA.

1. CONSIDERACIONES PRELIMINARES

El diseño industrial[2] –o, empleando la terminología europea de dibujos y modelos industriales–, es una modalidad de la propiedad industrial,

---

1. Orcid: 0000-0002-8646-9242. Este trabajo se ha beneficiado del aprovechamiento de la concesión de la ayuda-premio de la Cátedra Luis de Camoens de la Universidad Carlos III de Madrid. También, ha sido expuesto en el Congreso Internacional: *Los nuevos horizontes y metas de la propiedad industrial* celebrado los días 19 y 20 de octubre de 2023, Universidad Carlos III de Madrid. Y, es fruto del Proyecto TED2021-130344B-I00, «Desafíos y Retos de la ordenación de las innovaciones de cambio climático», financiado por MCIN/AEI/10.13039/501100011033 y por la UE NextGenerationEU/PRTR.
2. *Cfr.*, Ley 20/2003, de 7 de julio, de *Protección Jurídica del Diseño Industrial. BOE* n.º 162 de 8 de julio de 2003. La utilización del término diseño industrial, el cual sustituye a

que ha sido relegada –o no apreciada de forma comparativa– a lo largo del tiempo, a diferencia de lo que sucede con la patente de invención o marca, principales «protagonistas» de la propiedad industrial. Sin embargo, los datos económicos que se derivan del uso de diseños industriales[3], así como el número de solicitudes cada vez más creciente en Europa, nos revela la importancia de esta variante de la propiedad industrial y por ser, a la par, una certera manifestación de la creatividad, la innovación y el desarrollo aplicado de la investigación y, se conviertan, por tanto, en una pieza económica[4] conveniente y necesaria para poder coadyuvar al engranaje y a la finalidad de paliar los efectos inherentes al cambio climático[5], así como implementar

---

«dibujos y modelos industriales». De conformidad con la Exposición de Motivos de la mencionada Ley, se explica: «la distinción entre modelos y dibujos industriales, correspondiente a los diseños tridimensionales y bidimensionales respectivamente, no se traduce realmente en un tratamiento legal diferenciado (…)». Se sigue justificando la utilización de esta expresión por la Exposición de Motivos, por cuanto que *se ha preferido utilizar el término diseño industrial, que es el empleado en el lenguaje común para designar la forma proyectada para los objetos de uso que serán fabricados en serie. El mantenimiento de la terminología tradicional en la versión española de los convenios internacionales vigentes y de la legislación comunitaria no debería plantear ningún problema de interpretación, puesto que tampoco en esos textos se aplica a los dibujos y modelos un régimen legal diferenciado que justifique la diferencia denominativa.* Al respecto, OTERO LASTRES, J. M., «Reflexiones sobre el diseño industrial», *Anuario de la Facultad de Derecho (Universidad de Alcalá)*, núm. 1, (2008), pp. 217-235.

3. Más en CANDELARIO MACÍAS, Mª. I., «Repensar el diseño industrial: ¿ecodiseño o diseño ecológico-sostenible?», Capítulo 6, AA.VV., *Oportunidades y Retos de la propiedad industrial en el entorno de cambio climático,* (Dir. CANDELARIO MACÍAS, Mª. I.), Tirant Lo Blanch, Valencia, 2023, pp. 127-171.

4. Se extrae la significación del diseño industrial como modalidad de la propiedad industrial de los Considerandos del paquete legislativo de reforma europeo sobre la materia, véase también GIL PECHARROMÁN, X., «Vídeo y 3D llegan a la legislación comunitaria sobre dibujos y modelos», [en línea], (20 julio 2023), *https://revistas.eleconomista.es/buen-gobierno/2023/julio/video-y-3d-llegan-a-la-legislacion-comunitaria-sobre-dibujos-y-modelos-BA14506465* (consultado por última vez el 22 de noviembre de 2023): «El diseño industrial, lo que supone el acto de dar forma y características a un producto antes de producirlo, es lo que confiere a los productos su atractivo visual e influye en los consumidores a la hora de elegir un producto en lugar de otro. Entre 2017 y 2019, representaron casi el 16 % del PIB de la UE y el 13 % de todos los puestos de trabajo comunitarios». La importancia del diseño puesta de manifiesto en la evolución histórica y, en especial, en el ámbito de la Unión Europea por GÓMEZ SEGADE, J.A., «Apunte sobre el futuro del diseño industrial en la UE», Capítulo 25, AA.VV., *De iure Mercatus, Libro Homenaje al Prof. Dr. Dr. h.c. BERCOVIZ RODRÍGUEZ-CANO,* (Coord. GARCÍA-CRUCES, J.A.), Tirant Lo Blanch, Valencia, 2023, pp. 826 a 831.

5. Reflejo de ello lo encontramos en la 28º edición de la Conferencia de las Partes (COP 28) sobre el cambio climático organizada por Naciones Unidas, que se celebró entre

las nuevas tecnologías[6] en nuestra vida cotidiana. De tal suerte, el diseño industrial bien puede ser un catalizador como modalidad de la propiedad industrial destinado a eliminar o reducir los menoscabos que se están produciendo en el medio ambiente[7] y en la necesidad de una economía circular[8], además, de ser un acicate en la tan querida transición digital y ecológica[9].

---

los días 30 de noviembre y 12 de diciembre de 2023 en los Emiratos Árabes Unidos. Encuentra su cuadro de actuación precedente en la Convención Marco de las Naciones Unidas sobre el Cambio Climático (CMNUCC), que fue adoptada en Nueva York, 9 de mayo de 1992, [en línea], *https://unfccc.int/resource/docs/convkp/convsp.pdf.* Para abordar el cambio climático y sus impactos negativos, los líderes mundiales en la Conferencia de las Naciones Unidas sobre el Cambio Climático (COP21), en París, realizaron un avance más el 12 de diciembre de 2015 con el histórico Acuerdo de París, *cfr.*, [en línea], *https://www.un.org/es/climatechange/paris-agreement.* También, en el ámbito europeo, véase el Reglamento (UE) 2021/1119 del Parlamento Europeo y del Consejo, de 30 de junio de 2021, por el que se establece el marco para lograr la neutralidad climática y se modifican los Reglamentos (CE) n.º 401/2009 y (UE) 2018/1999 («Legislación europea sobre el clima») (DO L 243 de 9 de julio de 2021), *https://eur-lex.europa.eu/legal-content/ES/TXT/PDF/?uri=CELEX:32021R1119.* Predica en su Considerando (7): *La acción por el clima debe ser una oportunidad para todos los sectores de la economía de la Unión de contribuir a asegurar el liderazgo industrial en materia de innovación en el plano mundial.* Y, (11): *(...) La transformación digital, la innovación tecnológica y la investigación y el desarrollo son también factores importantes para alcanzar el objetivo de neutralidad climática.* En el ámbito nacional, la legislación generada en torno al cambio climático se recoge en *https://www.miteco.gob.es/en/cambio-climatico/legislacion/documentacion/normativa-y-textos-legales/default.aspx.* A nivel doctrinal, véase, *in extenso,* AA.VV., *Green innovations and IPR management*, (Dirs., KIRCHNER, A. y KIRCHNER-FREIS, I.), Wolters Kluwer, 2013.

6. *Vide, Un plan de acción en favor de la propiedad intelectual para apoyar la recuperación y la resiliencia de la UE*, puede atenderse a las diferentes iniciativas e informes en *https://www.europarl.europa.eu/doceo/document/TA-9-2021-0453_ES.html* (consultado por última vez el 27 de diciembre de 2022). También, *in extenso,* LASTIRI SANTIAGO, M., «Reestructurando el derecho de propiedad industrial: hacia la transición ecológica y digital», *La Ley Mercantil*, núm.90, (abril, 2022), pp. 1-36.
7. *Cfr.*, Decisión (UE) 2022/591 del Parlamento Europeo y del Consejo, de 6 de abril de 2022, *relativa al Programa General de Acción de la Unión en materia de Medio Ambiente hasta 2030, DOUE* L 114/22, 12 de abril de 2022, en *https://eur-lex.europa.eu/legal-content/ES/TXT/PDF/?uri=CELEX:32022D0591&from=ES.*
8. *Vid.*, VENCE, X. y PEREIRA, A., «Eco-innovation and Circular Business Models as drivers for a circular economy». *Contaduría y Administración* 64 (1), Especial Innovación, (2019), pp. 1-19. *http://dx.doi.org/10.22201/fca.24488410e.2019.1806 (consultado por última vez el 22 de octubre de 2022) En el ámbito nacional se recogen las acciones en torno a la Economía Circular en la Unión Europea en https://www.miteco.gob.es/es/calidad-y-evaluacion-ambiental/temas/economia-circular/comision-europea/.*
9. Más en CANDELARIO MACÍAS, Mª. I., «Los nuevos confines legislativos del diseño industrial (dibujos y modelos) en Europa: confluencia y encaje del diseño industrial y el ecodiseño en una economía circular». Capítulo 24, AA.VV., *Reflexiones sobre la propiedad*

La legislación europea y su afectación en el derecho nacional español en torno al diseño industrial coexisten y cumplen ya más de 20 años de existencia. Cierto que durante este tiempo la normativa no ha estado exenta de polémicas, primero, por dejar ciertos aspectos sin reglamentación armonizada para la protección del diseño (por ejemplo, no cubre las interconexiones entre los componentes).

En segundo lugar, existe un desacuerdo sobre el alcance de la tutela por diseños de las piezas de recambio de productos complejos o «*must match*» –piezas de recambio, que deben encajar exactamente en el lugar del diseño que están reemplazando–. Se asumió el compromiso («*the freeze plus solution*»)[10], sin embargo, nos encontramos con una disparidad de actuación legislativa en el ámbito de la Unión Europea que, precisamente, va en contra de la armonización y del tan querido mercado interior único.

En tercer lugar, también nos encontramos que para el amparo del diseño se permita la acumulación de normas con el *Copyright* (no armonizado) y, por tanto, no se excluyen otras posibilidades de protección del diseño, *vgr*.: EEUU (design patents).

Y, de otro lado, hay que tener presente que la incorporación de los avances y tecnologías abría nuevas ópticas de discusión en torno a la concepción y uso del diseño industrial. A modo de ejemplo, qué sucede con la impresión 3D y 4D[11] (diseños inteligentes que reaccionan al entorno y se transforman

Industrial en el Siglo XXI (Coord. CURTO POLO, M.), Aranzadi, Pamplona, 2023, pp. 599 a 626.

10. *Cfr.*, el artículo 14 de la Directiva 98/71/EC, que nos viene a decir que los Estados miembros mantendrán sus leyes existentes sobre piezas de recambio, y pueden cambiarlas sólo de tal forma que se abra el mercado de las piezas de recambio, permitiendo que suministradores adicionales, además de los fabricantes originales, puedan ofrecer el diseño. Hoy en día, nos encontramos con un tratamiento diferenciado de aplicación del art. 14 de la Directiva. En países como Bélgica, Irlanda, Italia, Luxemburgo, Holanda, España y Reino Unido tienen «cláusulas de reparación», permitiendo la protección del diseño sobre productos nuevos, pero dejando la posibilidad a piezas alternativas para la reparación en el *aftermarket*. Por otro lado, nos encontramos a Grecia que conjuga una cláusula de reparación combinada con una protección de 5 años y una remuneración «justa y razonable». Hungría y Letonia han abierto el mercado de las piezas de recambio. Al respecto, cabe señalar que la Directiva se intentó modificar en el año 2004 [*vid.*, COM (2004) 582 final] para introducir la «cláusula de reparación» pero la propuesta finalmente se desdibujó y cayó en el olvido en el año 2014.

11. Para más información, véase: *https://www.iberdrola.com/innovacion/que-es-la-impresion-4d* [en línea], (consultado por última vez el 9 de octubre de 2023), apunta que: *La impresión 4D recurre a las impresoras 3D para crear objetos tridimensionales vivos sin cables ni circuitos.*

con el tiempo) vinculado al empleo y utilización de diseños industriales. En similar línea, hoy en día, el uso en el metaverso[12] o el empleo de la Inteligencia Artificial[13] (IA) y su alcance y consecuencias.

Los «flecos» pendientes por parte de la legislación vigente se han intentado paliar de algún modo con estudios e informes a lo largo del tiempo[14], pero

---

Lo hace utilizando materiales inteligentes, que pueden programarse para cambiar de forma, color o tamaño cuando reciben un estímulo externo. Es el caso de resinas de hidrogel, polímeros activos o, incluso, tejidos vivos. Se imprimen en 3D con un diseño específico que con el tiempo y al entrar en contacto con la humedad, la luz, la presión o la temperatura, entre otros factores, evolucionan hasta lograr el acabado previsto.

12. GUIMBERTEAU, B., «Le métavers et le droit des dessins ou modèles», [en línea], (6 Février 2023), *https://blip.education/le-metavers-et-le-droit-des-dessins-ou-modeles-un-article-de-boriana-guimberteau-avocate-associee-au-sein-du-cabinet-stephenson-harwood-et-magali-courroye-avocate-collaboratrice-au-sein-du-meme* (consultado por última vez el 18 de febrero de 2023). MARTÍNEZ CRESPO, A., «Utilización de elementos protegidos por Diseño Industrial en el Metaverso». En *Derecho de los videojuegos: aspectos jurídicos y de negocio*, Aranzadi, 2023, pp. 719-721. AYLLON SANTIAGO, H., «Derecho de propiedad intelectual e industrial en el metaverso», Capítulo 10, AA.VV., *De Iure Mercatus. Libro Homenaje al Prof. Dr. h. c. Alberto Bercovitz Rodríguez Cano* (Coord. GARCÍA-CRUCES, J.A.), Tirant Lo Blanch, Valencia, 2023, pp. 334 a 369.
13. CHÁVEZ VALDIVIA, A. K., «Entre el derecho y los sistemas creativos: una nueva dimensión del diseño de moda por medio de la inteligencia artificial», *Revista de Derecho Privado*, núm. 43, (2022), pp. 353-386.
14. En al año 2016, nos encontramos con: *Legal review on industrial design protection in Europe –Main findings and recommendations–*, véase más [en línea], *https://op.europa.eu/en/publication-detail/-/publication/43fd4a5c-6c26-4639-ac9a-281ab57687de* (consultado por última vez el 10 de octubre de 2023). Entre las consideraciones más destacables que se proponían y desde lo cual han servido de lanzadera para la configuración de las nuevas propuestas legislativas más recientes en el tiempo: Confusión en cuanto a si la «apariencia» en la definición de diseño Art 3 (a) del Reglamento / Art 1 (a) Directiva se limita a los aspectos visuales, o si el concepto de diseño también abarca otros elementos que afectan al aspecto visual como «textura y/o materiales». Confusión en cuanto a si: el requisito de visibilidad sólo se aplica a las partes componentes de productos complejos; la aplicabilidad del requisito de permanecer «visible durante el uso normal». El concepto de componentes de productos complejos (que implican la regla de visibilidad en su uso normal) es una construcción legal conceptualmente difícil; Debe aclararse que el término «producto complejo» se debe aplicar a «productos complejos, costosos y duraderos, como los vehículos motorizados». Recomendación: conservar la noción de producto complejo, pero limitarlo de manera que se dirija específicamente a maquinaria compleja. Se planteaban diferentes interpretaciones con respecto a la prueba-test de funcionalidad requerido para interpretar que el diseño no subsiste en características de la apariencia del producto dictadas exclusivamente por su función técnica. Recomendación: clarificar que en el test para determinar si una cierta característica de apariencia de un producto viene dictada exclusivamente por su función técnica se

sin duda la solución más actual y referente se contienen en la presentación el 28 de noviembre de 2022 de dos propuestas[15] de reforma, que inciden directamente sobre el diseño industrial como son una propuesta de Reglamento y de Directiva refundida, respectivamente, modificando las pretéritas legislaciones[16], que vienen a ordenar este activo intangible e intentar responder a los desafíos de la realidad *ut supra* descrita; es decir, ante *nuevos hechos, nuevo derecho*. Y, siendo conscientes que nos encontramos en pleno proceso de elaboración y fijación prelegislativa[17]. Tampoco puede descuidarse que

tendrá en cuenta el grado de libertad del diseñador para delimitar dichas características. Respecto al procedimiento de nulidad, se proporcionaba la recomendación: de hacerse un esfuerzo para ofrecer procedimientos de nulidad rápidos y poco costosos antes las oficinas nacionales. Optimización del régimen de diseños en: 1. Piezas de recambio. 2. 3D-printing: Usuarios directos: Restricción de la copia privada o límites a la misma. Usuarios indirectos: revisión de la posibilidad de la incorporación de la infracción por parte de terceros (como en patentes). También, *cfr.*, el recorrido histórico de la legislación expuesto por GÓMEZ SEGADE, J.A., «Apunte sobre el futuro del diseño industrial en la UE», Capítulo 25, *op.ult.cit.*, pp. 833 a 836.

15. Se enumera de forma clara cuáles son los objetivos y finalidad perseguida en el proceso legislativo, diciendo: Las propuestas para modificar el Reglamento (CE) n.º 6/2002 del Consejo (el Reglamento sobre diseños comunitarios) y, en paralelo, para refundir la Directiva 98/71/CE (la Directiva sobre diseños) tienen como objetivo alinear el sistema de protección de diseños en la UE con la era digital y hacerlo más accesible y eficiente para los solicitantes. En términos de digitalización, la actualización propuesta de los requisitos para representar diseños permitiría a los solicitantes presentar nuevos tipos de diseños digitales (por ejemplo, mediante el uso de tecnologías de impresión 3D). En términos de eficiencia, las propuestas pretenden abaratar y simplificar los procedimientos de solicitud y agilizar los procedimientos de registro, al tiempo que garantizan una mayor previsibilidad y seguridad jurídica para los diseñadores individuales, las PYMEs y las industrias intensivas en diseño que buscan protección de diseños en la UE. Véase, «Revision of the EU legislation on design protection» [en línea], (*Briefing* 07/07/2023), en *https://www.europarl.europa.eu/thinktank/es/document/EPRS_BRI(2023)751401* (consultado por última vez el 12 de octubre de 2023).

16. En palabras de GÓMEZ SEGADE, J. A., «Apunte sobre el futuro del diseño industrial en la UE», *op.cit.*, p. 850, respecto a la futura legislación: «(…) globalmente no deba calificarse como "revolucionaria"».

17. Explica ROJAS, E., «La reforma de la legislación europea en materia de diseños durante la Presidencia Europea», [en línea], (20 de diciembre de 2023), *https://www.madrimasd.org/blogs/patentesymarcas/2023/la-reforma-de-la-legislacion-europea-en-materia-de-disenos-durante-la-presidencia-europea/* (consultado por última vez el 10 de febrero de 2024): «La adopción de una posición común constituye un hito en el procedimiento legislativo europeo e implica la existencia de acuerdo entre Comisión y Consejo de la UE (representante de los veintisiete Estados miembros) sobre el texto de la propuesta que la Presidencia española ha dirigido en su debate en "triálogos", es decir, en los debates a tres bandas que se celebran entre la Comisión, el Consejo y el Parlamento para la

la reforma de la legislación europea del diseño se ve impulsada y, como efecto domino y reflejo por la precedente normativa marcaria: *ex* Directiva (UE) 2015/2436 del Parlamento europeo y del Consejo, de 16 de diciembre de 2015, *relativa a la aproximación de las legislaciones de los Estados miembros en materia de marcas*[18] (versión refundida) y, el respectivo, Reglamento (UE) 2017/1001[19] del Parlamento Europeo y del Consejo de 14 de junio de 2017 sobre la *marca de la Unión Europea* (versión codificada).

Nuestro propósito en esta contribución es ceñirnos a examinar uno de los aspectos *ut supra* descritos en orden a saber cómo se disciplina en la vigente normativa sobre el diseño, así como calibrar cómo se pondera y reglamenta en las propuestas legales europeas de futuro: la protección a través del diseño de las piezas de recambio mediante la integración (o no) de la denominada «cláusula de reparación». Teniendo muy en cuenta la afectación de esta materia en sectores de actividad comercial-económica tan cruciales como el sector automovilístico o de electrodomésticos, por ejemplo. Y, en particular, por su incidencia en el derecho de la competencia.

2. PRESENTE: MARCO NORMATIVO DEL DISEÑO INDUSTRIAL Y LAS PIEZAS DE RECAMBIO

Las piezas de recambio y su tutela a través del diseño industrial mediante la cláusula de reparación podrían encuadrarse, legalmente, como una excepción o salvedad a los derechos conferidos por el diseño, tal y como se reconoce en la vigente normativa y, estando en consonancia con lo disciplinado en el ámbito internacional por el art. 26, apartado 2º del *Acuerdo sobre los Aspectos de los Derechos de Propiedad Intelectual relacionados con el Comercio,* 1995 («Acuerdo sobre los ADPIC»). Decreta el artículo 26: *Protección (...). 2. Los Miembros podrán prever excepciones limitadas de la protección de los dibujos y modelos industriales, a condición de que tales excepciones no atenten de manera injustificable contra la explotación normal de los dibujos y modelos industriales protegidos ni causen un perjuicio injustificado a los legítimos intereses del titular del dibujo o modelo protegido, teniendo en cuenta los intereses legítimos de terceros.*

En lo tocante al cuadro legislativo europeo, cabe apuntar que existen dos grandes instrumentos legales que sustentan la disciplina de tutela del

---

aprobación de los textos y que tuvo lugar durante los meses de noviembre y diciembre de 2023».

18. *DOUE* L 336, de 23.12.2015.
19. *DOUE* L 154, de 16.6.2017.

diseño industrial. De un lado, nos encontramos en el año 1998[20], con la Directiva 98/71/CE del Parlamento Europeo y del Consejo, de 13 de octubre de 1998, *sobre la protección jurídica de los dibujos y modelos*[21], *que* se incorporó a nuestro sistema legal[22], precisamente, trámite la Ley 20/2003, objeto de referencia *infra*. De otro lado, tenemos como marco legal: el Reglamento (CE) 6/2002, del Consejo, de 12 de diciembre de 2001[23], *sobre los dibujos y modelos*

20. Los antecedentes de la Directiva se ubican, especialmente, en el año 1991 con la confección y publicación del Libro Verde (*Commission Green Paper on Industrial Desing)*. Este texto planteaba como objetivos generales los siguientes: Obtener un documento que sirva como base para consultas subsiguientes con Administraciones nacionales y sectores interesados. Analizar los problemas fundamentales. Recoger las opiniones de los Estados Miembros y proponer posibles soluciones. El objetivo final: Armonizar las legislaciones y crear un sistema de protección del diseño.
21. *DOCE* n.º 289, de 28 de octubre de 1998.
22. Los objetivos perseguidos por esta Directiva 98/71/CE se ilustran en: Acercar a las legislaciones nacionales. Garantizar el libre movimiento de mercancías que incorporan un diseño. Garantizar la libre competencia en la UE. Estamos ante una Directiva de mínimos sólo aplicable a aspectos sustantivos. En muchos aspectos, la Directiva ofrece a los Estados miembros libertad para regular los diseños. No excluye otras posibilidades de protección del diseño. Los requisitos básicos para obtener un diseño registrado deben ser idénticos en todos los países. De esta suerte, define lo que constituye un diseño; establece criterios de protección (un diseño debe ser nuevo y tener carácter singular); determina la duración de la protección (mínima de 5 años y máximo de 25 años); delimita el alcance de protección (el diseñador tendría el derecho exclusivo de usar el diseño y evitar que cualquier tercero lo use); establece ciertos límites para la protección del diseño (por ejemplo, no cubre las interconexiones entre los componentes), también fija reglas sobre cuándo el registro de un diseño es inválido o se considera caducado, entre otras consideraciones.
23. Reglamento (CE) n.º 6/2002 del Consejo de 12 de diciembre de 2001, sobre *los dibujos y modelos comunitarios* (DOCE n.º L 3 de 5.1.2002) actualizado por el Reglamento (CE) n.º 1891/2006 del Consejo, de 18 de diciembre de 2006, por el que se modifican los Reglamentos (CE) n.º 6/2002 y (CE) n.º 40/94 para hacer efectiva la adhesión de la Comunidad Europea al Acta de Ginebra del Arreglo de La Haya relativo al Registro internacional de dibujos y modelos industriales (*DOCE* n.º L 386 de 29.12.2006). Atiéndase a la relevancia del diseño otorgada por el Considerando (7): *Una mejor protección de los dibujos y modelos industriales no sólo estimulará las aportaciones de los creadores a la brillante trayectoria comunitaria en este ámbito, sino que fomentará también la innovación y la creación de nuevos productos y las inversiones en su fabricación*. Y, (10): *No deberá obstaculizarse la innovación tecnológica mediante la concesión de la protección que se otorga a dibujos y modelos a características dictadas únicamente por una función técnica. Se sobreentiende que ello no implica que un dibujo o modelo haya de poseer una cualidad estética. Del mismo modo, no deberá obstaculizarse la interoperabilidad de productos de fabricaciones diferentes haciendo extensiva la protección a dibujos y modelos de ajustes mecánicos; por consiguiente, las características del dibujo o modelo que queden excluidas de la protección por estos motivos no deberán tenerse en cuenta cuando se trate de determinar si otras características del dibujo o modelo*

comunitarios, que incluye tanto el diseño registrado como el no registrado[24]*, con efectos uniformes en toda la Unión Europea*[25]. Se complementan con dos actos de ejecución: el Reglamento (CE) n.° 2245/2002, de 21 de octubre de 2002 de ejecución del Reglamento (CE) n.° 6/2002 del Consejo sobre los dibujos y modelos comunitarios (el Reglamento de aplicación)[26] y el Reglamento (CE) n° 2246/2002[27] relativo a *las tasas que se han de abonar a la Oficina de Armonización del Mercado Interior (marcas, dibujos y modelos) en concepto de registro de dibujos y modelos comunitarios* (ahora bajo la denominación de EUIPO).

Las normas enunciadas son las que se quieren examinar de seguido porque constituyen nuestro derecho vigente y, a la par, son las susceptibles de modificaciones a futuro con proyección y transcendencia en las diferentes legislaciones nacionales; siendo remarcable que las reglas aludidas se rigen por los principios de coexistencia y complementariedad; extremo también perseguido por el prelegislador europeo[28].

---

cumplen los requisitos de protección. (11) Los ajustes mecánicos de los productos modulares pueden constituir un elemento importante de las características innovadoras de estos últimos y una ventaja fundamental para su comercialización, por lo que deberán ser objeto de protección.

24. FERNÁNDEZ-NÓVOA, J. A. «El diseño no registrado», *ADI*, Tomo XXIV, (2003), pp. 81 ss.

25. *Cfr.*, HARTWIG, H., «Reciprocity in European design law». *Research handbook on design law*, Edited by Henning Hartwig, 2021, pp. 119-168.

26. *DOCE* L 341, de 17.12.2002.

27. *DOCE* L 341, de 17.12.2002.

28. Reténgase lo que se apuntaba ya en la Propuesta de Directiva del Parlamento Europeo y del Consejo por la que se pretendía modificar la Directiva 98/71/CE, sobre la protección jurídica de los dibujos y modelos [COM(2004) 582 final] en su Exposición de Motivos: «En este contexto, debe considerarse que el sistema de dibujos y modelos comunitarios está integrado en el sistema europeo de dibujos y modelos, que se basa en el principio de coexistencia y complementariedad entre la protección de los dibujos y modelos a nivel nacional y la protección de estos a nivel de la UE. Si bien el Reglamento establece un sistema completo en el que se contemplan todas las cuestiones de Derecho sustantivo y procesal, el nivel actual de aproximación legislativa reflejado en la Directiva se limita a determinadas disposiciones de Derecho sustantivo. A fin de garantizar una coexistencia y una complementariedad eficaces y sostenibles entre los distintos componentes, es preciso que Europa se dote de un sistema global de protección de dibujos y modelos armónico, en el que las normas sustantivas sean similares y en el que al menos las principales disposiciones procedimentales resulten compatibles. Por lo que se refiere específicamente a la cuestión de la protección de los dibujos y modelos de las piezas de recambio, hay que precisar que la realización del mercado interior de piezas de recambio solo puede lograrse a nivel de la UE. Durante los más de veinte años de aplicación de la "cláusula freeze-plus" incluida en la Directiva, no se ha observado ninguna tendencia sólida de armonización entre los Estados miembros, ni

Partiendo del concepto legal, que se nos proporciona de diseño industrial y de acuerdo a lo prescrito tanto en el Reglamento como en la Directiva europea vigente, hay que subrayar que con la *aprobación en 1998 de la Directiva 98/71/CE del Parlamento Europeo y del Consejo, de 13 de octubre de 1998, sobre la protección jurídica de los dibujos y modelos,* se concibe el diseño como un plus agregado a un objeto o producto, representado por la superación del límite estético como parámetro de referencia en la valoración de un objeto y, se sancionó oficialmente la transición del valor estético al valor de mercado de un objeto de utilidad, que puede definirse como «diseño» y cuya «filosofía», se ha trasladado a los derechos nacionales. Luego, las normas europeas mencionadas *ut supra* informan y nutren a la Ley 20/2003, de 7 de julio, *de Protección Jurídica del Diseño Industrial,* en adelante, LDI. Y, a tal finalidad, estipula esta Ley el «concepto» en un solo mandato *ex art.*1. 2: *A los efectos de esta ley se entenderá por:*

a) Diseño: la apariencia de la totalidad o de una parte de un producto, que se derive de las características de, en particular, las líneas, contornos, colores, forma, textura o materiales del producto en sí o de su ornamentación.

b) Producto: todo artículo industrial o artesanal, incluidas, entre otras cosas, las piezas destinadas a su montaje en un producto complejo, el embalaje, la presentación, los símbolos gráficos y los caracteres tipográficos, con exclusión de los programas informáticos.

c) Producto complejo: un producto constituido por múltiples componentes reemplazables que permiten desmontar y volver a montar el producto.

Nos interesa entresacar de la definición expuesta de diseño como la apariencia-forma –con sus diferentes rasgos–, que puede extenderse sobre un producto compuesto por diferentes *piezas destinadas a su montaje en un producto complejo (ex art.* 1.2. b), LDI). Igualmente, se nos define que se entiende por producto complejo (*ex art.* 1.2. c) LDI). Cabalmente, nos ocupa el saber cómo se desmonta y se vuelve a montar el producto *–por múltiples compo-*

de forma voluntaria (unos pocos Estados miembros más han introducido, no obstante, una cláusula de reparación) ni mediante la autorregulación del sector. Una acción a nivel de la UE haría que el sistema de protección de los dibujos y modelos en el conjunto de Europa fuera considerablemente más accesible y eficiente para las empresas, en particular para las pymes y los autores individuales. Además, colmaría las lagunas que aún existen en el mercado único de piezas de recambio para reparaciones, lo que redundaría en beneficios sustanciales para los consumidores, que podrían elegir entre piezas competidoras a precios más bajos».

nentes reemplazables[29]–, con piezas originales o cabe la posibilidad de otro tipo de piezas, que sirvan para obtener el producto final-original. Aquí es donde aparece la problemática que nos preocupa (qué sucede con las piezas de recambio y su amparo por el diseño industrial) y su reglamentación en el entorno europeo.

Es sabido, que en el derecho vigente se permite el auxilio de los repuestos de un producto complejo, siempre que permanezcan visibles durante el uso normal del producto y, que reúnan las condiciones de novedad y de singularidad, así como que sus formas no sean exclusivamente dictadas por su función[30] técnica. Este planteamiento posibilita, por ejemplo, a los fabricantes de automóviles tutelar los repuestos como espejos, piezas de carrocería[31], faros, entre otros elementos.

Ya se ha comentado que entre las debilidades o fallas[32] de la actual legislación vigente vía Directiva 98/71/CE, de 13 de octubre de 1998, sobre la protección jurídica de los dibujos o modelos se encuentra la de no proponer una armonización de la cuestión de las piezas de repuesto[33], limitándose a

---

29. GINER MAS, C., «Cápsulas de café, carretes y bolsas de aspiradoras: ¿se puede proteger el diseño industrial de los componentes?», [en línea], (7 de septiembre de 2021), *https://blogip.garrigues.com/disenos/capsulas-de-cafe-carretes-y-bolsas-de-aspiradoras-se-puede-proteger-el-diseno-industrial-de-los-componentes* (consultado por última vez el 30 de noviembre de 2023).
30. Muy ilustrativo es el estudio doctrinal exhaustivo de FERNANDES REMÉDIO MARQUES, J.P., *Biotecnología (s) e propriedade intelectual.* Vol. I. *Direito de autor. Direito de patente. Modelo de Utilidade. Desenhos ou modelos*, Almedina, Coimbra, 2007, pp. 1270 a 1273, donde explica los antecedentes del estado de la cuestión de los productos complejos antes y después de la Directiva del año 1998, así como el desarrollo de la influencia y posturas opuestas del derecho alemán e inglés mostrado a través de su jurisprudencia.
31. *Vid.*, MOUNCIF-MOUNGACHE, M., «La protection des pièces de carrosserie par les dessins et modèles non enregistrés: une course gagnée par Ferrari: CJUE, 28 octobre 2021, Ferrari SpA/Mansory Design & Holding GmbH, WH, aff. C-123/20, ECLI:EU:C:2021:889», *Revue des affaires européennes*, núm. 4, (2021), pp. 865-873.
32. Se destaca en la Propuesta de Directiva del Parlamento Europeo y del Consejo por la que se quería modificar la Directiva 98/71/CE, sobre la protección jurídica de los dibujos y modelos [COM(2004) 582 final] en su Exposición de Motivos: «(...) con respecto a la Directiva 98/71/CE, la evaluación detectó algunas deficiencias, en particular un mercado de piezas de recambio aún muy fragmentado como consecuencia de la falta de armonización de las disposiciones sobre la protección de los dibujos y modelos de los componentes utilizados para la reparación de productos complejos. Se constató que esto causa una considerable inseguridad jurídica y falsea gravemente la competencia, además de aumentar los costes para los consumidores».
33. KUR, A., y GYÖRGY, A., «Protection of spare parts in design law: a comparative law análisis», *Research handbook on design law*, 2021, pp. 304-344.

establecer una «disposición transitoria» (*ex art.* 14[34]) destinada a beneficiarse de la liberalización del mercado, debido a la falta de consenso entre los Estados miembros[35].

Bajo este hilo argumentativo, hemos de vincular el ya anotado artículo 14 con lo disciplinado en el art. 18[36] de la Directiva 98/71/CE, que habilitaba para una revisión de esta materia de las piezas de recambio bajo el halo protector del diseño industrial, si bien el paso del tiempo no ha solventado la situación.

De hecho, recordamos que hoy en día todavía existe un régimen jurídico transitorio en relación con las piezas de recambio destinadas a la reparación con la denominada «cláusula de congelación plus» –«cláusula *freeze plus*»–, en virtud del cual los Estados miembros pueden mantener las disposiciones en vigor relativas a la oportunidad de proteger las piezas de repuesto para restaurar la apariencia original del producto.

Por su parte, dentro del *íter* legislativo vigente, nos encontramos con el Reglamento (CE) 6/2002, que abordó de forma confusa la temática e, introdujo temporalmente una especie de cláusula de reparación en su artículo 110 y, atendiendo, a su vez, al tenor legal de la Directiva (*ex art.* 18), se pronuncia el Considerando (13) del Reglamento (CE) 6/2002: *En la Directiva 98/71/CE no se hace posible la aproximación completa de las legislaciones de los Estados miembros sobre la utilización de dibujos y modelos protegidos con objeto de permitir la reparación de un producto complejo con vista a devolverle su apariencia inicial, cuando el dibujo o modelo es aplicado o incorporado a un producto que constituye un*

34. Prescribe el artículo 14. *Disposición transitoria. Hasta que las modificaciones de la presente Directiva se adopten a propuesta de la Comisión de conformidad con lo dispuesto en el artículo 18, los Estados miembros mantendrán en vigor las disposiciones legales existentes que se relacionen con el uso del dibujo o modelo de un componente utilizado a efectos de reparación de un producto complejo con objeto de restituir su apariencia inicial, e introducirán únicamente cambios en dichas disposiciones si están destinados a liberalizar el mercado de estos componentes.*

35. GÓMEZ SEGADE, J. A., «Apunte sobre el futuro del diseño industrial en la UE», *op.cit.*, pp. 847 y ss.

36. Manda el artículo 18. *Revisión. Tres años después de la fecha de aplicación que se especifica en el artículo 19, la Comisión presentará un análisis de las consecuencias de lo dispuesto en la presente Directiva para los sectores industriales de la Comunidad, en particular los sectores industriales que resulten más afectados y especialmente los fabricantes de productos complejos y componentes, para los consumidores, para la competencia y el funcionamiento del mercado interior. A más tardar, un año después, la Comisión propondrá al Parlamento Europeo y al Consejo las modificaciones de la presente Directiva que sean necesarias para realizar el mercado interior con respecto a los componentes de productos complejos y cualquier otra modificación que considere necesaria a la vista de las consultas realizadas con las partes más afectadas.*

componente de un producto complejo de cuya apariencia dependa el dibujo o modelo protegido. En el marco del procedimiento de conciliación sobre dicha Directiva, la Comisión se ha comprometido a presentar un análisis de las consecuencias de las disposiciones de la Directiva tres años después de la fecha de aplicación de ésta, en concreto para los sectores industriales más afectados. En estas circunstancias, es apropiado no conceder protección como dibujo o modelo comunitario a un dibujo o modelo aplicado o incorporado a un producto que constituya un componente de un producto complejo de cuya apariencia dependa el dibujo o modelo y que se utilice con objeto de permitir la reparación de un producto complejo con vistas a devolverle su apariencia inicial, mientras que el Consejo no haya decidido su política al respecto sobre la base de la propuesta de la Comisión.

Expresamente declara el artículo 110, del Reglamento. *Disposición transitoria 1. Hasta tanto entren en vigor las modificaciones introducidas en el presente Reglamento, a propuesta de la Comisión a este respecto, no existirá protección como dibujo o modelo comunitario respecto del dibujo o modelo que constituya un componente de un producto complejo utilizado en el sentido del apartado 1 del artículo 19 con objeto de permitir la reparación de dicho producto complejo para devolverle su apariencia inicial. 2. La propuesta de la Comisión mencionada en el apartado 1 se presentará junto con las modificaciones que la Comisión proponga sobre el mismo asunto con arreglo al artículo 18 de la Directiva 98/71/CE.*

El Tribunal de Justicia de la Unión Europea (TJUE), en sentencia de 20 de diciembre de 2017, asuntos acumulados[37] C-397/16 y C-435/16 aclaró e interpretó el alcance del art. 110 del Reglamento en el caso ACACIA[38],

37. Acacia Srl c/ Pneusgarda Srl, Audi AG (C-397/16), y Acacia Srl, Rolando D'Amato c/ Dr. Ing. hc F. Porsche AG (C-435/16).

38. Léase las conclusiones del abogado general en los asuntos acumulados C-397/16 y C-435/16: «El artículo 110, apartado 1, del Reglamento (CE) n.º 6/2002 del Consejo, de 12 de diciembre de 2001, sobre los dibujos y modelos comunitarios, debe interpretarse en el sentido de que el concepto de «componente de un producto complejo» no se limita a los componentes cuya forma viene impuesta por la apariencia del producto complejo, sino que engloba todo producto incorporado a otro producto que cabe definir como «producto complejo», que pueda ser desmontado y sustituido, sea necesario para la utilización normal del producto complejo, y permanezca visible durante el uso normal del producto complejo.
2) Para poder acogerse a la excepción prevista en el artículo 110, apartado 1, del Reglamento n.º 6/2002, el componente debe utilizarse «con objeto de permitir la reparación del producto complejo», lo que excluye toda utilización con fines decorativos o de mera conveniencia, y «para devolverle su apariencia inicial», lo que supone que la pieza de recambio debe tener una apariencia idéntica a la de la pieza inicialmente incorporada al producto complejo.

confirmando que la cláusula cubría todas las piezas de repuesto sin limitaciones, independientemente de su forma, siempre que la reparación haya servido para restaurar el aspecto original. Actualmente la adopción de la cláusula de reparación y, por tanto, la competencia es permitida en doce Estados miembros.

Este relevante pronunciamiento jurisprudencial acumulado C-397/16[39] y C-435/16, expone la razón de ser de la conveniencia de incorporar la cláusula de reparación recogida en el artículo 110, apartado 1, del Reglamento n.º 6/2002, en su punto 38 al manifestar: *Como ha señalado la Comisión, de la exposición de motivos de la propuesta de Reglamento se desprende que el objetivo de la cláusula de reparación era evitar la aparición de monopolios a favor de los titulares en lo que respecta a los componentes de productos complejos: «Esta disposición está encaminada a evitar la creación de mercados cautivos en relación con ciertas piezas de recambio.[…] […] El consumidor que ha adquirido un producto duradero y muchas veces de precio elevado (por ejemplo, un coche), en lo que se refiere a las piezas externas, se encontraría vinculado indefinidamente al fabricante del producto complejo. Llegado el caso, un hecho similar no sólo podría dar lugar a condiciones viciadas en el mercado de las piezas, sino que además en la práctica podría otorgar al fabricante del producto complejo un monopolio más duradero que la protección de su diseño […]». 39. Para comprender el supuesto que se expone en la propuesta de reglamento, merece la pena describir los efectos de la protección que confiere el dibujo o modelo comunitario en las fases de diseño de un vehículo, de su comercialización, y de la sustitución de una pieza de dicho vehículo.*

Siendo los tribunales los que han intentado proporcionar luz, hay que estar al contenido de la resolución del TJUE en los aludidos asuntos C-397/16 y C-435/16, en sus puntos 69 y siguientes[40], dónde se viene a limitar de

3) Para poder ampararse en esa excepción, el fabricante o vendedor de un componente de un producto complejo debe cumplir una obligación de diligencia en lo que respecta al caso, por los usuarios situados en una fase posterior, de las condiciones de utilización mencionadas en el artículo 110, apartado 1, del Reglamento n.º 6/2002. Esa obligación de diligencia implica, por un lado, que ha de comunicar al adquirente que el componente de que se trata incorpora un dibujo o modelo del que no es titular y que está exclusivamente destinado a ser utilizado en las condiciones previstas en dicha disposición y, por otro lado, que pierde el derecho a invocarla si sabía o tenía motivos razonables para pensar que el componente no iba a utilizarse respetando esas condiciones.».

39. ECLI:EU:C:2017:730.

40. *Cfr.*, las conclusiones del Abogado General en los puntos que se contienen en asuntos acumulados C-397/16 y C-435/16, *vgr.*, «75. En cambio, la versión definitiva de la cláusula de reparación, que se aplica a todos los componentes de productos complejos,

hecho el beneficio de la exención a la reparación de un producto complejo que había resultado defectuoso, excluido por tantas razones de homologación o de simple conveniencia estética, y sin perjuicio de la apariencia del producto complejo, seguía siendo visualmente idéntica al que tenía cuando se comercializó.

Observando y resumiendo el estado de la cuestión legislativa, cabe reseñar que estaban en juego intereses contradictorios: por un lado, los fabricantes (en particular, la industria automovilística), que no están dispuestos a permitir la venta de piezas de recambio (por ejemplo, piezas de repuesto que son réplicas de las piezas originales) para no perder su mercado; mientras que, por otro, nos encontramos a los consumidores y otras industrias que estaban abiertos a permitir ventas de dichas réplicas para garantizar una verdadera competencia y precios más bajos. Además, los consumidores de la UE actualmente gastan entre 415 y 664 millones de euros al año en la compra de repuestos visibles para automóviles, unas cifras nada desdeñables. Para resolver el problema planteado, se adoptó una solución intermedia provisional: adoptar una cláusula de congelación plus. Esta cláusula todavía está en vigor hoy en día y, los Estados miembros están obligados a mantener sus normas vigentes sobre si las piezas de repuesto deberían beneficiarse de protección hasta que se adopten las modificaciones de la Directiva a

---

tiene por efecto suprimir el monopolio "reducido" del titular, según la interpretación que proponen Acacia, los Gobiernos italiano y neerlandés y la Comisión. Según este segundo planteamiento, Audi no tiene derecho a oponerse a la sustitución de una llanta Audi dañada por una réplica fabricada por Acacia. Este planteamiento da lugar a una liberalización extensiva del mercado de las piezas de recambio. 76. Por consiguiente, en mi opinión, al eliminar la exigencia de que la forma del componente venga impuesta por la apariencia del producto complejo, el legislador de la Unión abogó por una liberalización extensiva del mercado de las piezas de recambio. Desde el punto de vista del consumidor, cuando es preciso realizar una reparación, dicha liberalización le permite adquirir una llanta de sustitución fabricada por un tercero que replica la apariencia de la llanta original dañada, sin estar obligado a adquirir una llanta de sustitución fabricada por el titular. Dicho de otro modo, en caso de reparación, el consumidor no está vinculado por la elección que llevó a cabo cuando adquirió el vehículo. 77. Procede subrayar que esta interpretación queda corroborada por el artículo 14 de la Directiva 98/71, que debe analizarse conjuntamente con el artículo 110, apartado 1, del Reglamento n.º 6/2002 en virtud del apartado 2 de este último. 78. En efecto, aunque esa disposición permite a los Estados miembros mantener en vigor disposiciones nacionales que establecen una cláusula de reparación, precisa que tales Estados únicamente pueden introducir cambios en dichas disposiciones "si están destinados a liberalizar el mercado de estos componentes". En mi opinión, dicha disposición confirma que la intención del legislador de la Unión era abogar por la liberalización del mercado de las piezas de recambio».

propuesta de la Comisión. Sólo pueden cambiar estas reglas si su objetivo es liberalizar el mercado.

Así las cosas, los antecedentes destinados al reconocimiento de una cláusula de reparación y tener un sistema que solventase la disparidad normativa de las piezas de recambio[41] dentro del sistema legislativo de fomento del diseño industrial la encontramos en la «Futura política de propiedad intelectual de la UE: el Consejo adopta unas Conclusiones»[42], teniendo que acudir a la futura legislación proyectada para saber a qué atenernos.

2.1. LA DISCIPLINA DE LA *CLÁUSULA DE REPARACIÓN* EN EL DERECHO COMPARADO

En el derecho comparado más cercano, cabe reseñar que el legislador francés ha ido por delante, incluso, que la legislación proyectada europea al incorporar una cláusula de reparación dentro del marco de la ley «Clima y Resiliencia» (ley n° 2021-1104 del 22 de agosto de 2021 «sobre la lucha contra el cambio climático y el fortalecimiento de la resiliencia y sus efectos»[43]), cuyo objetivo es liberalizar el mercado de repuestos separados de los vehículos de motor. Para ello, incentiva dos ejes de actuación: por un lado, la creación de excepciones a la ley de diseños y a los derechos de autor y, por otro, la limitación de la duración del derecho exclusivo de diseño para determinados repuestos.

---

41. Sintetizaba el objeto de análisis SUEIRAS, C., «El diseño en la UE, a examen: ¿Hacia una nueva Directiva?», [en línea], (12 de enero de 2021), *https://blogip.garrigues.com/disenos/el-diseno-en-la-ue-a-examen-hacia-una-nueva-directiva* (consultado por última vez el de agosto de 2023): (…) *la normativa en materia de piezas de recambio es la gran asignatura pendiente de la UE. La ausencia de claridad y de armonización en esta materia distorsiona la competencia, fragmenta el mercado y resulta en una gran inseguridad jurídica. Dada la enorme relevancia económica de este sector, fundamentalmente, para la industria del automóvil, se ha intentado buscar soluciones provisionales. Nos referimos, por ejemplo, a la llamada cláusula de reparación, que permite la utilización de diseños de componentes de un producto complejo (por ejemplo, el retrovisor de un coche) siempre que su finalidad sea reparar tal producto complejo (i.e. el coche) para restablecer su apariencia inicial. El Informe destaca la necesidad de alcanzar una posición común que permita a los consumidores tener acceso a piezas de recambio a un precio razonable y facilite, entre otros aspectos la transición verde de la UE y, todo ello, sin afectar los derechos de los fabricantes.*

42. *Vid.*, en *https://www.consilium.europa.eu/fr/press/press-releases/2020/11/10/future-eu-intellectual-property-policy-council-adopts-conclusions/.*

43. Más en *https://www.wipo.int/wipolex/es/legislation/details/21281.*

La enmienda legislativa francesa, introducida por la ley «Clima y Resiliencia» sobre el *Code de la propriété intellectuelle* (en adelante, CPI), siguió dos métodos, distinguiendo los derechos de autor de la ley de diseños. Por un lado, debido al principio de unidad del arte, se añadió una excepción al artículo L. 122-5 del CPI, el 12° del cual suspende el monopolio del derecho de autor, al autorizar *«la reproducción, el uso y la comercialización de partes destinados a devolver su aspecto inicial a un vehículo automóvil o a un remolque, en el sentido del artículo L. 110-1 del Código de circulación»*. En este punto no se hace ninguna distinción según el tipo de pieza, ni según los fabricantes de equipos (la excepción beneficia tanto al fabricante de equipos originales como a los fabricantes de equipos alternativos). Por otra parte, el derecho a los dibujos y modelos está doblemente limitado: por una excepción y en el tiempo. En primer lugar, el artículo L 513-6 del CPI impone una excepción al derecho exclusivo para *«los actos destinados a devolver a un vehículo automóvil o a un remolque su aspecto inicial, en el sentido del artículo L. 110-1 del Código de Circulación y que: a) se refieren a partes relacionadas con el acristalamiento; b) o son fabricados por el fabricantedel equipo que fabricó la pieza original»*. Luego, se completa el artículo L. 513-1 y ahora exige que *«la duración máxima de veinticinco años prevista en el primer párrafo se reduzca a diez años para los documentos mencionados en el 4° del artículo L. 513-6 para los cuales el mismo 4° no prevé excepción al ejercicio de los derechos que confiere el registro de un diseño o modelo»*. Así, desde el 1 de enero de 2023, las piezas de acristalamiento pueden fabricarse y distribuirse libremente. Los fabricantes de equipos originales también pueden fabricar para el mercado de repuestos todas las piezas que fabrican para equipos originales. Aunque las piezas de chapa, a menudo fabricadas por fabricantes, no se benefician de la excepción, pasan al dominio público diez años después de su presentación. Dicho esto, no es seguro que el derecho positivo francés sea, tal como está disciplinado, coherente con el derecho europeo, precisamente en términos de duración[44].

Junto a la legislación francesa, también nos encontramos con la ordenación alemana que allana el camino a la incorporación de una cláusula de

44. *Vid.*, «Réflexions sur la clause de réparation à la veille de la réforme du droit des dessins et modèles», [en línea], (18.04.2023), *https://www.nfalaw.com/reflexions-sur-la-clause-de-reparation-a-la-veille-de-la-reforme-du-droit-des-dessins-et-modeles/* (consultado por última vez el 2 de noviembre de 2023). También, *cfr.*, GLAIZE, Fr., «La clause de réparation à la française, applicable au premier janvier 2023 aux dessins et modèles français. Un schéma pour déchiffrer la rédaction du texte français. Ce que prévoit le Paquet Modèles», [en línea], (16/12/2022), *http://pmdm.fr/wp/2022/12/la-clause-de-reparation-a-la-francaise-applicable-au-premier-janvier-2023-aux-dessins-et-modeles-francais/* (consultado por última vez el 2 de noviembre de 2023).

reparación, toda vez que hay que atender al contenido del art. 40 apartado a) de su Ley de diseño industrial intitulada *Designgesetz*[45].

Para el derecho italiano, según el art. 31, apartado 3[46], del Decreto Legislativo 30/2005[47] («Código de la Propiedad Industrial» o «CPI»), un «producto complejo» es el producto compuesto por varios componentes reemplazables y que pueden desmontarse y volverse a montar. Los productos complejos, por tanto, incluyen aquellos productos que están diseñados con un determinado número de piezas específicas necesarias para su funcionamiento; estas partes constituyen el llamado «repuesto» que se comercializan independientemente del producto considerado en su totalidad.

Entre las cuestiones controvertidas en el derecho italiano, también se encuentra el derecho del tercero a producir y comercializar repuestos idénticos a los originales, cuya normativa habilitante se focaliza en los dos instrumentoslegales que disciplinan el dibujo y modelo industrial en la UE. De conformidad con lo dispuesto en el art. 18 de la Directiva 98/71/CE, ya aludido; sin embargo, lo anterior debería haber constituido una regulación transitoria, tal y como venimos expresando y en espera de evaluar los efectos de la propia regulación sobre la dinámica económica europea, para luego proceder con los cambios necesarios para la armonización del mercado interior.

Sea como fuere, la referencia italiana se contiene en el art. 241 del Código de la Propiedad Industrial al disponer que «hasta que se modifique la Directiva 98/71/CE del Parlamento Europeo y del Consejo, de 13 de octubre

45. *Cfr., Designgesetz in der Fassung der Bekanntmachung vom 24. Februar 2014 (BGBl. I S. 122), das zuletzt durch Artikel 10 des Gesetzes vom 10. August 2021 (BGBl. I S. 3490) geändert worden ist*. En su versión en inglés: *https://www.gesetze-im-internet.de/englisch_geschmmg/englisch_geschmmg.html* (consultado el 2 de noviembre de 2023). Section 40ª. *Repairs clause: (1) Protection as a design does not exist for a design incorporated in or applied to a product which constitutes a component part of a complex product used for the sole purpose of enabling the repair of that complex product so as to restore its original appearance. This does not apply if the main purpose for which the aforementioned component is put on the market is other than the repair of the complex product.* (2) *Subsection (1) only applies if consumers are duly informed, by means of an identification mark or in other appropriate form, about the origin of the product used for repair purposes so that they are able, with full knowledge of the facts, to make an informed choice between competing products.*

46. Expresa literalmente el art. 31.3. *Per prodotto complesso si intende un prodotto formato da più componenti che possono essere sostituiti, consentendo lo smontaggio e un nuovo montaggio del prodotto.*

47. *Vid., https://www.normattiva.it/uri-res/N2Ls?urn:nir:stato:decreto.legislativo:2005-02-10;30.*

de 1998, sobre la protección jurídica de los dibujos y modelos, a propuesta de la Comisión, de conformidad con el art. 18 de la propia Directiva, no pueden alegarse derechos exclusivos sobre los componentes de un producto complejo para impedir la fabricación y venta de los propios componentes para la reparación del producto complejo, con el fin de restaurar el producto original»[48].

En otras palabras, el propietario de un diseño de un componente de un producto complejo no puede prohibir a terceros producir y comercializar este componente si se utiliza con fines de reparación (es decir, para restaurar la apariencia inicial del producto).

Ahondado en la interpretación de la legislación italiana, hay que apuntar que el aspecto del recambio: «debe coincidir» «must match» y «debe encajar» «must fit». En efecto, la disposición del art. 241 CPI respecto a la apariencia original del producto deberá referirse al producto tal como fue creado originalmente, incluyendo todos sus componentes. En este sentido, la pieza de repuesto debe ser un denominado componente, que «debe coincidir», es decir, un componente que reproduce exactamente la apariencia del componente original, adaptándose a la forma externa y visible del producto complejo.

Sobre este punto, la jurisprudencia coincide en establecer que el libre uso garantizado por el art. 241 CPI no se aplica a aquellos componentes que desvirtúen la forma estética final del producto complejo y, por tanto, la cláusula de reparación se aplica únicamente a componentes que atañen a formas necesarias que cumplan con las establecidas por el fabricante[49]. Además, precisamente por tratarse de una cláusula de «reparación», el art. 241 CPI no encontraría aplicación en el caso en que la pieza de repuesto se presente como algo abstracto susceptible de mostrarse en una generalidad de productos complejos, desligándose de la necesidad de restaurar el aspecto original de un producto complejo específico.

---

48. *Cfr.*, art. 241. *Diritti esclusivi sulle componenti di un prodotto complesso. 1. Fino a che la direttiva 98/71/CE del parlamento europeo e del Consiglio, del 13 ottobre 1998, sulla protezione giuridica dei disegni e modelli non sarà modificata su proposta della commissione a norma dell'articolo 18 della direttiva medesima, i diritti esclusivi sui componenti di un prodotto complesso non possono essere fatti valere per impedire la fabbricazione e la vendita dei componenti stessi per la riparazione del prodotto complesso, al fine di ripristinarne l'aspetto originario.*

49. Siguiendo la reseña de «La clausola di riparazione dei prodotti complessi», 9 agosto de 2023, *https://www.corradini.it/la-clausola-di-riparazione-dei-prodotti-complessi/* (consultado por última vez el 2 de diciembre de 2023).

La cláusula de reparación es inaplicable incluso si el componente se encuentra en la condición de «debe encajar», es decir, cuando su forma depende únicamente de la necesidad de ser insertado/ensamblado en un producto complejo y su función es exclusivamente estilística. Un ejemplo de ello son las llantas de los automóviles, que tienen una autonomía estética y comercial respecto al coche. Sobre la base de este último ejemplo, cabe señalar que la regulación de la cláusula de reparación ha encontrado una fuerte aplicación en el mercado de repuestos para automóviles, donde, por un lado, los fabricantes de automóviles –titulares de derechos de exclusiva sobre diseños de repuestos y modelos– exigen el derecho de fabricación y venta exclusiva de componentes individuales también como repuestos y, por otro lado, los distribuidores independientes de repuestos, que niegan este derecho.

En todo caso, representando el art. 241 CPI una norma de excepción respecto de los derechos conferidos por el diseño, la prueba de su aplicabilidad (y, en particular, de la finalidad de reparación) corresponde al usuario que invoca la excepción. La finalidad de la norma es evitar situaciones de monopolio en el mercado secundario de reparaciones por parte del fabricante de un producto complejo, que podría imponer condiciones restrictivas (por ejemplo, determinar arbitrariamente los precios, interrumpir la producción de un componente, imponer la compra de una serie de componentes) y, no sólo los estrictamente necesarios para la reparación, etc.

En otros términos y, al hilo de lo descrito a grandes rasgos en el derecho europeo, las dificultades que han existido de bloqueo hasta la actualidad en torno a la incorporación de una cláusula de reparación ya se mitigan tanto en el derecho nacional de países como los referidos e, inclusive, en las normas proyectadas a nivel europeo.

3. FUTURO: PROPUESTAS LEGISLATIVAS EUROPEAS Y LAS PIEZAS DE RECAMBIO

Hemos puesto de manifiesto desde el inicio como la Unión Europea está preocupada por alcanzar una legislación acorde a las nuevas realidades de neutralidad climática y liderazgo digital[50] y, es por ello, que se viene

50. Véase el informe de la OMPI, SCT/44/6 REV.4, 4 de abril de 2022, dónde se pone de manifiesto la singularidad del diseño industrial asociado a nuevas realidades virtuales como el metaverso o teclados láser virtuales, pantallas y tecnologías que cada vez inundan más los mercados. Cada uno de estos arriban al mercado y necesitan de nuevos

trabajando desde antes del año 2020[51] en aras de actualizar, modernizar y simplificar la legislación sobre dibujos y modelos[52], que cuenta con más de 20 años de recorrido[53] y vigencia, tal y como hemos comentado.

En similar línea de actuación, la Comisión está especialmente interesada en la regulación de las piezas de recambio –el gran obstáculo de bloqueo de las anteriores iniciativas de modificación de esta materia legal sobre el diseño industrial–, amén de intentar poner fin a un mercado interior fragmentado y con relevantes distorsiones de la competencia. De esta forma observaremos, por un lado, que se agrega y se reconoce una cláusula de reparación en la propuesta de Directiva y, de otro lado, se transforma la cláusula transitoria que se establece en el artículo 110 del Reglamento y se convierta en una disposición permanente.

Igualmente, no puede desconocerse que se actúa de conformidad a lo reconocido en la sentencia ACACIA (TJUE de 20 de diciembre de 2017, asuntos C-397/16 y C-435/16), ya referida, donde la cláusula de reparación, también conocida como cláusula de «must match», se aplica: de forma limitada a partes de productos complejos condicionados por su forma; invocado como medio de defensa por el fabricante o vendedor, quien habrá informado debidamente al consumidor mediante una indicación «clara y visible» de que se trata de un repuesto; y aplicable sólo a futuros registros.

De esta suerte y, ante esta tesitura, nos encontramos que el 28 de noviembre de 2022, se publica la COM (2022) 666: Propuesta de Reglamento del Parlamento Europeo y del Consejo por el que se modifica el Reglamento (CE) n.º 6/2002 del Consejo, sobre *los dibujos y modelos comunitarios*[54], y se deroga

---

diseños de interfaces gráficas de usuario y otros tipos de nuevos diseños, al respecto, [en línea], *https://www.wipo.int/edocs/mdocs/sct/fr/sct_44/sct_44_6_rev_4.pdf.*

51. Buena muestra se refleja en OTERO LASTRES, J.M., «La Comisión Europea y la reforma del diseño», *Actas de derecho industrial y derecho de autor,* Tomo 41, (2020-2021), pp. 155-170.

52. Se relata las diferentes propuestas legislativas y la relevancia del diseño industrial en el ámbito de la Unión Europea [en línea], *https://single-market-economy.ec.europa.eu/industry/strategy/intellectual-property/industrial-design-protection_en* (consultado por última vez el 23 de enero de 2023).

53. Más en DONAUD, F., «La proposition de réforme européenne du droit des dessins ou modèles» [en línea], (11 Janvier 2023), *https://blip.education/la-proposition-de-reforme-europeenne-du-droit-des-dessins-ou-modeles-par-flora-donaud-avocate-au-sein-du-cabinet-greffe-et-chargee-denseignement-au-ceipi* (consultado por última vez el 17de febrero de 2023).

54. Más en GARCÍA VIDAL, A., (Coord.). *El diseño comunitario. Estudios sobre el Reglamento (CE) núm. 6/2002,* Thomson Reuters-Aranzadi, Cizur Menor, Navarra, 2012.

el Reglamento (CE) n.º 2246/2002 de la Comisión[55]. Y, la COM (2022) 667: Propuesta de Directiva del Parlamento Europeo y del Consejo sobre *la protección jurídica de los dibujos y modelos* (refundición)[56]. Señalemos de su recorrido, que los operadores interesados tenían hasta el 31 de enero de 2023 para presentar sus comentarios e interpretaciones[57] y, *a posteriori*, estar listos para el presente y futuro debate legislativo[58]. Ambas propuestas[59] quieren reforzar y simplificar la mecánica de actuación de los dibujos y modelos[60] con una reglamentación más armonizada y segura[61], tal y como venimos reflexionando. Y, dejando muy claro desde el inicio de las propuestas *de lege ferenda* la notoriedad[62] que

55. *Cfr., https://eur-lex.europa.eu/legal-content/ES/TXT/?uri=CELEX:52022PC0666.*

56. *Cfr., https://eur-lex.europa.eu/legal-content/ES/TXT/?uri=CELEX:52022PC0667.*

57. HARTWIG, H., «The EU Commission's proposal to codify visual disclaimers-a great leap for EU design law Get access Arrow», *Journal of Intellectual Property Law & Practice*, Vol. 18, Issue 6, June (2023), pp. 432-445, *https://doi.org/10.1093/jiplp/jpad033.*

58. LACOVAZZI, V., «Disegni e modelli industriali: più semplifici le registrazioni e le riparazioni di prodotti complessi» [en línea], (29 de diciembre de 2022), *https://www.ipsoa.it/documents/quotidiano/2022/12/29/disegni-modelli-industriali-semplifici-registrazioni-riparazioni-prodotti-complessi* (consultado por última vez el 17 de abril de 2023). POLLAUD-DULIAN, F., «Les rapports du droit d'auteur et du droit des dessins et modèles dans les projets de la Commission européenne», *RTDCom. Revue trimestrielle de droit commercial et de droit économique*, Dalloz, (2023), pp. 3 y ss. LOUREDO CASADO, S., «Análisis de las modificaciones previstas en la legislación de diseño industrial a nivel europeo», *Actas de derecho industrial y derecho de autor*, Tomo 43, (2023), pp. 133-155.

59. La coherencia entre ambas propuestas legales es más que manifiesta, si bien hay aspectos de interés como el relativo a la cesión y licencias de derechos que se recogen en la propuesta de Reglamento, pero no así en la relativa a la Directiva. Se manifiesta en este sentido, GÓMEZ SEGADE, J.A., «Apunte sobre el futuro del diseño industrial en la UE», *op.cit.*, p. 838.

60. Los objetivos buscados con el paquete normativo en torno al diseño industrial, nos lo muestra en la Exposición de Motivos de la Propuesta de Reglamento del Parlamento Europeo y del Consejo por el que se modifica el Reglamento (CE) n.º 6/2002 del Consejo al manifestar: «(…) debe hacerse garantizando que el sistema general de protección de los dibujos y modelos sea adecuado para los fines perseguidos en la era digital y sea mucho más accesible y eficiente para los autores individuales, las pymes y las industrias con gran dependencia de los dibujos y modelos por suponer costes y complejidad inferiores, una mayor rapidez, y una previsibilidad y una seguridad jurídica mayores».

61. *Cfr.*, «Propiedad intelectual: el Consejo adopta dos posiciones sobre la legislación en materia de protección de dibujos y modelos» [en línea], (25/09/2023), *https://www.consilium.europa.eu/es/press/press-releases/2023/09/25/intellectual-property-council-adopts-two-positions-on-designs-protection-legislation/* (consultado por última vez el 27 de octubre de 2023).

62. En la Exposición de Motivos de la Propuesta de Reglamento del Parlamento Europeo y del Consejo por el que se modifica el Reglamento (CE) n.º 6/2002 del Consejo, sobre los dibujos y modelos comunitarios, y se deroga el Reglamento (CE) n.º 2246/2002 de la Comisión, se enfatiza al diseño industrial, al declarar: «Los derechos sobre los dibujos

tiene el diseño industrial dentro de la economía del mercado interior de la Unión Europea.

En efecto, la Comisión Europea ha publicado las propuestas de Reglamento y Directiva para armonizar[63] la protección de los dibujos y modelos (diseño industrial) y, tendrá su reflejo en el derecho nacional[64], oportunamente, convirtiéndose en nuestro foco de atención en esta investigación.

Los dos documentos propuestos de reforma constituyen el denominado paquete sobre los diseños industriales[65], que siguen los trámites hasta su futura aprobación definitiva[66] y, previsiblemente, aplicables a partir de enero de 2025.

---

y modelos industriales protegen la apariencia de un producto. Son lo que hace que un producto resulte atractivo. El atractivo visual es uno de los factores decisivos para que los consumidores prefieran un producto a otro. Los productos bien diseñados confieren a los productores una importante ventaja competitiva. Para fomentar la innovación y la creación de nuevos dibujos y modelos de productos en la era digital, cada vez es más necesario que la protección jurídica de los derechos sobre los dibujos y modelos sea accesible, tenga perspectivas de futuro y resulte eficaz y coherente».

63. *Cfr.*, Proyecto de Informe sobre la propuesta de Directiva del Parlamento Europeo y del Consejo sobre la protección jurídica de los dibujos y modelos (refundición) (COM[2022]0667 –C9-395/2022– 2022/0392[COD]), Comisión de Asuntos Jurídicos. Ponente: Gilles Lebreton [en línea], (15.6.2023), *https://www.europarl.europa.eu/doceo/document/JURI-PR-749961_ES.pdf* (consultado por última vez el 12 de diciembre de 2023), donde se descuelga el planteamiento de la *unidad en la diversidad*. El Parlamento Europeo acogió con satisfacción la voluntad de la Comisión de modernizar la legislación de la Unión sobre la protección de los dibujos y modelos con el fin de apoyar mejor la transición a una economía digital y sostenible, pidió a la Comisión que armonizara aún más los procedimientos de solicitud y anulación de los Estados miembros, y le sugirió que reflexionase sobre la armonización de la Directiva 98/71/CE y el Reglamento (CE) n.º 6/2002 a fin de crear una mayor seguridad jurídica.

64. *Cfr.*, SUEIRAS, C., «El diseño en la UE, a examen: ¿Hacia una nueva Directiva?» [en línea], (12 de enero de 2021), *https://blogip.garrigues.com/disenos/el-diseno-en-la-ue-a-examen-hacia-una-nueva-directiva?cn-reloaded=1* (consultado por última vez el 3 de noviembre de 2022).

65. Véase la hoja de ruta [en línea]: *https://ec.europa.eu/info/law/better-regulation/have-your-say/initiatives/12610-Propiedad-intelectual-revision-de-las-normas-de-la-UE-sobre-diseno-industrial-Reglamento-sobre-dibujos-y-modelos-_es*. Comenta estas propuestas REY, A., «Propuesta de Reglamento y Directiva sobre diseño industrial» [en línea], (15 de diciembre de 2022), *https://www.cuatrecasas.com/es/spain/articulo/propuesta-de-reglamento-y-directiva-sobre-diseno-industrial* (consultado por última vez el 22 de diciembre de 2022).

66. En el camino, nos encontramos con el informe emitido por el Comité Económico y Social Europeo (CESE), que adoptó su dictamen el 22 de marzo de 2023. En el Parlamento, el

Los textos prelegislativos aludidos no han pasado por alto, –todo lo contrario–, una de las cuestiones más espinosas y vitales para el buen deambular de esta legislación proyectada como es la cláusula de reparación[67] respecto al amparo de las piezas de recambio vía diseño (*ex art.* 20 bis de la propuesta de Reglamento; art. 19 de la propuesta de Directiva). Esta cuestión no está resuelta en el derecho vigente[68], tal y como hemos expresado y, ha sido dejada a la libertad de los diferentes Estados Miembros, es decir, una suerte de «*in dubio pro libertate*».

Nótese lo que estipula el art. 20 bis de la Propuesta de Reglamento como: *Cláusula de reparación*[69]*: 1. No se conferirá protección a un dibujo o modelo de la*

expediente ha sido atribuido a la Comisión de Asuntos Jurídicos (JURI) y se ha designado como ponente a Gilles Lebreton (ID, Francia). El ponente publicó el proyecto de informe el 15 de junio de 2023, fijando como fecha límite para la presentación de enmiendas el 12 de julio de 2023. La votación de la comisión JURI se esperaba para los días 23 y 24 de octubre de 2023. El Consejo acordó una orientación general para la propuesta el 25 de septiembre de 2023. Al respecto, *vid.*, DE LUCA, S., «Revision of the Community Design Regulation». *A Europe Fit for the Digital Age*, [en línea], (20 de octubre de 2023), *https://www.europarl.europa.eu/legislative-train/theme-a-europe-fit-for-the-digital-age/file-revision-of-the-design-directive-and-of-the-community-design-regulation* (consultado por última vez el 1 de diciembre de 2023).

67. Se refleja la situación de partida del derecho vigente en la Exposición de Motivos de la Propuesta de Reglamento del Parlamento Europeo y del Consejo por el que se modifica el Reglamento (CE) n.º 6/2002 del Consejo, sobre los dibujos y modelos comunitarios, al decir: «(...) sigue existiendo un régimen jurídico transitorio en relación con la protección de los dibujos y modelos para las piezas de recambio para reparaciones. Dado que no se pudo llegar a un acuerdo al respecto, la Directiva incluye una "cláusula freeze-plus", en virtud de la cual los Estados miembros pueden mantener vigente su legislación sobre si las piezas de recambio deben beneficiarse de protección o no hasta que se adopten las modificaciones de la Directiva propuestas por la Comisión. Por esta razón, el Reglamento (CE) n.º 6/2002 exime a las piezas de recambio para reparaciones de la protección de los dibujos y modelos comunitarios hasta que el Consejo haya decidido su estrategia acerca de esta cuestión sobre la base de una propuesta de la Comisión. Una propuesta presentada en 2004 por la Comisión para armonizar la protección de los dibujos y modelos de las piezas de recambio visibles, mediante la introducción de una "cláusula de reparación" en la Directiva (que ya figuraba en el Reglamento), no recibió suficiente apoyo en el Consejo, a pesar del apoyo abrumador del Parlamento Europeo, y fue retirada en 2014».

68. Véase el informe de la ineficiencia del mercado interior derivado de la dispersión de la legislación en materia de protección de las piezas de recambio en el sector del automóvil, HERZ, B. y MEJER, M., «The effect of design protection on price and price dispersion: Evidence from automotive spare parts», (2020), *https://mpra.ub.uni-muenchen.de/104137/*

69. Hay que acudir a la aclaración sobre este tópico que nos ofrece la Exposición de Motivos de la Propuesta de Reglamento del Parlamento Europeo y del Consejo por el que se

UE que constituya un componente de un producto complejo de cuya apariencia dependa el dibujo o modelo del componente y que se utilice, en el sentido del artículo 19, apartado 1, con el único fin de reparar dicho producto complejo para restituirle su apariencia inicial. 2. El apartado 1 no podrá ser invocado por el fabricante o el vendedor de un componente de un producto complejo que no haya informado debidamente a los consumidores, mediante una indicación clara y visible en el producto o de otra forma adecuada, sobre el origen del producto que vaya a utilizarse a efectos de la reparación del producto complejo, de modo que puedan elegir con conocimiento de causa entre los productos competidores que puedan utilizarse para la reparación.

Por su parte y, de forma coherente[70] con lo relatado en la propuesta de Reglamento *ut supra*, nos encontramos la propuesta de Directiva, que explica

---

modifica el Reglamento (CE) n.º 6/2002 del Consejo, en torno a la «Cláusula de reparación (artículo 20 bis). En consonancia con la inserción de una cláusula de reparación en la Directiva, se propone convertir la cláusula transitoria de reparación que figura actualmente en el artículo 110 del Reglamento (CE) n.º 6/2002 en una disposición permanente. En aras de la coherencia con la cláusula de reparación introducida en la Directiva y a la luz de la jurisprudencia del TJUE, se propone restringir explícitamente el ámbito de aplicación de la cláusula de reparación a los componentes cuya apariencia dependa de la apariencia del producto complejo de que se trate. Además, debe especificarse que la cláusula de reparación solo puede utilizarse como defensa contra las demandas por infracción si se informa debidamente a los consumidores del origen del producto que se va a utilizar para reparar el producto complejo».

70. *La coherencia existente entre la Directiva y el Reglamento propuestos se nos refleja en esta sensible materia, tal y como se estipula en el Considerando (16) de la Exposición de Motivos de la Propuesta de Reglamento, al mandar:* «La Directiva (UE) [xxx] armoniza las legislaciones de los Estados miembros con respecto a la utilización de los dibujos y modelos protegidos con objeto de permitir la reparación de un producto complejo para restituirle su apariencia inicial cuando el dibujo o modelo se aplica o se incorpora a un producto que constituye un componente de un producto complejo de cuya apariencia dependa el dibujo o modelo protegido. En consecuencia, la actual cláusula transitoria de reparación que figura en el Reglamento (CE) n.º 6/2002 debe convertirse en una disposición permanente. Dado que el efecto previsto de dicha disposición es hacer inexigibles los derechos sobre los dibujos y modelos comunitarios registrados y no registrados cuando el dibujo o modelo del componente de un producto complejo se utilice con objeto de permitir la reparación de un producto complejo para devolverle su apariencia inicial, la cláusula de reparación debe incluirse entre los medios de defensa disponibles ante las infracciones de los derechos sobre dibujos y modelos de la UE con arreglo al Reglamento (CE) n.º 6/2002. Además, en aras de la coherencia con la cláusula de reparación introducida en la Directiva (UE) [xxx], y con el fin de garantizar que el alcance de la protección de los dibujos y modelos se limite únicamente para impedir que los titulares de derechos sobre dibujos y modelos obtengan realmente monopolios de productos, es necesario limitar explícitamente la aplicación de la cláusula de reparación establecida en el Reglamento (CE) n.º 6/2002 a los componentes de un producto

en su Considerando (33): «*El objetivo de la protección de los dibujos y modelos es conceder derechos exclusivos sobre la apariencia de un producto, pero no un monopolio sobre el producto en sí. Proteger un dibujo o un modelo para el que no exista, en la práctica, una alternativa conduciría a un monopolio de hecho sobre el producto. Tal protección se aproximaría a un abuso de la normativa sobre protección de dibujos y modelos. Autorizar a terceros a fabricar y distribuir piezas de recambio permite mantener la competencia. En cambio, si la protección de dibujos y modelos se extendiera a las piezas de recambio, estos terceros infringirían esos derechos, se eliminaría la competencia y se concedería un monopolio de hecho sobre el producto al titular del derecho sobre el dibujo o modelo*».

El contenido y redacción de este considerando puede inducir a error al emplear el término monopolio, luego, podría suprimirse, sobre todo si lo ponemos en conexión con los Considerandos 32[71] y, en especial, el 34[72] y el 35[73],

---

complejo de cuya apariencia dependa el dibujo o modelo protegido. Además, a fin de garantizar que los consumidores no sean inducidos a error, sino que puedan escoger con conocimiento de causa entre los diferentes productos competidores que puedan utilizarse para la reparación, la legislación también debe especificar que la cláusula de reparación no puede ser invocada por el fabricante o el vendedor de un componente que no haya informado debidamente a los consumidores sobre el origen del producto que se va a utilizar para reparar el producto complejo».

71. Disciplina el Considerando (32) de la Propuesta de Directiva: *Los derechos exclusivos conferidos por el derecho sobre un dibujo o modelo registrado deben estar sujetos a un conjunto adecuado de limitaciones. Aparte de los usos privados y con fines no mercantiles y de los actos realizados con fines experimentales, tal lista de usos permitidos debe incluir los actos de reproducción realizados con fines ilustrativos o docentes, el uso referencial en el contexto de la publicidad comparativa, y el uso con fines de comentario o parodia, siempre que dichos actos sean compatibles con las prácticas comerciales leales y no menoscaben indebidamente la explotación normal del dibujo o modelo. El uso del dibujo o modelo por parte de terceros con fines de expresión artística debe considerarse lícito en la medida en que sea también conforme con las prácticas leales en materia industrial y comercial. Además, la presente Directiva debe aplicarse de tal modo que se garantice el pleno respeto de los derechos y libertades fundamentales, en particular la libertad de expresión.*

72. Prescribe el Considerando (34) de la Propuesta de Directiva: *Las diferencias en las legislaciones de los Estados miembros sobre la utilización de los dibujos y modelos protegidos con objeto de permitir la reparación de un producto complejo para restituirle su apariencia inicial, cuando el producto al que se aplique o incorpore el dibujo o modelo constituya el componente dependiente de la forma de un producto complejo, afectan directamente al establecimiento y el funcionamiento del mercado interior. Estas diferencias falsean la competencia y el comercio dentro del mercado interior y crean inseguridad jurídica.*

73. Manda el Considerando (35) de la Propuesta de Directiva: *Por consiguiente, para el buen funcionamiento del mercado interior y para garantizar una competencia leal en él, es necesario aproximar las legislaciones de los Estados miembros en materia de protección de los dibujos y modelos, por lo que respecta a la utilización de dibujos y modelos protegidos con objeto de permitir la reparación de un producto complejo para restituirle su apariencia inicial, mediante*

que resultan suficientes[74] en la explicación y razón de ser de la armonización y conveniencia de la adopción y reconocimiento de la cláusula de reparación con una serie de precisiones.

Fijémonos ahora en lo que decreta el artículo 19 de la Propuesta de Directiva: *Cláusula de reparación 1. No se concederá protección a un dibujo o modelo registrado que constituya un componente de un producto complejo de cuya apariencia dependa el dibujo o modelo del componente y que se utilice, en el sentido del artículo 16, apartado 1, con el único fin de reparar dicho producto complejo para restituirle su apariencia inicial. 2. El apartado 1 no podrá ser invocado por el fabricante o el vendedor de un componente de un producto complejo que no haya informado debidamente a los consumidores, mediante una indicación clara y visible en el producto o de otra forma adecuada, sobre el origen del producto que se va a utilizar para reparar el producto complejo, de modo que puedan escoger con conocimiento de causa entre los diferentes productos competidores que puedan utilizarse para la reparación. 3. Cuando, en el momento de la adopción de la presente Directiva, el Derecho interno de un Estado miembro prevea la protección de los dibujos y modelos en el sentido del apartado 1, el Estado miembro, no obstante lo dispuesto en dicho apartado, continuará proporcionando tal protección a los dibujos*

la inserción de una cláusula de reparación similar a la que ya figura en el Reglamento (CE) n.º 6/2002 que sea aplicable a los dibujos y modelos de la UE a nivel de la Unión y, explícitamente, a los componentes dependientes de la forma de un producto complejo. Dado que el efecto previsto de dicha cláusula de reparación es hacer inaplicables los derechos sobre los dibujos y modelos cuando el dibujo o modelo del componente de un producto complejo se utilice con objeto de permitir la reparación de un producto complejo para restituirle su apariencia inicial, la cláusula de reparación debe incluirse entre los medios de defensa disponibles en caso de infracción de los derechos sobre los dibujos y modelos en virtud de la presente Directiva. Además, a fin de garantizar que los consumidores no sean inducidos a error, sino que puedan escoger con conocimiento de causa entre los diferentes productos competidores que puedan utilizarse para la reparación, la legislación también debe especificar que la cláusula de reparación no puede ser invocada por un fabricante o vendedor de un componente que no haya informado debidamente a los consumidores sobre el origen del producto que se va a utilizar para reparar el producto complejo.

74. Se ha de atender a la enmienda vertida para el Considerando (34) de la Propuesta de Directiva: *Las diferencias en las legislaciones de los Estados miembros sobre la utilización de los dibujos y modelos protegidos con objeto de permitir la reparación de un producto complejo para restituirle su apariencia inicial, cuando el producto al que se aplique o incorpore el dibujo o modelo constituya el componente dependiente de la forma de un producto complejo, afectan directamente al establecimiento y el funcionamiento del mercado interior. Estas diferencias falsean la competencia y el comercio dentro del mercado interior y crean inseguridad jurídica, tal y como lo señaló el Parlamento Europeo en su Resolución de 11 de noviembre de 2021.* Proyecto de Informe sobre la propuesta de Directiva del Parlamento Europeo y del Consejo sobre la protección jurídica de los dibujos y modelos (refundición) (COM [2022]0667 –C9-395/2022– 2022/0392[COD]), *op.cit.* p. 10.

y modelos cuyo registro se haya solicitado antes de la entrada en vigor de la presente Directiva hasta el… [OP: insértese la fecha correspondiente a diez años a partir de la fecha de entrada en vigor de la presente Directiva][75].

Luego, la solución europea a la fragmentación y heterogeneidad legislativa existente dentro del mercado europeo nos viene dada ahora en dos disposiciones, ya aludidas: los artículos 19 de la propuesta de Directiva y el art. 20, apartado bis) de la propuesta de Reglamento. Estos mandatos tienen como punto de partida lo ya contenido en el artículo 110 del Reglamento (CE) 6/2002, que autoriza, en forma de disposición transitoria, a establecer excepciones al monopolio «respecto de un dibujo o modelo que constituya parte de un producto complejo», que se utiliza en el sentido del artículo 19, apartado 1 [que describe el monopolio de explotación], con el fin de permitir la reparación de este producto complejo.

Tras las reformas proyectadas se tiende a aproximar y dar una solución unívoca[76] en el ámbito de la Unión Europea trámite el sistema de amparo

75. Se complementa y explica por parte del estudio de impacto y en la Exposición de Motivos de la Propuesta de Directiva este mandato y se dice: «Cláusula de reparación (artículo 19) Para poner fin al régimen transitorio vigente y lograr la realización del mercado único de piezas de recambio para reparaciones, se propone introducir en la Directiva una cláusula de reparación similar a la que ya figura en el artículo 110 del Reglamento (CE) n.º 6/2002. Esta cláusula se limita explícitamente a las partes idénticas a las originales (dependientes de la Sentencia en los asuntos acumulados C-24/16 y C-25/16, Nintendo, ECLI:EU:C:2017:724) de los productos complejos, para tener en cuenta la sentencia del TJUE en el asunto Acacia. Además, debe especificarse que la cláusula de reparación solo puede utilizarse como defensa contra las demandas por infracción si se informa debidamente a los consumidores sobre el origen del producto que se va a utilizar para reparar el producto complejo. Para abordar los intereses legítimos de los titulares de los derechos sobre los dibujos y modelos existentes, la cláusula de reparación solo tendría efectos jurídicos inmediatos (ilimitados) en el futuro, salvaguardando así la protección de los derechos existentes durante un período transitorio de diez años».

76. Las modificaciones propuestas están guiadas por dos objetivos generales: reforzar la seguridad jurídica y recordar las posiciones ya expresadas por el Parlamento Europeo. Las más importantes se refieren a la sustitución del concepto de «origen» del producto, que es demasiado impreciso, por el concepto de «identidad del fabricante» del producto (n.º 8 y n.º 14), y la sustitución del plazo de diez años para la aplicación de la cláusula de reparación a los dibujos y modelos cuyo registro haya sido solicitado antes de la entrada en vigor de la nueva Directiva, considerado excesivamente largo, por un plazo de tres años (n.º 15). Al respecto, Proyecto de Informe sobre la propuesta de Directiva del Parlamento Europeo y del Consejo sobre la protección jurídica de los dibujos y modelos (refundición) (COM [2022]0667 –C9-395/2022– 2022/0392[COD]), *op.cit.*, p. 16.

de los dibujos y modelos industriales de las piezas de recambio[77]. Se zanja esta temática, que había suscitado diferentes inconvenientes, entre otros, afectando al derecho de la competencia y encontrándonos con una legislación dispar e insegura, tal y como venimos explicando. Repárese que el vínculo con el derecho de la competencia[78] ha sido claramente establecido por las autoridades desde hace varios años, que demandan una liberalización total de los repuestos o incluso denuncian los cárteles. En este sentido, considérese el Reglamento (UE) 461/2010, de 27 de mayo de 2010[79], relativo a la aplicación del artículo 101, apartado 3, del TFUE a *categorías de acuerdos verticales y prácticas concertadas en el sector del automóvil*. Dicho esto, hay que aseverar y comprender que las disposiciones revisadas no están reservadas a un solo sector y no es seguro que ciertos productos complejos, que requieren un alto nivel técnico y de control de calidad, puedan verse afectados por una cláusula de reparación de este tipo, que también podría poner en duda la autenticidad y la garantía del producto complejo. Sobre la confrontación de derechos, por el momento olvidados por la Comisión, estaremos a lo que se discipline a futuro.

En cualquier caso, la solución es otorgar amparo a través de los dibujos y modelos a los componentes de productos complejos. *Ítem más*, en el estudio de impacto recogido en el preámbulo de la propuesta de Directiva se deja clara cuáles son las opciones posibles, al decir: *Para resolver el problema de las piezas de recambio y abordar el objetivo de abrir el mercado posventa de las piezas de recambio a la competencia, se consideraron las siguientes opciones:*

---

77. Según nota de prensa: «Proprietà intellettuale: presentate nuove regole per snellire e semplificare le procedure di registrazione» [en línea], *https://www.ipsoa.it/documents/quotidiano/2022/11/30/proprieta-intellettuale-presentate-nuove-regole-snellire-semplificare-procedure-registrazione* (consultado por última vez el 15 de febrero de 2023), «permitir la reproducción de diseños originales con el fin de reparar productos complejos: al introducir una "cláusula de reparación" en toda la UE en la Directiva de Diseño, las nuevas reglas ayudarán a abrir y aumentar la competencia en el mercado de repuestos. Esto es especialmente importante en el sector de la reparación de automóviles, donde debería ser legalmente posible en todos los países de la UE reproducir piezas de carrocería idénticas que "deben coincidir" para su reparación y restaurar su aspecto original. La "cláusula de reparación" propuesta debería tener efectos jurídicos inmediatos solo para los diseños futuros, mientras que los diseños ya protegidos deberían permanecer cubiertos durante un período transitorio de diez años».

78. Según «Réflexions sur la clause de réparation à la veille de la réforme du droit des dessins et modèles», en *https://www.nfalaw.com/reflexions-sur-la-clause-de-reparation-a-la-veille-de-la-reforme-du-droit-des-dessins-et-modeles/* [en línea], (18.04.2023), (consultado por última vez el 2 de noviembre de 2023).

79. *DOUE* n.º 129, de 28 de mayo de 2010.

Opción 1.1: Plena liberalización de todos los dibujos y modelos, es decir, apertura a la competencia del mercado de piezas de recambio idénticas a las originales en toda la UE, tanto para los dibujos y modelos existentes como para los nuevos. Esta opción implicaría la introducción en la Directiva de una «cláusula de reparación», tal como se recoge en el artículo 110, apartado 1, del Reglamento (CE) n.º 6/2002, y la autorización de la reproducción idéntica de piezas protegidas de productos complejos con fines de reparación. La cláusula de reparación introducida tendría efectos jurídicos tanto en el futuro como en el pasado (es decir, sería aplicable a los dibujos y modelos registrados antes y después de su entrada en vigor).

Opción 1.2: Liberalización plena e instantánea de los nuevos dibujos y modelos, seguida de la plena liberalización de los dibujos y modelos antiguos tras un período transitorio de diez años[80]*. Esta opción implicaría los mismos cambios que la opción anterior, con la salvedad de que la cláusula de reparación que se insertaría en la Directiva solo tendría efectos jurídicos inmediatos en el futuro (es decir, sería aplicable únicamente a los dibujos y modelos cuya inscripción en el registro se haya solicitado después de la entrada en vigor). Los dibujos y modelos registrados antes de la entrada en vigor deberían seguir estando protegidos durante un período transitorio de diez años.*

Opción 1.3: Plena liberalización de los nuevos dibujos y modelos. Como en la opción anterior, en esta opción la cláusula de reparación que se insertaría en la Directiva solo surtiría efectos jurídicos en el futuro. Los derechos sobre dibujos y modelos existentes concedidos antes de la entrada en vigor no cambiarían y, por tanto, podrían seguir protegidos durante un período de hasta veinticinco años.

Se descuelga de lo expuesto que al incorporar la «cláusula de reparación» incrementará la competencia en el mercado de postventa, en especial, de gran utilidad en el sector automovilístico al ser posible reproducir las piezas de recambio, lo que provocará que los consumidores tengan una mayor

80. Se complementa con la valiosa información, que sigue: *La opción 1.2 promete, tras el período transitorio de diez años, unos ahorros potenciales para los consumidores de entre 340 millones EUR y 544 millones EUR anuales en mercados en los que actualmente no existe ninguna cláusula de reparación, debido a la competencia de precios (durante el período transitorio de diez años, los beneficios aumentarán entre 4 millones EUR y 13 millones EUR al año, hasta alcanzar entre 40 millones EUR y 130 millones EUR el último año). Durante el período transitorio de diez años, la plena liberalización de los nuevos dibujos y modelos fomentará la competencia y la entrada en el mercado de piezas de colisión para automóviles nuevos. Tras el período transitorio de diez años, tanto los proveedores de equipos originales como los proveedores independientes se beneficiarán de una libertad operativa significativamente mayor, lo que les permitirá reforzar su posición en el mercado y consolidarse.*

oferta de elección para poder reparar los productos complejos, piénsese en piezas de carrocería[81] de un vehículo idénticas a las originales, que se hacen necesarias para restaurar el aspecto original del vehículo. Se disciplina de forma contundente en los preceptos de las propuestas, –ya anotados–, que la cláusula de reparación[82] se puede argüir como defensa y que los fabricantes o vendedores de un componente de un producto complejo han de informar debidamente a los consumidores del origen[83] del producto, que se va a usar para reparar el producto complejo.

En definitiva, nos encontramos con el artículo 19 de la Directiva propuesta y el artículo 20 bis del Reglamento propuesto, que abordan la «cláusula de reparación», dejando claro que el titular de un diseño relativo a una pieza de repuesto no puede ejercer un monopolio y no puede impedir que un tercero comercialice piezas de recambio destinadas a reparar un producto o restaurarlo a su apariencia original. La cláusula de reparación también establece que los diseños ya protegidos permanecerían cubiertos durante un período transitorio de diez años, si bien se ha llegado al acuerdo de reducir este período de 10 a 8[84] años desde la entrada en vigor de la normativa.

---

81. Resulta relevante en el ámbito de la reparación de automóviles, de esta suerte en todos los países de la UE debe ser jurídicamente posible reproducir piezas de carrocería idénticas y coincidentes para su reparación, a fin de restituir su apariencia original. La «cláusula de reparación» propuesta solo debe tener efectos jurídicos inmediatos para futuros dibujos y modelos, mientras que los dibujos y modelos ya protegidos deben seguir estando cubiertos durante un período transitorio de diez años.

82. Hemos de atender al actual art. 110 del Reglamento (CE) n.º 6/2002, donde con la normativa propuesta la cláusula pasara de tener este carácter transitorio a ser definitiva.

83. Se quiere sustituir el término origen por identidad del fabricante. Se dice: *2. El apartado 1 no podrá ser invocado por el fabricante o el vendedor de un componente de un producto complejo que no haya informado debidamente a los consumidores, mediante una indicación clara y visible en el producto o de otra forma adecuada, sobre la identidad del fabricante del producto que se va a utilizar exclusivamente para reparar el producto complejo, de modo que puedan escoger con conocimiento de causa entre los diferentes productos competidores que pueda utilizarse para la reparación. Esta indicación de la identidad del fabricante incluirá al menos el nombre del fabricante, la dirección de su domicilio social y su nacionalidad.* Proyecto de Informe sobre la propuesta de Directiva del Parlamento Europeo y del Consejo sobre la protección jurídica de los dibujos y modelos (refundición) (COM [2022]0667 –C9-395/2022– 2022/0392[COD]), *op.cit., p.* 15.

84. Manifiesta ROJAS, E., «La reforma de la legislación europea …», *op. ult. cit.*, «En particular, el acuerdo provisional alcanzado aclara las condiciones para la aplicación de la cláusula de reparación para excluir de protección mediante diseño solo aquellas piezas de recambio de productos complejos que permitan restituir la apariencia original del producto y siempre que la misma sea idéntica a la pieza original. Asimismo, se incorpora la cláusula de reparación a la Directiva de dibujos y modelos puesto que, con

Vinculado a todo lo relatado, no olvidemos, en ningún caso, que las propuestas legales ahora van más allá: de un lado, asumiendo el contenido observado por la jurisprudencia, caso ACACIA (TJUE, 20 de diciembre de 2017, asuntos C-397/16 y C-435/16), las disposiciones propuestas delimitan que la cláusula solo puede invocarse si el *fabricante o vendedor de una parte de un producto complejo ha «informado debidamente a los consumidores, mediante una indicación clara y visible que aparezca en el producto o en cualquier otra forma adecuada, del origen del producto destinado a ser utilizado con fines de reparación»* dentro del producto complejo, indicación que permite a los consumidores elegir con conocimiento de causa entre productos competidores, que pueden utilizarse para la reparación. Adviértase que este planteamiento puede alinearse y vincularse, a nuestro parecer, con la reglamentación disciplinada para el ecodiseño a través del Reglamento del Parlamento Europeo y del Consejo, *por el que se instaura un marcopara el establecimiento de requisitos de diseño ecológico aplicables a los productos sostenibles y se deroga la Directiva 2009/125/CE*[85]. Este Reglamento sobre ecodiseño de productos sostenibles (el llamado *Ecodesign*, en inglés ESPR Reglamento –*Ecodesign for Sustainable Products Regulation*–) elaborado por la Comisión Europea[86]. Y, en particular, con la exigencia de información[87], que se ha de proporcionar a través del Pasaporte Digital de Producto[88].

---

anterioridad, solo se regulaba en el Reglamento. Por último, el acuerdo fija el período transitorio para la aplicación de la cláusula en ocho años y opta así por situarlo a medio camino entre los distintos plazos propuestos».

85. COM (2022) 142 final 2022/0095 (COD), 30 de marzo de 2022. Véase, además, *https://www.rqueerre.com/blog/propuesta-de-reglamento-diseno-ecologico/*. Y, [en línea], (24 de octubre de 2022), *https://www.ihobe.eus/actualidad/tapia-defiende-en-consejo-ministros-medio-ambiente-union-europea-un-nuevo-reglamento-sobre-ecodiseno-para-impulsar-economia-circular* (consultado por última vez el 15 de diciembre de 2022).

86. Reglamento (UE) 2024/1781 del Parlamento Europeo y del Consejo, de 13 de junio de 2024, *por el que se instaura un marco para el establecimiento de requisitos de diseño ecológico aplicables a los productos sostenibles, se modifican la Directiva (UE) 2020/1828 y el Reglamento (UE) 2023/1542 y se deroga la Directiva 2009/125/CE. DOUE* Nº. 1781, de 28 de junio de 2024.

87. Un elemento central de esta iniciativa es el establecimiento de un marco integral para definir los requisitos de diseño ecológico adaptados a categorías de productos específicas. El objetivo es mejorar la circularidad, la eficiencia energética y la sostenibilidad ambiental general de estos productos. Un aspecto notable del ESPR es su énfasis en la información del producto, con la introducción de conceptos como el Pasaporte Digital de Producto (DPP). El enfoque inicial de los actos delegados en el marco del ESPR se dirige a los textiles y el calzado en el ámbito de los productos de usuario final. Además, para los productos intermedios, la prioridad recae en el hierro y el acero.

88. Véase la opinión de FRANCISCO, V., «Um novo Passaporte (Digital) para Produtos», [en línea], *https://www.asbeiras.pt/2023/11/opiniao-um-novo-passaporte-digital-para-produ-*

De otro lado, se demanda un requisito adicional a cumplir: la utilización de los derechos inherentes a una pieza de repuesto está sujeta al requisito de que la apariencia del producto complejo «condicione» el diseño o modelo de dicha pieza. Este criterio, que había sido rechazado en la jurisprudencia ACACIA por encontrarse únicamente en el preámbulo del Reglamento (CE) 6/2002, ahora se impone claramente. Bajo este contexto, las piezas de la carrocería idénticas a las originales deberían poder reproducirse libremente, no ocurre lo mismo con las llantas, por ejemplo.

También, se ha de tener presente el alcance temporal, por cuanto que la cláusula de reparación propuesta sólo se aplicará diez años (rebajado a 8, por el momento) después de la transposición de la Directiva a los diseños registrados en Estados miembros cuya legislación no reconozca un principio similar en su derecho nacional.

Ahondemos aún más en la reflexión en torno a esta relevante cláusula de reparación dentro de la proyectada legislación europea *ex art*ículo 19 del proyecto de Directiva y artículo 20 bis del Reglamento que, si bien se sustentan en el artículo 110 del Reglamento 6/2002, el espíritu subyacente no es idéntico. Hay precisiones importantes a tener en consideración y sobre las que hay que seguir enfatizando con carácter recapitulativo.

---

tos/ (consultado por última vez el 11 de diciembre de 2023), «(...) la implementación de un "Pasaporte Digital de Producto", una recopilación de datos sobre el impacto ambiental, recopilados a lo largo de todo el ciclo de vida del producto, que debe tener un identificador único y ser accesible a través de, por ejemplo, un código QR. Inicialmente, la atención se centrará en tres tipos de productos: electrónica, baterías y textiles/prendas de vestir, para los que será obligatorio a partir de 2024/2025. Estos fueron elegidos punto de partida debido a sus importantes impactos ambientales y la necesidad de mayor transparencia y sostenibilidad en sus cadenas de valor. Sin embargo, en el futuro, el Pasaporte Digital de Producto será obligatorio para todos los productos vendidos en el mercado europeo. Llegados a este punto, es importante resaltar que, para la implementación de este Pasaporte, varias tecnologías serán fundamentales. En primer lugar, apoyar la trazabilidad de los productos con tecnologías de identificación como RFID - identificación y seguimiento por radiofrecuencia a través de etiquetas electrónicas o incluso marcado directo en productos con Códigos QR. Pero la más relevante en este contexto podría ser la tecnología Blockchain, que puede utilizarse para crear un registro inalterable de información del producto a lo largo de toda la cadena, aumentando la seguridad y la transparencia de los datos. Estamos hablando de la misma tecnología que soporta las criptomonedas, ya que originalmente se utilizó en bitcoins. La implementación de este Pasaporte mejorará la trazabilidad y el seguimiento de todo el historial del producto, desde las materias primas hasta el reciclaje». También, CANDELARIO MACÍAS, Mª. I., «Repensar el diseño industrial: ¿ecodiseño o diseño ecológico-sostenible?», *op.cit.*, pp. 173 a 223.

En primer lugar, la cláusula sólo puede invocarse si el fabricante o vendedor de una parte de un producto complejo ha «informado debidamente a los consumidores, mediante una indicación clara y visible que aparezca en el producto o en cualquier otra forma adecuada, del origen del producto»[89]. Este producto está destinado a la reparación del producto complejo, indicación que permite a los consumidores elegir con conocimiento de causa entre productos competidores, que pueden utilizarse para la reparación.

En segundo lugar, se añade y, –no menos importante–, otra condición para que la cláusula de reparación pueda efectivamente invocarse y paralizar los derechos inherentes a un diseño de pieza de recambio: la apariencia del producto complejo debe condicionar el diseño de dicha pieza[90], esto supondría que la cláusula no le sería de aplicación a todas las piezas de recambio, por ejemplo, las llantas, ya referidas.

Por último, esta cláusula sólo se aplicará diez años (reducido a 8 años según acuerdo político interinstitucional) después de la transposición de la Directiva a los Estados miembros cuya legislación no reconozca el principio de la cláusula de reparación, tal como aparece en la legislación proyectada. Más allá de este largo período transitorio –de 10 a 8, hubiera sido deseable menor tiempo–; la gran heterogeneidad de las cláusulas de reparación de los Estados miembros, que han introducido este tipo de limitaciones en su derecho nacional lleva a cuestionarse[91] la eficacia real de la redacción del apartado 3, del artículo 19 del proyecto de Directiva en aras a imponer a todos los Estados miembros una solución que sea verdaderamente uniforme.

Otra cuestión que no puede quedar inadvertida en esta materia es la nítida finalidad perseguida también con el fomento y la ponderación de

89. Este planteamiento se extrae del contenido de la sentencia Acacia TJUE de 20 de diciembre de 2017, Acacia Srl c/ Pneusgarda Srl, Audi AG (C-397/16), y Acacia Srl, Rolando D'Amato c/ Dr. Ing. hc F. Porsche AG (C-435/16), que dictaminó que «el fabricante o el vendedor de una parte de un producto complejo está sujeto a la obligación de velar por el cumplimiento y, por parte de los usuarios de las condiciones impuestas por la cláusula de reparación del artículo 110 del Reglamento 6/2002».

90. En la sentencia Acacia de 20 de diciembre de 2017, el Tribunal de Justicia dictaminó que esta condición a la que alude el preámbulo del Reglamento, al no estar prevista en sus disposiciones, no era exigible. Ahora la legislación europea proyectada añade explícitamente esta condición en las disposiciones del Reglamento y la Directiva.

91. *Cfr.*, «Réflexions sur la clause de réparation à la veille de la réforme du droit des dessins et modèles», [en línea], (18.04.2023), *https://www.nfalaw.com/reflexions-sur-la-clause-de-reparation-a-la-veille-de-la-reforme-du-droit-des-dessins-et-modeles/* (consultado por última vez el 2 de noviembre de 2023).

la cláusula de reparación y su servicio a contribuir y lograr una economía circular y sostenible[92].

4. REFLEXIONES FINALES

Al hilo de lo hasta aquí comentado, queda claro que son importantes los desafíos a los que se enfrentan los legisladores nacionales en aras de acoger las diferentes reformas propuestas en torno al diseño industrial (dibujo o modelo), si se quiere estar en consonancia con los importantes retos que persigue la Unión Europea en este recorrido de alcanzar una sociedad del conocimiento y, a la par, una economía circular, que posibilite la transformación digital y minimice los impactos al medio ambiente a través de la neutralidad climática. Sobre este último planteamiento, reténgase que la finalidad perseguida con el reconocimiento de la cláusula de reparación aplicable al amparo a través del diseño industrial de los productos complejos es coherente y se acomoda con la querencia de alcanzar una economía circular y sostenible.

Luego, hay que poner el acento y reflexionar sobre la legislación del diseño industrial en el marco de la Unión Europea, que ya tiene una veintena de años y, cabalmente, hemos de atender a las propuestas legales y la futura legislación sobre la materia, en concreto, sobre uno de los aspectos vitales que no tuvo una disciplina legislativa armonizada desde el origen de la normativa europea y, por ende, encontrarnos con una disparidad en

---

92. *Vid.*, lo que se apunta en la Exposición de Motivos de la Propuesta de Reglamento del Parlamento Europeo y del Consejo por el que se modifica el Reglamento (CE) n.º 6/2002 del Consejo, señala: «La propuesta de mantener dicha cláusula de reparación en el Reglamento (CE) n.º 6/2002 también es coherente y complementaria con los esfuerzos presentados en la Iniciativa sobre Productos Sostenibles, cuyo objetivo es promover las reparaciones y la economía circular». En la misma línea de argumentación, aparece en la Propuesta de Directiva del Parlamento Europeo y del Consejo por la que se modifica la Directiva 98/71/CE, en su Exposición de Motivos: «La presente propuesta es coherente y complementaria con el Reglamento (UE) n.º 461/2010 (el Reglamento de exención por categorías en el sector de los vehículos de motor) en el ámbito de la política de defensa de la competencia. La liberalización propuesta del mercado de piezas de recambio puede ayudar a ese régimen de defensa de la competencia a proteger la competencia efectiva en todo el mercado de piezas de recambio para vehículos y servicios de reparación de vehículos y, de este modo, a lograr todos sus beneficios para las empresas y los consumidores del mercado posventa del automóvil. La propuesta también es coherente y complementaria con los esfuerzos presentados en la Iniciativa sobre Productos Sostenibles, cuyo objetivo es promover las reparaciones y la economía circular».

los diferentes países de la UE en torno al auxilio de las piezas de recambio bajo el régimen jurídico del diseño. Extremo que había que paliar para evitar problemas contra la competencia, amén de no distorsionar el tan querido mercado interior. Es, por ello, que la ordenación de esta materia se convierta en crucial para entender el alcance y éxito de la futura reglamentación del diseño industrial.

Así las cosas, la reforma legal trámite las propuestas de Directiva y Reglamento sobre dibujo y modelo de la UE quieren armonizar y potenciar esta modalidad de la propiedad industrial. En concreto, alinear y poner al día las normas actuales con relación al proceso de transición digital y economía circular y verde promovida por la UE incorporando la cláusula de reparación para las piezas de recambio, reconocidas en algunas legislaciones de los Estados Miembros. A tal finalidad, se ha tenido muy presente el contenido vertido por la sentencia ACACIA (TJUE, 20 de diciembre de 2017, asuntos C-397/16 y C-435/16) en orden a ofrecer una solución a medida, que satisfaga a todos, tal y como hemos expuesto, si bien la normativa proyectada, incluso, ha ido más allá.

Las propuestas legales europeas contemplan y delimitan la cláusula de reparación para piezas de recambio en productos complejos, es decir, tener un mercado único de piezas de repuesto para reparación del producto complejo (abrir el mercado de recambios a la competencia). No se desconoce así que se ha resuelto un tema polémico que ha arrastrado el derecho vigente como es garantizar que los diseños se puedan reproducir para piezas de repuesto, lo que permite a los consumidores más opciones al reparar productos complejos, *vgr.*, en el sector de la automoción o de electrodomésticos, sin ir más lejos. Además, se introduce en la mecánica de la cláusula de reparación, que ésta pueda invocarse como tutela ante posibles infracciones por parte de los fabricantes o vendedores de piezas de recambio, toda vez que los mismos deben informar a los consumidores de forma *clara y visible* sobre el *origen de la pieza* que se va a emplear para la reparación del producto complejo. Sin olvidar que este planteamiento entronca, a su vez, con la legislación reguladora del ecodiseño.

Se han barajado varias opciones y todas conducen a disciplinar y potenciar una cláusula de reparación con condiciones, la cuestión ahora es saber cómo se implementará a futuro en los diferentes ordenamientos nacionales, sin menoscabar el espíritu del legislador europeo. Estamos, pues, ante un punto de inflexión con la futura legislación del diseño industrial europeo, que implicara tener las mismas reglas de juego (o no).

5. BIBLIOGRAFÍA

CANDELARIO MACÍAS, M.ª. I., *La Creatividad e Innovación empresarial: la tutela del diseño industrial en el Mercado Interior*, Eurobask, Vitoria, 2007.

CANDELARIO MACÍAS, M.ª. I., «Repensar el diseño industrial: ¿ecodiseño o diseño ecológico-sostenible?», Capítulo 6, AA.VV., *Oportunidades y Retos de la Propiedad Industrial en el entorno de cambio climático* (Dir. CANDELARIO MACÍAS, M.ª. I.), Tirant Lo Blanch, Valencia, 2023, pp. 173 a 223.

CANDELARIO MACÍAS, M.ª. I., «Los nuevos confines legislativos del diseño industrial (dibujos y modelos) en Europa: confluencia y encaje del diseño industrial y el ecodiseño en una economía circular», Capítulo 24, AA.VV., *Reflexiones sobre la propiedad Industrial en el Siglo XXI* (Coord. CURTO POLO, M.), Aranzadi, Pamplona, 2023, pp. 599 a 626.

CHÁVEZ VALDIVIA, A. K., «Entre el derecho y los sistemas creativos: una nueva dimensión del diseño de moda por medio de la inteligencia artificial», *Revista de Derecho Privado*, núm. 43 (2022), pp. 353-386.

DE LUCA, S., «Revision of the Community Design Regulation. In A Europe Fit for the Digital Age»», [en línea] (20 de octubre de 2023), *https://www.europarl.europa.eu/legislative-train/theme-a-europe-fit-for-the-digital-age/file-revision-of-the-design-directive-and-of-the-community-design-regulation* (consultado por última vez el 1 de diciembre de 2023).

DONAUD, F., «La proposition de réforme européenne du droit des dessins ou modèles» [en línea] (11 Janvier 2023), *https://blip.education/la-proposition-de-reforme-europeenne-du-droit-des-dessins-ou-modeles-par-flora-donaud-avocate-au-sein-du-cabinet-greffe-et-chargee-denseignement-au-ceipi* (consultado por última vez el 17 de febrero de 2023).

FERNANDES REMÉDIO MARQUES, J. P., *Biotecnología (s) e propriedade intelectual*. Vol. I. *Direito de autor. Direito de patente. Modelo de Utilidade. Desenhos ou modelos*. Almedina, Coimbra, 2007. pp. 1233 y ss.

FERNÁNDEZ-NÓVOA, J. A. «El diseño no registrado», *ADI*, Tomo XXIV (2003), pp. 81 ss.

GARCÍA VIDAL, A., (Coord.). *El diseño comunitario. Estudios sobre el Reglamento (CE) núm. 6/2002*, Thomson Reuters-Aranzadi, Cizur Menor (Navarra), 2012.

GINER MAS, C., «Cápsulas de café, carretes y bolsas de aspiradoras: ¿se puede proteger el diseño industrial de los componentes?», [en línea] (7 de septiembre de 2021), *https://blogip.garrigues.com/disenos/capsulas-de-cafe-ca-*

rretes-y-bolsas-de-aspiradoras-se-puede-proteger-el-diseno-industrial-de-los-componentes (consultado por última vez el 30 de noviembre de 2023).

GLAIZE, Fr., «La clause de réparation à la française, applicable au premier janvier 2023 aux dessins et modèles français. Un schéma pour déchiffrer la rédaction du texte français. Ce que prévoit le Paquet Modèles», [en línea] (16/12/2022), *http://pmdm.fr/wp/2022/12/la-clause-de-reparation-a-la-francaise-applicable-au-premier-janvier-2023-aux-dessins-et-modeles-francais/* (consultado por última vez el 2 de noviembre de 2023).

GÓMEZ SEGADE, J. A., «Apunte sobre el futuro del diseño industrial en la UE», Capítulo 25, en AA.VV. *De iure Mercatus, Libro Homenaje al Prof. Dr. Dr. h.c. BERCOVIZ RODRÍGUEZ-CANO* (Coord. GARCÍA-CRUCES, J.A.), Tirant Lo Blanch, Valencia, 2023, pp. 826 a 850.

GUIMBERTEAU, B., «Le métavers et le droit des dessins ou modèles», [en línea] (6 Février 2023), *https://blip.education/le-metavers-et-le-droit-des-dessins-ou-modeles-un-article-de-boriana-guimberteau-avocate-associee-au-sein-du-cabinet-stephenson-harwood-et-magali-courroye-avocate-collaboratrice-au-sein-du-meme* (consultado por última vez el 18 de febrero de 2023).

HARTWIG, H., «Reciprocity in European design law», *Research handbook on design law*, Edited by Henning Hartwig, 2021, pp. 119-168.

HARTWIG, H., «The EU Commission's proposal to codify visual disclaimers-a great leap for EU design law Get access Arrow», *Journal of Intellectual Property Law & Practice*, Vol. 18, Issue 6 (june 2023), pp. 432-445, *https://doi.org/10.1093/jiplp/jpad033.*

KUR, A., y GYÖRGY, A., «Protection of spare parts in design law: a comparative law análisis». *Research handbook on design law*, Edited by Henning Hartwig, 2021, pp. 304-344.

KUR, A.; ENDRICH-LAIMBÖCK, T.; HUCKSCHLAG, M., «Substantive law aspects of the "design package"», *GRUR international: journal of European and international IP law. Yr.*, n.º 6 (2023), pp. 557-565.

LACOVAZZI, V., «Disegni e modelli industriali: più semplifici le registrazioni e le riparazioni di prodotti complessi» [en línea] (29 de diciembre de 2022), *https://www.ipsoa.it/documents/quotidiano/2022/12/29/disegni-modelli-industriali-semplifici-registrazioni-riparazioni-prodotti-complessi* (consultado por última vez el 17 de abril de 2023).

LASTIRI SANTIAGO, M., «Reestructurando el derecho de propiedad industrial: hacia la transición ecológica y digital», *La Ley Mercantil*, núm. 90, abril (2022), pp. 1-36.

LOUREDO CASADO, S., «Análisis de las modificaciones previstas en la legislación de diseño industrial a nivel europeo», *Actas de derecho industrial y derecho de autor*, Tomo 43 (2023), pp. 133-155.

MOUNCIF-MOUNGACHE, M., «La protection des pièces de carrosserie par les dessins et modèles non enregistrés: une course gagnée par Ferrari: CJUE, 28 octobre 2021, Ferrari SpA/Mansory Design & Holding GmbH, WH, aff. C-123/20, ECLI:EU:C:2021:889». *Revue des affaires européennes*, 4 (2021), pp. 865-873.

OTERO LASTRES, J. M., «Reflexiones sobre el diseño industrial», *Anuario de la Facultad de Derecho (Universidad de Alcalá)*, 1 (2008), pp. 217-235.

PECHARROMÁN, X., «Vídeo y 3D llegan a la legislación comunitaria sobre dibujos y modelos», [en línea] (20 julio 2023), *https://revistas.eleconomista.es/buen-gobierno/2023/julio/video-y-3d-llegan-a-la-legislacion-comunitaria-sobre-dibujos-y-modelos-BA14506465* (consultado por última vez el 22 de noviembre de 2023).

POLLAUD-DULIAN, F., «Les rapports du droit d'auteur et du droit des dessins et modèles dans les projets de la Commission européenne», *RTDCom. Revue trimestrielle de droit commercial et de droit économique*, Dalloz (2023), pp. 3 y ss.

REY, A., «Propuesta de Reglamento y Directiva sobre diseño industrial» [en línea] (15 de diciembre de 2022), *https://www.cuatrecasas.com/es/spain/articulo/propuesta-de-reglamento-y-directiva-sobre-diseno-industrial* (consultado por última vez el 22/12/2022).

ROJAS, E., «La reforma de la legislación europea en materia de diseños durante la Presidencia Europea», [en línea] (20 de diciembre de 2023), *https://www.madrimasd.org/blogs/patentesymarcas/2023/la-reforma-de-la-legislacion-europea-en-materia-de-disenos-durante-la-presidencia-europea/* (consultado por última vez el 10 de febrero de 2024).

SUEIRAS, C., «El diseño en la UE, a examen: ¿Hacia una nueva Directiva?» [en línea] (12 de enero de 2021), *https://blogip.garrigues.com/disenos/el-diseno-en-la-ue-a-examen-hacia-una-nueva-directiva?cn-reloaded=1* (consultado por última vez el 3 de noviembre de 2022).

Capítulo 8

Novedades en el marco europeo de diseño ecológico para productos sostenibles[1]

ALBERTO RUÍZ RODRÍGUEZ

Consejero de Industria

Representación Permanente de España ante la Unión Europea

1. INTRODUCCIÓN

1.1. LA FUNCIÓN DEL DISEÑO ECOLÓGICO

El diseño ecológico permite mejorar el rendimiento medioambiental de un producto a lo largo de su ciclo de vida, mediante el establecimiento

1. Este trabajo ha sido expuesto en el *Congreso Internacional: Los nuevos horizontes y metas de la propiedad industrial* celebrado los días 19 y 20 de octubre de 2023, Universidad Carlos III de Madrid. Además, es resultado del Proyecto TED2021-130344B-I00, «Desafíos y Retos de la ordenación de las innovaciones de cambio climático», financiado por MCIN/AEI/10.13039/501100011033 y por la UE NextGenerationEU/PRTR.

de requisitos de sostenibilidad aplicables al diseño del mismo. El objetivo último que se pretende es retirar del mercado los productos con peor comportamiento medioambiental, es decir, los que no cumplan con los requisitos establecidos, de forma que se puedan obtener unos mejores resultados medioambientales de forma global.

El diseño ecológico es complementario al etiquetado energético, que consiste en estimar la energía anual consumida por cada producto y clasificar productos similares según su clase de eficiencia energética, lo que permite al consumidor tomar decisiones con conocimiento de causa.

Ambas actividades, además de reforzar la protección medioambiental, comparten los objetivos de promover la libre circulación de los productos en la UE y proporcionar a los consumidores información que les permita elegir productos más sostenibles.

1.2. EVOLUCIÓN DE LA NORMATIVA DE DISEÑO ECOLÓGICO EN EL ÁMBITO EUROPEO

La Comisión Europea comenzó a desarrollar requisitos relativos al rendimiento energético para determinados productos, como calefactores y frigoríficos, en la década de 1990. Posteriormente, se aprobaron, en 2005 la primera Directiva sobre diseño ecológico[2] que abarcaba todos los productos que consumen energía y, más adelante, la Directiva 2009/125/CE, actualmente vigente7. Esta Directiva amplió aún más su ámbito de aplicación a otros productos relacionados con la energía, entre los que cabe citar los productos que tienen un efecto indirecto en el consumo de la energía.

La actual Directiva 2009/125/CE[3] sobre diseño ecológico ha fijado requisitos de eficiencia energética para 31 grupos de productos, lo cual, ha supuesto, según estimaciones de la Comisión Europea, un ahorro en gasto

2. Directiva 2005/32/CE del Parlamento Europeo y del Consejo, de 6 de julio de 2005, por la que se instaura un marco para el establecimiento de requisitos de diseño ecológico aplicables a los productos que utilizan energía y por la que se modifica la Directiva 92/42/CEE del Consejo y las Directivas 96/57/CE y 2000/55/CE del Parlamento Europeo y del Consejo *https://eur-lex.europa.eu/legal-content/es/ALL/?uri=CELEX:32005L0032.*

3. Directiva 2009/125/CE del Parlamento Europeo y del Consejo, de 21 de octubre de 2009, por la que se instaura un marco para el establecimiento de requisitos de diseño ecológico aplicables a los productos relacionados con la energía *https://eur-lex.europa.eu/legal-content/ES/TXT/?uri=celex%3A32009L0125.*

energético de 120 000 millones de euros una reducción del 10 % del consumo energético anual de los productos abarcados por dicha Directiva.

Relación con las prioridades políticas de la Unión Europea y sinergias con otras iniciativas legislativas.

En el actual ciclo legislativo de la Unión Europea 2019-2024, la economía circular ha continuado desempeñando un papel crucial en la agenda estratégica europea, como elemento que permite hacer frente a los efectos del cambio climático, la pérdida de biodiversidad y la contaminación. Asimismo, la economía circular contribuye a promover la producción y el consumo de productos más sostenibles en el mercado interior de la Unión Europea, rebajando las presiones ambientales y sociales y manteniendo, al mismo tiempo, el valor de los productos.

Este objetivo se refleja en el **Pacto Verde Europeo**[4], la estrategia de crecimiento de Europa para transformar la UE en una sociedad más justa y próspera, con una economía moderna, competitiva, climáticamente neutra y circular. El Pacto Verde tiene como fin último situar a la UE en el camino hacia una transición ecológica, con el objetivo de alcanzar la neutralidad climática para 2050.

En él se reconocen las ventajas de invertir en nuestra sostenibilidad competitiva, que beneficiará a los ciudadanos, proporcionándoles productos de alta calidad que sean eficientes y asequibles, duren más y sean mejores para el medio ambiente.

La **Estrategia Industrial Europea**[5] también reconoce claramente que la industria europea debe desempeñar un papel de liderazgo en esta trans-

---

4. COMUNICACIÓN DE LA COMISIÓN AL PARLAMENTO EUROPEO, AL CONSEJO EUROPEO, AL CONSEJO, AL COMITÉ ECONÓMICO Y SOCIAL EUROPEO Y AL COMITÉ DE LAS REGIONES El Pacto Verde Europeo *https://eur-lex.europa.eu/legal-content/ES/TXT/?uri=COM%3A2019%3A640%3AFIN.*
5. COMUNICACIÓN DE LA COMISIÓN AL PARLAMENTO EUROPEO, AL CONSEJO, AL COMITÉ ECONÓMICO Y SOCIAL EUROPEO Y AL COMITÉ DE LAS REGIONES Un nuevo modelo de industria para Europa *https://eur-lex.europa.eu/legal-content/ES/TXT/PDF/?uri=CELEX:52020DC0102&from=EN.* La Estrategia fue actualizada en 2021: COMUNICACIÓN DE LA COMISIÓN AL PARLAMENTO EUROPEO, AL CONSEJO, AL COMITÉ ECONÓMICO Y SOCIAL EUROPEO Y AL COMITÉ DE LAS REGIONES Actualización de la nueva estrategia industrial de 2020: Creación de un mercado único más sólido para la recuperación de Europa *https://eur-lex.europa.eu/legal-content/ES/TXT/?uri=CELEX:52021DC0350(01).*

formación, reducir su huella de carbono y de materiales e incorporar la circularidad en toda la economía.

Por su parte, el **Plan de Acción de Economía Circular**[6] (CEAP, por sus siglas en inglés) indica los elementos necesarios para acelerar la transformación y enfatiza que la UE no puede lograr por sí sola la ambición del Pacto Verde Europeo de una economía circular, climáticamente neutra y eficiente en el uso de los recursos. Para contribuir a los esfuerzos de la UE para liderar el camino hacia una economía circular a nivel global, el CEAP anunciaba una **iniciativa legislativa sobre política de productos sostenibles** para hacer que los productos sean aptos para una economía circular, eficiente en el uso de recursos y climáticamente neutra, reducir los residuos y garantizar que el mejor desempeño en sostenibilidad se convierta progresivamente en la norma, en particular a través de una revisión y extensión del actual diseño ecológico. Esta iniciativa se plasmó en la *Propuesta de Reglamento del Parlamento Europeo y del Consejo por el que se instaura un marco para el establecimiento de requisitos de diseño ecológico aplicables a los productos sostenibles y se deroga la Directiva 2009/125/CE*[7], que fue publicada por la Comisión Europea el 30 de marzo de 2022.

La iniciativa fue concebida para crear sinergias y complementar instrumentos con un enfoque climático más directo al ir más allá de la producción de materiales básicos o componentes de materiales básicos para cubrir los propios productos finales. De esta manera, la propuesta pretende tomar medidas sobre los impactos negativos generados a lo largo de todo el ciclo de vida y la cadena de valor de un producto, no solo las emisiones directas generadas durante la fase de uso de un producto, sino también las emisiones integradas de un producto a lo largo de su ciclo de vida, u otras consecuencias negativas, como, por ejemplo, en el agotamiento de los recursos, el uso de la tierra o el agotamiento del ozono, entre otras.

Dado que tendrá un amplio alcance, tanto en términos de productos cubiertos como de tipo de requisitos legales, se pretende que el futuro

---

6. COMUNICACIÓN DE LA COMISIÓN AL PARLAMENTO EUROPEO, AL CONSEJO, AL COMITÉ ECONÓMICO Y SOCIAL EUROPEO Y AL COMITÉ DE LAS REGIONES Nuevo Plan de acción para la economía circular por una Europa más limpia y más competitiva *https://eur-lex.europa.eu/legal-content/ES/ALL/?uri=COM%3A2020%3A98%3AFIN.*
7. Propuesta de REGLAMENTO DEL PARLAMENTO EUROPEO Y DEL CONSEJO por el que se instaura un marco para el establecimiento de requisitos de diseño ecológico aplicables a los productos sostenibles y se deroga la Directiva 2009/125/CE *https://eur-lex.europa.eu/legal-content/ES/TXT/?uri=CELEX%3A52022PC0142.*

Reglamento de diseño ecológico **trabaje de manera complementaria con otras iniciativas anunciadas en el CEAP o en el Pacto Verde Europeo**. Entre otras, cabe citar la Directiva sobre el empoderamiento de los consumidores para la transición ecológica[8], que, en particular, mejorará la información en el punto de venta sobre la durabilidad y reparabilidad de los productos y ofrecerá una mejor protección a los consumidores contra prácticas engañosas en relación con las compras sostenibles; la Directiva sobre alegaciones ecológicas[9], sobre la fundamentación de alegaciones medioambientales, cuyo objetivo es reducir el riesgo de «lavado verde» y proporcionar información fiable, comparable y verificable que permita a los compradores tomar decisiones más sostenibles, en particular reforzando y armonizando el marco para establecer en de manera confiable y comparable el desempeño ambiental de los productos; la revisión del Reglamento sobre productos de la construcción[10]; la revisión de la Directiva sobre envases y residuos de envases[11]; la Estrategia de la UE para la circularidad y la sostenibilidad de los productos textiles[12]; la iniciativa de diligencia debida de las empresas en materia de sostenibilidad[13], en lo que respecta a la posibilidad de impo-

8. Propuesta de DIRECTIVA DEL PARLAMENTO EUROPEO Y DEL CONSEJO que modifica las Directivas 2005/29/CE y 2011/83/UE en lo que respecta al empoderamiento de los consumidores para la transición ecológica mediante una mejor protección contra las prácticas desleales y una mejor información *https://eur-lex.europa.eu/legal-content/ES/TXT/?uri=CELEX%3A52022PC0143.*

9. Propuesta de DIRECTIVA DEL PARLAMENTO EUROPEO Y DEL CONSEJO relativa a la justificación y comunicación de alegaciones medioambientales explícitas (Directiva sobre alegaciones ecológicas) *https://eur-lex.europa.eu/legal-content/ES/TXT/HTML/?uri=CELEX:52023PC0166.*

10. Propuesta de REGLAMENTO DEL PARLAMENTO EUROPEO Y DEL CONSEJO por el que se establecen condiciones armonizadas para la comercialización de productos de construcción, se modifica el Reglamento (UE) 2019/1020 y se deroga el Reglamento (UE) n.º 305/2011 *https://eur-lex.europa.eu/legal-content/ES/TXT/HTML/?uri=CELEX:52022PC0144&from=EN.*

11. Propuesta de REGLAMENTO DEL PARLAMENTO EUROPEO Y DEL CONSEJO sobre los envases y residuos de envases, por el que se modifican el Reglamento (UE) 2019/1020 y la Directiva (UE) 2019/904, y se deroga la Directiva 94/62/CE *https://eur-lex.europa.eu/legal-content/ES/TXT/HTML/?uri=CELEX:52022PC0677.*

12. COMUNICACIÓN DE LA COMISIÓN AL PARLAMENTO EUROPEO, AL CONSEJO, AL COMITÉ ECONÓMICO Y SOCIAL EUROPEO Y AL COMITÉ DE LAS REGIONES «Estrategia para la circularidad y sostenibilidad de los productos textiles» *https://eur-lex.europa.eu/legal-content/ES/TXT/HTML/?uri=CELEX:52022DC0141.*

13. Propuesta de DIRECTIVA DEL PARLAMENTO EUROPEO Y DEL CONSEJO sobre diligencia debida de las empresas en materia de sostenibilidad y por la que se modifica la Directiva (UE) 2019/1937

ner requisitos de diligencia debida en las cadenas de valor; el Reglamento sobre baterías[14]; la Estrategia de sostenibilidad para las sustancias químicas[15]; la propuesta de Directiva sobre el derecho a reparar[16]; la revisión de la Directiva sobre emisiones industriales[17]; y la propuesta para reducir la liberación de microplásticos en el medio ambiente y restringir la adición de microplásticos al producto.

Motivación de la propuesta:

El marco normativo de productos actual de la UE aborda solo parcialmente los aspectos de sostenibilidad de los productos. Así, la Directiva sobre diseño ecológico actualmente en vigor se centra en fomentar la sostenibilidad de un grupo de productos específico, ya que únicamente regula requisitos de eficiencia energética, impactos ambientales y algunas características de circularidad **de los productos relacionados con la energía**.

En este sentido, tal y como se pone de manifiesto en el CEAP, la Comisión Europea reconoce que, para cumplir los compromisos del Pacto Verde, se debería **replicar el enfoque exitoso de la Directiva sobre diseño ecológico para otros grupos de productos**, para lo cual, es necesario ampliar el alcance de la Directiva sobre diseño ecológico y reforzar sus disposiciones para enfatizar aún más la necesidad de un diseño de productos circular y un enfoque holístico y de ciclo de vida completo para la regulación de los productos.

---

14. Reglamento (UE) 2023/1542 del Parlamento Europeo y del Consejo, de 12 de julio de 2023, relativo a las pilas y baterías y sus residuos y por el que se modifican la Directiva 2008/98/CE y el Reglamento (UE) 2019/1020 y se deroga la Directiva 2006/66/CE *https://eur-lex.europa.eu/legal-content/ES/TXT/HTML/?uri=CELEX:32023R1542.*
15. COMUNICACIÓN DE LA COMISIÓN AL PARLAMENTO EUROPEO, AL CONSEJO, AL COMITÉ ECONÓMICO Y SOCIAL EUROPEO Y AL COMITÉ DE LAS REGIONES, «Estrategia de sostenibilidad para las sustancias químicas. Hacia un entorno sin sustancias tóxicas» *https://eur-lex.europa.eu/legal-content/ES/TXT/HTML/?uri=CELEX:52020DC0667&from=DE.*
16. Propuesta de DIRECTIVA DEL PARLAMENTO EUROPEO Y DEL CONSEJO por la que se establecen normas comunes para promover la reparación de bienes y se modifican el Reglamento (UE) 2017/2394 y las Directivas (UE) 2019/771 y (UE) 2020/1828 *https://eur-lex.europa.eu/legal-content/ES/TXT/HTML/?uri=CELEX:52023PC0155.*
17. Propuesta de Directiva del Parlamento Europeo y del Consejo por la que se modifican la Directiva 2010/75/UE del Parlamento Europeo y del Consejo, de 24 de noviembre de 2010, sobre las emisiones industriales (prevención y control integrados de la contaminación) y la Directiva 1999/31/CE del Consejo, de 26 de abril de 1999, relativa al vertido de residuos *https://www.fenin.es/system/documents/newsletter_document/document/1447/Propuesta_de_Directiva_sobre_Emisiones_Industriales.pdf.*

Por otro lado, actualmente existe una situación regulatoria dispersa, que permite abordar solo ciertos aspectos relacionados con la sostenibilidad y la circularidad de los productos y deja a ciertos sectores muy relevantes, como los textiles y los muebles, casi completamente sin regular. Esta situación permite a los Estados miembros adoptar normas a nivel nacional para fomentar la sostenibilidad de los productos introducidos en sus mercados, lo cual es indicativo de un creciente compromiso con la economía circular a nivel nacional, pero podría generar una creciente incertidumbre para las empresas, una mayor carga administrativa y posibles barreras al desarrollo de sus actividades económicas. Por ello, desde el punto de vista del mercado interior, la **creación de un marco regulatorio para introducir gradualmente requisitos de sostenibilidad para más productos ayudará a evitar posibles barreras regulatorias** entre los Estados miembros.

1.3. CARACTERÍSTICAS GENERALES DE LA NUEVA PROPUESTA DE REGLAMENTO SOBRE DISEÑO ECOLÓGICO

La nueva propuesta de Reglamento parte de la base de la Directiva existente sobre diseño ecológico, pero amplía su alcance para abarcar la gran mayoría de categorías de productos, excluyendo tan solo los alimentos, los medicamentos y los productos veterinarios. Además, la propuesta engloba también requisitos como la durabilidad, la reutilizabilidad, la actualizabilidad y la reparabilidad de los productos; la presencia de sustancias que impidan la circularidad; la eficiencia en el uso de la energía y de los recursos; el contenido reciclado, la refabricación y el reciclado; las huellas de carbono y medioambiental y los requisitos de información, en particular un pasaporte digital del producto, al que nos referiremos de manera particular posteriormente.

La propuesta establece **aspectos generales de obligado cumplimiento** sobre cualquier producto comercializado en el mercado europeo, entre los cuales cabe destacar: sus requisitos de rendimiento y de información; un pasaporte digital; la prohibición de destrucción de productos no vendidos; requisitos en materia de contratación pública ecológica; obligaciones de los operadores económicos; y el incremento de acciones en materia de vigilancia de mercado.

Entre los **requisitos generales de rendimiento** se encuentran los de durabilidad y fiabilidad, la reutilizabilidad y actualizabilidad, la reparabilidad y la posibilidad de mantenimiento y reacondicionamiento, la presencia de sustancias preocupantes, la eficiencia en cuanto al uso de energía y de recursos, y el contenido reciclado. A estos se añaden **requisitos de información** en materia de, por ejemplo, la posibilidad de refabricación y reciclado, la posibilidad de valorización de materiales, su impacto ambiental –incluidas la huella de carbono y la huella ambiental– y la generación prevista de residuos.

El Reglamento debe entenderse como una norma que fija un **marco general de actuación** que, posteriormente, deberá concretarse mediante **actos delegados** para cada tipo de productos o tecnologías. Será en estos actos de legislación secundaria donde se establecerán los requisitos específicos que aplicarán a cada categoría de producto.

La decisión sobre los grupos de productos que estarán sujetos a actos delegados se basará en las prioridades fijadas en los **Planes de Trabajo plurianuales sobre Diseño Ecológico**, que la Comisión Europea presentará y actualizará periódicamente, tal y como viene realizando hasta ahora.

Para la preparación de los actos delegados, se seguirá, en esencia, **el mismo proceso de preparación utilizado hasta ahora en el marco de la Directiva sobre diseño ecológico**, con la necesaria adaptación a las particularidades procedimentales de los actos delegados.

Ilustración 1.–Proceso reglamentario teórico para adoptar medidas de ejecución en el marco del diseño ecológico y el etiquetado energético

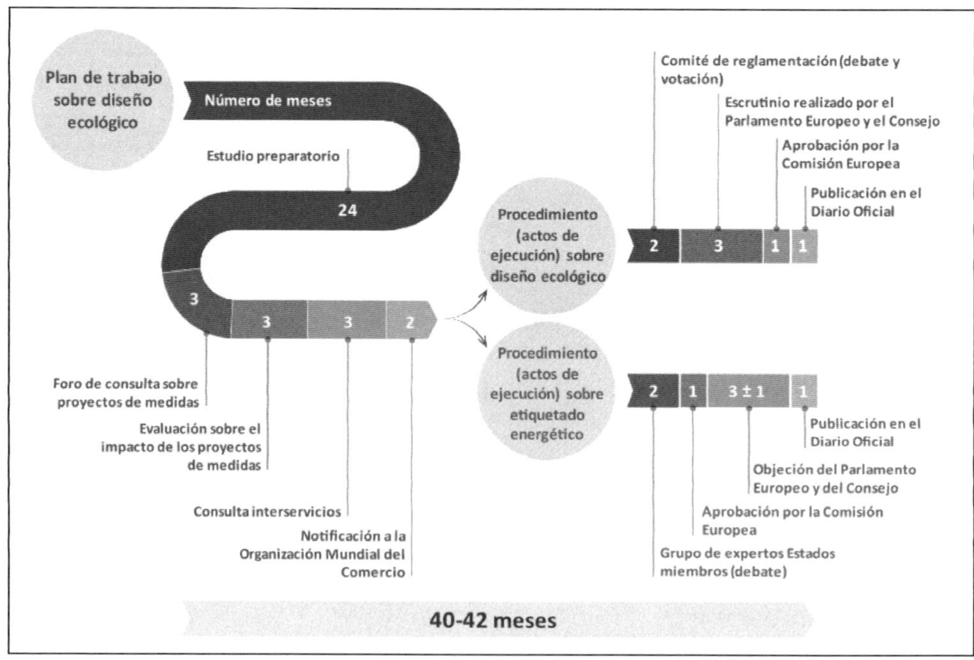

Fuente: Tribunal de Cuentas Europeo, a partir de los datos de la Comisión Europea.

El proceso de un grupo de productos requiere consultar a las partes interesadas de forma exhaustiva y, según estimaciones de la Comisión, dura aproximadamente tres años y medio. Se inicia cuando comienza el estudio preparatorio y finaliza en el momento en que se publica el acto delegado en el Diario Oficial de la Unión Europea.

Con el empleo de actos delegados, se incluirán modificaciones en varias tareas del estudio preparatorio respecto al sistema seguido hasta ahora. En particular, cabe destacar la definición del alcance, que se hará en el acto delegado, así como la evaluación del ciclo de vida del caso base, las opciones de diseño y los escenarios.

Para la definición de los requisitos de diseño ecológico aplicables al grupo de productos específico, se partirá de los elementos esenciales a partir de un análisis multidimensional complejo para seleccionar aquellos más significativos. Una vez seleccionados, se fijarán los parámetros para medirla.

Además de los estudios preparatorios, que se emplean cuando se pretenden adoptar requisitos para un nuevo grupo de productos, también se pueden llevar a cabo estudios de revisión, cuando la finalidad es actualizar los reglamentos sobre grupos de productos. Los estudios no siguen un procedimiento o un planteamiento normalizados, lo que supone que la profundidad del análisis realizado varía en todos los grupos de productos. Así, en los estudios de revisión iniciales para pantallas electrónicas y frigoríficos no se indicaba que la Comisión necesitaba desarrollar una propuesta legislativa y, por esta razón, se encargaron estudios adicionales para estos grupos de productos, lo que alargó cuatro años más el proceso reglamentario.

1.4. ESTADO DE LAS NEGOCIACIONES DE LA PROPUESTA DE REGLAMENTO Y CONSULTA SOBRE PRIORIDADES DE PRODUCTOS

Tras la publicación de la propuesta de Reglamento sobre diseño ecológico para productos sostenibles el 30 de marzo de 2022, el Consejo de la Unión Europea y el Parlamento Europeo trabajaron internamente sobre ella y adoptaron sus respectivos mandatos de negociación los días 22 de mayo y 12 de julio de 2023, respectivamente.

Las negociaciones interinstitucionales de la propuesta legislativa comenzaron el 30 de agosto de 2023, bajo Presidencia Española del Consejo de la Unión Europea y **culminaron el 4 de diciembre de 2023, con un acuerdo**

provisional a nivel político entre las instituciones. Posteriormente, se trabajó a nivel técnico para finalizar el texto de compromiso, texto que, en el momento de la elaboración de este documento, está siendo revisado por los juristas-lingüistas de las instituciones para la elaboración de una versión final, con sus correspondientes traducciones a todos los idiomas oficiales de la UE que pueda ser adoptado posteriormente y publicado en el Diario Oficial de la Unión Europea.

En el curso de las negociaciones de la propuesta legislativa, la Comisión lanzó el 31 de enero de 2023, una **consulta pública en línea**[18] para recabar opiniones sobre las categorías de nuevos productos y medidas que el Reglamento de diseño ecológico debería abordar en primer lugar, una vez la norma haya entrado en vigor.

Sobre la base de unos estudios preliminares, se identificaron una serie de nuevos productos (doce productos de uso final y siete productos intermedios) y de medidas horizontales como aquellos más adecuados para tomar las primeras medidas en el marco del Reglamento sobre el diseño ecológico de productos sostenibles, que son los que se presentaron en la consulta pública:

– *Productos de uso final*: productos textiles y calzado; mobiliario; productos cerámicos; neumáticos; detergentes; colchones; lubricantes; pinturas y barnices; productos cosméticos; juguetes; redes y artes de pesca; productos absorbentes de higiene personal.

– *Productos intermedios*: hierro y acero; metales no férreos; aluminio; sustancias químicas; plásticos y polímeros; papel, pulpa de papel y cartón; vidrio.

– *Medidas horizontales*: durabilidad; reciclabilidad; contenido reciclado posterior al consumo.

El **objetivo de esta consulta**, que se mantuvo abierta hasta el 12 de mayo de 2023, era recabar información sobre:

– si los productos y las medidas horizontales identificados como posibles prioridades en el Reglamento sobre el diseño ecológico de productos sostenibles son los más adecuados;

18. *https://ec.europa.eu/info/law/better-regulation/have-your-say/initiatives/13682-New-product-priorities-for-Ecodesign-for-Sustainable-Products/F_en.*

– el orden de prioridad en el que deben abordarse estos productos;

– los aspectos más pertinentes, para cada producto o medida horizontal, que deben abordarse en el Reglamento sobre el diseño ecológico de productos sostenibles;

– el potencial estimado para mejorar los aspectos de los productos identificados en la propuesta de Reglamento sobre el diseño ecológico de productos sostenibles desde un punto de vista medioambiental, para cada producto o medida horizontal;

– el nivel de detalle con el que deben establecerse los requisitos en el Reglamento sobre el diseño ecológico de productos sostenibles para cada producto o medida horizontal;

– los aspectos medioambientales y de circularidad de las cadenas de valor conexas; cómo funcionan las cadenas de valor;

– la mejor manera de garantizar que las futuras normas basadas en el Reglamento sobre el diseño ecológico de productos sostenibles sean técnicamente viables y puedan aplicarse.

El ejercicio supone un **análisis preliminar que no vincula a la Comisión** y que se realiza sin perjuicio de la lista definitiva de productos que se decida incluir en el primer plan de trabajo del Reglamento sobre el diseño ecológico de productos sostenibles.

Una vez adoptado, el **primer plan de trabajo** será una herramienta de seguimiento clave en el marco del Reglamento sobre el diseño ecológico de productos sostenibles, ya que establecerá una lista de productos y medidas horizontales con respecto a los cuales puedan compararse los avances normativos.

1.5. PRINCIPALES NOVEDADES INCLUIDAS EN EL REGLAMENTO

Tal y como se ha mencionado anteriormente, el Reglamento sobre Diseño Ecológico será de aplicación para casi todas las categorías de productos y establecerá un marco armonizado que fijará los requisitos para grupos de productos específicos con objeto de hacerlos eficientes desde el punto de vista energético y de los recursos (al igual que en la Directiva de 2009), pero también más duraderos, fiables, reutilizables, actualizables, reparables, reciclables y fáciles de mantener.

En el acuerdo provisional que se alcanzó el 4 de diciembre de 2023 en las negociaciones entre el Consejo y el Parlamento Europeo se excluyeron, además de los productos citados en la propuesta inicial de la Comisión Europea, los grupos de productos relacionados con los vehículos de motor, en cuanto a requisitos que ya estén regulados en otras normas, así como los productos que tengan un impacto en la defensa o la seguridad nacional.

Asimismo, se faculta a la Comisión Europea para adoptar requisitos de diseño ecológico para productos con el fin de mejorar su sostenibilidad medioambiental, mediante actos delegados y se contempla un período mínimo de 18 meses tras la adopción del acto delegado para que, tanto la industria como las administraciones nacionales, puedan adaptarse a los nuevos requisitos de diseño ecológico. No obstante, en casos justificados, la Comisión Europea podrá fijar una fecha de aplicación anterior.

Otra de las novedades del Reglamento es la introducción de un nuevo **«pasaporte digital del producto»**, que permitirá registrar electrónicamente, procesar y compartir información relacionada con los productos entre las empresas de la cadena de suministro, las autoridades y los consumidores. Este pasaporte deberá garantizar que consumidores, agentes económicos y autoridades nacionales competentes puedan acceder a la información sobre los productos, mejorar la trazabilidad de éstos y, en su caso, facilitar la verificación en su cumplimiento normativo con normas, estándares y especificaciones. Asimismo, ayudará a los consumidores y a las empresas a elegir con conocimiento de causa a la hora de comprar productos.

La propuesta también establece **disposiciones en materia de transparencia y prohibición de la destrucción de productos de consumo no vendidos**. En el acuerdo provisional alcanzado a nivel político entre el Consejo de la UE y el Parlamento Europeo, se introduce una prohibición directa de la destrucción de textiles y calzado. En cuanto a la aplicación de estas disposiciones, las pequeñas empresas y las microempresas quedarán exentas de esta prohibición, mientras que las medianas empresas se beneficiarán de una exención de seis años. Además, esta prohibición será aplicable dos años después de la entrada en vigor del reglamento. La Comisión Europea también podrá introducir nuevas prohibiciones de destrucción de otros productos no vendidos mediante actos delegados.

El acuerdo provisional establece algunos **criterios de armonización de las sanciones en caso de incumplimiento de los requisitos de diseño eco-**

lógico, pero corresponderá a las autoridades competentes de los Estados miembros determinar qué sanciones deben imponerse en caso de infracción.

Por último, también se acordó que la Comisión Europea podrá adoptar, mediante actos de ejecución, **requisitos obligatorios para los contratos públicos** con el fin de incentivar la oferta y la demanda de productos medioambientalmente sostenibles.

2. PASAPORTE DIGITAL DEL PRODUCTO (DPP)

Entre las novedades de la propuesta de Reglamento de diseño ecológico merece la pena destacar el Pasaporte Digital del Producto (DPP, por sus siglas en inglés), por su singularidad y los beneficios que su aplicación puede comportar en el futuro para todas las partes interesadas involucradas en el ciclo de vida de los productos, desde los operadores económicos hasta consumidores, además de los responsables políticos, las autoridades aduaneras y las autoridades de vigilancia del mercado.

Aunque algunos elementos clave del DPP se introducen en la propuesta de Reglamento sobre diseño ecológico, la definición de las características principales llevará a cabo a través de un proceso de normalización en lo que respecta al componente informático del DPP, y a través de normas específicas para cada producto. en lo que respecta al contenido del DPP.

2.1. PRINCIPALES OBJETIVOS DEL DPP Y ETAPAS PARA SU IMPLEMENTACIÓN

Algunos de los problemas que obstaculizan una mayor circularidad de nuestra economía y una mayor sostenibilidad ambiental de los productos comercializados están relacionados con la falta de acceso a la información relevante, estando la relevancia en función de los intereses de las diferentes partes interesadas.

El DPP pretende abordar este problema, aprovechando tecnologías para la identificación, el seguimiento y la localización de productos, de forma que se permita el acceso a información sobre productos y, al mismo tiempo, se protejan los derechos de propiedad intelectual y la información comercial sensible.

Los **dos objetivos principales del Reglamento sobre diseño ecológico** son la promoción de la circularidad y la sostenibilidad ambiental y estos objetivos son también los del DPP.

La implementación del DPP, según ha indicado la Comisión Europea, se llevará a cabo en **tres etapas**:

1. Introducción del concepto y de algunas características clave en el Reglamento de diseño ecológico.

2. Desarrollo de un conjunto de estándares y protocolos informáticos, a través de una solicitud de normalización o «mandato» a las organizaciones europeas de normalización.

3. Desarrollo de los datos del DPP, es decir, el conjunto de información incluida en cada DPP, que se identificará a nivel de grupo de productos al adoptar el acto delegado del Reglamento de diseño ecológico o mediante legislación sectorial.

Con referencia al punto 1, partiendo de los resultados de la Evaluación de Impacto[19] del Reglamento de diseño ecológico y de las consultas relacionadas con diferentes partes interesadas, la propuesta del Reglamento de diseño ecológico ha introducido los siguientes **aspectos clave relacionados con el DPP**:

a) el DPP será **interoperable**, tanto a nivel de una única cadena de valor como entre diferentes cadenas de valor. Esto requiere, entre otros aspectos, que el DPP se base en estándares abiertos globales, lo cual supone que no se permitirán soluciones patentadas.

b) la información incluida en el DPP debe ser **específica de un grupo de productos**.

c) el DPP debe basarse, en la medida de lo posible, en **información ya proporcionada e incluida en otras bases de datos** (por ejemplo, EPREL[20], SCIP[21], etc.).

d) el acceso a la información debe concederse en función de **diferentes «derechos de acceso»,** según el papel de cada actor en la cadena de valor del producto.

---

19. Staff Working Document - Impact Assessment *https://environment.ec.europa.eu/publications/proposal-ecodesign-sustainable-products-regulation_en.*

20. EPREL es el Registro Europeo de Productos para el Etiquetado Energético (*https://eprel.ec.europa.eu/screen/home*).

21. SCIP es la base de datos para obtener información sobre Sustancias Preocupantes en artículos como tales o en objetos complejos establecidos bajo la Directiva Marco de Residuos (DMA) (*https://echa.europa.eu/scip*).

e) se establecerá un **registro DPP** para permitir controles automáticos realizados por las autoridades aduaneras.

f) El DPP se basará en una **arquitectura descentralizada**.

2.2. EL REGISTRO DEL DPP

El **registro del DPP** se introdujo en la propuesta de Reglamento de diseño ecológico para albergar una cantidad limitada de información y cumplirá principalmente **dos propósitos**:

a) permitir la posibilidad de **realizar análisis estadísticos** sobre cualquier información incluida en el DPP de los productos regulados mediante actos delegados del Reglamento de diseño ecológico.

b) **apoyar la labor de las autoridades aduaneras y de las de vigilancia del mercado**. Por este motivo, el registro del DPP se diseñará teniendo en cuenta su posterior interconexión con la Ventanilla Única Aduanera de Certificados de Intercambio de la UE (EU CSW-CERTEX) que permitirá el acceso a datos y controles automáticos por parte de las autoridades aduaneras (artículo 13 de la propuesta de Reglamento de diseño ecológico).

Si bien el registro siempre incluirá, como mínimo, los identificadores únicos asociados a cada DPP (identificador de producto, identificador de operador e identificador de instalación), también puede incluir información adicional (por ejemplo, código de producto, contenido de la huella de carbono del producto o documentos relacionados con el cumplimiento).

En este sentido, la Comisión Europea lanzó una licitación para un estudio de viabilidad que respalde el diseño del registro del DPP. El objetivo es que el estudio identifique y tome en consideración diferentes escenarios posibles en relación, por ejemplo, a la gestión de datos, la gobernanza (quién administrará el registro, cómo tomar decisiones relativas a su contenido y otros procedimientos, quién será responsable de la exactitud y disponibilidad de los datos, quién desempeñará el papel de servicio de asistencia técnica para los usuarios del DPP, etc.), la arquitectura de los datos (qué datos deben incluirse en el registro), la arquitectura del sistema (cómo debe diseñarse el registro desde una perspectiva informática) y la seguridad.

Además, el estudio considerará específicamente la situación de las pequeñas empresas, con vistas a minimizar la carga para las PYME. Estas consideraciones deberían informar el futuro proceso de evaluación de impacto del registro del DPP y permitir confiar en medidas de simplificación para las PYME.

En particular, se deberá identificar y desarrollar un conjunto de normas y procedimientos sobre los siguientes aspectos:

– cómo introducir datos en el registro y cómo minimizar la carga para las empresas o los operadores económicos

– cómo garantizar que los datos del registro estén sincronizados con el contenido real del pasaporte

– quién puede modificar/actualizar o eliminar datos en/del registro y cómo (incluido cómo se registra este cambio)

– cómo hacer que se puedan realizar búsquedas en los datos del registro, incluida la posibilidad de utilizar el registro como elemento básico para crear un catálogo de productos basado en la web, con capacidad de búsqueda según el contenido del DPP.

– cómo recuperar el contenido completo del DPP (por ejemplo, para las necesidades de las aduanas) a través del registro, utilizando el registro como único punto de entrada.

– Posibilidades de ampliar las funcionalidades del registro, por ejemplo, posibilidad de que las autoridades de vigilancia del mercado marquen los DPP de los productos no conformes en el registro.

Además, la Comisión considerará el desarrollo de herramientas informáticas *ad hoc* que permitan la búsqueda de información específica incluida en los DPP a través del acceso al registro. Esto apoyará las tareas de ambas autoridades nacionales, pero también permitirá la creación de catálogos de productos para los consumidores.

2.3. ARQUITECTURA DESCENTRALIZADA DEL DPP

El diseño óptimo de la arquitectura del DPP es una cuestión que se abordó dentro de la Evaluación de Impacto de la propuesta de Reglamento de diseño ecológico. A partir de la información recopilada durante el proceso de consulta a las partes interesadas, quedó claro que la única opción para introducir un DPP en el contexto de la nueva norma sobre diseño ecológico sería diseñarlo sobre la base de una arquitectura descentralizada.

Una arquitectura descentralizada para el DPP significa que la información incluida en el DPP será almacenada por el operador económico que comercializa el producto (o por un proveedor de servicios contratado por el operador económico). La información estará disponible en una ubicación web unívocamente vinculada al producto al que pertenece el pasaporte. El acceso al DPP se realizará a través de **soportes de datos** colocados en el producto y, cuando sea relevante, en su envase, que incluirán la URL con la dirección del DPP.

La elección de una arquitectura descentralizada, en el contexto del despliegue del DPP, se justifica por varias razones:

– **seguridad de los datos**, cuestión esencial para proteger las operaciones comerciales de las empresas que generan pasaportes digitales de producto. No debe ponerse en peligro la competitividad del sector de la UE y debe lograrse un equilibrio entre el intercambio de datos mantenido y la protección de estos. Hoy en día, la seguridad de los datos es más importante que nunca y, en particular, cuando se trata de propiedad intelectual, privacidad y secretos comerciales, es esencial asegurarse de que la disponibilidad de datos en el DPP no permita a competidores desleales obtener acceso a datos confidenciales.

– **propiedad de los datos**: el Reglamento de diseño ecológico reconoce, como principio general, que los datos deben permanecer donde pertenecen, es decir, con los operadores económicos que los generan y poseen.

– **intercambio de datos**: existe una tendencia creciente a compartir datos entre empresas que pertenecen a la misma cadena de valor. Estos enfoques, que constituyen la base de muchas de las DPP privadas que están actualmente desarrollándose, requieren la posibilidad de interconectar conjuntos de datos almacenados por cada empresa participante. En este sentido, la implementación de estas estrategias con datos disponibles en el DPP sería menos sencilla y más costosa para las empresas si el DPP estuviera centralizado.

– **cantidad de datos**: el DPP cubrirá progresivamente un número creciente de productos, con solicitudes de acceso relacionadas, que fácilmente podrían pasar a suponer millones de solicitudes por día. Dada la importancia de los datos compartidos, adoptar un sistema centralizado con una única entidad a cargo del almacenamiento y la integridad de los datos no sería una solución escalable para la infraestructura del DPP.

– **actualización de datos**: la actualización de la información incluida en los DPP sería más sencilla si la realizaran los operadores económicos responsables de la creación de los DPP sobre la información almacenada en sus propios servidores. Sin embargo, también deberá estar disponible un sistema fiable que rastree todos los cambios para evitar cualquier fraude.

– **costes**: la evaluación de impacto de la propuesta de Reglamento de diseño ecológico indica que una arquitectura descentralizada del DPP reduciría en gran medida los costes de implementación para la Comisión Europea. Los costes para los operadores económicos que colocan los productos en el mercado, es decir, aquellos que tendrán la obligación de crear los DPP, cambiarán dependiendo de varios factores como, por ejemplo, los sistemas informáticos ya utilizados por las empresas, la cantidad de datos a incluirse en el pasaporte, los costes de verificación o la dificultad para obtener datos de los proveedores. Sin embargo, cabe señalar que algunos de estos costes se incurrirían independientemente de la arquitectura centralizada o descentralizada del DPP. Este sería el caso de aquellas empresas que ya cuentan con sistemas informáticos para recopilar e intercambiar datos, una característica que ya se requiere cuando el producto lleva un soporte de datos como un código de barras o un código QR. El principal elemento que podría diferir sería el coste del almacenamiento de la información, especialmente si se realiza a través de un proveedor de servicios externo.

2.4. EL TRABAJO DE NORMALIZACIÓN

La Comisión Europea ha enviado una solicitud de normalización a las organizaciones de normalización europeas para implementar los requisitos esenciales del DPP. El objetivo que se pretende con esta solicitud es identificar, adaptar y desarrollar un conjunto adecuado de normas y protocolos sobre los siguientes aspectos:

a) soportes de datos e identificadores únicos,
b) gestión de derechos de acceso,
c) interoperabilidad, incluidos protocolos y formatos de intercambio de datos,
d) almacenamiento de datos,
e) tratamiento de datos,
f) autenticación, fiabilidad e integridad de los datos,
g) seguridad y privacidad de los datos.

La intención es aprovechar las mejores prácticas que ya existen en el mercado, teniendo en cuenta una priorización en los estándares. En este sentido, el punto de partida para el diseño del sistema DPP debería ser utilizar o adaptar estándares internacionales ya existentes (por ejemplo, a nivel ISO o IEC). En el caso de que no se disponga de normas adecuadas o su adaptación resulte demasiado compleja, se debería recurrir a las normas europeas y, en caso de que estas tampoco sean adecuadas, a las normas nacionales.

2.5. EL PAPEL DEL DPP EN APOYO DE LAS AUTORIDADES ADUANERAS Y DE VIGILANCIA DEL MERCADO

El DPP apoyará el funcionamiento del mercado interior ofreciendo a las autoridades nacionales competentes una herramienta para apoyar sus funciones en lo que a los controles de cumplimiento se refiere.

La propuesta de Reglamento de diseño ecológico no cambia la actual distribución de tareas entre las autoridades aduaneras y las de vigilancia del mercado. Prevé la participación de las autoridades aduaneras con base en el Reglamento (UE) 2019/1020, añadiendo disposiciones específicas en el artículo 13.

La propuesta introduce **tres obligaciones** relacionadas con el DPP, cuyo cumplimiento deberá garantizar el operador económico que comercialice el producto:

1. cada producto regulado mediante un acto delegado en el marco del Reglamento de diseño ecológico deberá **ir acompañado de su DPP**.
2. el DPP deberá **corresponder al producto** para el cual ha sido creado.
3. la información incluida en el pasaporte debe ser **fiable**.

Las autoridades aduaneras tendrán la responsabilidad de controlar que se cumplan las condiciones 1 y 2 para todos los productos importados regulados. Por su parte, las autoridades nacionales de vigilancia del mercado, al realizar sus controles, deberán investigar el cumplimiento de las tres condiciones.

Para permitir que las autoridades aduaneras cumplan con esta obligación mediante controles automáticos, el Reglamento de diseño ecológico prevé la creación del registro DPP centralizado mencionado anteriormente, en el que se almacenarán los elementos del DPP necesarios para dicho control.

De esta manera, a diferencia de las autoridades de vigilancia del mercado, las autoridades aduaneras no estarán obligadas, en el marco del nuevo Reglamento de diseño ecológico, a comprobar el contenido de la información proporcionada, sino **sólo su existencia y posiblemente la coherencia de otros elementos almacenados en el registro e incluidos en la declaración en aduana**. En caso de no coincidencia o discrepancia, la aduana denegará el despacho a libre práctica.

3. BIBLIOGRAFÍA

Propuesta de REGLAMENTO DEL PARLAMENTO EUROPEO Y DEL CONSEJO por el que se instaura un marco para el establecimiento de requisitos de diseño ecológico aplicables a los productos sostenibles y se deroga la Directiva 2009/125/CE, *https://eur-lex.europa.eu/legal-content/ES/TXT/?uri=CELEX%3A52022PC0142.*

Staff Working Document- Impact Assessment Accompanying the document Proposal for a Regulation of the European Parliament and of the Council establishing a framework for setting ecodesign requirements for sustainable products and repealing Directive 2009/125/EC, *https://environment.ec.europa.eu/publications/proposal-ecodesign-sustainable-products-regulation_en.*

TRIBUNAL DE CUENTAS EUROPEO, Informe Especial 01/2020: Medidas de la UE en el diseño ecológico y el etiquetado energético: una contribución importante al aumento de la eficiencia energética frenada por retrasos significativos y el incumplimiento de las normas. Oficina de publicaciones de la Unión Europea, Luxemburgo 2020, *https://www.eca.europa.eu/Lists/ECADocuments/SR20_01/SR_Ecodesign_and_energy_labels_ES.pdf.*

Capítulo 9

Algoritmización de los procesos judiciales sobre derechos de propiedad industrial[1]

MARTA CANTOS PARDO
Profesora Ayudante Doctora de Derecho Procesal
Universitat de València

1. APROXIMACIÓN A LA INTELIGENCIA ARTIFICIAL: LÍMITES Y POSIBILIDADES

La inteligencia artificial se abre camino en nuestra sociedad de forma imparable, aplicándose de una manera más o menos sofisticada en ámbitos

1. Este trabajo ha sido expuesto en el *Congreso Internacional: Los nuevos horizontes y metas de la propiedad industrial* celebrado los días 19 y 20 de octubre de 2023, Universidad Carlos III de Madrid. Además, es resultado del Proyecto TED2021-130344B-I00, «Desafíos y Retos de la ordenación de las innovaciones de cambio climático», financiado por MCIN/AEI/10.13039/501100011033 y por la UE NextGenerationEU/PRTR.

que van desde la ciencia, las finanzas, la mecánica, las comunicaciones, la educación… hasta el arte o el diseño[2]. Su uso cada vez más frecuente es una realidad que a nadie escapa.

Lo anterior tiene innumerables consecuencias para múltiples ramas del Derecho[3]. Por ello, se están desarrollando normas generales para la regulación de su aplicación, siendo notable el Reglamento (UE) 2024/1689 del Parlamento Europeo y del Consejo, de 13 de junio de 2024, denominado como «Reglamento de Inteligencia Artificial», que entrará en vigor el 1 de agosto de 2024 y será aplicable de manera progresiva.

Por lo que se refiere al Derecho de la propiedad industrial e intelectual, son numerosos los interrogantes legales que se plantean y que deberán ser resueltos conforme vaya avanzado la técnica. Como ejemplo de esto podemos traer a colación la posibilidad de que robots y agentes racionales sean capaces de desarrollar, como invenciones, soluciones a problemas de la realidad con aplicación industrial, cumpliendo con los requisitos de patentabilidad. La cuestión esencial en este punto, pese a que se plantean otras muchas dudas, es qué tratamiento jurídico asignar a estas figuras[4].

En relación con el Derecho procesal, la inteligencia artificial también cuenta con un enorme recorrido, lo que ha llevado al desarrollo de múltiples trabajos doctrinales, que analizan su posible incorporación y los grandes

---

2. Siguiendo la definición de inteligencia artificial dada por NIEVA FENOLL: «[…] podría decirse que [la inteligencia artificial] describe la posibilidad de que las máquinas, en alguna medida, "piensen", o más bien imiten el pensamiento humano a base de aprender y utilizar las generalizaciones que las personas usamos para tomar nuestras decisiones habituales». NIEVA FENOLL, J., *Inteligencia artificial y proceso judicial*, Marcial Pons, Madrid, 2018, p. 20.
3. En este sentido, afirma BARONA VILAR que: «En el escenario jurídico, la industria inteligente no solo ha penetrado, sino que encuentra un campo de cultivo con un largo e interesante recorrido. En la medida en que las tecnologías forman parte de nuestras relaciones jurídicas (basta pensar en los actos de consumo que realizamos, en el sector de servicios, en la compra de bienes como alimentos, ropa, libros, para nuestras actividades de ocio como billetes de transporte, reservas de hoteles, actos de consumo bancario que nos llevan a hacer transferencias bancarias, a gestionar pagos online y un largo etc.), es coherente pensar que, paralelamente, se van conformando mecanismos de gestión y solución de conflictos con los mismos instrumentos». BARONA VILAR, S., «Cuarta revolución industrial (4.0.) o ciberindustria en el proceso penal: revolución digital, inteligencia artificial y el camino hacia la robotización de la justicia», *Revista Jurídica Digital UANDES*, vol. 3, núm. 1, 2019, p. 7.
4. SÁNCHEZ GARCÍA, L., *El inventor artificial: un reto para el Derecho de Patentes*, Aranzadi Thomson Reuters, Cizur Menor, 2020, p. 68.

retos que implica su implementación[5]. Así, la algoritmización del proceso judicial puede realizarse con diferentes grados de intensidad, que van desde la mera automatización de tareas sencillas como es la verificación de requisitos básicos respecto de la presentación de documentos y copias dentro de plazo; al uso de sistemas algorítmicos que permitan auxiliar al juez en la toma de decisiones, por ejemplo, ayudándole a valorar la prueba con mayor precisión; llegando incluso a la sustitución del juez por la máquina[6]. Este último paso está siendo estudiado por muchos juristas que advierten de las muchas limitaciones con que cuenta este nuevo paradigma.

Así, existen autores que ven factible que el denominado «juez-robot» se convierta en una realidad más pronto que tarde. Por ejemplo, DELGADO MARTÍN entiende que la resolución automatizada de un conflicto es técnicamente posible, especialmente cuando concurran los siguientes elementos: «Procesos que se repiten con un contenido idéntico o muy similar (litigación en masa); cuando exista homogeneidad o gran similitud de las acciones de los demandantes y/o de las contestaciones; decisión jurisdiccional uniforme en la gran mayoría de los casos; escasa complejidad; y presencia de prueba documental»[7].

---

5. Entre otros muchos retos, podemos destacar la afectación de principios procesales esenciales, BARONA VILAR, S., *Algoritmización del Derecho y de la Justicia: De la Inteligencia Artificial a la Smart Justice*, Tirant lo Blanch, Valencia, 2021, pp. 390-415; GÓMEZ COLOMER, J. L., *El juez-robot: La independencia judicial en peligro*, Tirant lo Blanch, Valencia, 2023, y DE LUIS GARCÍA, E., «Sistemas predictivos y tutela civil: impacto sobre los derechos y garantías procesales». En AA.VV. (Blanco García, A. I., ed.) *Sistemas predictivos en la justicia civil*, Tirant lo Blanch, Valencia, 2024, pp. 239-245.
6. Explica MARTÍN DIZ que podemos diferenciar entre «sistemas de inteligencia artificial que implican un análisis predictivo (como puede ser en relación con el cálculo de posibilidades de cumplimiento o incumplimiento de una determinada medida cautelar)». Estos auxilian al juez en la toma de la decisión. Y, por otro lado, «sistemas de inteligencia artificial, denominado sistemas expertos, el cual se ha programado para aportar una solución sustituyendo al experto legal encargo de ofrecerla». MARTÍN DIZ, F., «Modelos de aplicación de Inteligencia Artificial en justicia». En AA.VV. (BARONA VILAR, S., ed.) *Justicia algorítmica y neuroderecho*, Tirant lo Blanch, Valencia, 2021, pp. 67-68.
7. DELGADO MARTÍN, J., «La transformación digital de la justicia es un proceso que ya se ha iniciado pero en el que todavía queda mucho camino por recorrer», entrevista realizada a D. Joaquín Delgado Martín, por las Profras. Sonia Calaza López y Mercedes Llorente Sánchez-Arjona, en el monográfico (CALAZA LÓPEZ, S. y LLORENTE-SÁNCHEZ ARJONA, M., dirs.; FREDERIC MUNNÉ, C., coord.) «Digitalización de la Justicia: Prueba electrónica y prueba inteligente», *La Ley Probática*, núm. 7, 2022. En esta línea, según el informe del grupo de expertos de trabajo del CGPJ sobre inteligencia artificial cumplirían estos requisitos procesos sobre condiciones generales de

Se trata, por tanto, de procesos muy alejados de aquellos relativos a derechos de propiedad industrial en que cada caso en particular reune unas características propias, la defensa ejercitada por los demandantes puede ser muy heterogénea y el fondo de los asuntos puede contar con una enorme complejidad técnica que requiere de la presentación de informes periciales que permitan aclarar estos aspectos. Además, la realidad es cada vez más compleja y este tipo de conflictos acontecen en entornos tecnológicamente más desarrollados, vinculados al *blockchain*, el metaverso, etc[8]. Por lo que, pese a que estos casos se alejan en gran medida de la repetición o identidad de supuestos que favorece la toma de decisiones automatizadas, la complejidad técnica de estos nos puede llevar, por el contrario, a impulsar el uso de herramientas algorítmicas que permitan

---

la contratación, cláusulas suelo, cláusulas abusivas, gastos hipotecarios, usura TAE tarjetas *revolving*, mutuo acuerdo en familia, contrato de transporte aéreo, cárteles, alimentos, conformidades, juicios rápidos, proceso por decreto, asilo, extranjería, tráfico, reclamaciones de intereses, ejecuciones sin oposición, monitorios sin oposición, juicios verbales, allanamientos de jurisdicción civil, etc. VELASCO NÚÑEZ, E.; CUATRECASAS MONFORTE, C. S.; BUISAN GAR-CIA, M. N.; MUÑOZ AYCUENS, C., DELGADO MARTIN, J.; ERCILLA GARCIA, J.; MARQUEZ SOLIS, S., «Tecnología, IA y Administración de Justicia: Catalogación de herramientas tecnológicas para la Administración de Justicia (soluciones tecnológicas emergentes en la Justicia)». Informe del grupo de expertos de trabajo del CGPJ sobre IA, 2022, no publicado. Citado por SANCHIS CRESPO, C., «Inteligencia artificial y decisiones judiciales: crónica de una transformación anunciada», *Scire*, vol. 29, núm. 2, 2023, p. 68.

8. JUÁREZ afirma que: «El metaverso, desde el punto de vista etimológico, se considera como una conceptualización de un "universo" (verso) "más allá" (meta), es decir, de un universo o espacio digital, que va a convivir con el mundo real. Este nuevo universo es digital, virtual y tridimensional (3D), en donde existe una total fusión o inmersión con los usuarios que lo utilicen, gracias al desarrollo de las tecnologías como el blockchain, realidad virtual (RV), realidad aumentada (RA), internet de las cosas (IoT), la web 3.0 y los NTFs (tokens no fungibles)». JUÁREZ MARTÍNEZ, D., «Metaverso & la propiedad industrial e intelectual 4.0 (Metaverso & IP 4.0)», *Blog Baylos IP*, 2022, disponible en: *https://baylos.com/blog/metaverso-la-propiedad-industrial-e-intelectual-4-0-metaverso-ip-4-0* (consultado el 1 de febrero de 2024). Así, son muchos los horizontes legales que se abren en estos metaversos: la infracción de derechos de propiedad industrial en este entorno, la protección de invenciones desarrolladas en el metaverso y su titularidad, el necesario proceso de interconexión de los múltiples metaversos que actualmente existen, entre otras muchas cuestiones jurídicas. Al respecto, *vid.* GARCÍA VIDAL, Á., «La propiedad industrial en el Metaverso», *Comunicaciones en propiedad industrial y derecho de la competencia*, núm. 96, 2022, pp. 17-26. De hecho, ya contamos en España, con una resolución en materia de propiedad intelectual, sobre la presunta infracción de derechos de este tipo en este ámbito (Sentencia del Juzgado de lo Mercantil núm. 9 de Barcelona, de 11 enero de 2024 [JUR 2024, 29509]).

alcanzar resoluciones más objetivas y rigurosas desde el punto de vista de la técnica[9].

Por ello, en este trabajo partimos de la conveniencia de utilizar estos sistemas algorítmicos en los procesos sobre derechos de propiedad industrial de diferentes formas. En primer lugar, para la automatización de tareas básicas y repetitivas del proceso, como las que realizan en muchas ocasiones los letrados de la administración de justicia o los cuerpos de auxilio judicial. En segundo lugar, para la realización de tareas de asistencia tanto para las partes[10] –ayudándoles a tomar determinadas decisiones en el proceso, como si interponer reconvención de nulidad o no– como para el juez –asistiéndole en la toma de decisiones, por ejemplo, respecto a la concurrencia o no del *periculum in mora* respecto de una determinada medida cautelar–[11]. Así, no vamos a profundizar en la posibilidad de que las sentencias (resoluciones de fondo) sean dictadas directamente por sistemas de inteligencia artificial predictiva, pese a que entendemos que en el futuro existirá esta posibilidad y será (más aún de lo que ya lo está siendo) un campo de estudio ineludible, en general, y en el ámbito de los litigios sobre derechos de propiedad industrial, en particular.

Llegados a este punto, conviene realizar algunas puntualizaciones de tipo técnico. Explican SIMÓ SOLER y ROSSO que «el Machine Learning (ML) es un subcampo de la IA, una de las estrategias que puede usar la IA en su objetivo de imitar la cognición humana. Supone el desarrollo de algo-

9. En este sentido y abogando por el siguiente paso (la implementación del juez-robot también para los supuestos complejos), BONET NAVARRO afirma que «En general, puede decirse que, al margen de las múltiples dificultades y del necesario e incierto desarrollo científico y técnico futuro, no concurren obstáculos insalvables para que, mediante un sistema de inteligencia artificial avanzado, puedan dictarse resoluciones, incluso en los asuntos más complejos». BONET NAVARRO, J., «Elasticidad, ductibilidad y automatización del proceso». En AA.VV. (Barona Vilar, S., ed.) *Justicia algorítmica y neuroderecho*, Tirant lo Blanch, Valencia, 2021, p. 487.

10. Téngase en cuenta que si estas herramientas algorítmicas solo están al alcance de grandes despachos de abogados o empresas con un elevado nivel económico, su uso generaría desigualdades, especialmente en los procesos sobre derechos de la propiedad industrial (que generalmente surgen entre empresas), si tenemos en cuenta que en España las PYMEs representan el mayor número de empresas de nuestro país.

11. Nuestra opinión se alinea con la expresada por MARTÍN DIZ que se inclina por «la admisibilidad de sus funciones asistenciales de apoyo a las decisiones jurisdiccionales (o arbitrales), dando soporte a las mismas desde las recomendaciones u orientaciones que pueden elaborar, pero sin sustituir ni reemplazar la actividad jurisdiccional o arbitral humana». MARTÍN DIZ, F., «Modelos de aplicación de Inteligencia Artificial.», cit., p. 83.

ritmos que analizan información datificada, reconocen patrones y aprenden de los datos enun proceso llamado "entrenamiento" para proporcionar apoyo a la toma de decisiones. Por tanto, se trata de un proceso automatizado que permite encontrar relaciones entre los datos y elaborar predicciones». En concreto, podemos clasificar estos procesos de aprendizaje en tres tipos: supervisado, no supervisado y aprendizaje por refuerzo[12]. El uso de uno u otro dependerá de las circunstancias de cada caso.

En este sentido, la inteligencia artificial se concreta en «modelos estadísticos complejos capaces de autoajustarse según reciben nueva información»[13]. Por lo que las claves de su adecuado funcionamiento se localizan, entre otros aspectos, en los datos que se utilicen para el denominado proceso de entrenamiento.

Téngase en cuenta que técnicamente no es lo mismo un algoritmo de automatización, algoritmo automático o sistema automatizado, que un sistema de inteligencia artificial, pese a que detrás de ambos encontramos algoritmos. Los primeros son un paso anterior a lo que entendemos por inteligencia artificial, pues no cuentan con autonomía decisional, sino que son configurados por sus creadores, los cuales deciden los parámetros a valorar por el algoritmo. La inteligencia artificial, sin embargo, va más allá, y de un gran volumen de datos, a través de sus redes neuronales, puede

---

12. SIMÓ SOLER y ROSSO describen que: «En el aprendizaje supervisado los algoritmos necesitan ayuda externa para realizar las tareas de predicción o clasificación. Se proporciona un conjunto de datos de entrada y de salida etiquetados para que un modelo puede aprender algún tipo de patrón que permita predecir o clasificar la variable de salida correctamente. En el caso del aprendizaje no supervisado, a diferencia del anterior, nohay etiquetado. Se proporciona un conjunto de datos de entrada sin clasificar y se le pide a la máquina que busque patrones subyacentes y prediga el resultado. Cuando se introducen nuevos datos, se emplean las características aprendidas previamente para reconocer la clase de los datos. Se utiliza principalmente para la agrupación y la reducción de características. Por último, en el aprendizaje por refuerzo, los algoritmos aprenden a reaccionar a un entorno por sí mismos, a través de un proceso de recompensa acumulada en casos de éxito. Se busca un equilibrio entre la explotación (lamaximización de la recompensa) y la exploración (la búsqueda de mejores resultados). Este tipo de aprendizaje se encuentra en el ámbito de la robótica y la industria de los videojuegos». SIMÓ SOLER, E. y ROSSO, P., «La destrucción algorítmicade la humanidad», *Diario La Ley*, núm. 9982, 2022. También, en este sentido, MAHESH, B., «Machine Learning Algorithms-A Review», *International Journal of Science and Research*, núm. 9, 2020, pp. 381-383, y ULLAH, Z., AL-TURJMAN, F., MOSTARDA, L. y GAGLIARDI, R., «Applications of artificial intelligence and machine learning in smart cities», *Computer Communications*, Vol. 154, 2020, p. 315.
13. SIMÓ SOLER, E. y ROSSO, P., «La destrucción algorítmica.», cit., p. 2.

por sí misma encontrar relaciones entre los datos, identificar patrones y tomar decisiones.

Partiendo de lo anterior, preliminarmente ya podemos identificar algunos aspectos esenciales que pueden resultar limitantes para el desarrollo de estos sistemas algorítmicos para procesos sobre derechos de propiedad industrial.

Por un lado, entendemos que lo ideal sería que los sistemas algorítmicos que pudieran emplearse en los litigios en materia de propiedad industrial debieran estar especialmente diseñados para este tipo de procesos. Pero, incluso, vamos más allá y creemos que lo recomendable sería que también se desarrollaran para el campo técnico al que se refieren cada uno de los derechos de propiedad industrial en cuestión, pues nada tiene que ver una patente de procedimiento para la fabricación de motores con una patente farmacéutica, o la infracción del diseño industrial relacionado con un mueble con la reproducción ilícita de los signos distintivos de una marca. En todo caso, los equipos de desarrollo de estos sistemas debieran testear el nivel de especialización que resulta necesario[14].

Para que el algoritmo puede estar especializado para cada uno de los derechos de propiedad industrial que existen, se requiere de un número considerable de datos (resoluciones) de cada tipo. Así, emerge una barrera que se corresponde con el volumen de resoluciones necesarias para que los algoritmos puedan ofrecer ciertas garantías de objetividad y rigurosidad, especialmente si, además, pretendemos desarrollar algoritmos diferenciados para los distintos aspectos o cuestiones problemáticas que pueden surgir en el proceso (como se verá en este artículo, para la valoración de los presupuestos en el proceso cautelar, para examinar los requisitos de las diligencias preliminares, etc.)[15].

---

14. Esta especialización se ha visto como necesaria en la práctica y ha llevado a la especialización o súperespecialización competencial que existe en este ámbito y que no sólo atribuye el conocimiento de estos asuntos a unos juzgados especializados como son los Juzgados de lo Mercantil, sino que específicamente se especializan algunos Juzgados de lo Mercantil en determinadas materias, unos en marcas, otros en patentes... en virtud de los acuerdos adoptados por el CGPJ, *ex art.* 118 LP. CANTOS PARDO, M., *El proceso civil para la cesación de la infracción de patentes*, Tirant lo Blanch, Valencia, 2023, pp. 113-134.

15. La doctrina se ha percatado en términos generales de la dificultad e importancia de encontrar los datos para entrenar al algoritmo. Entre otros, HUERGO LORA, A., «Una aproximación a los algoritmos desde el Derecho administrativo». En AA.VV. (HUERGO LORA, A., dir.), *La regulación de los algoritmos*, Aranzadi, Cizur Menor, 2020, p. 41.

En este sentido, debemos tener en cuenta que el número de conflictos que llegan a los tribunales en este ámbito no es especialmente voluminoso. De los datos publicados por el CGPJ utilizando la herramienta «BBDD ESTADISTICA JUDICIAL (PC-AXIS)», se deduce que desde 2004 hasta 2022 se han resuelto en los Juzgados de lo Mercantil de toda España en materia de propiedad industrial un total de 7.241 casos[16]. La herramienta no nos permite discriminar por derechos, diferenciando entre patentes, marcas, diseños, etc. Por lo que para cada derecho el número de resoluciones se vería reducido, existiendo un mayor volumen en materia de patentes y de marcas. Igualmente, no sabemos qué tipo de conflictos hay detrás de esas resoluciones (infracción de derechos, nulidad, etc.). Además de lo anterior, debemos tener en cuenta las modificaciones legislativas que han acontecido y que podrían impedir el uso de determinadas resoluciones basadas en legislación derogada, como la entrada en vigor en 2017 de la última ley de patentes, la Ley 24/2015, de 24 de julio, de Patentes (en adelante, LP), o las diferentes reformas que ha padecido la Ley 17/2001, de 7 de diciembre, de Marcas (en adelante, LM), cuya última modificación entró en vigor en 2022.

Teniendo en cuenta lo anterior, entendemos que puede ser complicado en la actualidad (aunque quizás no imposible) que se desarrolle un sistema de inteligencia artificial en este campo capaz de encontrar por si mismo relaciones entre los datos y de elaborar predicciones con las suficientes garantías, pues lo conveniente sería que se contara con una base de datos más voluminosa. Mucho más difícil sería alcanzar sistemas de inteligencia artificial generativa, en el que el sistema artificial redactara una resolución con la decisión y su motivación. Lo que no resta que en el futuro contemos con ellos.

Por tanto, vamos a partir del desarrollo e implementación en los procesos en materia de propiedad industrial de algoritmos automatizados, como paso precedente, en los que técnicamente no concurre ese elemento de inteligencia artificial decisoria, sino que el equipo humano creador del algoritmo es el que selecciona los parámetros que permiten obtener un determinado resultado. Al encontrarnos en un estadio anterior, es decir, en el que la máquina no es la que toma de forma autónoma las decisiones (y cuyo proceso decisorio

---

Y también, MONTESINOS GARCÍA, A. I., «Reflexiones sobre la algoritmización del proceso judicial civil». En AA.VV. (BLANCO GARCÍA, A. I., ed.) *Sistemas predictivos en la justicia civil*, Tirant lo Blanch, Valencia, 2024, p. 32.

16. Página web oficial del CGPJ, disponible en: *https://www6.poderjudicial.es/PxWeb2023v1/pxweb/es/06.-Juzgados%20de%20lo%20Mercantil/-/OUJMC001.px/table/tableViewLayout1/* (consultado el 2 de febrero de 2024).

a veces resulta desconocido para las personas), sino que son sus desarrolladores (humanos) los que deciden, es posible que exista una mejor aceptación de su utilización por parte de los operadores jurídicos (en particular, de los más reticentes) y que esta sea la vía de entrada para los siguientes sistemas.

En este sentido, lo primero que debe realizarse es un estudio de los problemas, un análisis de aquellos aspectos o momentos del proceso en los que surgen conflictos interpretativos, soluciones judiciales dispares, etc. De manera que estos sistemas permitan objetivar los parámetros a tener en cuenta y alcanzar soluciones que ofrezcan una mayor seguridad jurídica.

Lo siguiente sería estudiar estos problemas e identificar adecuadamente cuáles son las variables o ítems que deben tenerse en cuenta para su resolución. Por ejemplo, como se describirá más adelante, a fin de valorar el *fumus boni iuris* para la estimación de medidas cautelares anticipatorias de cesación o prohibición, pueden tenerse en cuenta, entre otras variables, si el derecho de propiedad industrial litigioso se encuentra registrado, ante qué Registro, por medio de qué procedimiento, las pruebas aportadas para acreditar su infracción, etc.

La identificación preliminar de estos ítems y la calibración de su importancia, resulta esencial y requiere de la colaboración de diversos agentes: abogados, jueces, funcionarios de la administración de justicia, funcionarios de las oficinas de propiedad industrial, etc. Tras la realización de estas labores, los ingenieros computacionales pueden desarrollar desde el punto de vista computacional el algoritmo. Al respecto, debemos señalar la importancia que tiene la configuración de los equipos humanos que trabajan en el desarrollo de estas herramientas para evitar la introducción de sesgos de diferente tipo[17].

En todo caso, desarrollar algoritmos de estas características requiere de la inversión de importantes recursos; más aún si consideramos que en el futuro es posible que se desarrollen e instauren sistemas de inteligencia artificial, así como de inteligencia artificial generativa. Además, como la doctrina viene apuntando, estos algoritmos debieran ser controlados para evitar verse desbalanceados, arrojar resultados discriminatorios, etc.[18].

---

17. En este sentido, NIEVA FENOLL, J., *Inteligencia artificial y proceso judicial.*, cit., p. 122. SANCHIS CRESPO, C., «Inteligencia artificial y decisiones judiciales..., cit., p. 80.

18. Así, son varias las posibilidades que pudieran adoptarse, como es el caso de exigir la publicación de los códigos fuentes en abierto, así como el uso de evaluaciones de impacto. En todo caso, sería recomendable, como propone CONDE FUENTES, la creación de «un

Teniendo en cuenta todo lo anterior, el objetivo de este trabajo es servir de punto de partida para comenzar a estudiar el desarrollo de sistemas algorítmicos especializados que pueden resultar de aplicación en los procesos judiciales civiles en materia de propiedad industrial. Así, por un lado, en el ámbito cautelar y de las diligencias preliminares, se analizan algunos de los problemas detectados en este ámbito y se identifican las variables que les afectan, proponiendo de forma preliminar los factores (ítems) que debieran tenerse en consideración para el posterior desarrollo de algoritmos. En esta línea, se hacen propuestas concretas de algoritmos automatizados que podrían implementarse. Por otro lado, respecto del proceso de declaración, se realizan algunos apuntes más generales, partiendo de que la ley para el proceso declarativo no regula tantas especialidades en esta materia y que la inteligencia artificial podría, en un primer momento, tener más recorrido por disponer de muestras de datos más amplias.

2. ALGORITMOS AUXILIADORES EN EL PROCESO CAUTELAR

En los litigios que afectan a derechos de propiedad industrial, el proceso cautelar tiene en la mayoría de los casos una especial relevancia, derivada de diferentes factores como es la vigencia temporal de algunos de estos derechos, el avance vertiginoso de la tecnología, la rápida evolución de los mercados, etc[19]. Factores, todos ellos, que requieren de una respuesta judicial inmediata que pueda tutelar de forma provisional los derechos de propiedad industrial presuntamente infringidos y evite la producción de daños graves e incluso irreparables. De hecho, algunos afirman que «las medidas cautelares habitualmente tienen más interés para los perjudicados que el propio pleito principal»[20], especialmente cuando se trata de medidas

---

organismo público de control que supervise la creación de algoritmos orientados a la función jurisdiccional». CONDE FUENTES, J., «Inteligencia artificial y robotización judicial: su impacto en nuestro sistema de justicia, Derecho Digital e Innovación», *Derecho Digital e Innovación. Digital Law and Innovation Review*, núm. 13, 2022, pp. 6-7. También, en este sentido, SANCHIS CRESPO, C., «Inteligencia artificial y decisiones judiciales.», cit., p. 80.

19. La doctrina nacional e internacional viene enfatizando la capital importancia de la tutela cautelar en este ámbito. Entre otros, TORREMANS, P., «Cross-border injunctions». En AA.VV. (Torremands, P., ed.) *Research handbook on cross-border enforcement of intellectual property*, Edward Elgar, Cheltenham, 2014, p. 549; MASSAGUER FUENTES, J., *Acciones y procesos de infracción de derechos de propiedad industrial*, 2ª ed., Civitas-Thomson Reuters, Cizur Menor, 2020, p. 336.

20. IRIGOYEN FUJIWARA, D; MOLINA LÓPEZ, F., «Protocolo de los Juzgados Mercantiles de Barcelona con ocasión del Mobile World Congress 2016: Protección preventiva y

cautelares anticipatorias de cesación o prohibición, que avanzan el resultado de la eventual sentencia condenatoria.

Pese a su importancia, han aparecido interrogantes de diverso tipo que han generado problemas en la aplicación práctica de la ley. A continuación, se refieren algunos de ellos y se relacionan con posibles soluciones algorítmicas que podrían darse en esos casos.

La LEC establece tres presupuestos para la adopción de medidas cautelares: *fumus boni iuris* o apariencia de buen derecho, *periculum in mora* o peligro en la mora procesal y caución. En nuestro opinión, el uso de algoritmos especializados puede auxiliar en la valoración de estos tres requisitos por parte del juzgador y, por tanto, permitirle adoptar una decisión más ajustada al derecho, debido a que en esta fase cautelar nos encontramos en un contexto de incertidumbre en que la valoración de posibles e hipotéticos riesgos resulta esencial[21]. Por ello, las potencialidades de la inteligencia artificial son indiscutibles, pese a que esto también puede generar problemas y disfunciones, teniendo en cuenta que se impone una medida cautelar a quien aún no ha sido condenado[22]. Por ello, vamos a partir de un enfoque asistencial de estos sistemas algorítmicos, como una herramienta para el juez, el cual tome la decisión en última instancia.

2.1. PROPUESTAS DE ALGORITMOS SOBRE LA APARIENCIA DE BUEN DERECHO

En primer lugar, la apariencia de buen derecho se regula en el art. 728.2 LEC que determina que «el solicitante de medidas cautelares también habrá de presentar con su solicitud los datos, argumentos y justificaciones documentales que conduzcan a fundar, por parte del tribunal, sin prejuzgar el fondo del asunto, un juicio provisional e indiciario favorable al fundamento de su pretensión».

---

cautelar de los derechos de propiedad intelectual e industrial en Congresos y Ferias Profesionales», *Comunicaciones en propiedad industrial y derecho de la competencia*, núm. 77, 2016, p. 147.

21. NEIRA PENA, A. M., «Inteligencia artificial y tutela cautelar. Especial referencia a la prisión provisional», *Rev. Bras. De Direito Processual Penal*, Porto Alegre, v.7, núm. 3, 2021, pp. 1900-1901.

22. MONTESINOS GARCÍA, A., «Empleo de la inteligencia artificial en algunas fases del proceso judicial civil: prueba, medidas cautelares y sentencia», *Actualidad civil*, núm. 11, 2022, p. 4.

Para acreditar este requisito se deben aportar medios de prueba que permitan probar con carácter indiciario esta apariencia, bien a través de prueba documental o de otros medios de prueba, que deberán proponerse en tiempo y forma en la solicitud.

En concreto, la jurisprudencia especializada en la materia viene afirmando que: «El juicio de probabilidad o verosimilitud en que consiste la apariencia de buen derecho descansa en dos presupuestos: (i) El primero, la probabilidad sobre los hechos. Si los hechos relatados aparecen como poco probables, a la vista de la prueba ofrecida, el juicio de apariencia será negativo. (ii) El segundo, la probabilidad sobre las consecuencias jurídicas que la parte extrae de tales hechos. Sin prejuzgar el fondo del asunto, es preciso analizar si, a primera vista, el derecho aplicable a los hechos abona lo querido por el demandante»[23].

Siguiendo la doctrina anterior, en los casos de violación de derechos de propiedad industrial, esta prueba se referirá a la vigencia del título de patente, los derechos del solicitante sobre este título (titular, licenciatario, etc.), la comisión de vulneraciones, la inminencia de infracción o su reanudación, así como a las consecuencias jurídicas de la infracción[24].

Al respecto, IRIGOYEN FUJIWARA y MOLINA LÓPEZ, magistrados especialistas en la materia, afirman que «esta apariencia de buen derecho que necesita acreditar ante el Tribunal se revelará sencillamente mediante la titularidad inscrita en un registro público (la OEPM, el Registro de la Propiedad Intelectual, etc.) y por la aportación de informes periciales de reputados especialistas de imposible corrección de oficio por el Tribunal»[25]. Y, ello, porque, cuando el sujeto pasivo de las medidas cautelares se defiende invocando la nulidad del derecho en cuestión, el registro del derecho de la propiedad industrial se considera como punto de partida a favor de la validez de este de forma indiciaria y provisional. Lo que no impide que este sujeto pasivo pueda aportar indicios claros y evidentes que permitan advertir de forma provisional e indiciaria la

---

23. Auto del Tribunal de Marcas de la UE de 30 de marzo de 2012 (JUR 2012, 250476) y posteriores AAP de Alicante (Sección 8ª) de 30 abril de 2017 (JUR 2014, 250817), AAP de Alicante (Sección 8ª) de 18 de julio de 2017 (AC 2017, 1508) y Auto del Juzgado de lo Mercantil núm. 1 de Alicante de 1 septiembre de 2019 (AC 2019, 70), entre otros.
24. MASSAGUER FUENTES, J., *Acciones y procesos de infracción…*, cit., p. 338.
25. IRIGOYEN FUJIWARA, D; MOLINA LÓPEZ, F., «Protocolo de los Juzgados.», cit., pp. 147-148.

nulidad del título y pudieran llevar a la desestimación de la petición de medidas cautelares[26].

Como advertían los antecitados magistrados, la práctica nos muestra que la aportación del registro y el informe pericial correspondiente suele ser suficiente para entender este requisito como cumplido. Para evitar este automatismo respecto de este presupuesto, el juez podría auxiliarse de herramientas algorítmicas que pudieran ponderar la valoración de estas pruebas según cada caso[27]. Sin embargo, como anticipábamos *ad initio*, entendemos que lo más conveniente sería que se tratara de algoritmos especialmente diseñados para el campo técnico al que se refiere el derecho de propiedad industrial en cuestión.

Como punto de partida para la introducción de los algoritmos en este ámbito en concreto, proponemos el desarrollo de un algoritmo automatizado auxiliador que pudiera emplearse para la valoración del *fumus boni iuris* en los casos en que se soliciten medidas cautelares anticipatorias de cesación o prohibición. Así, entendemos que los ítems en que debiera basarse este algoritmo podrían ser:

(i) inscripción del derecho, pues su registro ya ofrece ciertas garantías de la licitud del derecho invocado;

(ii) tipo de Registro ante el que se ha llevado a cabo o tramitado la inscripción (nacional, europeo, internacional...), ya que los Registros internacionales en general cuentan con procedimientos más dilatados en los que pueden intervenir más sujetos, así como con más recursos, lo que podría entenderse como una garantía de validez del derecho de propiedad industrial;

(iii) procedimiento empleado para la obtención del título, por ejemplo, si el procedimiento de concesión ha contado o no con examen previo;

---

26. En esta línea, AAP de Barcelona (Sección 15ª) de 13 abril de 2018 (AC 2018\1064); AAP de Barcelona (Sección 15ª) de 24 de enero de 2011 (JUR 2011, 406573); AAP de Barcelona (Sección 15ª) de 20 de julio de 2009 (JUR 2009, 464543), y AAP de Barcelona (Sección 15ª) de 4 de enero de 2006 (AC 2006, 338).

27. En este sentido, MONTESINOS GARCÍA refiere que respecto del *fumus boni iuris*, las herramientas de IA se focalizan en la valoración de los datos, argumentos y justificaciones documentales u otros medios aportados, a diferencia de los supuestos de *periculum in mora*, en los que la IA puede aportar más, pretendiendo objetivar los riesgos derivados de la mora procesal. MONTESINOS GARCÍA, A., «Empleo de la inteligencia artificial.», cit., p. 4.

(iv) pruebas aportadas para acreditar la infracción o el riesgo inminente de su comisión, como es la presentación de informe pericial, pero también la rotundidad de sus conclusiones y su fundamentación, los datos (tipología y volumen) tenidos en cuenta en el informe, la formación y especialidad del perito, etc.;

(v) relación entre los hechos presuntamente infractores y las consecuencias jurídicas previstas en la ley aplicable al caso (Ley de Marcas, Ley de Patentes, etc.);

(vi) entre otros.

Asimismo, si de contrario se alegara por el demandado ya en este momento la nulidad del derecho, el algoritmo también debiera contemplar estas pruebas aportadas para acreditar esa falta de validez del título, especialmente en los casos de aportación de informe pericial, y, de nuevo, teniendo en cuenta la claridad de sus conclusiones y su argumentación, los datos valorados, la formación y especialidad del perito, etc.

En esta misma línea, debieran incluirse como variables en el algoritmo otros factores que pueden invalidar el *fumus boni iuris*, verbigracia, si el sujeto pasivo se encuentra amparado en algún derecho que le permite ejecutar las acciones supuestamente infractoras, como un derecho de utilización anterior (arts. 128.3 y 63 LP), supuestos de agotamiento del derecho, actos experimentales, cláusula bolar… así como las pruebas que se aporten en esta dirección.

Estos últimos ítems, de alguna forma, contrarrestarían a los anteriores por lo que deberían ponderarse debidamente, pudiendo incluso en algunos casos anular los valores de los primeros y ofrecer como resultado la no concurrencia de *fumus boni iuris*.

2.2. POSIBLES ALGORITMOS EN RELACIÓN CON EL PELIGRO EN LA MORA PROCESAL

Otro presupuesto previsto en el art. 728.1 LEC para la concesión de una medida cautelar es el *periculum in mora*, entendido, según ORTELLS RAMOS, como «el riesgo de daño para la efectividad de la tutela judicial pretendida en el proceso principal, riesgo que puede surgir con ocasión de la necesaria dilación temporal para la emisión de la sentencia que conceda aquella tutela»[28].

28. ORTELLS RAMOS, M. «Capítulo 36»., En AA.VV. (ORTELLS RAMOS, M., dir.) *Derecho Procesal Civil*, Aranzadi Thomson Reuters, Cizur Menor, 2022, pp. 597-598.

La valoración de este requisito en relación con las medidas cautelares anticipatorias en materia de propiedad industrial ha dado lugar a diferentes corrientes jurisprudenciales. Precisamente, MASSAGUER FUENTES dedica un artículo a estudiar la jurisprudencia de la AP de Barcelona, la cual en un inicio era más laxa y favorable a la estimación de este requisito y, a partir del AAP de Barcelona de 25 de abril (AC 2019, 521), ha endurecido sus criterios. Así establece que el «Riesgo de inefectividad que, se precisa, debe examinarse "en el caso de que se trate", esto es, de forma concreta en cada caso, de donde se deriva que el legislador no lo ha exonerado en ningún caso, y particularmente no lo ha hecho en los casos de tutela cautelar anticipatoria ni tampoco lo ha puesto en relación con una abstracta posibilidad de infracción, sino que exige que del riesgo de infracción o de la continuidad en la misma se deriva un riesgo concreto que pueda frustrar la tutela definitiva pretendida»[29]. El autor citado, cuya opinión es más que cualificada, propone abandonar esta nueva corriente que entiende es contraria a la ley y a la esencia de la protección jurídica de la patente[30].

En uno y en otro caso, el ejercicio que debe realizar el juzgador se centra en la valoración de riesgos, por ello, la objetivización de estos riesgos a través del empleo de herramientas algorítmicas podría resultar de gran utilidad para el juez[31]. Nuevamente, la dificultad se encuentra en desarrollar el algorítmico y contar con los datos que permitan entrenarlo adecuadamente. De hecho, esta circunstancia se apunta por algunos autores como un límite de este tipo de herramientas, porque cuando se nutre al algoritmo de pronunciamientos que entran en conflicto es necesario introducir un criterio que resuelva las discrepancias, no siendo conveniente acudir al mero criterio cronológico sin más[32].

---

29. En relación con la corriente jurisprudencial anterior, podemos citar, entre otras, AAP de Barcelona (Sección 15ª) de 5 de julio (AC 2016\1380), y AAP de Madrid (Sección 25ª), n.º 262/2015, de 18 de diciembre. Respecto de la vertiente jurisprudencial posterior más exigente, podemos referir AP de Barcelona (Sección 15ª) de 19 de noviembre de 2019 (AC 2019, 1852), AP de Barcelona (Sección 15ª) de 24 de enero de 2020 (AC 2020, 45590), AP de Barcelona (Sección 15ª) de 5 de mayo de 2021 (AC 2021/1695) y, también en la jurisprudencia menor, Auto del Juzgado de lo Mercantil núm. 12 de Barcelona, de 3 de febrero de 2022 (JUR 2022/166598), entre otros.

30. MASSAGUER FUENTES, J., «Infracción de patente y medidas cautelares de cesación: ¿»Algo más» que infracción para concederlas o «algo menos» que infracción para denegarlas», *ADI*, núm. 42, 2022, pp. 175-196.

31. PLANCHADELL-GARGALLO A., «Inteligencia Artificial y medidas cautelares». En AA.VV. (BARONA VILAR, S., ed.) *Justicia algorítmica y neuroderecho*, Tirant lo Blanch, Valencia, 2021, p. 410.

32. BATTELLI, E., «La decisión robótica, algoritmos, interpretación y justicia predictiva», *Revista de Derecho Privado*, núm. 38, 2020, p. 62.

La LEC no establece explícitamente los riesgos y circunstancias que deben ser valorados por el juez, lo que, sin embargo, sí se realiza en la LECrim. En este sentido, BLANCO GARCÍA afirma que la inteligencia artificial podría resultar útil para valorar y predecir riesgos específicos que la tutela cautelar trata de evitar; puntualizando que precisamente en este punto la inteligencia artificial no solo puede servir para la elaboración de patrones de comportamiento sobre la base casuística anterior, sino también para la identificación y clasificación de riesgos y factores que deben ser analizados por los tribunales[33].

En relación con lo anterior, podemos traer a colación las reflexiones de MONTESINOS GARCÍA y BARONA VILAR sobre lo establecido en el art. 22 de la Ley 1/2019, de 20 de febrero, de Secretos industriales (en adelante, LSE), que, a diferencia de la LEC o el resto de normas especiales sobre derechos de propiedadindustrial, determina explícitamente los elementos que debe ponderar el juez para verificar la concurrencia de los presupuestos generales de las medidas cautelares. Por ello, BARONA VILAR propone que estos elementos se utilicen como protocolos y se incorporen a las herramientas algorítmicas que valoren la concurrencia o no de los presupuestos de las medidas cautelares[34].

Estos elementos se refieren explícitamente a los secretos empresariales, pero pueden ser un punto de partida para el desarrollo de otros algoritmos referidos a medidas cautelares a imponer respecto de procesos relativos a otros derechos de propiedad industrial. En concreto, se trata de las siguientes variables:

(i) Las circunstancias específicas del caso y su proporcionalidad teniendo en cuenta el valor y otras características del secreto empresarial. En nuestro opinión, este factor se podría introducir en el algoritmo, pero requeriría de una mayor concreción.

(ii) Las medidas adoptadas para proteger el secreto empresarial, lo que en relación con otros derechos de propiedad industrial podría sustituirse

33. BLANCO GARCÍA, A. I., «El periculum in mora de las medidas cautelares reales. La ¿utilidad? De la Inteligencia Artificial en su detección». En AA.VV. (BLANCO GARCÍA, A. I., ed.) *Sistemas predictivos en la justicia civil*, Tirant lo Blanch, Valencia, 2024, p. 87.

34. MONTESINOS GARCÍA, A., «Empleo de la inteligencia artificial.», cit., p. 5. BARONA VILAR, S. «Proceso y procedimiento cautelar». En AA.VV. (BARONA VILAR, S.; GOMEZ COLOMER, J. L., coords.) *Proceso Civil Derecho Procesal II*, 3ª ed., Tirant lo Blanch, Valencia, 2023, p. 574.

por el registro y nivel de protección del derecho de propiedad industrial (registro a nivel nacional o europeo, tipo de procedimiento seguido para la concesión de la inscripción, etc.).

(iii) El comportamiento de la parte contraria en su obtención, utilización o revelación, y que respecto de otros derechos de propiedad industrial, podría reemplazarse por las formas de infracción (fabricación, comercialización, importación, etc.), alcance de las infracciones, etc.

(iv) Las consecuencias de su utilización o revelación ilícitas. Para el desarrollo de algoritmos referidos a otros derechos de propiedad industrial se podrían considerar las consecuencias de las infracciones, como es el robo de cuota de mercado al titular del derecho, la reducción de beneficios del titular, el desprestigio o menoscabo reputacional del titular, etc.

(v) Los intereses legítimos de las partes y las consecuencias para estas de la adopción o de la falta de adopción de las medidas.

(vi) Los intereses legítimos de terceros. Lo que podría ponerse en relación con licenciatarios o distribuidores oficiales.

(vii) El interés público y la necesidad de salvaguardar los derechos fundamentales.

Estos ítems podrían ser el punto de partida para desarrollar un algoritmo automatizado que permitiera auxiliar al juez (y a las partes de forma preliminar) en la valoración del presupuesto de *periculum in mora*. Lo que no impide que en un segundo estadio pudieran desarrollarseherramientas de inteligencia artificial que por sí mismas identificaran los riesgos y factores a valorar, como afirma BLANCO GARCÍA[35].

Así, pese a que en el ámbito de la propiedad industrial las medidas cautelares protagonistas son las de cesación y prohibición, no debemos olvidar que pueden solicitarse otras (teniendo en cuenta que la LEC refiere un listado *numerus apertus* [art. 727 LEC]), para las que la inteligencia artificial también puede resultar de enorme utilidad[36].

---

35. BLANCO GARCÍA, A. I., «El periculum in mora de las medidas cautelares reales.», cit., p. 87.

36. Ya la doctrina ha empezado a analizar los cimientos sobre los que sostener el desarrollo de sistemas algorítmicos en este ámbito. Concretamente, BLANCO GARCÍA estudia la relación entre la inteligencia artificial y el peligro en la mora procesal para los casos de embargo preventivo, anotación preventiva de demanda y administración judicial,

2.3. ALGORITMIZACIÓN DE LA CAUCIÓN Y LA CAUCIÓN SUSTITUTORIA

La caución o fianza es el último presupuesto previsto en la ley para la estimación de las medidas cautelares, la cual deberá ser ofrecida en la solicitud y efectivamente prestada para que se ejecuten las medidas cautelares. Según ORTELLS RAMOS, «La finalidad de la fianza es ofrecer una garantía patrimonial concreta y específica para el eventual derecho del sujeto pasivo de la medida cautelar a la indemnización de los daños y perjuicios causados por una medida cautelar ilícita»[37].

En concreto, este último presupuesto se regula en el art. 728.3 LEC, debiendo advertirse que en los arts. 746 y 747 LEC se prevé también la llamada caución sustitutoria. Dada su importancia, algunas normas especiales sobre derechos de propiedad industrial dedican algunos de sus preceptos a establecer especialidades respecto a estos dos tipos de cauciones previstas en la LEC. En concreto, destaca el art. 129 LP y los arts. 23 y 25 LSE[38].

Por su parte, el art. 129 LP en su primer apartado regula la caución, cuyo objetivo es resarcir al sujeto pasivo de la medida cautelar de los daños y perjuicios que su adopción pudiera causarle, por lo que es otorgada por el solicitante de la medida cautelar. En su apartado segundo, se establece la llamada caución sustitutoria, que, a diferencia de la anterior, posibilita que el sujeto pasivo de la medida cautelar pueda pedir al Tribunal la sustitución de la medida cautelar por una caución suficiente, evitando, así, la efectiva imposición de la medida.

Esta conjunción ha sido calificada por algunos como «juego de fianzas»[39] y tiene un papel preponderante en los procesos sobre derechos de propiedad

---

medidas cautelares que pueden ser perfectamente solicitadas en los procesos sobre derechos de propiedad industrial. BLANCO GARCÍA, A. I. «El periculum in mora de las medidas cautelares reales.», cit., pp. 95-105.

37. ORTELLS RAMOS, M.; CALDERÓN CUADRADO, M. P., *La tutela judicial cautelar en el Derecho español,* Comares, Granada, 1996, p. 16.

38. Téngase en cuenta que el art. 129 LP (y demás disposiciones procesales de la LP) también se aplican a otras instituciones de propiedad industrial, como marcas y diseños industriales, en virtud de la Disposición Adicional Primera de la LM y LDI, así como a las obtenciones vegetales, en virtud de la Disposición Final 2ª Ley 3/2000, de 7 de enero, de régimen jurídico de la protección de las obtenciones vegetales, así como a topografías, por remisión del art. 8.1 Ley 11/1988, de 3 de mayo, de Protección Jurídica de las topografías de los productos semiconductores.

39. DEL BARRIO PÉREZ, Á., «Medidas cautelares». En AA.VV. (Bercovitz Rodríguez-Cano, A., dir.) *La nueva Ley de Patentes, Ley 24/2015, de 24 de julio, Aranzadi Thomson Reuters,*

industrial, teniendo en cuenta el componente económico que tienen estas medidas y los graves efectos que puede producir, en particular, cuando se insta la medida cautelar de cesación o prohibición.

La cuantificación de la caución, como presupuesto para la estimación de una medida cautelar, dependerá de los daños y perjuicios que su ejecución pueda causar al demandado (art. 25.1 LSE y 129.1 LP), debiendo tenerse en consideración la naturaleza y contenido de la pretensión y la valoración que se realice sobre el fundamento de la pretensión, a tenor del art. 728.3 LEC.

Por un lado, la doctrina ha referido algunos parámetros que deben considerarse a estos efectos. Particularmente, MONTEFUSCO MONFERRER afirma que la caución dependerá de diversos factores entre los que destaca la mayor o menor incidencia de la medida cautelar ordenada en el patrimonio del demandado. Pues como es lógico en general no será potencialmente tan dañina una medida cautelar de anotación preventiva de demanda en registro público como puede serlo una medida cautelar de cesación o prohibición que impida al demandado llevar a cabo una actividad comercial o industrial durante la pendencia del proceso[40].

Por otro lado, la jurisprudencia en general cuando estima la propuesta de caución del solicitante de la medida suele hacer referencias genéricas y muy poco precisas, afirmando que se considera que «la cantidad ofrecida por la parte actora es una cuantía suficiente, proporcional y razonable para el tipo de medida cautelar que se adopta» o similares[41]. En otras resoluciones (aunque son las menos), sí se especifican los motivos tenidos en cuenta para la determinación de la caución[42].

Cizur Menor, 2016, p. 583.

40. MONTEFUSCO MONFERRER, J., «En torno a la facultad del titular de un derecho de exclusiva de impedir cautelarmente la exhibición de productos infractores en ferias comerciales: Comentario del Auto del Juzgado de lo Mercantil núm. 1 de Barcelona de 22 de febrero de 2016», *Comunicaciones en Propiedad Industrial y Derecho de la Competencia*, núm. 78, 2016, pp. 50-51.

41. Por ejemplo, en supuesto de imposición de medidas de cesación de utilización de marca, Auto del Juzgado de lo Mercantil núm. 9 de Barcelona de 16 marzo de 2023 (JUR 2023, 263369); Auto del Juzgado de lo Mercantil núm. 9 de Barcelona de 30 junio de 2020 (AC 2021, 721), Auto del Juzgado de lo Mercantil núm. 7 de Barcelona de 25 abril de 2018 (JUR 2023, 111709).

42. Es el caso de Auto del Juzgado de lo Mercantil núm. 5 de Barcelona, de 12 de noviembre de 2020 en el que se ha fijado una fianza de 1.000.000 de euros, justificándolo de la siguiente manera: «82. En la cuantía de la fianza impuesta valoramos varios elementos: este tipo de máquinas de secuenciación que tienen precios muy elevados (en una media

Como en los casos anteriores, el desarrollo de algoritmos puede facilitar la tarea de fijación de la caución objetivando esta valoración. Así, para el desarrollo de una herramienta algorítmica automatizada, entendemos que se debieran tener en cuenta, entre otras, diversas variables como la medida cautelar solicitada; sus efectos respecto del sujeto pasivo, teniendo en cuenta el mercado en el que opera; si el sujeto pasivo está entrando en el mercado o ya cuenta con una posición consolidada; si los daños serán puntuales o continuados (art. 129.3 LP); las previsiones de beneficios que dejará de ganarse; el alcance de la medida desde el punto de vista comercial, territorial... Estos factores debieran estudiarse de forma pormenorizada para poder ponderarse adecuadamente a la hora de determinar el algoritmo, lo que entendemos requiere de un trabajo complejo, especialmente si tenemos en cuenta la parquedad de muchas resoluciones sobre la cuantificación de la caución.

Asimismo, entendemos que también podrían desarrollarse herramientas de inteligencia artificial que por sí mismas identificaran los factores a valorar para lo que se requeriría de un gran volumen de resoluciones de cierta calidad (es decir, que explicitaran los motivos que les llevan a cifrar una caución de determinada manera), que le permitieran relacionar datos y extraer conclusiones. En nuestra opinión, quizás, a día de hoy es complicado encontrar un volumen de datos suficientes para entrenar a este tipo de algoritmo, pues como advertíamos en muchos casos no se justifica cómo se cuantifica la caución.

Por su parte, «la caución sustitutoria» permite que el sujeto pasivo de las medidas cautelares pueda sustituir en cualquier momento esas medidas por la referida caución, *ex art*. 129.2 LP. Como bien afirma BARONA VILAR, «en estos supuestos se entiende que se dan los presupuestos necesarios para adoptar la medida cautelar, pero, a su vez, existen razones legales que

---

de 300.000 euros cada máquina) a los que se añaden los consumibles suministrados para las mismas y servicios auxiliares, como mantenimiento y formación. Así, por ejemplo, las ventas de la actora ILLUMNA en este sector de la secuenciación en España en 2019 fueron (en USD) de 8 millones en equipos, 27 millones en consumibles y 7,5 millones de euros en servicios (declaración escrita de Ana de la Cruz, documento de la actora). 83. También valoramos la eventual cobertura de los daños y perjuicios a los que tendría que hacer frente la actora, en caso de ver rechazada su pretensión en última instancia, atendiendo a que se está impidiendo a un competidor nuevo la entrada en el mercado de distribución y comercialización de máquinas SBS y de reactivos, así como el bloqueo o imposibilidad, hasta ahora, de la utilización de tres de las máquinas para los reactivos controvertidos y que ya se han distribuido o suministrado».

permiten sustituir esta medida por su afianzamiento»[43]. Por ello, se permite que el juez pueda ofrecer esta posibilidad a las partes al tiempo de acordar las concretas medidas cautelares solicitadas (lo que se regula como una posibilidad potestativa para el juez).

Sin embargo, el art. 129.2 LP establece que solo se podrá acordar esta sustitución cuando las medidas cautelares solicitadas supongan una restricción para la actividad industrial y comercial del sujeto pasivo, de manera que esta condición debiera ser el primer filtro que se tuviera en cuenta en el algoritmo.

Asimismo, se establece en la norma que para la fijación del importe de las fianzas se deberá oír a ambas partes, *ex art.* 129.5 LP (salvo los supuestos previstos en el art. 733.2 LEC). De modo que el juez ponderará las circunstancias concurrentes, teniendo en cuenta las alegaciones de las partes, alegaciones que debieran ser tenidas en cuenta por los algoritmos para el cálculo de sus estimaciones. Igualmente, otro parámetro a considerar lo encontramos en el apartado tercero del art. 129 LP que pretende garantizar la cobertura de los daños continuados, los cuales se van multiplicando con el paso del tiempo. Así, establece que las fianzas que con carácter principal o sustitutorio se decreten para el demandado, se fijarán siempre en un tanto por período de tiempo que transcurra, cuando las mismas deriven de unos actos de explotación industrial o comercial que puedan tener continuidad indefinida. Sin duda, este factor debiera también incorporarse al algoritmo.

Por su parte, los tribunales para fijar la cuantía de la caución sustitutoria han tenido en cuenta diversas circunstancias como, por ejemplo, la afectación de los derechos legítimos del solicitante de las medidas cautelares, pero también su transcendencia en el mercado[44]. La doctrina, también, apunta

---

43. BARONA VILAR, S., *Medidas cautelares en los procesos sobre propiedad industrial*, Comares, Granada, 1995, p. 149.

44. El AAP de Madrid (Sección 28ª) del 6 de marzo de 2009 (JUR 2009, 223622), en el que recoge lo manifestado en otros autos previos de esta AP, doctrina jurisprudencial que ha sido seguida por otros juzgados, en el que se establece que: «Asimismo, entendíamos en el primero de dichos autos que no cabía conceder la caución sustitutoria solicitada por la parte demandada cuando la conducta cuya continuación se trataba de impedir no afectaba solamente a los legítimos derechos de la parte actora, sino que tenía además una trascendencia en el mercado. A ello añadíamos en el segundo de los referidos autos que también en algunos casos en los que sólo se afecte al interés del demandante, cabe la denegación de tal sustitución, pues el n.º 2 del artículo 137 de la Ley de Patentes no puede interpretarse de modo tal que el demandado, que hubiese ya iniciado la fabricación o comercialización de su producto, tenga a ultranza un derecho a que se le permita

otros factores como los casos en los que el demandado está negociando con el actor la concesión de una licencia y en ese ínterin se solicita la medida cautelar de prohibición, especialmente, en los casos en que la patente es esencial, por lo que su titular está obligado a conceder licencias FRAND[45].

Los anteriores son, entre otros, los ítems o parámetros que entendemos se podrían introducir en el algoritmo (automatizado) para la valoración de esta caución.

Por otro lado, debemos advertir que la caución sustitutoria es de alguna manera «una licencia para continuar infringiendo», por lo que, aunque puede favorecer el equilibrio entre los derechos de las partes, en la práctica corre el riesgo de traducirse en un permiso para continuar vulnerando el derecho a cambio de dinero[46]. En esta línea, también, se ha pronunciado la jurisprudencia, requiriendo una aplicación restrictiva y excepcional[47]. En

---

seguir trasgrediendo los derechos de patente de otro mientras dure el proceso si está dispuesto a prestar una fianza, pues eso significaría dos efectos indeseables: 1º) que se estaría obligando al perjudicado, que ha accionado judicialmente precisamente para impedir que se consumen o agraven los efectos de la infracción, a tener que soportar, en todo caso, el comportamiento infractor de sus derechos contra la simple posibilidad de obtener en un futuro el pago de una compensación económica, lo que no resultaría sostenible en un sistema que persiga la tutela de los derechos de patente y no el mero resarcimiento por la imposibilidad de protegerlos; y 2º) que se potenciaría la comisión de infracciones por parte de quienes tuvieran la capacidad económica suficiente para eludir las prohibiciones cautelares mediante la constitución de fianzas, aprovechándose así el infractor de que el tiempo jugaría en su favor ante un derecho ajeno como el de patente, que está temporalmente limitado y que, en ocasiones, puede incluso caducar antes de la finalización de los litigios, por lo que solo su protección inmediata tendría verdadero sentido».

45. STJUE de 16 de julio de 2015, *Huawei*, C-170/13. GARCÍA VIDAL, Á., *Las acciones civiles por infracción de la propiedad industrial*, Tirant lo Blanch, Valencia, 2020, p. 323.

46. CORNISH, W. R., *Intellectual Property: Patents, Copyright, Trade Marks and Allied Rights*, 2ª ed., Sweet & Maxwell, Londres, 1989, p. 41; GERVAIS, D.; SCHMITZ, I., *L'accord sur les ADPIC, Larcier, Bruselas, 2010, p.* 428; PORTELLANO DÍEZ, P., *La defensa del derecho de patente, Thomson Reuters, Madrid, 2003, p.* 23. Opinión que compartimos, CANTOS PARDO, M., *El proceso civil para la cesación…*, cit., p. 347.

47. Por ejemplo, Auto del Juzgado de lo Mercantil núm. 5 de Barcelona de 12 de noviembre de 2020 (AC 2021, 408): «87. Por otro lado, acceder a la fijación de una caución sustitutoria provocaría un efecto llamada [a la (presunta) infracción] de otros terceros fabricantes o distribuidores o comercializadores (o, incluso los mismos, que ya han expedido 3 máquinas), sabedores de antemano del coste económico y repercutible de la (presunta) infracción. Y con la necesaria y automática reacción de solicitud de tutela judicial de la actora. Es, en definitiva, uno de los "efectos indeseables" a evitar y que la jurisprudencia antes referida denomina "potenciación de la comisión de infracciones"

consecuencia, si se desarrollara un algoritmo para la determinación de si corresponde o no otorgar esta posibilidad de sustitución al sujeto pasivo de la medida cautelar, esta herramienta debiera, en nuestra opinión, ser restrictiva en su configuración.

Mirando al futuro podemos visionar el desarrollo de algoritmos que combinen los anteriores y que ofrezcan un resultado general en el que se determine qué medidas cautelares deben ser estimadas y cuáles no, qué presupuestos se cumplen y cuáles no, qué cuantía debe corresponderse con la caución, así como si corresponde o no conceder la posibilidad de caución sustitutoria al sujeto pasivo y cuál debiera ser su cuantía. Incluso con la aplicación de inteligencia artificial generativa sería posible que el algoritmo arrojase un borrador de resolución que recogiera todo lo anterior. No obstante, entendemos que el desarrollo de una herramienta de estas características requiere de un trabajo de enorme complejidad y de un gran volumen de resoluciones, y que, en todo caso, debiera auxiliar al juez en la toma de sus decisiones, pero, insistimos, no reemplazarlo; permitiendo que el juez interprete y pondere los resultados del algoritmo, pudiendo apartarse de ellos cuando así lo considere.

2.4. ALGORITMOS SOBRE LOS ESCRITOS PREVENTIVOS

Los escritos preventivos o *protective letters* son, según la definición alcanzada por esta autora en trabajos previos, instrumentos de defensa procesal anticipatoria que puede presentar aquel que prevé que puede ser sujeto pasivo de una medida cautelar *inaudita parte* ante el Juzgado que considera competente de la hipotética medida cautelar, realizando cuantas alegaciones de hecho y derecho considere y aportando los documentos que entienda pertinentes, a los efectos de justificar anticipadamente su posición y evitar la adopción de una medida cautelar sin darle audiencia y, por tanto, sin que se puedan tener en consideración sus argumentos defensivos[48].

---

por quien tiene capacidad económica para regatear prohibiciones cautelares. 88. No hay que olvidar que la fijación de caución sustitutoria es excepcional pues la regla general es la protección del titular de la exclusiva. Como tal excepción debe aplicarse de manera restrictiva y, en todo caso, justificada».

48. CANTOS PARDO, M., «Análisis procesal de los escritos preventivos en materia de propiedad industrial», *Revista General de Derecho Procesal*, núm. 53, 2021. Por su parte, la jurisprudencia lo define como: «El escrito preventivo es un instrumento procesal de defensa anticipatoria por el que la persona que prevé o teme que va a ser sujeto de unas medidas cautelares inaudita parte en su contra y por parte del titular de un derecho,

Estos escritos se regulan en el art. 132 de la LP. Sin embargo, pese a preverse únicamente en la LP, su regulación también aplica a los procesos civiles sobre marcas, diseños industriales, obtenciones vegetables, topografías de productos semiconductores, secretos empresariales, e incluso se ha admitido jurisprudencialmente en materia de propiedad intelectual, pese a no contar con remisión a la LP en la Real Decreto Legislativo 1/1996, de 12 de abril, por el que se aprueba el Texto Refundido de la Ley de Propiedad Intelectual, regularizando, aclarando y armonizando las disposiciones legales vigentes sobre la materia (en adelante, LPI)[49].

Al respecto, debemos traer a colación un debate que se ha planteado y que se refiere a la finalidad de los escritos preventivos, el cual se desprende de la imprecisión con la que se regula el art. 132.1 LP, que establece que se podrá comparecer para «justificar su posición mediante un escrito preventivo», pero sin determinar sobre qué se debe justificar su posición.

En este contexto han surgido dos posibles interpretaciones, las cuales, además, podrían defenderse de forma acumulada en un escrito preventivo. La primera se refiere a que el escrito preventivo podría justificar que no procede la adopción de las medidas cautelares en la condición de *inaudita parte*, es decir, acreditando solo su no procedencia sin dar trámite de audiencia al sujeto pasivo de la medida cautelar. Esta postura es la que defiende MASSAGUER FUENTES y compartimos[50]. La segunda interpre-

---

puede comparecer ante el órgano jurisdiccional competente y justificar preventivamente su posición jurídica, a través de un escrito de alegaciones de hechos y de derecho, con el fin, principal, de evitar la adopción de la medida cautelar y/o con el fin, subsidiario, de que se celebre una audiencia para ser oído» (entre otros, Auto del Juzgado de lo Mercantil núm. 4 de Barcelona de 23 febrero de 2023 (JUR 2023, 259485).

49. Destaca sobre la admisión de los escritos preventivos en el ámbito de la propiedad intelectual, el Auto del Juzgado de lo Mercantil núm. 8 de Barcelona de 25 febrero de 2020 (AC 2020\45). Además, esta cuestión jurídica fue sometida a la consideración del Pleno del Tribunal Mercantil de Barcelona así como a la de la Sección de Marcas y Propiedad Intelectual del Tribunal Mercantil de Barcelona resolviéndose que procedía la admisión de dichos escritos preventivos en dicha materia. MOLINA LÓPEZ analiza detalladamente la tendencia existente hacia la generalización del escrito preventivo y su fundamentación. *MOLINA LÓPEZ, F., Análisis crítico del escrito preventivo en la Ley 24/2015, de 24 de julio, de patentes*, Bosch, Barcelona, 2022, *pp. 281-341.*

50. MASSAGUER FUENTES se ha posicionado a favor de la primera postura razonando que: «A pesar de contener una oposición anticipada a la solicitud de medidas cautelares, el escrito preventivo no modifica el curso de la tramitación ordinaria de las medidas cautelares; en este sentido, no puede servir de base para fundar una inmediata desestimación de la solicitud correspondiente por considerarse que no concurren los

tación supone que el escrito preventivo puede emplearse para justificar la desestimación de las eventuales medidas cautelares (*inaudita parte) que* se teme pueden solicitarse frente al mismo, alegando los motivos por los que no cabe la adopción de estas. La jurisprudencia parece inclinarse por esta postura, al igual que otros autores[51].

Por nuestra parte, alineándonos con MASSAGUER FUENTES en la primera postura, entendemos que si el juez, teniendo en cuenta el contenido del escrito preventivo y de la petición de medidas cautelares *inaudita parte* desestima la petición por motivos de fondo en ese momento procesal tan temprano se estarían dejando de aplicar injustificadamente las reglas generales de tramitación ordinaria de las medidas cautelares, particularmente los arts. 734.2 y 741.1 LEC[52].

---

presupuestos jurídico-materiales requeridos al efecto». MASSAGUER FUENTES, J., *Acciones y procesos..., cit.*, p. 375.

51. En esta línea se posiciona la opinión mayoritaria de la sección de patentes del Tribunal Mercantil de Barcelona que quedó recogida en el Auto del Juzgado Mercantil n.º 4, de 29 de junio de 2020, en el que se afirma que se trata de «un escrito de alegaciones de hechos y de derecho, con el fin, principal, de evitar la adopción de la medida cautelar y/o con el fin, subsidiario, de que se celebre una audiencia para ser oído». En este sentido en materia de patentes, Auto del Juzgado de lo Mercantil núm. 5 de Barcelona de 29 julio de 2022 (JUR 2023\182682). También, en materia de marcas, Auto del Juzgado de lo Mercantil núm. 6 de Barcelona de 11 junio de 2021 (AC 2021\1433). Entre los autores, LISSEN ARBELOA, J. M., «Ferias comerciales y derechos de propiedad industrial e intelectual: medidas cautelares», *Análisis GA_P*, 2017, p. 3. Versión *online https://www.ga-p.com/wp-content/uploads/2018/03/ferias-comerciales-y-derechos-de-propiedad-industrial-e-intelectual-medidas-cautelares-y-escritos-preventivos.pdf* (consultado el 2 de febrero de 2024). PÉREZ DAUDÍ, V., «Análisis crítico de las medidas cautelares en la Ley 24/2015, de 24 de julio, de Patentes», *RJC*, núm. 1-2017, 2017, pp. 67-68. CARRIÓN GARCÍA DE PARADA, F. J., «La nueva Ley de Patentes», *Comunicaciones en propiedad industrial y derecho de la competencia,* núm. 76, 2015, *p.* 40.

52. Y, ello, porque, como hemos defendido en el pasado en estos casos, «el solicitante de la medida cautelar *inaudita parte* no conocería los argumentos del solicitante prevenido y eventual sujeto pasivo de las medidas cautelares, pues solo será notificado del Auto de formación de pieza separada a la que da origen la admisión del escrito preventivo, pero no del contenido de este. De esta forma, se perjudicaría su derecho de contradicción, pues una cosa es que su petición cautelar se tramite con audiencia, a pesar de haberse solicitado *inaudita parte,* y otra diferente que se desestime su petición sin trámite contradictorio, bien sea en la vista para la audiencia de las partes (art. 734.2 LEC) o en una vista diferida (art. 741.1 LEC). «Y con independencia de que *a posteriori* ya manifieste su oposición de fondo, bien en el trámite de oposición del art. 739 LEC, si se tramitan *inaudita parte,* o bien cuando se le dé audiencia, *ex art.* 733.1 LEC, y en la posterior vista, si se sigue la regla general». CANTOS PARDO, M., *El proceso civil para la cesación...*, cit., p. 366.

Partiendo de la postura de que los escritos preventivos deberían tener como finalidad justificar la no concurrencia de los requisitos de urgencia y necesidad del art. 733.2 LEC[53], para instar que las medidas cautelares no se acuerden *inaudita parte*[54], un sistema algorítmico podría resultar auxiliador para ponderar si concurren estos requisitos de urgencia y necesidad recogidos sin concreción en la LEC.

Así, para que las medidas cautelares se adopten *inaudita parte*, se exige que o bien (i) concurran razones de urgencia, para evitar que el tiempo que se requiere para emplazar a la otra parte y convocar a las partes a una vista pueda impedir la adopción de la medida cautelar, o (ii) que se de el caso de que la audiencia previa prevista como regla general pudiera comprometer el buen fin de la medida cautelar, cuyo propósito quedaría entonces desvirtuado. En estos casos se requiere que concurra un factor sorpresivo para el sujeto pasivo de las medidas cautelares, a fin de evitar que el sujeto pasivo de la medida cautelar realice acciones que modifiquen la situación de hecho existente o imposibiliten la aplicación de la medida cautelar que se insta.

Al respecto, resulta muy interesante lo reseñado por GARCÍA VIDAL, que refiere al Auto del Juzgado de lo Mercantil núm. 5 de Barcelona, de 3 de junio de 2013, que establece que: «las medidas cautelares suelen adoptarse *inaudita parte* por la manifiesta, notoria y evidente imposibilidad del Juzgado de respetar o aplicar los plazos rituarios ante los problemas de agenda y de emplazamiento de las partes demandadas; porque se aprecia que no hay otra posibilidad de una adecuada e instantánea respuesta defensiva, reparadora o tuteladora de aquel derecho en exclusiva que a la postre resultará infringido; por los perjuicios irreparables que se generarían de mantener la situación antijurídica que se alega»[55]. A pesar de que esta expresión jurisprudencial tiene más de una década, no podemos dejar de advertir que refleja una situación muy poco deseable. Por tanto, el uso de algoritmos que

---

53. Más concretamente, y como excepción al principio de contradicción, el art. 733.2 LEC determina la posibilidad de que el tribunal pueda adoptar medidas cautelares sin audiencia del eventual demandado en aquellos casos en que «el solicitante así lo pida y acredite que concurren razones de urgencia o que la audiencia previa puede comprometer el buen fin de la medida cautelar».
54. CANTOS PARDO, M., «Análisis procesal de los escritos preventivos», *cit.*
55. GARCÍA VIDAL, A., «Las protective letters en materia de patentes: situación en los tribunales españoles», *Análisis farmacéutico GA_P*, 2014. Disponible en: *https://www.ga-p.com/wp-content/uploads/2018/03/las-protective-letters-en-materia-de-patentes-situacion-en-los-tribunales-espanoles.pdf* (consultado el 6 de febrero de 2024).

pudiera facilitar la labor decisoria del juez en este sentido, podría evitar este automatismo tan poco conveniente en una materia como esta.

En nuestra opinión, si se construyera un algoritmo automatizado para este supuesto, se podrían considerar factores de diverso tipo. Una variable destacable debiera referirse al supuesto de que esta urgencia debe responder a factores no achacables al solicitante, es decir, no debe ser él mismo el que de forma deliberada o negligente haya generado la situación de urgencia. Precisamente, de esta circunstancia se hacen eco los Protocolos de servicio de guardia y actuación rápida, firmados con motivo de *Mobile World Congress* de Barcelona, en los que se establece que para valorar la urgencia «será determinante el comportamiento previo de la parte demandante y la rapidez con la que haya reaccionado al conocimiento de la eventual infracción. En este sentido, será importante que se haya presentado la solicitud de medidas cautelares urgentes con tal antelación que de buena fe no impida razonablemente la audiencia del demandado, cuando el titular del derecho presuntamente vulnerado hubiera tenido conocimiento anterior de la posible infracción y hubiera podido presentar su solicitud con tiempo suficiente»[56].

Por tanto, podríamos proponer la incorporación al algoritmo de los siguientes parámetros: (i) el tiempo transcurrido desde que se conoció la situación hasta que se presenta la solicitud de medidas cautelares (ii) las acciones llevadas a cabo por el solicitante de las medidas cautelares (envío de requerimientos extrajudiciales, inicio de negociones para atajar la situación...) (iii) acciones o actitudes adoptadas por el eventual sujeto pasivo de las medidas cautelares que hagan previsible considerar que se puede modificar la situación de hecho existente o incluso imposibilitar la aplicación de las medidas cautelares que se instan e (iv) incluso, siendo realistas y

56. Los Protocolos de Servicio de Guardia y de Actuación Rápida para el *Mobile World Congress*, se acuerdan por parte del Tribunal Mercantil de Barcelona y los Juzgados de marcas de la UE de Alicante y prevén acciones para evitar la adopción de medidas cautelares *inaudita parte* y garantizar la adopción de medidas efectivas para proteger a los derechos de los participantes en esta feria internacional. Además, acuerdan medidas para la tramitación preferente de solicitudesde diligencias preliminares y diligencias de comprobación de hechos, de medidas cautelares urgentes con o sin audiencia... asumiendo compromisos de resolución en el breves plazos temporales. CANTOS PARDO, M., «Tutela cautelar de la Propiedad Industrial: "Protective Letters" o escritos preventivos», *Revista Aranzadi de Derecho Patrimonial*, núm. 52, 2020 (versión online). El más reciente de ellos es el Protocolo de servicio de guardia y de actuación rápida para el Mobile World Congress 2024, y se encuentra disponible en: *https://www.oepm.es/export/sites/portal/comun/documentos_relacionados/Noticias/2023/2023_12_04_PROTOCOLO_MWC_2024_ES.pdf* (consultado el 2 de febrero de 2024).

pragmáticos, se pudiera incorporar como variable el lapso temporal previsto teniendo en cuenta la agenda del tribunal para poder convocar a las partes a una vista, entre otros factores.

Hasta aquí se han señalado algunos aspectos del proceso cautelar en que los algoritmos podrían resultar auxiliadores, objetivando las respuestas y favoreciendo la seguridad jurídica. En todo caso, se trata de un elenco no tasado, pues los sistemas algorítmicos podrían resultar de ayuda en otros muchos ámbitos, por ejemplo, para la automatización de algunas decisiones, como el levantamiento de las medidas cautelares por impago de la caución o no presentación de la demanda.

3. INTELIGENCIA ARTIFICIAL Y PROCESO DECLARATIVO

De forma previa a iniciar un proceso declarativo son muchas las actividades que conviene realizar, especialmente desde el punto de vista del futuro demandante, con el propósito de alcanzar la mejor estrategia procesal y extraprocesal a desarrollar. Entre estas actividades podemos mencionar el análisis en profundidad del supuesto fáctico, estudio dela normativa aplicable, examen de la doctrina y jurisprudencia que ha tratado casos similares, búsqueda y valoración de medios de prueba que puedan ser de utilidad, exploración de los MASC preprocesales que puedan interesar… En este contexto son cada vez más las herramientas algorítmicas que están surgiendo y que pueden resultar de especial utilidad en esta fase preprocesal.

3.1. PROPUESTAS DE ALGORITMOS EN MATERIA DE DILIGENCIAS PRELIMINARES Y DILIGENCIAS DE COMPROBACIÓN DE HECHOS

La LEC regula en su Capítulo II del Título I del Libro II las diligencias preliminares, que son un conjunto de actuaciones cuyo propósito es la preparación subjetiva (generalmente para identificar debidamente a las partes) u objetiva (aclarando cuestiones sobre el fondo) del proceso[57].

En particular, el art. 256 LEC enumera en términos generales una serie de diligencias preliminares de diversa naturaleza, como son la obtención de información sobre la capacidad, representación o legitimación del eventual

57. BARONA VILAR, S. «Actividades de estrategia procesal y actividades previas al proceso». En AA.VV. (GÓMEZ COLOMER, J. L.; BARONA VILAR, S., coords.) *Proceso Civil. Derecho Procesal II*, 3ª ed., Tirant lo Blanch, Valencia, 2023, p. 160.

demandado, la exhibición de la cosa litigiosa, la exhibición de diferentes documentos (las cuentas de la sociedad, el contrato de seguro de responsabilidad civil...), entre otras diligencias. Más concretamente, los ordinales 7º, 8º y 10º del art. 256.1 LEC establecen de forma expresa una serie de diligencias especialmente referidas al ejercicio de acciones de infracción de derechos de propiedad industrial. Se trata de (i) obtención de determinados datos (ii) exhibición de unos concretos documentos y (iii) diligencias de investigación del prestador de un servicio de la sociedad de la información. Consecuentemente, en los procesos de infracción de derechos de propiedad industrial se podrán solicitar tanto las diligencias preliminares generales como las particulares.

Para la admisión de la petición de estas diligencias se requiere de determinados requisitos previstos en la ley y desarrollados por la jurisprudencia. En este sentido, las herramientas algorítmicas pueden resultar de gran ayuda para valorar estos presupuestos tanto desde el punto de la vista de las partes, como del tribunal. Por un lado, pueden desarrollarse sistemas algorítmicos que auxilien a las partes para conocer la necesidad o no de pedir una determinada diligencia en un caso en concreto, evitando, así, la petición de diligencias que puedan ser consideradas por el tribunal como no justificadas. Por otro lado, estos algoritmos podrían asistir al juez a la hora de valorar el cumplimiento de estos requisitos.

No obstante, nuevamente debemos advertir, y en este caso especialmente, que los algoritmos debieran entrenarse con resoluciones que desestimen o estimen estas diligencias, teniendo en cuenta sus motivos y justificación. En este sentido, actualmente, creemos que puede resultar muy complicado encontrar un volumen suficiente de resoluciones de estimación o desestimación de diligencias en materia de propiedad industrial, teniendo en cuenta que no se trata de una petición recurrente. Por lo que el desarrollo de un algoritmo que alcance un mínimo de garantías podría resultar muy dificultoso, pese a la utilidad que pudiera reportar.

Para la elaboración en este ámbito de un algoritmo automatizado podrían considerarse las variables que a continuación se describen y que parten de lo que vienen exigiendo los tribunales y la legislación.

Por un lado, la jurisprudencia exige básicamente dos requisitos (i) necesidad y (ii) proporcionalidad[58]. Por lo que se refiere a la necesidad, se ha

58. AAP de Barcelona (Sección 15ª) de 17 de noviembre de 2016; Auto de la AP de Barcelona de 23 de noviembre de 2017 (Rollo 499/2017); AAP de Barcelona (Sección 15ª) de 14 de

interpretado que la diligencia debe ser imprescindible de forma concreta para la interposición de la demanda. Esto es, deben existir motivos por los que una diligencia en particular sea necesaria para poder comprobar los actos cuyo conocimiento resulta indispensable para preparar el juicio. Por otro lado, la ley en su art. 258.1 LEC requiere la concurrencia de justa causa, que se debe distinguir de la apariencia de buen derecho, exigible en el ámbito cautelar, y que en este caso requiere de un examen más somero, de manera que lo que procede examinar es si los hechos aducidos en la solicitud para justificar la justa causa y el interés legítimo de la misma hacen presumible la infracción que la solicitante imputa a la solicitada. Igualmente, se exige que el peticionario haya agotado las posibilidades razonables de averiguación de esas circunstancias por otros cauces, por ejemplo, a través de la consulta de registros públicos, lo que debiera introducirse como otro factor en el algoritmo. Además, se requiere que se cumpla con el principio de proporcionalidad que supone que las diligencias sean adecuadas a la finalidad que persiguen y que no resulten excesivamente gravosas para el requerido (Auto del Juzgado de lo Mercantil núm. 3 de Barcelona de 8 de marzo [AC 2022, 1272]), lo que también debiera tenerse en consideración en el algoritmo.

Asimismo, debe realizarse ofrecimiento de caución por los gastos y los daños y perjuicios que se le puedan ocasionar al solicitado, *ex art.* 256.3 LEC, para lo que también podrían valerse de algoritmos[59].

Por lo que se refiere a las diligencias de comprobación de hechos, debemos tener en cuenta que el art. 256.1.9º LEC prevé que para la preparación de algunos procesos puedan instarse diligencias que se establezcan en las leyes especiales para la protección de determinados derechos, este es el caso de las diligencias de comprobación de hechos que se regulan en los arts. 123 a 126 LP[60].

---

diciembre de 2020 (AC 2020, 1789), y AAP de Barcelona (Sección 15ª) de 2 diciembre de 2022 (JUR 2023, 249759), entre otros. Por su parte, otras resoluciones formulan estos presupuestos de otra manera, pese a que en general plantean unas exigencias similares. Este es el caso del AAP de Madrid (Sección 28ª) de 21 de mayo de 2010 (JUR 2010, 238273) y AAP de Valencia (Sección 9ª) de 22 de diciembre de 2022 (JUR 2023, 92295), que requieren de: «1.- Interés legítimo en el solicitante. 2.- Adecuación de la diligencia propuesta a la finalidad perseguida. 3.- Concurrencia de justa causa en la solicitud».

59. La jurisprudencia tiene en cuenta las circunstancias que concurren en cada caso para fijar la caución. Por ejemplo, en el que la caución propuesta fue multiplicada por veinte por el tribunal, por entender que no cubría con los gastos que iba a causar al requerido (AAP de Barcelona [Sección 15ª] de 29 septiembre de 2023 [JUR 2024, 18282]).

60. Téngase en cuenta que esta regulación sobre las diligencias de comprobación de hechos resulta de aplicación en materia de marcas y diseños industriales (Disposición Adicional Primera de la LM y la LDI, respectivamente), en materia de obtenciones vegetales y

Estas diligencias tienen como objeto conocer los medios que se están empleando para infringir un derecho de propiedad industrial, tomando conocimiento inmediato de los hechos relacionados con la presunta vulneración, su comisión y las circunstancias relevantes para la preparación del juicio[61]. En particular, el art. 124.3 LP hace referencia a una concreta diligencia, el reconocimiento judicial de máquinas, dispositivos, productos, procedimientos, instalaciones o actuaciones, pero se interpreta que su regulación es a modo de *numerus apertus*[62].

Las diligencias de comprobación de hechos resultan especialmente interesantes respecto de algunos derechos de propiedad industrial, como es el caso de las patentes, cuando se tienen indicios de su posible infracción[63],

---

de topografías (Disposición Final Segunda de la LOV, y por remisión del art. 8.1 Ley 11/1988, de 3 de mayo, de Protección Jurídica de las topografías de los productos semiconductores, respectivamente) y en el ámbito de la competencia desleal y los secretos empresariales (por remisión a la LP, *ex art.* 36 LCD y el art. 17 LSE).

61. MASSAGUER FUENTES, J., *Acciones y procesos…*, *cit.*, p. 231.

62. CASTÁN GÓMEZ-PÉREZ, A., «Las diligencias de comprobación de hechos». En AA.VV. (BERCOVITZ RODRÍGUEZ-CANO, A., dir.) *La nueva Ley de Patentes, Ley 24/2015, de 24 de julio*, Aranzadi Thomson Reuters, Cizur Menor, 2016, pp. 557-558. GARCÍA GARCÍA destaca un elenco ejemplificativo de diligencias de comprobación de hechos especialmente ilustrativo: «a) La inspección de maquinaria que pueda estarse empleando para fabricar un determinado producto; b) el registro de las instalaciones –naves industriales, fábricas, tiendas, oficinas, laboratorios y otras dependencias– en que pueda estar elaborándose o almacenándose un determinado producto; c) el examen de la documentación relativa al proceso industrial de elaboración de un producto o al procedimiento de obtención de una determinada sustancia; d) la toma de muestras de un determinado producto o de los materiales, sustancias, componentes u otras sustancias o materias relacionadas con la patente; e) la realización de análisis y exámenes periciales sobre materiales, sustancias, procesos de fabricación u obtención de determinados productos; y f) en el caso concreto de los medicamentos, donde las solicitudes de diligencias de comprobación son frecuentes, la realización de las averiguaciones oportunas para comprobar el proceso seguido para la fabricación del principio activo, la composición del fármaco, las cantidades producidas de las sustancias de que se trate y el destino de las mismas». GARCÍA GARCÍA, E., «Las diligencias preliminares en los litigios sobre infracción de patentes en España», *Jornadas de estudio y actualización en materia de patentes («Los Lunes de Patentes»)*, OEPM, 2011, pp. 8-9. Disponible en: *http://www.ub.edu/centredepatents/pdf/doc_dilluns_CP/Garcia-garcia_Diligencias_preliminares_litigios_patentes.pdf* (consultado el 2 de febrero de 2024).

63. Se resalta la importancia de estas diligencias de comprobación de hechos «ante presumibles infracciones y violaciones del derecho de patente y cuya necesidad suele plantearse con particular urgencia y perentoriedad en los procedimientos sobre propiedad industrial». BARRERO RODRÍGUEZ, E., *Hacia un nuevo régimen jurídico en las creaciones industriales*, Marcial Pons, Madrid, 2016, p. 138.

pero es imposible determinarlo con certeza a través del análisis del producto presuntamente infractor[64].

Para la estimación de estas diligencias de comprobación de hechos la LP exige el cumplimiento de tres condiciones, las cuales, entendemos, debieran ser consideradas en el algoritmo automatizado que pudiera auxiliar al juez para determinar si estima o desestima su petición.

En primer lugar, se exige que la infracción sea presumible (art. 123.3 LP), para lo que nos remitimos a lo explicado con anterioridad respecto de la concurrencia de justa causa e interés legítimo en el régimen general de las diligencias preliminares. En segundo lugar, se requiere que no sea posible comprobar la realidad de esta sin recurrir a las diligencias de comprobación solicitadas (art. 123.3 LP), para lo que nuevamente nos remitimos a lo explicado con anterioridad. El art. 123.2 LP también establece que el Juez podrá requerir los informes y ordenar las investigaciones que estime convenientes. Esta previsión responde a la complejidad técnica que puede llegar a tener para el juez tomar la decisión sobre la oportunidad de practicar estas diligencias. Así, la existencia de estos informes y su resultado también debiera incorporarse como factor en el algoritmo.

En tercer y último lugar, se determina que el juez habrá de fijar caución, la cual deberá prestar el peticionario de la diligencia, con el objeto de responder a los eventuales daños y perjuicios que pudieran derivarse de su realización[65]. El art. 126 LP determina que la compensación a la parte afectada incluirá los gastos y daños, incluyendo el lucro cesante, que se le ocasionen al requerido por razón del desarrollo de las diligencias. Téngase en cuenta que el desarrollo de la comprobación de hechos puede suponer la parada de la producción, además de que directivos y empleados del requerido deban atender repentinamente a la comisión judicial, lo que puede resultar especialmente gravoso[66]. Por tanto, un algoritmo que ayudase a evaluar estos gastos y daños podría ser de especial relevancia al igual que en el caso anterior.

---

64. DEL VALLE SÁNCHEZ, J.; RUIZ DE VELASCO, V.; SELAS COLORADO, A., «Aspectos procesales civiles en materia de propiedad industrial». En AA.VV. (O'CALLAGHAN MUÑOZ, X., dir.) *Propiedad industrial, Teoría y Práctica*, Madrid: Editorial Centro de Estudios Ramón Areces, 2001, p. 414.

65. En la práctica jurisprudencial encontramos cuantías muy dispares que van desde los 1.000 a los 35.000 euros (Auto del Juzgado de lo Mercantil núm. 5 de Barcelona de 19 febrero 2019 [JUR 2019\248970]).

66. CASTÁN PÉREZ-GÓMEZ, A., «Las diligencias de comprobación…», *cit.*, p. 562.

Si finalmente es estimada la petición, sin mediar previo aviso, la comisión judicial, compuesta por el juez, el LAJ y los funcionarios que sean necesarios, se personará en el lugar que proceda junto con el perito o peritos designados y, en su caso, con los cuerpos y fuerzas de seguridad del Estado[67]. Practicadas las diligencias, pueden darse dos situaciones: (i) que el juez considere que a la vista de lo practicado no es presumible que se esté llevando a cabo la infracción, de manera que las actuaciones se mantendrán secretas y el LAJ notificará al peticionario que no procede darle a conocer el resultado de las diligencias realizadas; o (ii) que el juez entienda presumible que se puede estar llevando a cabo la infracción, para lo que efectuará una detallada descripción de las máquinas, dispositivos, productos, procedimientos, instalaciones o actuaciones mediante la utilización de los cuales se lleve presumiblemente a cabo la infracción alegada. En este caso, se trasladará al solicitante solamente la información precisa para que pueda interponer la correspondiente demanda.

Sin duda, también, en este punto el desarrollo de un algoritmo que pudiera determinar si resulta presumible la infracción, teniendo en cuenta la información recabada, la opinión de los peritos y demás circunstancias relevantes, pudiera ser de gran ayuda para que el juez tomara la correspondiente decisión, garantizando los derechos de ambas partes (art. 124.5 LP).

---

67. Por lo que se refiere a los peritos, GARCÍA GARCÍA apunta al respecto que: «En la práctica no es infrecuente que el juez encomiende al perito que le acompaña la elaboración, como parte de su función, de un dictamen que complementará al acta con la información técnica o científica que permitan la debida comprensión del resultado de la diligencia. Solo con el asesoramiento de un perito podrá realizarse actuaciones de comprobación que verdaderamente resulten útiles en asuntos tales, entre otros, como determinadas patentes mecánicas, farmacéuticas (ya sean de producto ya de procedimiento) o de materias biológicas. No se trata aquí de suplir el dictamen pericial que pueda tener que elaborarse para la fase probatoria del litigio, sino de asegurar que queda plasmada la información necesaria para que el demandante pueda elaborar su demanda y encargar, en su caso, la elaboración de los correspondientes dictámenes periciales merced a los datos de hecho de carácter técnico que hayan sido obtenidos». GARCÍA GARCÍA, E., «Las diligencias preliminares», *cit., p.* 14. En relación con los cuerpos y fuerzas de seguridad del Estado, en los casos de ejecución de diligencias de comprobación de hechos realizadas durante el MWC de Barcelona, las autos de admisión de las diligencias suelen prever que se oficie a los Mossos d'Esquadra, en particular, a la Unidad especializada en Tecnología, para el traslado y acompañamiento a los Magistrados y LAJ, desde la Ciudad de la Justicia de Barcelona al recinto ferial de Fira de Barcelona, a los efectos de practicar las diligencias de comprobación de hechos en los halls y stands indicados, que se darán a conocer el mismo día de su práctica. Entre otros, Auto del Juzgado de lo Mercantil núm. 5 de Barcelona de 19 febrero 2019 (JUR 2019\248970).

3.2. LA POSIBILIDAD DE IR UN PASO MÁS ALLÁ PARA EL DESARROLLO DEL PROCESO DECLARATIVO

MONTERO AROCA afirmaba que el proceso declarativo es aquel por medio del cual los órganos jurisdiccionales «dicen el derecho» en un caso concreto[68]. En este sentido, existen múltiples trabajos que analizan cómo la inteligencia artificial puede asistir a los tribunales en el desarrollo del proceso de declaración, automatizando tareas[69], proporcionando borradores de resoluciones judiciales, etc.

Con carácter previo y como advertíamos en la Introducción, debemos tener en cuenta que las normas especiales en materia de propiedad industrial recogen muy pocas especialidades en relación con el proceso de declaración, con la salvedad de la regulación específica sobre las diligencias de comprobación de hechos ya estudiada, y alguna particularidad como la modificación del plazo para la contestación a la demanda y el tratamiento de la información confidencial. Por tanto, el desarrollo del proceso de declaración, en general, se llevará a cabo siguiendo las normas generales de la LEC.

En este sentido, muchas de las tareas que pueden ser auxiliadas o directamente realizadas por sistemas algorítmicos hacen referencia al proceso declarativo civil en general y no a los procesos en materia de propiedad industrial en particular. En consecuencia, en estos supuestos, se podrán emplear en muchos casos los sistemas algorítmicos que se desarrollen de forma genérica para los procesos declarativos. Además, para entrenar a estos algoritmos se contará con un volumen mayor de resoluciones, lo que puede favorecer el mejor desarrollo de los sistemas de inteligencia artificial. De manera que, así como anteriormente nos hemos centrado en algoritmos automatizados, entendemos que en este caso sí podrían desarrollarse con mayores garantías (en general) sistemas de inteligencia artificial con capacidad de decisión e incluso con inteligencia artificial generativa.

A continuación, se refieren algunas tareas, trámites, trabajos… que podrían ser auxiliados por sistemas algorítmicos o incluso sustituidos por la máquina.

---

68. MONTERO AROCA, J., «Tipos de procesos, cuestiones incidentales y costas». En MONTERO AROCA, J.; BARONA VILAR, S.; GÓMEZ COLOMER, J. L., *Derecho Jurisdiccional I, Parte General*, 27ª ed., Tirant lo Blanch, Valencia, 2019, p. 194.

69. NIEVA FENOLL menciona algunas de ellas como la admisión automática de demandas y su entrega inmediata a la parte contraria, entre otras. NIEVA FENOLL, J., *Inteligencia artificial…*, cit., pp. 34-35.

Por un lado, muchos aspectos de mero trámite podrían automatizarse como la admisión o inadmisión de escritos por cuestiones formales[70], providencias de dación de cuenta de escritos de parte[71], transcripción automática de vistas orales, traducción automática de documentos, clasificación automática de documentos procesales en el expediente exacto y momento del proceso que corresponda, entre otros muchos[72]. Esto, sin duda, reduciría costes temporales y económicos y favorecería la mayor eficiencia y celeridad del sistema judicial[73].

Por otro lado, estos algoritmos podrían auxiliar en gran medida a las partes en la determinación de su estrategia procesal. BARONA VILAR, al respecto, referencia y analiza algunas de las actividades que nos interesan a estos efectos y que pudieran ser realizadas por sistemas computacionales como análisis de textos, extracción y examen de información de documentos; generación y redacción de escritos procesales; realización de tareas de planificación y organización, entre otras[74].

En nuestra opinión, sin duda, la posibilidad de contar con análisis predictivos en un momento preprocesal o inicial del proceso, por ejemplo, para determinar las posibilidades de éxito de una pretensión o predecir si un concreto tribunal la estimará o no, arrojando datos porcentuales, puede resultar de enorme utilidad para las partes. Lo que hace que la jurimetría se erija como

---

70. BONET NAVARRO, J., «La tutela judicial de los derechos no humanos. (De la tramitación electrónica al proceso con robots autónomos)», *RevistaCeflegal*, núm. 208, 2018, pp. 80-81.
71. ARIZA COLMENAREJO, M. J., «Impugnación de las decisiones judiciales dictadas con auxilio de inteligencia artificial». En AA. VV. (CALAZA LÓPEZ, S.; LLORENTE SÁNCHEZ-ARJONA, M., dirs.) *Inteligencia artificial legal y administración de justicia*, Thomson Reuters Aranzadi, Cizur Menor, 2022, p. 30.
72. Otro ámbito en que los algoritmos podrían resultar de especial interés en los procesos sobre derechos de propiedad industrial es para coadyuvar al tratamiento de la información confidencial especialmente protegida en este tipo de procesos (arts. 69.3, 73.2, 124.4 y 122 LP, así como art. 15 LSE), facilitando la anonimización y ocultación de datos, y el establecimiento de barreras y limitaciones de seguridad.
73. Téngase en cuenta que actualmente ya se utilizan en los tribunales españoles herramientas asistenciales de tipo algorítmico para la realización de ciertas tareas, algunas herramientas en su formato definitivo y otras como proyectos piloto. Es el caso de VioGen, Sistema de Comparecencias Apud Acta en Remoto, Carpeta justicia, Escritorio Virtual de Inmediación Digital, etc. Las referencia y explica: CATALÁN CHAMORRO, M. J., *La justicia digital en España, retos y desafíos*, Tirant lo Blanch, Valencia, 2023, pp. 139-162.
74. BARONA VILAR, S., *Algoritmización del derecho..., cit.*, pp. 375-388.

una herramienta asistencial con un enorme potencial[75]. Particularmente, en el caso de los procesos sobre infracción de derechos de propiedad industrial, podría resultar muy beneficiosa para auxiliar al demandado a tomar la decisión de si reconviene o no por nulidad del derecho.

Las herramientas algorítmicas pueden ayudar tanto a demandantes como a demandados, pudiendo llegar incluso a generar borradores de demanda y contestación a través de sistemas de inteligencia artificial generativa. No obstante, entendemos que actualmente (aunque quizás no en un futuro muy lejano) sería complicado técnicamente que estos sistemas generaran escritos de cierta calidad técnica, teniendo en cuenta la complejidad del lenguaje jurídico, la forma de razonar jurídica, la sistematización legal, etc. Y, más concretamente en el ámbito del Derecho de la propiedad industrial, que requeriría del etiquetado del texto legal para su traducción al lenguaje numérico, entre otras muchas cuestiones[76]. Presentadas la demanda y con-

75. PLANCHADELL-GARGALLO define la jurimetría como la definición de la estrategia procesal más idónea para el éxito del caso o una propuesta de resolución, basada en el análisis cognitivo de millones de decisiones judiciales. PLANCHADELL-GARGALLO A., «Inteligencia Artificial y medidas cautelares.», cit., p. 399. BARONA VILAR enfatiza el carácter asistencial de la jurimetría, que no sustituye la mente humana, sino que ofrece a los abogados información que puede interesarles en el ejercicio de su trabajo. BARONA VILAR, S., *Algoritmización del derecho…, cit.*, p. 371. La realidad nos muestra que con una simple búsqueda en internet encontramos ofertas de estas herramientas de analítica, como Jurimetría La Ley, disponible en *https://jurimetria.laleynext.es/content/Inicio.aspx* (consultado el 2 de febrero de 2024), o Tirant Analitycs, disponible en: *https://analytics.tirant.com/analytics/* (consultado el 2 de febrero de 2024).

76. Entre algunas de las limitaciones con que se encuentra la aplicación de estos sistemas algoritmos, se pueden referenciar, según BELLOSO MARTÍN, las siguientes: «En primer lugar, el carácter imperativo de las normas jurídicas, que constituyen mandatos que surgen de quien tiene el poder legislativo y no de elaboraciones lógicas; en segundo lugar, la interpretación judicial no tiene un significado automático y/o mecánico, las respuestas no se obtienen de una mera deducción lógica. En el proceso de razonamiento del Derecho se puede utilizar la deducción pero no ofrece un resultado aritmético, como si se tratara de la matemática; En tercer lugar, la terminología jurídica es susceptible de diversas interpretaciones, por cuanto las decisiones del juez se realizan en función de normas que no tienen un significado claro y unívoco, sino pluralidad de sentidos, que se aplican a las situaciones de la realidad social: hay términos jurídicos ambiguos, conceptos jurídicos indeterminados, múltiples excepciones, mientras que los Sistemas Expertos (SE) "operan siempre dentro de un modelo lógico, que permite llegar a soluciones fijas e indiscutibles"; en cuarto lugar, en el ámbito jurídico suele haber más de una respuesta a la cuestión objeto de la controversia legal. Baste pensar en la teoría de la argumentación y en el arte de la retórica que puede desembocar en dos opciones distintas». BELLOSO MARTÍN, N., «Entre la ciencia y la técnica del derecho ¿hacia una hermenéutica telemática?», *Anales de la Cátedra Francisco Suárez*, núm. 47, 2013, p. 157.

testación, las herramientas algorítmicas podrían ayudar a fijar los hechos controvertidos, primordialmente en aquellos supuestos en que existen cuestiones de fondo especialmente complejas desde el punto de vista técnico, por ejemplo, en litigios sobre patentes farmacéuticas[77].

También, podrían resultar muy provechosas en el ámbito probatorio, auxiliando a las partes a la elegir la prueba que más conviene a sus pretensiones, así como al juez a tomar la decisión de admitirla o inadmitirla, incluso a valorarla y a obtener la hipótesis más plausible de los hechos probados[78]. Poniendo el foco en la valoración de la prueba, MONTESINOS GARCÍA estudia la cuestión y entiende que los supuestos de valoración legal podrán ser fácilmente realizados por un programa de inteligencia artificial, pues consiste en constatar que efectivamente se cumplen los presupuestos previstos en la ley para que se produzca la fijación de los hechos. Sin embargo, la valoración de las pruebas de manera libre no cuenta con estándares que orienten al juez, lo que puede dificultar la objetivización en un lenguaje algorítmico de los criterios que orientan al juzgador para valorar las pruebas[79].

77. Según SANCHIS CRESPO, a día de hoy, estas herramientas algorítmicas para la fijación de los hechos controvertidos aún no han alcanzado el suficiente nivel de desarrollo como para que puedan ser aplicadas a cualquier tipo de proceso y mucho menos sin supervisión del juez humano. SANCHIS CRESPO, C., «Inteligencia artificial y decisiones judiciales.», cit., p. 77.

78. SANCHIS CRESPO, C. «Inteligencia artificial y decisiones judiciales..., cit., p. 76.

79. MONTESINOS GARCÍA, A. «Empleo de la inteligencia artificial.», cit., pp. 2-3. En este sentido, como expone BONET NAVARRO respecto de la valoración libre de la prueba, «en el caso de la inteligencia artificial, lo único que se produce es la sustitución de la convicción y la subjetividad (del juez) por un porcentaje numérico, el que se estime suficiente y adecuado para considerar fijado el hecho y que ya lleva implícita la coherencia en el contexto». BONET NAVARRO, J., «Valoración de la prueba y resolución mediante inteligencia artificial». En AA.VV. (BUJOSA VADELL, L. dir.), *Derecho Procesal: retos y trasformaciones*, Atelier, Barcelona, 2021, p. 324.

Así, entendemos que, pese a las dificultades apuntadas por MONTESINOS GARCÍA respecto de la valoración libre, es viable que en el futuro se desarrollen determinadas herramientas algorítmicas que auxilien al juez en esta tarea; pero, en todo caso, como advierte MARTÍN DIZ, la utilización de mecanismos de inteligencia artificial en materia probatoria debe realizarse desde el pleno respecto a los derechos humanos y a los derechos fundamentales procesales[80].

De esta valoración de la prueba se podrán extraer conclusiones esenciales para la resolución de los asuntos. Por ejemplo, en el ámbito de la propiedad industrial para poder afirmar si concurre o no infracción de una marca, si un derecho de patente es nulo por no cumplir con algún requisito de patentabilidad, si ha existido retraso desleal en la interposición de la pretensión por el demandante, cuál debe ser la cuantía de la indemnización de daños y perjuicios derivada de una infracción, etc. Estos «hechos probados», según el algoritmo, vendrán respaldados por porcentajes, de modo que el juez podrá trasladarlos a la sentencia para, aplicando el Derecho, decidir si estima o desestima las pretensiones.

Por último, conviene hacer referencia a una de las aristas que más alarmas enciende y sobre la que ya han corrido ríos de tinta, la posibilidad de que las sentencias sean dictadas u orientadas por algoritmos.

De nuevo, podemos plantearnos dos posibles escenarios. El primero sería aquel en que el juez utiliza estas herramientas como auxilio para dictar sentencia[81], por ejemplo, para fijar los hechos probados, determinar el derecho aplicable, motivar su resolución e incluso tomar la decisión de estimar o desestimar[82]; pero siempre utilizando los resultados algo-

80. MARTÍN DIZ, F. «Justicia predictiva: inteligencia artificial y algoritmos aplicados al proceso judicial en materia probatoria». En AA.VV. (BUENO DE MATA, F., dir.) *El impacto de las tecnologías disruptivas*, Aranzadi, Cizur Menor, 2022, p. 148.

81. En algunos países ya se han desarrollado algunas de estas herramientas, como mero ejemplo, mencionamos EXPERTIUS I, un sistema de apoyo a la toma de decisiones de jueces y secretarios de México con poca experiencia en la determinación de si el demandante debe recibir o no una pensión económica con base en la obligación de alimentación y su cuantía. CÁCERES NIETO, E., «La inteligencia artificial aplicada al derecho como una nueva rama de la teoría jurídica», *Anales de la Cátedra Francisco Suárez*, núm. 57, pp. 69-70.

82. En este sentido, PLANCHADELL-GARGALLO propone que pensemos que la interacción del juez con la IA le permitiría servirse de una máquina que leyera los escritos de las partes, buscara los temas clave a resolver, la legislación y jurisprudencia aplicable y presentara soluciones alternativas para que el juez, basándose en todo ello, tome

rítmicos como una ayuda que le permite objetivar su decisión, de los que podría llegar a apartarse si entiende que la solución debiera ser otra por los motivos que explicaría en la sentencia en cumplimiento de su deber de motivación (art. 120.3 Constitución Española). Así, el juez controlaría que no se han visto afectadas las garantías procesales y podría, bajo su criterio, aportar las consideraciones discrecionales que le lleven a la decisión final[83].

En nuestra opinión, este es el escenario que al menos en este momento ofrece mayores garantías, sin desconocer que cuando se hayan desarrollado estas herramientas algorítmicas y pretendan incorporarse en el sistema judicial español deberán ser supervisadas debidamente para cumplir con las garantías y derechos procesales. Además, entendemos que este primer escenario resulta más apropiado para los procesos sobre derechos de propiedad industrial en los que los supuestos de hecho pueden ser técnicamente muy diferentes entre sí, además de complejos desde el punto de vista técnico-fáctico, a lo que se añade que el derecho aplicable cuenta con muchas especialidades y puede resultar complejo que el algoritmo las aprecie, salvo que se encontrara en una fase de gran desarrollo[84].

El segundo escenario es aquel en que el juez persona física es sustituido por el juez robot y es la máquina la que realiza la función jurisdiccional. La implementación de este revolucionario paradigma encuentra múltiples obstáculos: la confrontación con preceptos constitucionales básicos (art. 117 Constitución Española)[85], el incumplimiento de principios procesales

una decisión sin dar cabida a valoraciones subjetivas o haciéndolo. PLANCHADELL-GARGALLO, A., «La justicia civil y penal ante el reto de la inteligencia artificial: una aproximación», *Actualidad penal*, núm. 81, 2021, p. 147.

83. MONTESINOS GARCÍA, A., «Empleo de la inteligencia artificial.», cit., p. 7.

84. Precisamente, en términos generales, DE LA OLIVA SANTOS afirma que es muy probable que la aplicación informática (defectos intrínsecos aparte, aunque suelen ser habituales, por insuficiente formación de los programadores) prescinda de matices o elementos normativos relevantes, que requerirían interpretación. DE LA OLIVA SANTOS, A., «Justicia predictiva, interpretación matemática de las normas, sentencias robóticas y la vieja historia del justizklavier», *El Cronista del Estado Social y Democrático de Derecho*, núm. 80, 2019, p. 32.

85. GÓMEZ COLOMER resalta la importancia de la independencia judicial como «principio político de naturaleza jurisdiccional orgánica de una democracia» y advierte de los peligros que entrañaría para su cumplimiento la sustitución del juez por el Juez-Robot. GÓMEZ COLOMER, J. L., «Unas reflexiones sobre el llamado "juez-robot", al hilo del principio de la independencia judicial». En AA.VV. (Barona Vilar, S., ed.) *Justicia algorítmica y neuroderecho, Una mirada multidisciplinar*, Tirant lo Blanch, Valencia, 2021, pp. 243-263.

esenciales y la vulneración de los derechos dentro del proceso[86], el vínculo al precedente[87], la petrificación de la jurisprudencia[88] y fosilización del Derecho, el riesgo de contar con algoritmos sesgados[89], la atribución de responsabilidades civiles a la máquina, entre un largo etcétera.

En este sentido, y sin obviar los cambios legislativos profundos y complejos que deberían acometerse para su configuración plenamente garantista[90], podemos llegar a compartir que en un corto o medio plazo pudiera aplicarse este segundo escenario para la resolución de determinados procesos más sencillos, de menos cuantía… (según lo explicado al inicio)[91], pero manteniendo la figura del juez humano para otros procesos más complejos, como son los relativos a derechos de propiedad industrial[92].

86. Entre otros, MONTESINOS GARCÍA, A., «Afectación de los derechos y garantías procesales por el empleo de algoritmos predictivos». En AA.VV. (ASENSIO MELLADO, J. M., dir.) *El proceso como garantía*, Atelier, Barcelona, 2023, pp. 703-714.

87. BATTELLI, E., «La decisión robótica.», cit., p. 62.

88. MONTESINOS GARCÍA, A., «Empleo de la inteligencia artificial.», cit., p. 8. BUENO DE MATA, F., «Macrodatos, Inteligencia Artificial y Proceso: Luces y sombras», *Revista General de Derecho Procesal*, núm. 51, 2020, p. 28.

89. Muchos autores apuntan el peligro de que concurran sesgos en los algoritmos. Entre otros, BORGES BLÁZQUEZ que afirma que los números, aunque revestidos de buenismo y (falsa) neutralidad, están sesgados como la propia realidad en la que vivimos. La información con la que hemos alimentado el algoritmo no es neutra. Es la suma de diferentes sentencias en las que los/as jueces/as han ido resolviendo en un sentido u otro. BORGES BLÁZQUEZ, R., «La inteligencia artificial en el proceso penal y el ¿regreso? de Lombroso». En AA.VV. (BARONA VILAR, S., ed.) *Justicia algorítmica y neuroderecho, Una mirada multidisciplinar*, Tirant lo Blanch, Valencia, 2021, p. 180. También, en ese sentido, SORIANO ARNANZ, A.; SIMÓ SOLER, E., «Machine learning y Derecho: aprendiendo la (des)igualdad». En AA.VV. (BARONA VILAR, S., ed.) *Justicia algorítmica y neuroderecho, Una mirada multidisciplinar*, Tirant lo Blanch, Valencia, 2021, pp. 194-197.

90. Por ejemplo, se ha sugerido que se garantice la revisión por jueces humanos de las decisiones adoptadas por la máquina. SANCHIS CRESPO, C. «Inteligencia artificial.», cit., p. 82.

91. BARONA VILAR, S., «Una justicia "digital" y "algorítmica" para una sociedad en estado de mudanza», en (BARONA VILAR, ed.) *Justicia Algorítmica y Neuroderecho. Una mirada multidisciplinar*, Tirant Lo Blanch, Valencia, 2021, p. 48. MONTESINOS GARCÍA, A., «Empleo de la inteligencia artificial.», cit., p. 7.

92. SANCHIS CRESPO, C., «Inteligencia artificial y decisiones judiciales.», cit., p. 82.

4. A MODO DE CONCLUSIÓN: SISTEMAS AUXILIADORES COMO PUNTO DE PARTIDA

Ninguna duda cabe, los retos que nos plantea la inteligencia artificial son de gran envergadura para el Derecho de la propiedad industrial y su tutela judicial. Pese a los grandes riesgos que puede comportar para los derechos de los ciudadanos y el sistema judicial actual, los beneficios que podría reportar en términos temporales, económicos, de eficiencia y celeridad, incluso de calidad de las decisiones judiciales, nos obligan a explorar este nuevo horizonte con todo detalle.

Como se desprende de este capítulo, las particularidades con que cuentan los procesos judiciales en materia de propiedad industrial requieren del desarrollo de herramientas algorítmicas especializadas a efectos de considerar las peculiaridades propias de cada derecho (patente, marca, modelo de utilidad, diseño industrial, etc.) y su aplicación en cada fase del proceso.

El inconveniente principal que encontramos en la actualidad para el pleno y garantista desarrollo de los sistemas algorítmicos es el número de resoluciones de que se podrían disponer para entrenar debidamente a los algoritmos, si pretendemos que estos se encuentren especializados. Por ello, para el ámbito cautelar y de las diligencias preliminaresse propone el desarrollo de determinados algoritmos con automatización, entre otros, para la valoración de cada uno de los presupuestos de las medidas cautelares y para la valoración de los requisitos exigibles para la estimación de una solicitud de diligencias preliminares. Asimismo, del estudio de la jurisprudencia, legislación y doctrina se han extraído los posibles ítems que se podrían incorporar para el desarrollo de cada uno de los algoritmos que se sugieren. Se trata, por tanto, de propuestas concretas que pudieran ser los primeros pasos en la introducción de los algoritmos en los procesos judiciales en materia de propiedad industrial.

Partiendo de que la ley para el proceso declarativo en este ámbito no regula tantas especialidades, en este caso sí entendemos que el desarrollo de algoritmos con capacidad de decisión (inteligencia artificial) podría tener un mejor encaje, aunque su incorporación debiera hacerse con grandes cautelas y de forma progresiva y supervisada.

En todo caso, en este momento, creemos que el uso de estos sistemas algorítmicos debe ser predominantemente asistencial. Por supuesto, desde la perspectiva de las partes, para ayudarles a tomar determinadas decisiones, por ejemplo, reconvenir por nulidad o no hacerlo. Así como desde la perspectiva del juez, para auxiliarle en su función jurisdiccional, verbigracia, para considerar probada o no la infracción de un derecho de propiedad industrial, para determinar si concurre riesgo de infracción, para calcular la cuantía de una indemnización de daños y perjuicios por infracción, etc. No obstante, insistimos, sería el juez y no la máquina quien tomara la decisión en última instancia.

5. BIBLIOGRAFÍA

ARIZA COLMENAREJO, M. J., «Impugnación de las decisiones judiciales dictadas con auxilio de inteligencia artificial». En AA. VV. (CALAZA LÓPEZ, S.; LLORENTE SÁNCHEZ-ARJONA, M., dirs.) *Inteligencia artificial legal y administración de justicia*, Thomson Reuters Aranzadi, Cizur Menor, 2022, pp. 29-54.

BARONA VILAR, S., «Proceso y procedimiento cautelar». En AA.VV. (BARONA VILAR, S.; GOMEZ COLOMER, J. L., coords.) *Proceso Civil Derecho Procesal II*, 3ª ed., Tirant lo Blanch, Valencia, 2023, pp. 569-585.

BARONA VILAR, S., «Actividades de estrategia procesal y actividades previas al proceso». En AA.VV. (GÓMEZ COLOMER, J. L.; BARONA VILAR, S., coords.) *Proceso Civil. Derecho Procesal II*, 3ª ed., Tirant lo Blanch, Valencia, 2023, pp. 153-168.

BARONA VILAR, S., «Una justicia "digital" y "algorítmica" para una sociedad en estado de mudanza». En (BARONA VILAR, ed.) *Justicia Algorítmica y Neuroderecho. Una mirada multidisciplinar*, Tirant lo Blanch, Valencia, 2021, pp. 21-63.

BARONA VILAR, S., *Algoritmización del Derecho y de la Justicia: De la Inteligencia Artificial a la Smart Justice*, Tirant lo Blanch, Valencia, 2021.

BARONA VILAR, S., «Cuarta revolución industrial (4.0.) o ciberindustria en el proceso penal: revolución digital, inteligencia artificial y el camino hacia la robotización de la justicia», *Revista Jurídica Digital UANDES*, vol. 3, núm. 1, 2019, pp. 1-17.

BARONA VILAR, S., *Medidas cautelares en los procesos sobre propiedad industrial*, Comares, Granada, 1995.

BARRERO RODRÍGUEZ, E., *Hacia un nuevo régimen jurídico en las creaciones industriales*, Marcial Pons, Madrid, 2016.

BATTELLI, E., «La decisión robótica, algoritmos, interpretación y justicia predictiva», *Revista de Derecho Privado*, núm. 38, 2020, pp. 45-86.

BELLOSO MARTÍN, N., «Entre la ciencia y la técnica del derecho ¿hacia una hermenéutica telemática?», *Anales de la Cátedra Francisco Suárez*, núm. 47, 2013, pp. 139-161.

BLANCO GARCÍA, A. I., «El *periculum in mora* de las medidas cautelares reales. La ¿utilidad? De la Inteligencia Artificial en su detección». En AA.VV. (BLANCO GARCÍA, A. I., ed.) *Sistemas predictivos en la justicia civil*, Tirant lo Blanch, Valencia, 2024, pp. 79-112.

BONET NAVARRO, J., «Valoración de la prueba y resolución mediante inteligencia artificial». En AA.VV. (BUJOSA VADELL, L. dir.), *Derecho Procesal: retos y trasformaciones*, Atelier, Barcelona, 2021, pp. 315-337.

BONET NAVARRO, J., «Elasticidad, ductibilidad y automatización del proceso». En AA.VV. (BARONA VILAR, S., ed.) *Justicia algorítmica y neuroderecho*, Tirant lo Blanch, Valencia, 2021, pp. 469-487.

BONET NAVARRO, J., «La tutela judicial de los derechos no humanos. (De la tramitación electrónica al proceso con robots autónomos)», *RevistaCeflegal*, núm. 208, 2018, pp. 55-92.

BORGES BLÁZQUEZ, R., «La inteligencia artificial en el proceso penal y el ¿regreso? de Lombroso». En AA.VV. (BARONA VILAR, S., ed.) *Justicia algorítmica y neuroderecho, Una mirada multidisciplinar*, Tirant lo Blanch, Valencia, 2021, pp. 157-181.

BUENO DE MATA, F., «Macrodatos, Inteligencia Artificial y Proceso: Luces y sombras», *Revista General de Derecho Procesal*, núm. 51, 2020.

CÁCERES NIETO, E., «La inteligencia artificial aplicada al derecho como una nueva rama de la teoría jurídica», *Anales de la Cátedra Francisco Suárez*, núm. 57, pp. 63-89.

CANTOS PARDO, M., *El proceso civil para la cesación de la infracción de patentes*, Tirant lo Blanch, Valencia, 2023.

CANTOS PARDO, M., «Análisis procesal de los escritos preventivos en materia de propiedad industrial», *Revista General de Derecho Procesal*, núm. 53, 2021.

CANTOS PARDO, M., «Tutela cautelar de la Propiedad Industrial: "Protective Letters" o escritos preventivos», *Revista Aranzadi de Derecho Patrimonial*, núm. 52, 2020 (versión online).

CARRIÓN GARCÍA DE PARADA, F. J., «La nueva Ley de Patentes», *Comunicaciones en propiedad industrial y derecho de la competencia*, núm. 76, 2015, pp. 33-44.

CASTÁN GÓMEZ-PÉREZ, A., «Las diligencias de comprobación de hechos». En AA.VV. (BERCOVITZ RODRÍGUEZ-CANO, A., dir.) *La nueva Ley de Patentes, Ley 24/2015, de 24 de julio*, Aranzadi Thomson Reuters, Cizur Menor, 2016.

CATALÁN CHAMORRO, M. J., *La justicia digital en España, retos y desafíos*, Tirant lo Blanch, Valencia, 2023.

CONDE FUENTES, J., «Inteligencia artificial y robotización judicial: su impacto en nuestro sistema de justicia, Derecho Digital e Innovación», *Derecho Digital e Innovación. Digital Law and Innovation Review*, núm. 13, 2022, pp. 6-7.

CORNISH, W. R., *Intellectual Property: Patents, Copyright, Trade Marks and Allied Rights*, 2ª ed., Sweet & Maxwell, Londres, 1989.

DE LA OLIVA SANTOS, A., «Justicia predictiva, interpretación matemática de las normas, sentencias robóticas y la vieja historia del justizklavier», *El Cronista del Estado Social y Democrático de Derecho*, núm. 80, 2019, pp. 30-37.

DEL BARRIO PÉREZ, Á., «Medidas cautelares». En AA.VV. (Bercovitz Rodríguez-Cano, A., dir.) *La nueva Ley de Patentes, Ley 24/2015, de 24 de julio, Aranzadi Thomson Reuters, Cizur Menor, 2016.*

DELGADO MARTÍN, J., «La transformación digital de la justicia es un proceso que ya se ha iniciado pero en el que todavía queda mucho camino por recorrer», entrevista realizada a D. Joaquín Delgado Martín, por las Profras. Sonia Calaza López y Mercedes Llorente Sánchez-Arjona, en el monográfico AA.VV. (CALAZA LÓPEZ, S. y LLORENTE-SÁNCHEZ ARJONA, M., dirs.; FREDERIC MUNNÉ, C., coord.) «Digitalización de la Justicia: Prueba electrónica y prueba inteligente», *La Ley Probática*, núm. 7, 2022.

DE LUIS GARCÍA, E., «Sistemas predictivos y tutela civil: impacto sobre los derechos y garantías procesales». En AA.VV. (Blanco García, A. I., ed.) *Sistemas predictivos en la justicia civil*, Tirant lo Blanch, Valencia, 2024, pp. 231-248.

DEL VALLE SÁNCHEZ, J.; RUIZ DE VELASCO, V.; SELAS COLORADO, A., «Aspectos procesales civiles en materia de propiedad industrial». En AA.VV. (O'CALLAGHAN MUÑOZ, X., dir.) *Propiedad industrial, Teoría y Práctica*, Madrid: Editorial Centro de Estudios Ramón Areces, 2001, p. 414.

GARCÍA GARCÍA, E., «Las diligencias preliminares en los litigios sobre infracción de patentes en España», *Jornadas de estudio y actualización en materia de patentes («Los Lunes de Patentes»)*, OEPM, 2011, pp. 8-9. Disponible en: *http://www.ub.edu/centredepatents/pdf/doc_dilluns_CP/*

Garcia-garcia_Diligencias_preliminares_litigios_patentes.pdf (consultado el 2 de febrero de 2024).

GARCÍA VIDAL, Á., «La propiedad industrial en el Metaverso», *Comunicaciones en propiedad industrial y derecho de la competencia*, núm. 96, 2022, pp. 17-26.

GARCÍA VIDAL, Á., «Las protective letters en materia de patentes: situación en los tribunales españoles», *Análisis farmacéutico GA_P*, 2014. Disponible en: *https://www.ga-p.com/wp-content/uploads/2018/03/las-protective-letters-en-materia-de-patentes-situacion-en-los-tribunales-espanoles.pdf* (consultado el 6 de febrero de 2024).

GARCÍA VIDAL, Á., *Las acciones civiles por infracción de la propiedad industrial*, Tirant lo Blanch, Valencia, 2020.

GERVAIS, D.; SCHMITZ, I., *L´accord sur les ADPIC, Larcier, Bruselas, 2010.*

GÓMEZ COLOMER, J. L., *El juez-robot: La independencia judicial en peligro*, Tirant lo Blanch, Valencia, 2023.

GÓMEZ COLOMER, J. L., «Unas reflexiones sobre el llamado "juez-robot", al hilo del principio de la independencia judicial». En AA.VV. (Barona Vilar, S., ed.) *Justicia algorítmica y neuroderecho, Una mirada multidisciplinar*, Tirant lo Blanch, Valencia, 2021, pp. 243-263.

HUERGO LORA, A., «Una aproximación a los algoritmos desde el Derecho administrativo». En AA.VV. (HUERGO LORA, A., dir.), *La regulación de los algoritmos*, Aranzadi, Cizur Menor, 2020, pp. 23-87.

IRIGOYEN FUJIWARA, D; MOLINA LÓPEZ, F., «Protocolo de los Juzgados Mercantiles de Barcelona con ocasión del Mobile World Congress 2016: Protección preventiva y cautelar de los derechos de propiedad intelectual e industrial en Congresos y Ferias Profesionales», *Comunicaciones en propiedad industrial y derecho de la competencia*, núm. 77, 2016, pp. 141-156.

JUÁREZ MARTÍNEZ, D., «Metaverso & la propiedad industrial e intelectual 4.0 (Metaverso & IP 4.0)», *Blog Baylos IP*, 2022, disponible en: *https://baylos.com/blog/metaverso-la-propiedad-industrial-e-intelectual-4-0-metaverso-ip-4-0* (consultado el 1 de febrero de 2024).

MAHESH, B., «Machine Learning Algorithms-A Review», *International Journal of Science and Research*, núm. 9, 2020, pp. 381-386.

MARTÍN DIZ, F., «Modelos de aplicación de Inteligencia Artificial en justicia». En AA.VV. (BARONA VILAR, S., ed.) *Justicia algorítmica y neuroderecho*, Tirant lo Blanch, Valencia, 2021, pp. 65-85.

MARTÍN DIZ, F., «Justicia predictiva: inteligencia artificial y algoritmos aplicados al proceso judicial en materia probatoria». En AA.VV. (BUENO DE MATA, F., dir.) *El impacto de las tecnologías disruptivas*, Aranzadi, Cizur Menor, 2022, pp. 131-154.

MASSAGUER FUENTES, J., «Infracción de patente y medidas cautelares de cesación: ¿»Algo más» que infracción para concederlas o «algo menos» que infracción para denegarlas», *ADI*, núm. 42, 2022, pp. 175-196.

MASSAGUER FUENTES, J., *Acciones y procesos de infracción de derechos de propiedad industrial*, 2ª ed., Civitas-Thomson Reuters, Cizur Menor, 2020.

MOLINA LÓPEZ, F., Análisis crítico del escrito preventivo en la Ley 24/2015, de 24 de julio, de patentes, Bosch, Barcelona, 2022.

MONTEFUSCO MONFERRER, J., «En torno a la facultad del titular de un derecho de exclusiva de impedir cautelarmente la exhibición de productos infractores en ferias comerciales: Comentario del Auto del Juzgado de lo Mercantil núm. 1 de Barcelona de 22 de febrero de 2016», *Comunicaciones en Propiedad Industrial y Derecho de la Competencia,* núm. 78, 2016, pp. 45-71.

MONTERO AROCA, J., «Tipos de procesos, cuestiones incidentales y costas». En MONTERO AROCA, J.; BARONA VILAR, S.; GÓMEZ COLOMER, J. L., *Derecho Jurisdiccional I, Parte General*, 27ª ed., Tirant lo Blanch, Valencia, 2019.

MONTESINOS GARCÍA, A. I., «Reflexiones sobre la algoritmización del proceso judicial civil». En AA.VV. (BLANCO GARCÍA, A. I., ed.) *Sistemas predictivos en la justicia civil*, Tirant lo Blanch, Valencia, 2024, pp. 21-56.

MONTESINOS GARCÍA, A., «Afectación de los derechos y garantías procesales por el empleo de algoritmos predictivos». En AA.VV. (ASENSIO MELLADO, J. M., dir) *El proceso como garantía*, Atelier, Barcelona, 2023, pp. 703-714.

MONTESINOS GARCÍA, A., «Empleo de la inteligencia artificial en algunas fases del proceso judicial civil: prueba, medidas cautelares y sentencia», *Actualidad civil*, núm. 11, 2022, pp. 1-20.

NEIRA PENA, A. M., «Inteligencia artificial y tutela cautelar. Especial referencia a la prisión provisional», *Rev. Bras. De Direito Processual Penal*, Porto Alegre, v.7, núm. 3, 2021, pp. 1897-1993.

NIEVA FENOLL, J., *Inteligencia artificial y proceso judicial*, Marcial Pons, Madrid, 2018.

LISSEN ARBELOA, J. M., «Ferias comerciales y derechos de propiedad industrial e intelectual: medidas cautelares», *Análisis GA_P,* 2017, p. 3. Versión *online https://www.ga-p.com/wp-content/uploads/2018/03/ferias-comerciales-y-derechos-de-propiedad-industrial-e-intelectual-medidas-cautelares-y-escritos-preventivos.pdf* (consultado el 2 de febrero de 2024).

ORTELLS RAMOS, M., «Capítulo 36». En AA.VV. (ORTELLS RAMOS, M., dir.) *Derecho Procesal Civil,* Aranzadi Thomson Reuters, Cizur Menor, 2022.

ORTELLS RAMOS, M.; CALDERÓN CUADRADO, M. P., *La tutela judicial cautelar en el Derecho español,* Comares, Granada, 1996.

PÉREZ DAUDÍ, V., «Análisis crítico de las medidas cautelares en la Ley 24/2015, de 24 de julio, de Patentes», *RJC,* núm. 1-2017, 2017, pp. 51-68.

PLANCHADELL-GARGALLO A., «Inteligencia Artificial y medidas cautelares». En AA.VV. (BARONA VILAR, S., ed.) *Justicia algorítmica y neuroderecho,* Tirant lo Blanch, Valencia, 2021, pp. 389-419.

PLANCHADELL-GARGALLO, A., «La justicia civil y penal ante el reto de la inteligencia artificial: una aproximación», *Actualidad penal,* núm. 81, 2021, pp. 129-160.

PORTELLANO DÍEZ, P., *La defensa del derecho de patente, Thomson Reuters, Madrid, 2003.*

SÁNCHEZ GARCÍA, L., *El inventor artificial: un reto para el Derecho de Patentes,* Aranzadi Thomson Reuters, Cizur Menor, 2020.

SANCHIS CRESPO, C., «Inteligencia artificial y decisiones judiciales: crónica de una transformación anunciada», *Scire,* vol. 29, núm. 2, 2023, pp. 65-84.

SIMÓ SOLER, E. y ROSSO, P., «La destrucción algorítmica de la humanidad», *Diario La Ley,* núm. 9982, 4 de enero de 2022.

SORIANO ARNANZ, A.; SIMÓ SOLER, E., «Machine learning y Derecho: aprendiendo la (des)igualdad». En AA.VV. (BARONA VILAR, S., ed.) *Justicia algorítmica y neuroderecho, Una mirada multidisciplinar,* Tirant lo Blanch, Valencia, 2021, pp. 183-207.

TORREMANS, P., «Cross-border injunctions». En AA.VV. (Torremands, P., ed.) *Research handbook on cross-border enforcement of intellectual property,* Edward Elgar, Cheltenham, 2014, pp. 550-567.

ULLAH, Z., AL-TURJMAN, F., MOSTARDA, L. y GAGLIARDI, R., «Applications of artificial intelligence and machine learning in smart cities», *Computer Communications,* Vol. 154, 2020.

Capítulo 10

El reto de una industria textil competitiva y sostenible a través de la Inteligencia Artificial[1]

ARACELI CASAMAYOR DE BLAS

Abogada

Directora Académica de la Jornada Internacional de Derecho y Moda

Universitat de València

1. Este trabajo ha sido expuesto en el Congreso Internacional: Los nuevos horizontes y metas de la propiedad industrial celebrado los días 19 y 20 de octubre de 2023, Universidad Carlos III de Madrid. Además, es resultado del Proyecto TED2021-130344B-I00, *Desafíos y Retos de la ordenación de las innovaciones de cambio climático;* financiado por MCIN/AEI/10.13039/501100011033 y por la UE NextGenerationEU/PRTR.

ño Industrial. 6. EL USO DE LA INTELIGENCIA ARTIFICIAL EN PUBLICIDAD: CONSIDERACIONES JURÍDICAS. 7. CONSIDERACIONES. 8. BIBLIOGRAFÍA.

1. CONSIDERACIONES INTRODUCTORIAS

La Inteligencia Artificial se ha convertido en parte fundamental de la transformación digital revolucionando diversos sectores empresariales, incluido el textil, generando un amplio abanico de beneficios articulados mediante la mejora de la predicción, la optimización de las operaciones, la asignación de los recursos y la personalización de la prestación de servicios al consumidor facilitando la consecución de resultados positivos desde el punto de vista empresarial y también medioambiental, al proporcionar una serie de ventajas competitivas relevantes a la industria y a la economía en su conjunto. Empero, esos mismos elementos que potencian los beneficios de esta tecnología implican nuevos desafíos y retos para el Derecho, en particular y de manera especial para el ámbito de la Propiedad Intelectual e Industrial en varios aspectos. En este capítulo, se analizan algunos de los que considero más relevantes.

La industria de la moda, altamente competitiva, está en constante evolución y creación, lo cual requiere de una protección jurídica que va desde el diseño industrial de cada una de las prendas, hasta la protección del nombre comercial o marca a través de la cual se identifican dichas prendas en el mercado. En todos esos productos y servicios se aplican unos conocimientos especializados y creatividad intelectual, motivo por el cual, la Propiedad Intelectual e Industrial se ha convertido en un elemento clave en el negocio de la moda contribuyendo al crecimiento, difusión y profesionalización del negocio.

Concomitante a la irrupción de esta nueva tecnología, el sector textil se encuentra inmerso en el profundo desafío de transformar la industria hacia una mayor sostenibilidad y circularidad.

En ese marco, con el fin de regular las prácticas comerciales desleales, incluyendo prácticas relacionadas con el uso de etiquetas engañosas y prácticas de *greenwashing* durante los próximos meses entrarán en vigor algunas de las normativas comunitarias más relevantes en materia de sostenibilidad, pero también normativa referente a la durabilidad y las garantías de los productos textiles. Para el mercado europeo, el fin de los residuos textiles, el exceso de sustancias químicas, la presencia de micro plásticos, la reducción de la huella de carbono, o la producción bajo unas condiciones laborales dignas han dejado de ser una meta sin fecha. La Comisión Europea ha marcado un exhaustivo Plan de Acción para la Industria Textil que responde a un diseño circular con una clara meta: que para 2030 todos los textiles sean duraderos y reciclables, fabricados en gran medida con fibras recicladas, libres de sustancias peligrosas y producidos con respeto a los derechos sociales y al medioambiente. Para alcanzar este loable reto, la Comisión Europea apela a la creatividad de la industria y a su capacidad de reinvención, tanto en la forma de hacer moda como de consumirla.

En España, el pasado año entró en vigor la Ley de Residuos y Suelos Contaminados, que incluye normativas que afectan directamente al sector de la moda como la prohibición de excedentes no vendidos, medidas fiscales para el fomento de la circularidad o la Responsabilidad Ampliada del Productor (RAP) que convierte a las marcas en responsables directas de los residuos de sus prendas. Todas estas normativas proceden de directivas europeas, en gran medida enmarcadas en la Estrategia para el Textil 2030. Una estrategia que introduce requisitos obligatorios de ecodiseño aborda la contaminación por micro plásticos y el lanzamiento de pasaportes digitales donde se incluya toda la información del producto. Todo ello, deberá entrar en vigor antes de 2030. Así, las empresas del sector de la moda deberán adaptarse a la nueva regulación y cumplir con los objetivos establecidos.

Habida cuenta del momento transformador que está viviendo la industria con la incursión de esta nueva herramienta tecnológica que impacta de forma directa en cuestiones tan diversas como la logística de la cadena de suministro, la irrupción de la Inteligencia Artificial en las decisiones de compra, la publicidad ejercida por las marcas, e inclusive, en el ámbito más creativo de la industria en relación con el diseño y creación de colecciones de moda mediante la Inteligencia Artificial Generativa. Todo ello requiere de un análisis particular, pues no se puede analizar de la misma forma que otras industrias creativas, resultando necesario dilucidar cómo la Inteligencia Artificial puede promover la sostenibilidad en las empresas del sector, al tiempo que su implementación puede conducir a una industria más competitiva.

2. DELIMITACIÓN CONCEPTUAL DE LA INTELIGENCIA ARTIFICIAL Y SU FUTURO MARCO REGULATORIO: AI ACT

Como parte de su estrategia digital, la Unión Europea se encuentra inmersa en alcanzar una regulación armonizada que garantice mejores condiciones de desarrollo y uso de esta tecnología innovadora en torno a las implicaciones humanas y éticas que conlleva, a través del Reglamento (UE) de Inteligencia Artificial (en adelante, IA ACT) tratándose de la primera norma integral sobre IA del mundo.

Antes de profundizar en el análisis de este excelso hito, conviene delimitar qué debe entenderse por Inteligencia Artificial (en adelante, IA). Este conjunto de tecnologías de rápida evolución definida por la Comisión Europea como *sistemas de software (y posiblemente también de hardware) diseñados por humanos que, ante un objetivo complejo, actúan en la dimensión física o digital: 1) Percibiendo su entorno, a través de la adquisición e interpretación de datos estructurados o no estructurados. 2) Razonando sobre el conocimiento, procesando la información derivada de estos datos y decidiendo las mejores acciones para lograr el objetivo dado*[2].

Dicho de otro modo, la IA es un campo de la informática que se enfoca en crear sistemas que pueden usar reglas simbólicas o aprender un modelo numérico, pudiendo adaptar su comportamiento al analizar cómo el entorno se ve afectado por sus acciones previas, pudiendo realizar tareas que normalmente requieren inteligencia humana, como el aprendizaje, el razonamiento y la percepción. De manera que, estos sistemas pueden percibir su entorno, razonar sobre el conocimiento, procesar la información derivada de los datos y tomar decisiones para lograr un objetivo dado. Por definición, la IA utiliza reglas matemáticas y algoritmos para procesar datos e información, y a través de ello tomar determinaciones basadas en patrones establecidos a través del aprendizaje automático. Siendo, precisamente, esos riesgos inherentes a la IA los que han propiciado el proyecto de la IA ACT, cuyo origen data de abril de 2021 cuando con el objetivo de introducir un marco normativo y jurídico común, la Comisión Europea proporcionó un proyecto de reglamento que establece normas armonizadas sobre IA destinadas a salvaguardar los Derechos Fundamentales en la Unión Europea y la seguridad de los usuarios. Este proyecto fue seguido por otro proyecto propio del Consejo de la Unión Europea en diciembre de 2022 y, finalmente, por un proyecto independiente del Parlamento Europeo aprobado en junio de 2023.

Antes de la IA ACT, tanto Europa como Estados Unidos habían tomado diversas medidas para abordar los desafíos éticos, legales y técnicos que esta tecnología emergente plantea.

Al respecto, en relación con el sector textil, la ventaja que la industria de la moda europea tiene sobre la estadounidense es que la legislación en

2. SAMOILI, S., LOPEZ COBO, M. GOMEZ, E., DE PRATO, G. and DELIPETREV, B., *«AI Watch. Defining Artificial Intelligence. Towards an operational definition and taxonomy of artificial intelligence»*, Publications Office of the European Union, Luxembourg, 2020.

materia de Propiedad Intelectual e Industrial sobre la misma es más extensa en Europa, debido a que el mercado europeo de la moda es anterior a la industria estadounidense, que no desarrolló su propia industria hasta los años 50.

Volviendo al asunto de la regulación sobre IA, en Europa, se llevaron a cabo varias acciones significativas. En primer lugar, la Comisión Europea presentó en abril de 2019 unas directrices éticas destinadas a promover el desarrollo correcto y el uso responsable de la IA enfocadas en establecer principios éticos para garantizar que ésta se utilice de manera confiable y ética. Adicionalmente, varios países europeos, como Alemania o Francia, desarrollaron estrategias nacionales específicas relacionadas con la IA centradas en cuestiones éticas, el fomento a la innovación, la investigación y el desarrollo en este campo. Las referidas iniciativas se enfocaron en atender los exponenciales desafíos de la IA por lo que se hizo patente la necesidad de una verdadera y unificada regulación a nivel europea que siente las bases para esta nueva etapa de innovación tecnológica guiada por principios éticos y legales sólidos.

De tal modo que, finalmente, tras largas negociaciones entre las instituciones europeas, el 13 de marzo de 2024, el Parlamento Europeo aprobaba el Reglamento de Inteligencia Artificial, cuyo texto final se ha publicado en el Diario Oficial de la Unión Europea (DOUE) el 12 de julio de 2024.

En consecuencia, el Reglamento IA tendrá efecto y aplicación directa en todos los países de la UE y entrará en vigor a los veinte días de su publicación en el Diario Oficial de la Unión Europea (DOUE), esto es, el 2 de agosto de 2024. No obstante, no será aplicable hasta pasados dos años desde su publicación, es decir, hasta el 2 de agosto de 2026.

Las posibilidades que abre esta norma son muy diversas, abordando usos específicos y potencialmente peligrosos de la IA, estableciendo prohibiciones en determinadas aplicaciones y requisitos muy estrictos para otras. Con la aprobación del referido cuerpo normativo, el Parlamento Europeo detalla algunas aplicaciones prohibidas que representan una amenaza tanto para los derechos de los ciudadanos como para la democracia, incluyendo ciertos sistemas de categorización y de reconocimiento biométrico. Estableciendo como prioridad la garantía de que los sistemas de IA utilizados en la Unión Europea sean seguros, transparentes, trazables, no discriminatorios y respetuosos con el medioambiente. Siendo, uno de los puntos esenciales en la discusión, la gobernanza de la IA a nivel comunitario, habiendo quedado establecido el Comité Europeo de Inteligencia Artificial como unidad independiente de la Comisión Europea, con un representante de cada Estado miembro, con competencias de ejecución a escala de la Unión Europea.

Otra de las principales claves es la clasificación de la IA en función del riesgo que representa, de manera que establece cuatro niveles de riesgo en función de la peligrosidad asociada al empleo de mecanismos de IA: riesgo inaceptable, riesgo alto, riesgo medio y riesgo mínimo. En el nivel superior, se prohíben las herramientas de IA que representen un riesgo inaceptable para la seguridad y sean contrarias a los Derechos Fundamentales. Con especial consideración a aquellas que presenten vulnerabilidades por razón de la edad o discapacidad, así como las que puedan dañar la salud psicológica de las personas o manipular su conducta. En el segundo nivel, se requiere una evaluación para minimizar los riesgos asociados al uso de IA, garantizando así la transparencia y precisión. El tercer nivel se aplica a usos de IA con riesgo limitado, donde solo se exige transparencia, como el caso de los *chatbots*, donde es fundamental que los usuarios sepan que están interactuando con una IA. Por último, el cuarto nivel abarca usos de IA de riesgo mínimo, que no están sujetos a ninguna obligación específica.

Asimismo, la norma establece un sistema de sanciones para aquellos que incumplan sus disposiciones. Éstas pueden incluir multas y otras medidas administrativas, en función de la gravedad del incumplimiento. Las multas pueden ser considerables, llegando incluso hasta el 6% de los ingresos globales anuales de una empresa o 30 millones de euros, lo que sea mayor. Contempla, además, diversas situaciones que pueden resultar en sanciones, como el uso de sistemas de categorización biométrica prohibidos, que incluyen sistemas que utilizan características sensibles como creencias políticas, religiosas, orientación sexual o raza. También se considerauna infracción la creación de bases de datos de reconocimiento facial con imágenes no dirigidas, que implica la extracción no autorizada de imágenes faciales de Internet para la formación de bases de datos de reconocimiento facial. Además, se sanciona el reconocimiento de emociones en el entorno laboral, la aplicación de puntuaciones sociales basadas en comportamiento o características personales, y el desarrollo de sistemas de IA que exploten vulnerabilidades, incluyendo a personas por motivos como su edad, discapacidad, situación social o económica.

Por lo que respecta a la esperable evolución de la normativa, cabe prever que evolucionará a medida que se desarrolle el uso de esta tecnología con el fin de abordar nuevos desafíos y oportunidades que puedan surgir en este ámbito garantizando el equilibrio entre los Derechos Fundamentales y el progreso e innovación.

3. DERECHO DE MARCAS E INTELIGENCIA ARTIFICIAL

3.1. EL POSICIONAMIENTO EN EL MERCADO Y LA NOTORIEDAD MARCARIA

En la industria de la moda las marcas son el derecho de Propiedad Industrial por excelencia. Su origen lo encontramos en la revolución industrial, momento en el cual, con el fin de diferenciar los productos que los fabricantes ofrecían en el mercado empezaron a crear signos distintivos, surgiendo así la necesidad de otorgar una protección a los mismos. Siendo esa distintividad, su función principal. Desde el punto de vista comunitario, el TJUE considera que la función principal de la marca es garantizar al consumidor o al usuario final, la identidad del origen del producto o del servicio que identifica, garantizando la diferenciación de otros productos o servicios.

Actualmente esta materia se encuentra regulada en la *Ley 17/2001 de 7 de diciembre, de Marcas y en el Real Decreto 678/2002, de 12 de julio.* Al respecto, tal y como recoge el artículo 4 del referido cuerpo normativo, podrán constituir marcas todos los signos, a condición de que tales signos sean apropiados para distinguir los productos o los servicios de una empresa de los de otras empresas y puedan ser representados en el Registro de Marcas de manera tal que permitan determinar el objeto claro y preciso de la protección otorgada a su titular. En la práctica, la reputación de una marca puede elevar significativamente el valor percibido de los productos o servicios, en tanto que los consumidores asocian estas marcas con valores como la calidad, la exclusividad y el prestigio, lo que a menudo se traduce en precios más altos y una demanda sostenida, por ello, hay que protegerla.

A nivel internacional, conviene señalar la recomendación sobre la protección de las marcas, y otros derechos de Propiedad Industrial sobre signos en Internet, aprobada durante la trigésima sexta serie de reuniones de las Asambleas de los Estados miembros de la OMPI celebrada del día 24 de septiembre al 3 de octubre de 2001 por la Asamblea de la Unión de París y la Asamblea General de la OMPI. Así como la *Directiva 2008/95/CE del Parlamento Europeo y del Consejo de 22 de octubre de 2008, relativa a la Aproximación de las Legislaciones de los Estados Miembros en Materia de Marcas,* que tiene el objeto de facilitar la libre circulación de productos y servicios en la Unión Europea, al mismo tiempo que otorga una protección homogénea a las marcas registradas en todo el territorio europeo[3].

3. Directiva 2008/95/CE del Parlamento europeo y del Consejo de 22 de octubre de 2008, relativa a la aproximación de las legislaciones de los Estados Miembros en Materia de Marcas.

Para vender sus productos, las marcas necesitan conocer las preferencias de sus potenciales clientes, y a tal fin, la IA al servicio de la moda sirve para ofrecer al consumidor lo que quiere a una velocidad mucho mayor a la actual, impactando su uso de manera directa en la forma en que los consumidores compran productos y servicios con una directa repercusión en el derecho marcario. Hasta ahora, principalmente, la IA se ha venido utilizando para gestionar stocks de producto, medir tendencias, clasificar potenciales grupos de clientes o predecir los patrones de comportamiento de los consumidores, y es que, por medio del uso correcto de diversas herramientas impulsadas por esta tecnología las empresas están obteniendo análisis más detallados del comportamiento del consumidor, lo que posibilita una mejora en la experiencia del cliente tanto en lo que respecta al retail como el e-commerce. Un claro ejemplo de ello es Industria de Diseño Textil S.A. más conocida por su acrónimo Inditex, pionera a la hora de gestionar la cadena de suministro mediante un sistema logístico innovador basado en el uso de herramientas predictivas para ajustar la fabricación a la demanda, y evitar así stock sobrante, el denominado *modelo Inditex* de recolección y distribución de datos.

Se trata de un proceso automatizado, que puede establecer apriorísticamente las ganancias y rentabilidad con cálculos probabilísticos con alto grado de certeza, facilitando a las empresas de moda conocer la potencial aceptación y venta de un producto, asociado a informes de tendencias y análisis de mercado, facilitando realizar un análisis automatizado para generar información que incluye, sin carácter exhaustivo, pautas, tendencias o correlaciones, y que bajo el Real Decreto-Ley 24/2021 se encuentra permitido[4].

En este caso, la IA impacta, por tanto, en la rentabilidad de las marcas simplificando significativamente el proceso de creación, al agilizar el complejo y largo proceso de saber qué ideas son materializables y cuáles no. Demostrando, a su vez, que la innovación y el uso estratégico de la IA puede desempeñar una función decisiva a la hora de que las empresas establezcan y consoliden su posición en el mercado. La sostenibilidad es otro de los ejes sobre los que se sostiene la innovación en logística, presente en todos los tramos del proceso, desde la construcción y gestión de la logística hasta la distribución de las mercancías. En este sentido, la irrupción de la IA en el mundo de la moda está sirviendo para dar respuesta a ciertas carencias que son especialmente críticas dentro de este sector, como la falta de sostenibi-

4. BOE-A-2021-17910.

lidad, ya que el uso de esta tecnología puede ayudar a evitar, por ejemplo, el exceso de stock o para gestionar mejor las cadenas de suministro.

Por lo que respecta a esta información de valor empresarial que puede ir desde la lista de los principales proveedores y compradores de la empresa, al uso de programas especiales para el diseño de moda, pasando por la gestión logística de toda la cadena de valor y, que se traduce en estrategias comerciales que dotan a las empresas de una ventaja competitiva, cuando cumpla con los requisitos que recoge el artículo 1.1 de la Ley 1/2019 de Secretos Empresariales estará protegida bajo la figura legal del secreto empresarial. A saber:

1. *Cuando se trate de una información secreta, en el sentido de no ser generalmente conocida, ni fácilmente accesible para los círculos en que normalmente se utilizaría. No debiendo confundirse con las informaciones generales de este particular sector empresarial.*

2. *Tenga un valor empresarial como consecuencia de su carácter secreto. Ya que, precisamente por ser secreto, reporta al titular una ventaja competitiva en el mercado.*

3. *Y, por último, se hayan adoptado medidas razonables por parte del titular para mantenerlo en secreto. Por consiguiente, deviene imprescindible la exigencia de una acción empresarial previa para la protección del secreto, cuya instauración es condición esencial para poder acceder a una ulterior tutela ante eventuales infracciones por revelación o vulneración de secretos.*

La protección de los secretos empresariales es especialmente conveniente en el caso de industrias como la de la moda, cuyos motores son la creatividad y el capital intelectual invertido en las creaciones, dado que, protegiendo estos activos intangibles no sólo se fomenta la innovación, sino que además aumenta el valor de la empresa en el mercado.

La moda es una industria especializada que ha estado siempre en continuo cambio, y para entender cómo hemos llegado hasta aquí debemos echar la vista atrás. Si analizamos el referido sector veremos como la conducta y los intereses del consumidor ha ido variando a lo largo de su historia, siendo un propio reflejo de los cambios y progresos socio-culturales. Antes de la llegada de los grandes almacenes, cuando se formularon los principios básicos del derecho marcario sustentados alrededor de los comerciantes y de los consumidores, con el fin de alentar la sana competencia, evitar los casos de confusión, y el aprovechamiento del prestigio ajeno, el consumidor compraba en pequeñas boutiques físicas, un escenario comercial en cual el vendedor era el único agente en el proceso que tenía conocimiento de los productos en venta y habitualmente aconsejaba al consumidor sobre qué producto comprar, siendo el único elemento directo entre el consumidor y el producto.

Esta forma de adquirir prendas de ropa o calzado cambió considerablemente con la llegada, por un lado, de las grandes superficies comerciales y de la publicidad. Es entonces cuando el consumidor pasa a tomar la decisión de compra sin la ayuda de una persona que ejerciera de filtro (el vendedor) entre el consumidor y el producto, pero, en mayor o menor medida, influenciado por la publicidad. Posteriormente, con la creciente importancia que fue adquiriendo el desarrollo de la imagen de marca de los productos, el consumidor obtiene información adicional a partir de señales directas de la marca por su efecto visual. Las marcas sustituyeron en la práctica al vendedor o comerciante y, han pasado a ser un medio de comunicación directa con el consumidor. En los últimos años, el sector textil ha experimentado un crecimiento exponencial al tiempo que se ha visto inmerso en unos fuertes y acelerados cambios, debidos en gran medida a los progresos del marketing y las estrategias comerciales que han dado lugar, por un lado, a una mayor profesionalización del sector, y por otro lado a una mayor autonomía del consumidor culminada con el surgimiento del comercio electrónico.

Si bien, en un inicio, algunas marcas se mostraron reticentes sobre la utilización del e-commerce como sistema de venta, especialmente dentro del sector de lujo, el comercio electrónico es ya un firme proveedor para la industria, y se ha convertido en el elemento principal de muchas marcas, transformando completamente el proceso de compra. Los productos que el consumidor tiene a su alcance han aumentado exponencialmente y con ello, la información sobre el producto y el conocimiento del consumidor al respecto. Y es que la tecnología, cada vez más sofisticada y poderosa, se ha convertidoen una herramienta clave en la transformación de todos los sectores, también el de la moda.

A estos factores, se suma ahora la irrupción en materia de IA, un escenario en cual el objetivo para las marcas ya no es sólo tener claras las preferencias de sus principales clientes, sino que se pretende también dar a cada cliente lo que busca, y gracias a la IA Generativa (esto es, la que crea su propio contenido tomando como referencia la información que el consumidor introduce) es posible.

Mediante esta tecnología, los prototipos se crean con mayor rapidez, facilitando con mejor precisión cuántas unidades de cada producto son necesarias. Al tiempo que aumenta la eficacia en la distribución, puesto que se puede producir prediciendo qué necesita cada punto de venta. De otro lado, la irrupción de las redes sociales ha introducido nuevas formas de influencia en el consumidor, convirtiéndose en un factor importante en las decisiones de compra, e impactando, por tanto, en la estructura del proceso de compra.

3.2. LA INCIDENCIA DE LA INTELIGENCIA ARTIFICIAL EN LA FIGURA DEL CONSUMIDOR MEDIO Y LA APRECIACIÓN DEL RIESGO DE CONFUSIÓN

Si bien, el uso de aplicaciones de IA por parte del consumidor sigue siendo relativamente limitado, probablemente la mayoría de ellos haya utilizado algún tipo de servicio creado con esta tecnología, como el sistema de recomendación de productos que aparece en algunas plataformas de comercio electrónico. En este caso, la aplicación actúa como un filtro entre el consumidor, el producto y la marca haciendo recomendaciones personalizadas tomando como referencia las anteriores decisiones de compra del consumidor. En este sentido, recientemente AMAZON ha introducido una aplicación de IA en su plataforma Amazon Fashion que ayuda en tiempo real a los clientes mediante esta implementación tecnológica a comprar ropa online orientándoles de una manera más precisa en el tallaje, reduciendo así las devoluciones. A modo de síntesis, los clientes tienen a su disposición recomendaciones de tallas personalizadas, reseñas destacadas generadas por IA, tablas de tallas estandarizadas e información sobre el ajuste. Además, estas actualizaciones incluyen una incorporación dirigida específicamente a las marcas, denominada *Fit Insights*. La herramienta *Fit Insights* analiza comentarios de los clientes sobre ajuste, calidad y precio para recomendar mejoras en las tablas de tallas y listados de productos de las marcas con el propósito de limitar el proceso de los cambios y devoluciones. Considerando también, las tallas compradas y conservadas por clientes similares para el mismo producto o para productos de ajuste similar. La IA de AMAZON también hace recomendaciones según los datos recopilados sobre las preferencias del consumidor, en cuanto a estilo, color, precio, tamaño, tasa de retorno y opiniones.

A este respecto, conviene señalar que la tasa media de devolución en la industria de la moda online es considerablemente superior a la tasa de devolución online general, siendo frecuente que los consumidores compren un artículo en varias tallas o colores y luego devuelvan aquellos que no les sirven, con la correspondiente huella de carbono que este proceso conlleva. En un mismo sentido, la multinacional española del textil Mango, ha presentado un asistente de compra denominado *Lisa,* un Chat GPT consistente en una plataforma propia y de uso interno de IA que ayuda al consumidor en todo lo relacionado con la posventa. De algún modo, la introducción de estas aplicaciones de IA hace que el proceso de compra vuelva al antiguo modelo de boutique física en que el vendedor interactúa de manera directa con el comprador, con la importante diferencia de tratarse de un proceso digital.

Si bien, es cierto que mediante la utilización de este servicio muchos consumidores en un inicio no delegan la decisión de compra en la aplicación, en la medida en que la IA tiene acceso a toda la información disponible sobre los productos en venta, ésta puede equipararse a un asistente de compras personal. Un escenario en el cual el consumidor podría delegar completamente la decisión de compra en la aplicación pasando a ser una venta predictiva, en la cual, el proceso de compra se ve influido por la información de la que dispone el consumidor y por quién o, mejor dicho, qué toma la decisión de compra.

Este modelo de venta predictivo mediante la utilización de una aplicación de IA, suscita cuestiones de interés jurídico relacionadas con el derecho marcario como quién se considera el consumidor medio en los litigios por infracción de marca, afectando a las modalidades de evaluar el riesgo de confusión, la publicidad comparativa o posibles actos desleales.

Mientras que en la compraventa tradicional el consumidor toma por sí mismo la decisión de compra, con el sistema de venta predictiva, mediante el cual la persona adquiere un producto de marca, sirviéndose de un dispositivo de IA que predice lo que el consumidor desea, la intervención de la persona natural puede ser escasa, o nula, si la compra se realiza de forma automática. En otras palabras, si una persona no participa en la compra de un producto de marca, por definición, sólo podrá estar confundida en la etapa de recepción del producto, y no en la etapa de venta. En este sentido, la forma clásica de confusión posventa afecta a los terceros interesados, sin embargo, la venta predictiva mediante IA podría suponer una nueva forma de confusión posventa que afectase al consumidor.

Para dilucidar esta cuestión, debemos comenzar analizando el concepto de consumidor medio en materia de marcas, siendo, esta, una figura jurídica creada principalmente por el Tribunal de Justicia de la Unión Europea, que, con ayuda de las Directivas comunitarias reguladoras de los derechos y características de los consumidores, han delimitado un concepto en torno al consumidor medio que permite a los tribunales resolver los litigios que se originen en relación con marcas comerciales y estos sujetos pasivos de manera más efectiva. Siendo, en el año 1998, cuando por primera vez se habla de manera explícita de la figura del consumidor medio en la sentencia Gut Springenheide[5].

En síntesis, el referido fallo establece que para determinar si una mención impuesta por el vendedor para fomentar las ventas de sus productos, puede inducir a error al comprador, infringiendo, en este caso particular, el artículo 10.2 e) del Reglamento 1907/90, por el que se impide que las indicaciones complementarias contenidas en el embalaje del producto ocasione confusión al comprador. Es ineludible, analizar si la mención publicitaria origina una situación de indefensión para el consumidor, partiendo de la expectativa que se presuma de un consumidor medio, normalmente informado y razonablemente atento y perspicaz.

Una vez delimitado el concepto de consumidor medio, debemos analizar los elementos que componen la definición por la que se entiende al sujeto pasivo como una persona normalmente informada y razonablemente atenta y perspicaz.

Estas características, se pueden sintetizar en la actitud que adopta el consumidor a la hora de comprar un producto o servicio y en los conocimientos que tiene sobre aquello que está consumiendo. La actitud que adopte el consumidor está caracterizada por la subjetividad, puesto que no existe la obligación de que el consumidor deba informarse sobre aquello que está dispuesto a consumir. En tal sentido, El Tribunal de Justicia de la Unión Europea, asocia al consumidor medio con una normalidad de conocimientos que tiene sobre aquello que consume. Debiendo entenderse tal normalidad desde el punto de vista de la comprensión que posee el sujeto pasivo a la hora de interpretar la información que existe en el etiquetado y la publicidad de los productos, así como las condiciones en las que estos se comercializan.

Señaladas las principales características del consumidor medio conviene puntualizar que, en cada caso, serán los tribunales nacionales los encargados de extrapolar este concepto a la realidad social, cultural y lingüística del país para poder decidir si una denominación, marca o mención publicitaria puede o no inducir a error al consumidor medio.

---

5. *Vid.* STJUE de 16 de julio de 1998, Asunto C-210/96. Gut Springenheide y Tusky.

A tal fin, el mismo podrá solicitar la elaboración de un informe pericial que analice las referidas circunstancias socio-culturales adaptadas al caso.

La actitud y la información no son dos elementos totalmente independientes, sino que se interrelacionan e influyen mutuamente, tal y como señalaba el Abogado General en sus conclusiones relativas en el referido asunto Gut Springenheide.

En relación al concepto de consumidor medio, es igualmente relevante señalar que, el mismo no, es estrictamente jurídico, debido a que se basa en las expectativas reales de los compradores, entendiéndolos como sujetos que están medianamente informados. Por lo que refiere a los conocimientos del consumidor medio, si bien, se presupone una normalidad de conocimientos que tiene sobre aquello que está consumiendo, en algunos casos se informará con más detenimiento y en otros con menos, en función de múltiples factores externos tales como la confianza que deposite en la marca, experiencias pasadas o lugar en el que realice la compra. En cualquier caso, estos conocimientos del consumidor medio están acompañados por la comprensión que posee el mismo sobre la interpretación de la información existente en el etiquetado y la publicidad de los productos o servicios ofertados, así como las condiciones en las que estos se comercializan. Por último, conviene señalar que, la Directiva del 11 de mayo de 2005, relativa a las prácticas comerciales desleales de las empresas en sus relaciones con los consumidores en el mercado interior, emplea el concepto legal sobre el consumidor medio como parámetro estándar de medida de la deslealtad en un comportamiento comercial. Señalando, además, la importancia de que los tribunales nacionales adapten este concepto al entorno en el que se vaya a utilizar.

Por lo que respecta al riesgo de confusión, según numerosa jurisprudencia del Tribunal de Justicia de la Unión Europea, requiere que el público, debiendo entenderse por tal a las empresas competidoras en el mercado, proveedores, así como también los consumidores, al ver un producto o servicio puedan pensar erróneamente que proviene de una determinada empresa. Esto se produce cuando existe similitud entre los signos y los productos designados por las marcas, lo cual crea una impresión de similitud que conlleva un riesgo de confusión en el público pertinente. A modo de ejemplo, ocurre si los consumidores, al comprar un producto o contratar un servicio, piensan que éstos provienen de un determinado empresario porque las marcas se parecen[6].

6. *Vid.* STJUE de 2 de febrero de 1994, Asunto C-315/92, Clinique.
Vid. STJUE en los suntos acumulados C-449/18 P, EUIPO/Messi Cuccittini y C-474/10 P, J.M.- E.V. e hijos/Messi Cuccittini.

Para dilucidar este riesgo de confusión, al depender de criterios normalmente subjetivos, el TJUE atiende a una serie de factores.

En primer lugar, debe realizarse un análisis en la percepción que el público destinatario tenga de los signos y de los productos o servicios de que se trate, teniendo en cuenta todos los factores del supuesto concreto que sean pertinentes. En particular, la interdependencia entre la similitud de los signos y la de los productos y servicios designados. Para tal fin, es frecuente que el TJUE acuda a la categoría de consumidor medio (es decir, un consumidor normal, ni muy informado ni muy ignorante) para determinar si podría existir riesgo de confusión, o no. Pues bien, en este caso, el público pertinente estaría constituido por el consumidor medio de la Unión Europea, normalmente informado y razonablemente atento y perspicaz, que habitualmente compre prendas de vestir o artículos de moda.

En los supuestos de conflicto entre una marca existente en la Unión Europea y la solicitud de una marca, la protección de la marca ya existente se extiende a la Unión en su conjunto. Razón por la cual, es preciso tener en cuenta la percepción de las marcas en conflicto por parte del consumidor de los productos o servicios que las marcas identifican en dicho territorio.

Conviene señalar, que la apreciación global del riesgo de confusión implica una cierta interdependencia entre los factores tomados en consideración, en decir, requiere que exista cierto parecido entre las marcas y cierto parecido entre los productos o servicios designados. De tal forma que, un bajo grado de similitud entre los productos o servicios designados puede ser compensado por un elevado grado de similitud entre las marcas, y a la inversa.

Habiendo delimitado las ideas principales en torno a la figura del consumidor medio y la apreciación del riesgo de confusión, podemos distinguir aquellos supuestos en los que la libertad de elección del consumidor podría verse afectada bien por prácticas desleales del vendedor, o bien por diferentes casuísticas que puede originar el uso de un sistema de venta predictiva mediante el cual la persona adquiere un producto de marca sirviéndose de una aplicación desarrollada a través de IA que predice lo que el consumidor desea.

A este respecto, primeramente debemos considerar que existe una gran diversidad de características y factores que influyen en la decisión de un consumidor, circunstancias todas ellas que tienen como resultado que el consumidor como sujeto no constituye una categoría invariable, fija e inmutable. Tanto es así, que los conceptos que definen al consumidor están en constante cambio y adaptación a las variaciones socio-culturales, a los avances tecnológicos y a la mercantilización en general. Un nuevo escenario en el cual el consumidor medio, normalmente informado, razonablemente atento y perspicaz puede ser un consumidor influenciado por una multitud de factores que deberán ser reinterpretados a la luz de la nueva realidad imperante con la introducción en el sector empresarial y comercial de la IA, ante esta nueva forma de promocionar y vender bienes y servicios.

Con todo, los principios marcarios seguirán vigentes, y el destinatario de los bienes seguirá siendo el mismo consumidor, quien aprobará o desaprobará el producto propuesto por el sistema de IA. Por consiguiente, a modo de conclusión, el concepto de consumidor medio permanece invariable.

a) Determinación de la responsabilidad por infracciones marcarias

Los posibles litigios que suscitará la implementación de la IA en la industria textil versarán sobre los asuntos tradicionales del derecho de la moda, con la diferencia de que se presentarán de un modo diferente a cómo los conocemos hasta ahora por tratarse de un escenario comercial distinto. Es decir, los asuntos tendrán el mismo fondo, aunque desarrollados a través de esta nueva herramienta tecnológica. A este respecto, si bien, todavía no se han conocido asuntos directamente relacionados con la IA y la responsabilidad en casos de infracción de marcas, varios conflictos sometidos en los últimos años ante el Tribunal de Justicia de la Unión Europea (en adelante, TJUE) relativos a los procesos de compra a través de plataformas online pueden extender la interpretación en materia de responsabilidad de infracciones marcarias mediante el uso de las aplicaciones de IA.

Poniendo de relieve estos precedentes a fin de arrojar algo de luz sobre esta cuestión, en lo que se refiere al asunto de la publicidad a partir de palabras clave y la selección automática de éstas en el sistema AdWords de Google, conviene citar el Caso *Google France vs. Louis Vuitton*. En el referido asunto, los denunciantes acreditaron que, al introducir ciertas marcas en el motor de búsqueda de Google, aparecían anuncios de sitios web en los que se vendían falsificaciones de los productos designados por la marca o productos idénticos o similares de empresas competidoras. Dictaminando, el Tribunal de Justicia de la Unión Europea, que la empresa de tecnología estadounidense cuyo objeto se centra en IA, publicidad online, tecnología de motores de búsqueda, comercio electrónico y electrónica de consumo, no había vulnerado derechos de marca al permitir que los anunciantes compren palabras clave que coincidan con marcas registradas.

En tal sentido, es importante señalar que, el uso de un signo idéntico o similar a una marca por un tercero implica, como mínimo, que éste utilice el signo en el marco de su propia comunicación comercial. Empero, en el caso de Google, éste permite a sus clientes, que son los anunciantes, utilizar signos idénticos o similares a marcas, sin hacer por sí mismo uso de estos signos. Por ello, el fallo considera que si se utiliza una marca como palabra clave, el titular de la marca no puede invocar el derecho exclusivo que ésta le confiere contra Google. Pudiendo, sin embargo, invocarlo contra los anunciantes que contraten con Google el que, a través de la palabra clave correspondiente a su marca, se muestren anuncios que no permitan conocer la empresa de la cual proceden los productos o servicios incluidos en el anuncio. A juicio del TJUE, un servicio de referenciación como el sistema AdWords de Google, no es responsable por infracción marcaria si el papel que desempeña es neutro. En otras palabras, si su comportamiento es meramente técnico, automático y pasivo, lo que implica que no tiene conocimiento ni control de la información que almacena, por tanto, no desempeña un papel activo, no puede considerarse responsable de los datos almacenados a petición del anunciante, a menos que, tras llegar a su conocimiento la ilicitud de estos datos o de las actividades del anunciante, no actúe con prontitud para retirar los datos o hacer que el acceso a ellos sea imposible[7].

En consecuencia, tomando en atención la resolución analizada, frente a un procedimiento análogo, un proveedor de aplicaciones de IA no sería considerado responsable de dicha actividad, a menos que tuviera conocimiento efectivo de la actividad infractora y tal conocimiento pudiera acreditarse.

Por lo que respecta a la venta de productos falsificados por medio de portales que explotan el mercado electrónico, en el asunto L'Oréal vs. eBay, se declaró que el marketplace no podía ser considerado responsable por infracción de marca, a menos que tuviera conocimiento efectivo de la actividad infractora. Por lo que respecta a la responsabilidad del operador de un mercado electrónico, el artículo 14.1 de la Directiva 2000/31/CE del Parlamento Europeo y del Consejo, de 8 de junio de 2000, relativa a determinados aspectos jurídicos de los servicios de la sociedad de la información, en particular el comercio electrónico en el mercado interior (Directiva sobre el Comercio Electrónico) debe interpretarse en el sentido que se aplica al operador de un mercado electrónico, cuando éste no desempeñe un papel activo que le permita adquirir conocimiento o control de los datos almacenados[8].

---

7. *Vid.* Sentencia del TJUE de 23 de marzo de 2010. En los Asuntos acumulados C-236/08 a C-238/08.
8. DOUE-L-2000-81295.

A estos efectos, se considera que desempeña un papel activo cuando presta una asistencia consistente en optimizar la presentación de las ofertas de venta en cuestión o en la promoción de las mismas. No pudiendo acogerse a la exención de responsabilidad prevista en el referido artículo 14.1 b) cuando haya tenido conocimiento de hechos o circunstancias a partir de los cuales, un operador económico diligente hubiera debido constatar el carácter ilícito de las ofertas de venta en cuestión y, en caso de adquirir tal conocimiento, haber actuado con prontitud[9].

En este precedente, se sostuvo que la empresa destinada a la subasta y comercio electrónico de productos a través de internet eBay, no podía ser declarada responsable de infracción marcaria. De tal forma que, si en materia de IA hubiera alguna imputación de responsabilidad, con gran probabilidad, la solución jurisprudencial iría en sintonía con tal precedente. Esencialmente, la decisión tiene su base en la capacidad de respuesta ante una advertencia de infracción. Por consecuencia, si el proveedor de un sistema de IA fuera previamente advertido de que un tercero está cometiendo un acto ilícito, o aun ya siendo consciente, adopta una actitud pasiva, cabría razonablemente aguardar la posibilidad de ser imputable de responsabilidad por infracción marcaria.

En lo que se refiere al asunto Coty *Germany*, el mismo, resuelve una de las limitaciones a las ventas a través de marketplaces que mayor controversia estaba generando hasta la aprobación del nuevo *Reglamento (UE) 2022/720 de la Comisión de 10 de mayo de 2022 relativo a la aplicación del artículo 101, apartado 3, del Tratado de Funcionamiento de la Unión Europea a determinadas categorías de acuerdos verticales y prácticas concertadas*, y supuso un antes y un después al establecer que los criterios exigibles a los distribuidores para la venta online no tienen que ser equivalentes a los exigidos para la venta física. En el mismo, la cuestión que se dirime es la prohibición del fabricante a uno de sus distribuidores autorizados de vender sus productos en la plataforma Amazon. Conflicto que se elevó a cuestión prejudicial, dictaminando, el TJUE, que los fabricantes de productos de lujo pueden imponer restricciones selectivas a los distribuidores autorizados para proteger la imagen y exclusividad de sus productos siempre y cuando sean necesarias, proporcionadas y aplicadas de forma no discriminatoria[10].

Sobre la responsabilidad de las plataformas digitales en el uso de una marca, resulta de interés analizar el reciente caso Louboutin vs. Amazon.

---

9. *Vid.* Sentencia del TJUE, de 12 de julio de 2011, L'Oréal-eBay. Asunto C-324/0.

10. *Vid.* STJUE, de 6 diciembre 2017, *Coty Germany* v. Parfümerie Akzente GmbH, C-230/16.

El problema jurídico que plantea este caso no es nuevo, empero esta sentencia sí que aporta novedad debido al cambio de posición que lleva a cabo el TJUE con respecto a decisiones anteriores. El Tribunal de Justicia de la Unión Europea introduce, con este fallo, el elemento de la relevancia y la importancia que debe concederse a la percepción del usuario del sitio en cuestión, y a otras circunstancias, para apreciar la existencia de una infracción no sólo del tercero vendedor, sino también del operador del sitio de venta online que integra un mercado electrónico y hace uso, en su caso, en su propia comunicación comercial, de un signo idéntico a una marca ajena, para productos idénticos a aquellos para los que está registrada esa marca. De modo que podría ser considerado responsable de la infracción de los derechos del titular de esa marca en el sentido del artículo 9.2 a) del Reglamento 2017/1001, cuando el tercero vendedor ofrezca a la venta en tal mercado productos provistos de ese signo.

A modo de síntesis, tras el fallo, que analiza si el hecho de que un tercero que utiliza Amazon como vía para anunciar y comercializar productos falsos puede implicar que la propia plataforma sea responsable de dicha infracción de forma directa. Pudiendo considerarse que, una plataforma de e-commerce usa una marca si de la percepción del usuario medio que utiliza la misma, puede establecerse un vínculo entre la marca y el e-commerce debido a aspectos como la forma en la que la misma oferta el producto y los servicios complementarios que el propio e-commerce ofrece a sus vendedores[11].

En cuanto a la responsabilidad por infracciones de derechos de terceros por las creaciones realizadas por plataformas de IA, se deberá requerir al usuario del sistema de IA, debido a que es quien genera el producto para posteriormente comercializarlo.

Adicionalmente, en el ámbito de las infracciones marcarias, es esperable que, ante un supuesto de confusión entre signos marcarios, los tribunales deban asumir la compleja tarea de evaluar los algoritmos detrás de las operaciones de los dispositivos de IA, es decir, los algoritmos que proveen los parámetros para la adopción de las decisiones de compra, a fin de dilucidar si, efectivamente, la IA es responsable de propiciar tal confusión. Un nuevo escenario procesal que ciertamente supondrá nuevos desafíos en materia probatoria, como la naturaleza de los peritos que deberán interferir, y los puntos de pericia que deberán ser formulados.

---

11. *Vid*. STJUE de 22 de diciembre de 2022, Asuntos C-148/21 y C-184/21.

b) Competencia jurisdiccional

Sobre los criterios a tener en cuenta para determinar la jurisdicción de los tribunales de los Estados miembros en caso de infracción marcaria, conviene recordar que el artículo 125.5 del Reglamento 2017/1001 dispone que el demandante puede ejercitar su acción, además de ante el Estado miembro donde el demandado tiene el domicilio, también ante los tribunales del Estado miembro donde se hubiere cometido la infracción. Citando, a este respecto, la reciente decisión del Tribunal de Justicia de la Unión Europea de 27 de abril de 2023[12]. Que, en la misma línea que ya había establecido anteriormente, determina la posibilidad de considerar como territorio donde se comete la infracción aquél en el que se encuentra el consumidor destinatario de la referida publicidad. En este sentido, las precisiones acerca de zonas geográficas de suministro de los productos constituyen un indicio de particular importancia a efectos de dicha apreciación[13].

En este supuesto, ante la ausencia de una adecuada consideración para determinar el territorio de entrega de los productos, el tribunal acude por analogía a los requisitos establecidos para el artículo 17.1.c) del Reglamento 1215/2012, si bien reconoce que el Reglamento 2017/1001 es de aplicación preferente[14].

Estos criterios son, a saber: el carácter internacional de la actividad, la utilización de una moneda distinta a la normalmente utilizada en el Estado miembro en el que se encuentra establecido el vendedor, los gastos de un servicio de posicionamiento online con el fin de facilitar el acceso al sitio a consumidores domiciliados en otro Estado miembro, la utilización de un nombre de dominio distinto al del Estado miembro en que está establecido el vendedor, y la mención de clientes internacionales domiciliados en diferentes Estados miembros.

Concluyendo, de este modo, que el tribunal del Estado miembro es competente en base al apartado 5 del artículo 125 del Reglamento 2017/1001 si el tercero ha hecho uso de la marca mediante un posicionamiento de pago en un sitio web de un motor de búsqueda que utiliza un nombre de dominio nacional de primer nivel de dicho Estado miembro. En cambio, el tribunal no resulta competente por el mero hecho de que el tercero infractor haya procedido a un posicionamiento natural de imágenes de sus productos en

---

12. *Vid.* STJUE de 27 de abril de 2022, Asunto C-104/22.
13. *Vid.* STJUE de 5 de septiembre de 2019, Asunto C-172/18; y STJUE de 12 de julio de 2011, Asunto C-324/09.
14. *Vid.* STJUE de 7 de diciembre de 2010, Asuntos C-585/08 y C-144/09.

un servicio para compartir fotografías en línea que opera con un dominio de primer nivel genérico empleando como palabra clave la marca de la unión.

3.3. LA INTELIGENCIA ARTIFICIAL COMO INSTRUMENTO QUE FACILITA LA TRAZABILIDAD Y LA AUTENTICACIÓN PARA MARCAS DE LUJO

Con la expansión y desarrollo del comercio electrónico y del mercado de segunda mano el riesgo de proliferación de productos falsificados ha aumentado exponencialmente, siendo la erradicación de los mismos uno de los principales desafíos para el sector de la moda. Por esta razón, especialmente las empresas de lujo están dirigiendo su atención a soluciones efectivas para este problema. Una de ellas es la creación de un pasaporte digital, una herramienta creada con tecnología blockchain que verifica el origen de los productos y a través del cual los clientes pueden acceder al certificado de propiedad junto con información sobre el ciclo de vida de su producto desde la creación hasta la compra, incluidas las certificaciones de sostenibilidad para materias primas y envases.

Por tanto, no sólo es una valiosa herramienta que representa una solución relacionada con la autenticidad de los productos de lujo, sino que, además, beneficia a las marcas al hacer más transparentes sus productos y servicios, permitiendo una mejor trazabilidad de los mismos, incluyendo información sobre la huella ambiental, posibilidades de reparación, porcentaje de material reciclado y de sustancias preocupantes. Un ejemplo del uso de esta tecnología es *Aura Blockchain Consortium*, desarrollada en abril de 2021 por el conglomerado del lujo parisiense *LVMH* en colaboración con la milanesa *Prada Group*, la compañía suiza con sede en Ginebra de bienes de lujo *Richemont*, la marca alemana de vehículos comerciales y de lujo *Mercedes-Benz* y la corporación multinacional italiana *OTB*. Unidos, todos ellos, por el deseo común de mejorar la experiencia de compra, propiedad, venta, reventa y reciclaje de bienes de lujo, ofreciendo al consumidor una mayor transparencia, trazabilidad y utilidad.

El referido sistema tecnológico consiste en una cadena de bloques privada protegida por ConsenSys y por Microsoft que registra la información de forma segura y genera un certificado único para cada propietario.

Este pasaporte digital, deviene una herramienta que puede resultar de gran ayuda a las empresas tras la reciente entrada en vigor, el 26 de marzo de 2024, de la Directiva (UE) 2024/825 del Parlamento Europeo y del Consejo, de 28 de febrero de 2024, en lo que respecta al empoderamiento de los consumidores para la transición ecológica mediante una mejor protección contra las prácticas desleales y mediante una mejor información.

Esta nueva Directiva contra el Blanqueo Ecológico «Greenwashing» modifica la Directiva 2005/29/CE, relativa a las prácticas comerciales desleales de las empresas en sus relaciones con los consumidores en el mercado interior, y la Directiva (UE) 2011/83 sobre los derechos de los consumidores. La nueva normativa comunitaria publicada en el Diario Oficial de la Unión Europea (DOUE) el pasado 6 de marzo de 2024, debe ser incorporada por los Estados Miembros a su legislación nacional no más tarde del 27 de marzo de 2026, aplicando dicha transposición a partir del 27 de septiembre de 2026[15].

Con todo, su objeto es combatir las prácticas comerciales desleales que generan dificultades a los consumidores a la hora de comprar productos ecológicos o circulares. Para alcanzar tal objetivo, se añadirán a la lista de prácticas comerciales prohibidas de la UE determinados hábitos comerciales problemáticos relacionados con el blanqueo ecológico y la obsolescencia temprana de los productos. Tras haber identificado a la industria textil como una de las cadenas de valor clave en la búsqueda de soluciones a la emergencia climática, la Comisión Europea busca ofrecer al consumidor una mayor protección contra las prácticas desleales de las empresas y la garantía de que, el mismo, reciba por parte de las empresas una información veraz y completa sobre sus productos, al tiempo que aboga por una mayor participación del consumidor en la economía circular a través de una revisión de sus leyes de protección con el objetivo de evitar el eco blanqueo por parte de las empresas, e impedir que parezcan sostenibles cuando en realidad no lo son, al no cumplir con los estándares normativos y de calidad establecidos.

Por lo que respecta a la lucha contra la falsificación de productos, mediante la utilización de esta nueva tecnología que permite verificar la autenticidad de los productos se busca contrarrestar los efectos de la falsificación y el fraude online de productos robados. A medida que las copias se hacen más sofisticadas y el acceso a las mismas más accesibles a través del mercado online, deviene más complicado para las marcas frenar la reproducción no autorizada de diseños y marcas registradas, resultando un proceso costoso y lento en el cual esta tecnología emergente puede contribuir a crear formas más eficientes y asequibles para abordar esta problemática.

En otro orden de ideas, en los últimos años las réplicas de los productos ya no se limitan a piezas destacadas de marcas de lujo, sino que los proveedores de moda rápida ahora copian también a otras empresas del mercado masivo, e inclusive a diseñadores menos conocidos. Cuando se

15. DO L, 2024/825.

trata de copiar, en la actualidad, pocas marcas están fuera de los límites, y la práctica de las empresas de moda rápida que copian a sus competidores más inmediatos, y/u otras empresas del mercado masivo es relativamente notable. En primer lugar, desde la perspectiva de los precios, puesto que a diferencia de la práctica tradicional en la cual se copia una prenda de lujo donde la diferencia de precio entre la copia y el original es significativa, el precio de los productos copiados en estos casos no es elevado.

Citando, a modo de ejemplo, el reciente caso de Uniqlo vs. Shein, en el cual, el pasado 28 de diciembre de 2023 el gigante japonés Uniqlo Co. ha presentado una demanda ante el Tribunal de Distrito de Tokio contra los operadores de Shein, alegando que la empresa de moda china, presuntamente, ha copiado su icónico bolso apodado «Mary Poppins» cuyo coste es de 15 euros, la presunta copia de Shein se vendía por menos de 5 euros. Si bien, éste no es un fenómeno completamente novedoso, sino que los casos de diseñadores menos conocidos que han litigado contra grandes empresas del mercado de la moda rápida por buscar, entre sus diseños, fuente de inspiración vienen sucediendo desde hace algunos años. En este contexto, la novedad, reside en que el aumento de la moda rápida frente a la copia de moda rápida está impulsando que las empresas, que solían buscar inspiración en las marcas de lujo, determinando lo que probablemente fueran las prendas más populares durante cada temporada, y luego obteniendo copias de esos artículos de proveedores o fabricándose internamente, están ahora utilizando un algoritmo de diseño impulsado por IA que identifica las piezas con el mayor potencial comercial para copiarlas e introducirlas en el comercio.

En otras palabras, el algoritmo parece ser indiferente a la marca y precio de estos productos, identificando, en su lugar, los diseños basándose en factores como las visitas a la página, las menciones o interacciones en las redes sociales, etc. De esta forma, prendas del mercado masivo o de diseñadores menos conocidos están siendo falsificadas, del mismo modo que tradicionalmente se ha venido haciendo con artículos de lujo. Parece, por tanto, que estamos ante un nuevo escenario en lo que hasta ahora era la coyuntura de las falsificaciones en la industria de la moda.

4. LA PROPIEDAD INTELECTUAL DE COLECCIONES Y DISEÑOS DE MODA CREADOS POR INTELIGENCIA ARTIFICIAL

La IA está emergiendo como una poderosa herramienta para ayudar a las empresas textiles en la creación y diseño de prendas sostenibles.

Concretamente, el *software* impulsado por IA, puede facilitar la toma de decisiones más informadas sobre la elección de los materiales, las telas, los colores o los procesos a emplear tras el resultado de un análisis previo mediante el cual examina el impacto ambiental de una prenda, teniendo en cuenta factores como la energía empleada para producir, el agua consumida en su fabricación y la cantidad de residuos generados. Estos datos, pueden utilizarse para identificar formas de reducir la huella ambiental de las prendas. De igual forma, la IA puede emplearse para optimizar el proceso de creación y diseño de nuevas prendas mediante el análisis del trabajo anterior de un diseñador, sugiriendo formas de mejora, como la reducción de la cantidad de materiales utilizados o la reducción del tiempo necesario para completar la prenda.

Cuestión distinta es la más reciente Inteligencia Artificial Generativa (en adelante, IAG) que impacta de lleno en el área creativa del sector. La IAG es un tipo de IA que a diferencia de la IA tradicional crea un contenido original, incluyendo texto, imágenes, audio y vídeo, basado en patrones que previamente ha aprendido del contenido existente mediante un entrenamiento precedente. Dicho de otra forma, la IAG se entrena con grandes volúmenes de datos pudiendo responder preguntas, escribir textos o crear imágenes de cualquier descripción, todo ello basado en breves entradas de texto o «prompts» y, se denomina generativa porque crea algo que antes no existía. Siendo precisamente esto, lo que la hace diferente de la IA tradicional.

En otras palabras, esta última puede responder a preguntas concretas cómo *«¿En qué año presentó Cristobal Balenciaga su primera colección Haute Couture?»*.

Mientras que la IAG, responde a indicaciones cómo, por ejemplo, diseñar un vestido inspirado en el estilo Balenciaga. Dado que, a través de la IAG se pueden crear colecciones completas basadas en las tendencias previamente detectadas, e incluso evocar el estilo de determinados diseñadores. Con la IAG, el término de Inteligencia Artificial se acerca más que nunca a su definición, puesto que muestra habilidades que hasta ahora sólo se podían atribuir a la mente de un ser humano.

En vista de que las prendas generadas por esta tecnología se basan en algoritmos que pueden abrir nuevas vías de creación mediante el análisis de grandes cantidades de datos para producir diseños, está generando una serie de preguntas y desafíos legales y éticos en relación con la Propiedad Intelectual. Un debate que incluye varios puntos de vista y preocupaciones clave en torno a la delimitación de la autoría de estas prendas creadas con Inteligencia Artificial.

4.1. DETERMINACIÓN DE LA AUTORÍA EN OBRAS GENERADAS POR INTELIGENCIA ARTIFICIAL

Tradicionalmente, las industrias culturales y creativas, como la industria de la moda, se han basado en valores como la diversidad, el talento creativo o la potencialidad para generar innovación e ideas ineludiblemente unidas a una persona física (el autor). Con todo, la digitalización está cambiando la forma en que se accede, distribuye y produce el contenido cultural. Entre las potenciales oportunidades y desafíos que la transformación digital supone para la Propiedad Intelectual destaca la irrupción de la IA, cuyo desarrollo y creciente participación en la industria de la moda abre la puerta a interesantes debates en torno a la Propiedad Intelectual e Industrial. Discusión que afecta tanto a los resultados que genera, como a las formas de aprendizaje y creación en las que se basa.

Uno de los aspectos más controvertidos en la intersección entre creatividad e IA es delimitar quién es el autor de una prenda creada mediante esta herramienta tecnológica. En muchos casos, esta tecnología puede generar contenido original, como una prenda o colección de moda en una suerte de ecodiseño entre la tecnología y el factor humano creativo. Un nuevo escenario comercial que está presentando diversos desafíos jurídicos e interrogantes sobre si debería otorgarse a la IA la capacidad de ser considerada como una entidad con derechos de autor, o si esos derechos deben recaer en el creador o propietario de la IA.

La discusión sobre la atribución de autoría y propiedad intelectual de obras generadas por IA no es nueva. En 2018, el entonces Director General de la Organización Mundial de la Propiedad Intelectual, Francis Gurry, planteaba algunas reflexiones pertinentes que, a modo de síntesis, concluyen que la Inteligencia Artificial está transformando los conceptos de compositor, autor e inventor aunque todavía se desconozca el alcance de dichos cambios. Asimismo, recordó que los principales objetivos del sistema de Propiedad Intelectual son fomentar las nuevas tecnologías y las obras creativas, así como proporcionar una base económica sostenible para la invención y la creación. En último lugar, según su criterio, desde una perspectiva puramente económica, no hay ninguna razón por la que no debamos utilizar la Propiedad Intelectual e Industrial para incentivar las invenciones o creaciones generadas por la IA[16].

---

16. Inteligencia artificial y propiedad intelectual: entrevista con Francis Gurry. Consultado el 20 de diciembre de 2023.

a) Los requisitos de la originalidad y el factor humano en los Derechos de Autor

En España, el autor es la persona natural que crea alguna obra literaria, artística o científica. Así lo establece el artículo 5.1 del Texto Refundido de la Ley de Propiedad Intelectual (en adelante, TRLPI)[17].

Siendo este, junto al principio de originalidad, requisito básico para conseguir la protección por derechos de autor. De este modo lo recoge en el artículo 10.1 del mismo instrumento legal al puntualizar que *«son objeto de propiedad intelectual todas las creaciones originales literarias, artísticas o científicas expresadas por cualquier medio o soporte, tangible o intangible, actualmente conocido o que se invente en el futuro»*.

De esta suerte, para que exista una obra deben darse los elementos que requiere la jurisprudencia, a saber, una obra inédita que constituya una creación original del autor reflejando su personalidad y manifestando sus decisiones libres y creativas. Y la expresión de la creación, esto es, un objeto identificable con suficiente precisión y objetividad[18].

Por consiguiente, la originalidad de una obra que pretenda ser protegida con derechos de autor debe tener base en dos requisitos:

1. En primer lugar, debe tratarse de una obra intelectual creada por la persona natural que ha creado esa obra literaria, artística o científica.

2. En segundo lugar, la obra debe ser original.

Este criterio, común en la mayoría de las legislaciones de derechos de autor, establece que para que un diseño de moda pueda optar a tal protección, debe demostrar un grado suficiente de originalidad. En el caso de la industria textil, esto puede hacer referencia a elementos como los patrones de tela, los diseños gráficos y/o ornamentos únicos.

En este sentido, el Tribunal de Justicia de la Unión Europea, en el Asunto Painer determinó que se reportará como original aquella obra que sea una creación intelectual del autor que refleje su personalidad y que se manifieste por las decisiones libres y creativas del mismo al realizarla[19].

---

17. BOE-A-1996-8930.

18. PEINADO GARCÍA, J.I., *«La propiedad intelectual: derechos de autor y derechos afines»*. *Lecciones de Derecho Mercantil. Volumen I.* Navarra: Thomson Reuters - Civitas, 2018 pp. 211-236.

19. STJUE de 7 de marzo de 2013. Eva-Maria Painer v. Standard VerlagsGmbH. Petición de Decisión Prejudicial: Handelsgericht Wien - Austria. Asunto C-145/10.

Cierto es, que en un sector cíclico como es el de la moda, en la actualidad, parece prácticamente imposible crear algo completamente nuevo. Con todo, conviene recordar que el artículo 11.2 *in fine* de la Ley de Competencia Desleal establece que «*la imitación de prestaciones e iniciativas empresariales o profesionales ajenas es libre, salvo que estén amparadas por un derecho de exclusiva reconocido por la ley*»[20].

Al respecto, el Tribunal Supremo en línea con lo que, implícitamente, ya sostuvo en pronunciamientos anteriores en los que estimó desleal supuestos de imitación distintos de la apropiación inmediata de prestaciones. Determinó, en su STS de 30 de diciembre de 2010, que, el ámbito del citado precepto no se reduce a los casos de imitación por reproducción mecánica, sino que alcanza también otros supuestos de imitación en los que hay un alto grado de semejanza o de práctica identidad, aunque concurran variaciones inapreciables o que se refieran a elementos accesorios o accidentales. Estableciendo, como doctrina jurisprudencial, la tesis del carácter indebido del aprovechamiento[21].

En el ámbito de la moda, es de igual modo interesante analizar la STS de 25 de junio de 2014, que puntualiza que una tendencia general en materia de diseño no puede considerarse un factor que limite la libertad del autor y que, por tanto«*(...) entendidas en un amplio sentido, las tendencias, en la industria de la moda, no son un factor que condicione la libertad del autor sino que interviene en la identidad de la particularidad del diseño registrado, en consecuencia, en el ámbito de protección que otorgan al titular y el grado de distinción que debe existir en el diseño del competidor para que cause una impresión general distinta*».

En definitiva, según el fallo, en la imitación desleal del artículo 11.2 de la Ley de Competencia Desleal, lo imitado no es el signo distintivo en un sentido amplio que incluye los elementos que son percibidos en el tráfico comercial como forma de identificación o presentación de la prestación que remita a una procedencia empresarial determinado, sino la prestación misma. De modo que, cuando la deslealtad de la imitación radica en el riesgo de asociación, es necesario que la prestación en sí sea apta para evocar una determinada procedencia empresarial. Siendo esencial que la prestación imitada goce de singularidad competitiva por poseer rasgos que la distinguen de las prestaciones comunes en ese particular sector empresarial, de modo que sus destinatarios puedan identificarla y reconocerla. De esta forma, en el caso de que la deslealtad de la imitación se funda en el riesgo de asociación,

20. *Vid.* STS de 30 de diciembre de 2010.

21. *Vid.* STS de 23 de diciembre de 2004 y STS de 7 de octubre de 2005.

pueda atribuirse a una concreta procedencia empresarial, distinguiéndose de las prestaciones comunes en el sector provenientes de otras empresas.

Lo cual no incluye particularidades propias de los productos o servicios cuyos elementos sean considerados estándar en el sector empresarial en cuestión, excluyendo la singularidad competitiva de los mismos. En tanto que, necesariamente, la prestación debe poseer elementos distintivos que la diferencien de otras prestaciones de la misma naturaleza. Debiendo permitir al destinatario individualizar su origen en el tráfico comercial. En consecuencia, cuando la prestación imitada, por sus características, no es relacionada por sus destinatarios con un determinado origen empresarial este riesgo de asociación no concurre[22].

Dicho lo cual, reiterada jurisprudencia del Tribunal de Justicia de la Unión Europea, citando como precedente su STJUE de 12 de septiembre de 2019, referente a un asunto en cual se analiza si un pantalón tejano podría ser considerado una obra en el sentido del Derecho de Propiedad Intelectual. Concluyendo, el fallo, que los diseños podrán tener esta protección reforzada si cumplen los requisitos exigidos al resto de obras, en esencial, originalidad y actividad creativa[23].

La mencionada resolución corrobora el concepto de originalidad establecido por la jurisprudencia de la Unión Europea, analizando su relación con la estética y, en particular, la diferencia, que supone, en el momento de dilucidar si una obra o producto es o no original.

Los antecedentes de dicha cuestión se originan cuando la empresa G-STAR interpuso una demanda contra la compañía COFEMEL, al considerar que esta última estaba elaborando modelos análogos a los suyos. Motivo por el cual, la demandante, alegó que la demandada estaba incurriendo en una vulneración de sus derechos de autor, al considerar que algunos de sus modelos constituían creaciones intelectuales originales y, debían por tanto calificarse como obras, acogiéndose a la protección conferida por los Derechos de Propiedad Intelectual.

La STJUE inicia su análisis señalando que el concepto de originalidad defendido por reiterada jurisprudencia del TJUE requiere de la concurrencia de dos elementos, a saber:

---

22. *Vid.* STS de 25 de junio de 2014.
23. *Vid.* STJUE de 12 de septiembre de 2019. Asunto C-687/17, G-Star Raw CV contra Cofemel - Sociedade de Vestuário, S.A.

1. *Que la obra constituya una creación propia de su autor –esto es, que sea un reflejo de su personalidad a través de la cual manifieste decisiones libres–*

2. *Y que exista un objeto identificable con suficiente precisión y objetividad, de manera que éste ha de ser expresado de forma objetiva con el fin de descartar cualquier elemento de subjetividad perjudicial para la seguridad jurídica*[24].

En otro orden de ideas, habida cuenta del principio de acumulación de la protección otorgada por el derecho de autor y por la legislación en materia de dibujos y modelos, la mencionada sentencia expone que aquella sólo procede en determinadas situaciones, atendidas las circunstancias del caso concreto. De manera que, mientras la protección de los dibujos y modelos pretende salvaguardar objetos que presentan un carácter práctico y se conciben para la producción en masa, la protección de los derechos de autor, se encuentra reservada a objetos que merecen la calificación de obra, más allá de la distinta duración concedida a cada uno. Sentado lo anterior, el TJUE procede a examinar la probabilidad de considerar el criterio de apariencia o singularidad estética que caracteriza a los diseños industriales y que legitima su protección a las creaciones de Propiedad Intelectual.

Estableciendo, al respecto, que si bien es cierto que en toda actividad creativa entran en juego consideraciones de carácter estético, dicho efecto estético no permite por sí mismo considerar al modelo objeto del proceso una creación original que goce de la protección asociada a los derechos de autor de conformidad con la Directiva 2001/29 del Parlamento Europeo y del Consejo, de 22 de mayo de 2001, relativa a la armonización de determinados aspectos de los derechos de autor y derechos afines en la sociedad de la información[25].

En virtud de lo expuesto, por lo que respecta a diseños íntegramente creados por Inteligencia Artificial, no hay lugar a duda en cuanto a que no cabe protección alguna, al no concurrir la intervención humana en los elementos estrictamente relacionados con la autoría. De tal forma que, la originalidad sólo puede extraerse de las aportaciones creativas que realice un autor persona física o natural.

Así pues, si el sistema de IA se usa como instrumento para la creación, es decir, si efectivamente identificamos a la figura del autor (persona física o

---

24. *Vid.* STJUE de 7 de agosto de 2018 en el Asunto C-161/17. *Vid.* STJUE de 13 de noviembre de 2018 en el Asunto C-310/17. *Vid.* STJUE de 16 de julio de 2009. Asunto C-5/08.
25. DOUE-L-2001-81549.

natural) que aporta elecciones libres y creativas, y el resultado final es original, este podría gozar de la protección conferida por derechos de autor. Por contra, si la obra es creada íntegramente por un sistema de IA, y se constata que no hay decisiones libres y creativas del autor, porque en sí, no existe autor más allá del procesamiento algorítmico, el resultado no podrá ser protegido por derechos de autor. De la misma forma, si la intervención humana es meramente técnica, y el trabajo creativo se lleva a cabo mediante un sistema automatizado, el resultado, nuevamente, no podrá ser dotado de protección. En consecuencia, si no son obras, y no quedan protegidas por derechos de autor, consecuentemente se infiere que se encuentran directamente en el dominio público.

Empero, ante esta nueva realidad en la que el uso de la IAG está cada vez más extendido entre las marcas, el problema se suscita con creaciones mixtas. En este contexto, en que los algoritmos pueden llegar a crear diseños de moda, el principal reto legal es la necesidad de delimitar qué alcance tiene la ayuda de la IA en el resultado final, y qué importancia debe darse a las propias indicaciones del diseñador (persona natural) cuando él mismo utilice la IA en la creación de un diseño, para determinar a quién pertenece la Propiedad Intelectual y los derechos creativos de las obras generadas por inteligencia artificial. Sobre todo, si el usuario no lo declara y solicita el registro de un diseño como propio. Con todo, a estos efectos conviene tener presente que los derechos de autor existen desde la creación de una obra y no exigen un registro oficial. Por tanto, desde esta perspectiva, si estas obras serían merecedores de algún tipo de protección por derecho conexo o *sui generis* abre la puerta al siguiente debate. Siendo posible que, en un futuro, y dependiendo de la cantidad y calidad de la materia prima aportada por el diseñador estas obras puedan generar algún tipo de derecho afín.

En estos supuestos en los que el algoritmo de IA sea capaz de generar una obra a partir de las indicaciones del diseñador, habrá que valorar la importancia y originalidad de dichas instrucciones en el proceso de creación, y hasta que no exista un precedente sólido la consideración de autor tendrá que ir determinándose caso por caso.

En este sentido, conviene mencionar que el Parlamento Europeo ha determinado que las creaciones técnicas generadas con IA deben protegerse de acuerdo al marco jurídico de Derechos de Propiedad Intelectual, lo cual fomentará las inversiones en esta forma de creación, mejorando la seguridad jurídica para los ciudadanos, las empresas y los inventores[26]. Sin embargo,

26. Report - A9-0176/2020.

rechaza dar el mismo tratamiento a las obras producidas de manera autónoma por agentes artificiales y robots. A su juicio, éstas no deben poder acogerse a la protección mediante derechos de autor, para respetar el principio de originalidad vinculado a personas físicas. En este particular, no hay posibilidad de conciliar Inteligencia Artificial y Propiedad Intelectual, porque el concepto de creación intelectual conlleva la personalidad del autor[27].

4.2. EL USO DE OBRAS PROTEGIDAS POR DERECHOS DE AUTOR EN EL DESARROLLO DE SISTEMAS DE INTELIGENCIA ARTIFICIAL

Respecto de la autoría son varias las facetas que se ven afectadas, debido a que la fase de desarrollo de una máquina de aprendizaje automático se sustenta de datos preexistentes.

Es decir, el entrenamiento de estos sistemas de IA requiere la utilización de información, esta información es procesada generando patrones a distintas escalas en el caso del tratamiento de imagen, que posteriormente son combinadas para dar lugar a nuevas imágenes o diseños más complejos que se adecúan a aplicaciones específicas. El desarrollo de estos sistemas se lleva a cabo mediante la utilización de datos entre los cuales puede haber obras protegidas por derechos de autor. Siendo este, otro de los asuntos conflictivos ante este escenario, la posible infracción de Propiedad Intelectual al usar material de terceros protegido. En este mismo sentido, puede ocurrir que una obra creada mediante el uso de estas máquinas de aprendizaje automático muestre resultados en los que sea posible identificar la autoría del material utilizado en la fase de entrenamiento. Deviene, por tanto, un reto establecer el mecanismo adecuado para, como mínimo, reconocer dicha autoría, puesto que, cuando un sistema de IA es entrenado en un conjunto de millones de datos que incluye una obra en particular protegida por derechos de autor y el diseño generado se parece muy claramente a la obra existente identificada, podría considerarse que esta obra generada con la IA es un plagio o una obra derivada, siendo constitutivo, por tanto, de una infracción al consentimiento del autor para la transformación de las obras y creación de obras derivadas, tipificada en el artículo 21 del TRLPI[28].

Con todo, para que una obra creada con IA pueda incurrir en plagio, salvo que la obra preexistente en su originalidad sea esencialmente identi-

---

27. Report - A9-0176/2020.
28. BOE-A-1996-8930.

ficable, resultará cuanto menos complejo. Debido a que no es lo mismo la inspiración o el entrenamiento, que el plagio o la obra derivada.

Por consiguiente, a la luz de la normativa vigente y la jurisprudencia consolidada, dependerá del grado de utilización que se haga en relación al resultado obtenido. En tal caso, cuando la creación de la IA traspase el difuso límite entre la inspiración y el plagio, las marcas cuentan con la legislación sobre el derecho de autor para defender los aspectos creativos de sus prendas.

Al respecto, existen dos corrientes contrapuestas. Por un lado, la de los autores que alegan que el uso de sus obras para entrenar sistemas de IA infringe sus derechos, y de otro lado, el de una gran parte de la industria que aboga por liberalizar el acceso a los datos para que los sistemas de IA puedan ser lo más competitivos posible.

Si como es de esperar, se acaba tomando alguna medida que proteja los derechos de Propiedad Intelectual para su uso libre por la IA, habrá que ver el encaje de esto con el artículo 17 de la Ley de Propiedad Intelectual, que establece que corresponde al autor el ejercicio exclusivo de los derechos de explotación de su obra en cualquier forma. Lo que determina que las empresas de IAG que obtengan beneficios con estas herramientas, deberían pedir autorización a los titulares de los derechos de las obras, así como proceder a su correspondiente remuneración.

Cierto es que en la práctica, va a resultar muy complicado demostrar que una obra ha sido usada para entrenar un sistema de IA, motivo por el cual, en la AI ACT se encuentra incluida la obligación de citar las fuentes utilizadas para el desarrollo de una IA. Claro está, que habrá que analizar caso por caso.

5. EL INVENTOR ARTIFICIAL EN LA INDUSTRIA DE LA MODA: UN RETO PARA EL DERECHO DE PATENTES

A pesar de que las patentes no son las más utilizadas en la industria de la moda y, cierto es, que son más comunes en sectores como el del transporte o campos como el de la tecnología médica, las innovaciones técnicas permiten obtener ventajas competitivas a las empresas.

En particular, en el sector de la moda, permiten proteger un proceso de fabricación innovador, una técnica de impresión textil avanzada, un novedoso método de producción o de teñido sostenible, o un material único otorgando derechos exclusivos para utilizar y proteger la referida invención durante un período determinado de hasta 20 años desde la fecha de su presentación. Durante este período, la patente concede un derecho exclusivo a su titular que impide temporalmente a otros la fabricación, venta o utilización comercial de la invención protegida. A su vez, propicia una mayor innovación tecnológica en las empresas, lo cual, permite crear una marca más competitiva, dado que la competencia tratará de lograr una fórmula alternativa que le lleve a igual o mejor resultado que la de su competidor en el mercado, al tiempo que dota a la marca de un mayor atractivo para posibles inversores o socios comerciales.

Pensemos, a modo de ejemplo, en la invención del mecanismo del movimiento de la aguja hacia arriba y hacia abajo movida por un pedal, es decir, lo que hoy conocemos como máquina de coser. Cierto es, que el inventor e industrial Isaac Merritt Singer no fue el primero en inventar una máquina de coser, ni el único en solicitar una patente para un artilugio de este tipo pero las hizo célebres, tras conseguir, el 12 de agosto de 1851, la patente de su máquina de coser Singer. O en el origen de los legendarios Levi's 501, que se encuentran en la patente titularidad de Jacob Davis y Levi Strauss de 1873. La misma, protegía unos pantalones de trabajo elaborados con una resistente tela vaquera y unos bolsillos traseros, para mineros[29].

Actualmente, la IA ofrece un gran potencial para optimizar procesos e impulsar la eficiencia en las empresas textiles, en las que el origen de los materiales de las prendas, el gasto energético y de agua que conlleva su fabricación, su vida útil y la manera en la que se degrada una vez que es desechada tienen un gran impacto medioambiental.

Desde la revolución industrial, el modelo de producción que ha predominado en el sector de la moda es la llamada economía lineal, consistente en la extracción y utilización de materias primas para la producción de bienes, con el fin de ser comercializados, usados y con el término de su vida útil, desechados. Como alternativa directa a esta economía lineal tradicional, se encuentra la economía circular, basada en reducir, reutilizar y reciclar. Este concepto emergente, está revolucionando la forma en que las empresas del sector de la moda operan[30].

---

29. Para más información sobre estas invenciones puede consultar la página web de la OEPM, a través del siguiente enlace *http://historico.oepm.es/museovirtual/galerias_tematicas.php?tipo=INVENTOR*.

30. CASAMAYOR DE BLAS, A. «*Sostenibilidad en la industria de la moda: Is green the new black?*». En La Propiedad Industrial en tiempos de COVID, María Isabel CANDELARIO MACÍAS (Dir.) Tirant lo Blanch, 2022.

En este sentido, la IA puede desempeñar un papel clave en el impulso de la innovación, permitiendo a las empresas reducir su impacto ambiental y aumentar su eficiencia al optimizar sus procesos de producción y reducir sus desechos. A modo de ejemplo, un análisis impulsado por IA, puede emplearse para identificar áreas de ineficiencia en los procesos de producción, lo que permite a las empresas realizar cambios que reducen el margen de stock sobrante. Permitiendo, a su vez, la creación de nuevas prendas más sostenibles y circulares. Por ello, son cada vez más los proyectos innovadores dentro del sector de la moda que persiguen la transformación sostenible de la industria.

Estas iniciativas van desde la creación de nuevos materiales basados en fibras vegetales, a soluciones de IA para mejorar los cultivos de algodón, así como la creación de productos que ayuden a alargar la vida de las prendas, o la elaboración de sistemas para reciclar materiales sintéticos como el elastano y el poliéster que, hasta el momento, se consideran ireciclables. Así como la creación de una plataforma para transformar el CO2 en material textil. Iniciativas que, en definitiva, buscan aportar soluciones de carácter global y transformar la moda del futuro.

A este respecto, generalmente se suele poner el foco de atención en cómo reciclar la ropa, y no tanto en la manera en la que podemos hacer que las prendas textiles alarguen su vida útil. Cuando lo cierto es que, si el consumidor puede usar su ropa durante más tiempo, el impacto positivo en la industria sería mayor, ayudando a reducir su impacto ambiental.

Desde otra perspectiva, el potencial de la IA puede revolucionar el cultivo sostenible de materias primas como el algodón, mediante su uso para optimizar los procesos agrícolas, reducir el consumo de agua y energía y aumentar el rendimiento de los cultivos, reforzando la integridad del cultivo de algodón orgánico y reduciendo el fraude en las cadenas de suministro. En este sentido, las tecnologías impulsadas por IA, como el aprendizaje automático, la visión por computadora y la robótica, pueden emplearse para monitorear y analizar las condiciones del suelo y los cultivos en tiempo real. A su vez, estos datos, pueden utilizarse para optimizar las aplicaciones de riego y fertilizantes. Lo que permite a los agricultores utilizar menos recursos y aumentar el rendimiento de los cultivos.

De igual forma, los sistemas impulsados por IA pueden detectar plagas de manera temprana, alertando ante los primeros indicios, lo que permite tomar medidas preventivas antes de que las mismas devengan en un daño mayor. Pudiendo también, emplearse para reducir el consumo de agua y energía en el cultivo de algodón al monitorear y analizar las condiciones climáticas. Así como para optimizar los horarios de riego, asegurando que los cultivos se rieguen sólo cuando sea necesario[31].

Referente a la creación y el diseño de las prendas, en la actualidad las prendas de ropa están integrando tecnologías que en el pasado eran ajenas a la industria de la moda. Muestra de ello es la empresa de ropa y accesorios de modadeportiva estadounidense Nike, que en aras de proteger su inversión en investigación, diseño y desarrollo, es una de las empresas de moda más activa actualmente en materia de patentes. Entre las patentes que posee, destacan las que protegen elementos de la tecnología Flyknit, que a modo de resumen permite, mediante el uso de fibras de alta resistencia, crear zonas superiores en el calzado que, además de sujeción, permiten elasticidad y transpirabilidad,dando una sensación visual de ajuste como un calcetín pero siendo parte de la zapatilla. En un mismo sentido posee la icónica tecnología Air, su tecnología Waffle Racer, la tecnología Hyperadapt o sus recientes patentes relativas al Metaverso.

En ese marco, la IA es un desafío que está reorientando a las empresas de moda en el diseño y la producción de sus prendas acelerando la innovación en este sector, lo cual nos conduce a la disyuntiva de si las invenciones generadas mediante la utilización de esta nueva tecnología pueden ser patentables o elegibles para la protección de modelo de utilidad.

5.1. REQUISITOS DE PATENTABILIDAD

Las patentes protegen invenciones y, para ser concedidas, estas deben superar ciertos criterios de patentabilidad.

Por lo que respecta a los requisitos de las invenciones, para que las tecnologías asociadas a los productos de moda puedan ser objeto de patente, en primer lugar, las mismas no deben estar incluidas en las prohibiciones que establece la *Ley 24/2015, de 24 de julio, de Patentes*[32].

Debiendo, además, reunir tres requisitos:

1. ser novedosa,
2. implicar actividad inventiva,
3. y aplicación industrial.

31. Por ejemplo, mediante la App CottonAce.
32. BOE-A-2015-8328.

Asimismo, nuestro actual sistema de patentes establece que las invenciones objeto de protección mediante patente emanan del inventor, debiendo ser éste, una persona física, y aquí es donde reside el verdadero desafío para el Derecho.

Al adoptar, la IA, el papel de una persona física no existiendo en este proceso intervención humana alguna surge, por tanto, la duda sobre quién es el inventor.

En cuanto a esto, la Oficina Europea de Patentes, citando el Caso DABUS, ha determinado que el inventor sólo puede ser una persona física. A modo de sintesis, el referido asunto planteó, en 2018, si DABUS, un sistema de inteligencia artificial cuyo nombre proviene de *Device for the Autonomous Bootstrapping of Unified Sentience* (en español, Dispositivo para el Impulso Autónomo de la Conciencia Unificada) desarrollado por Stephen Thaler, fundador de Imagination Engines, podría ser considerado como inventor. Planteando la duda acerca de qué sucedería si, aplicando las normas vigentes, se presenta una solicitud de patente o de modelo de utilidad en la que se declara como inventor a una IA que haya actuado de forma autónoma sin la intervención de un inventor humano. A saber, este sistema de IA, DABUS, está basado en dos complejas redes neuronales. La primera, almacena datos a los que se le ha expuesto alterando los pesos de las conexiones entre las neuronas dando lugar a unos *outputs* completamente distintos a los *inputs que* se le dieron. La segunda red neuronal, es una red crítica que busca patrones interesantes por medio de una evaluación entre los *outputs* de la primera red neuronal. Es decir, el sistema DABUS se fundamenta en aprendizaje no supervisado y fue creado sin una previa instrucción en qué tipo de resultados debe extraer de los datos que analiza.

Estas solicitudes de patente, presentadas ante oficinas de distintas jurisdicciones, fueron mayoritariamente denegadas por entender que, de conformidad con la actual configuración del Derecho de Patentes, la condición de inventor sólo es aplicable a las personas físicas. Con la excepción de Australia y Sudáfrica, donde DABUS sí obtuvo derechos de patente, lo que provocó una considerable controversia. Por lo que respecta a Sudáfrica, la South Africa's Companies and Intellectual Property Commission admitió, en junio del 2021, la solicitud de patente formulada con indicación de DABUS como inventor. En cuanto al fallo de la Corte Federal Australiana, la sentencia de 30 de julio del 2021 establecía que, en base al artículo 15 de la Ley de Patentes australiana y los Tratados Internacionales aplicables, entre ellos el Tratado de Cooperación en materia de Patentes (PCT) no existe un requisito asociado a que el inventor de una patente sea identificado como una persona natural determinada, reconociendo, asimismo, la necesidad de coherencia respecto de la actual realidad tecnológica y la promoción de la innovación, en lo que podría ser una necesidad de interpretar la normativa en convergencia con los nuevos desafíos tecnológicos y su regulación conforme a Derecho. De esta manera, un sistema o dispositivo de IA podría ser considerado el inventor de una patente, lo que no implica que a la vez adquiera la titularidad de la invención patentable. Sin embargo, el 13 de abril de 2022, este mismo tribunal revocó su anterior decisión. Considerando, que un sistema de IA, no puede ser inventor por carecer de personalidad jurídica[33].

En un mismo sentido, el pasado 20 de diciembre de 2023, la Corte Suprema del Reino Unido en el Asunto 2021/0201 *Thaler v. Comptroller-General of Patents, Designs and Trademarks* determinaba que la IA no puede ser nombrada como inventora en una patente de un nuevo producto o idea. Estableciendo, el fallo, que un inventor debe ser una persona natural, ya que solo un ser humano puede concebir una invención según la *Patents Act 1977*. Por consiguiente, tanto la Oficina Europea de Patentes (EPO) como la Oficina de Propiedad Intelectual del Reino Unido (UKIPO) rechazaron la solicitud, argumentando que el inventor designado debía ser una persona natural[34].

Si bien, el análisis de este supuesto parece claro, lo cierto es que esta tecnología presenta una nueva realidad que suscita un debate sobre la idoneidad y aptitud de las invenciones creadas con Inteligencia Artificial.

En otro orden de ideas, respecto al requisito relativo a la actividad inventiva, es necesario valorar si para un experto en la materia a la vista del estado de la técnica sería obvio lograr el resultado. En particular, los casos habituales a valorar son aquellos donde el estado de la técnica está compuesto por distintos documentos divulgados en ámbitos de la técnica muy alejados y en los cuales el experto en la materia, en un ámbito técnico específico, no habría acudido a buscar en otro que difiere significativamente de este.

Al respecto, conviene señalar que, el experto en la materia, no debe ser indefectiblemente una persona natural sino que, en materia de patentes, es un instrumento de análisis y puede definirse como una persona con un conocimiento medio capaz de interpretar y manipular las enseñanzas de los documentos que constituyen el estado de la técnica sobre su campo

33. El fallo puede leerse en el siguiente enlace *www.judgments.fedcourt.gov.au/judgments/Judgments/fca/full/2022/2022fcafc0062*.
34. Case ID 2021/0201 Thaler v Comptroller-General of Patents, Designs and Trademarks.

específico, a fin de valorar si, según el criterio de este experto en la materia, alcanzar la solución aportada sería o no evidente. Debido a lo cual, la irrupción de la IA genera un escenario distinto al conocido hasta ahora, al ser esta tecnología capaz de procesar cantidades ingentes de documentos sin limitación a un determinado campo del conocimiento, ni de la técnica. Ámbitos que hasta ahora estaban alejados y que el uso de esta herramienta hace más accesible, convirtiéndose en una herramienta adicional de la que dispone el experto en la materia y, si bien no tiene por qué modificar los actuales criterios de valoración de la actividad inventiva puede ayudar en el análisis de la patentabilidad.

a) La suficiencia descriptiva

La suficiencia descriptiva es condición indispensable en una patente. Debiendo ser capaz, un experto en la materia, de reproducir la invención o creación a la vista de la información del documento de la misma[35].

A este respecto, como se ha indicado anteriormente, el desarrollo de sistemas de IA requiere de una fase de entrenamiento, de modo que, el comportamiento final del sistema no sólo depende de cómo está diseñado, sino de los datos con los que ha sido entrenado o desarrollado. En este escenario, ya hay casos en la Oficina Europea de Patentes de rechazos de solicitudes en las que se reivindica un modo de definir una IA pero donde la División de Examen ha considerado que la IA resuelve el problema por el conjunto de datos específicos utilizados en su entrenamiento y la solicitud no tiene suficiente información sobre tales datos. En tal sentido, puede ocurrir que, los datos sean colecciones de imágenes no definibles mediante una descripción que haga uso de texto.

La Oficina Europea de Patentes considera la IA como una solución enmarcada en lo que denomina invenciones implementadas por ordenador y, por lo tanto, está sujeta a las mismas reglas. Como tal, la mayor dificultad siempre está en identificar la solución aportada por la IA como una solución de carácter técnico. En este caso son muchas las voces que identifican cierto sesgo otorgando carácter técnico a ámbitos como el tratamiento de imagen, pero no a otros como la manipulación semántica de bloques de información basada en texto, sobre todo en situaciones donde la solución técnica tiene la misma naturaleza.

35. GARCÍA-CHAMÓN CERVERA, E. SOLER PASCUAL, L.A. FUENTES DEVESA, R., «Tratado práctico de Propiedad Industrial». El Derecho, 2010.

Este es solo un ejemplo de que en Propiedad Industrial e Intelectual estamos todavía en los inicios y que será necesario observar las implicaciones cada vez mayores de esta nueva tecnología.

5.2. LA FIGURA DEL DISEÑO INDUSTRIAL

Cuando lo que queremos es proteger la apariencia externa u ornamentación de un producto, o de una parte de él, sin tener en cuenta sus características técnicas contamos con la figura del diseño industrial que, de acuerdo con la *Ley 20/2003 de Protección Jurídica del Diseño Industrial* protege el aspecto decorativo u ornamental de una prenda o accesorio que se derive de sus particulares características, como puede ser el caso de ciertos zapatos o bolsos que contienen algún elemento funcional, un color o forma especialmente decorativos. Por tanto, es muy útil para salvaguardar la apariencia externa de un producto de una copia ilícita, siendo ésta, una de las formas más efectivas de proteger las nuevas creaciones de moda, ya que, al registrarlas, el titular de estos derechos puede impedir la explotación de estos diseños por parte de terceros sin su consentimiento.

El mismo cuerpo normativo, en sus artículos 5 y 6 establece que los requisitos para la protección de los diseños industriales son la novedad y el carácter singular.

En este sentido, un diseño es nuevo cuando ningún otro diseño idéntico haya sido accesible al público antes de la fecha de presentación de la solicitud de registro o antes de la fecha de prioridad, si se reivindica. A este respecto, se considera que posee carácter singular cuando la impresión general que produzca en el consumidor informado difiera de la impresión general producida en dicho consumidor frente a otro diseño publicado previamente a la fecha de presentación de la solicitud de registro o previo a la fecha de prioridad, si se reivindica esta[36].

Al igual que con las marcas, las empresas pueden optar por un diseño nacional, comunitario o internacional. Siendo, la duración del diseño registrado nacional y comunitario registrado de 5 años desde la fecha de presentación. Renovable por períodos sucesivos de 5 años, por un máximo de 25 años.

Dentro de la figura del diseño industrial, en la Unión Europea, se distingue entre los diseños registrados y los diseños no registrados, ambos con

36. BOE-A-2003-13615.

efectos homogéneos en todo el territorio de la Unión Europea. Siendo, la figura del diseño no registrado, particularmente ventajosa para la industria de la moda, la cual presenta nuevas colecciones con una periodicidad estacional, sin tener en cuenta la denominada moda rápida, que renueva productos continuamente, por ende, el corto ciclo de vida del producto no compensa el coste financiero y de tiempo que conlleva su registro. Asimismo, frente a los actos de explotación no autorizada, los diseños no registrados cuentan con una protección comunitaria específica durante un período de tres años a contar desde la fecha en que se ha puesto por primera vez el diseño a disposición del público en la Unión Europea. Se trata, pues, de una protección no vinculada a ningún registro, sino a su divulgación, y su alcance es menor que el del diseño registrado. Con todo, el registro de un nuevo diseño se ha de valorar en cada caso y en la práctica, resulta una figura conveniente en el sector del lujo que de manera particular basa su producción en piezas icónicas que se mantienen a lo largo de los años, motivo por el cual deben ser especialmente protegidas frente a las falsificaciones.

A estos efectos, es importante señalar la posibilidad de solicitud de registro habiendo transcurrido 12 meses después de la divulgación o publicidad del diseño, lo cual, permite registrar aquellos diseños de la colección más vendidos o demandados por el consumidor una vez introducidos en el mercado. En cualquier caso, los diseños no registrados, durante el tiempo establecido, gozarán de la protección que a estos efectos otorga la figura del diseño no registrado.

Para concluir, cuando los diseños en cuestión estén enmarcados dentro de la misma clase de la Clasificación Internacional para los Dibujos y Modelos Industriales –Clasificación de Locarno– existe la posibilidad de solicitar el registro de varios diseños a la vez, siendo un máximo de 50 el límite permitido en una misma solicitud.

En atención a lo cual, delimitado el concepto de diseño industrial, conviene dilucidar si un diseño generativo creado con Inteligencia Artificial podría protegerse mediante la referida figura.

En este sentido, las cuestiones pertinentes asociadas a la protección del diseño generativo mediante su registro como diseño que puedan surgir están vinculadas a los requisitos para obtener protección, es decir, la novedad y el carácter singular. En tanto que, existe la posibilidad de que el diseño generado por IA sea similar o idéntico a los producidos por otros algoritmos. Pudiendo impedir, este posible escenario, la demostración de la novedad y el carácter singular del diseño, afectando, en consecuencia, a su elegibilidad para el registro.

6. EL USO DE LA INTELIGENCIA ARTIFICIAL EN PUBLICIDAD: CONSIDERACIONES JURÍDICAS

En la industria de la moda, una de las formas más comunes de acercar productos o servicios a los consumidores es usar modelos o creadores de contenido, más comúnmente conocidos como *influencers,* en anuncios o en desfiles de moda.

En relación a cómo afectará la existencia de la IA al uso de la publicidad, conviene precisar que es especialmente importante establecer mecanismos previos para la gestión de los derechos de imagen, lo cual nos conducirá a cumplir la legislación vigente en la materia, así como minimizar los riesgos legales y reputacionales que pueden derivarse de una gestión inadecuada de estas relaciones profesionales. Frente a la publicidad convencional, una de las ventajas que las empresas de moda pueden obtener mediante el uso de la IA es saber en qué medio de comunicación concreto invertir, debido a que la misma permite identificar y segmentar audiencias específicas, permitiendo saber qué audiencia utiliza según qué canales de comunicación. En este sentido, debe tenerse en cuenta la nueva Ley General de Comunicación Audiovisual, que, según lo previsto, entrará en vigor durante el primer trimestre de 2024. La nueva norma, transpone la Directiva Audiovisual Europea al ordenamiento jurídico español, e incluye, por primera vez, principios generales aplicables al ámbito audiovisual acordes con los valores de las sociedades democráticas como la protección de los usuarios respecto de contenidos que atenten contra la dignidad humana, la obligación de transmitir veracidad en la información, así como la prohibición de prácticas publicitarias ilícitas. El nuevo texto refuerza también la protección del menor, restringiendo la difusión de contenidos audiovisuales que puedan resultar perjudiciales para los mismos. Pero además, extiende su ámbito de aplicación a los llamados prescriptores de opinión o *influencers,* a cuyo contenido se accede a través de plataformas como Instagram, TiTok o Youtube bajo la consideración de *«prestadores de servicios de comunicación audiovisual»*[37].

Otra de las aplicaciones de la IAG cada vez más integrada en la industria de la moda es la utilización de avatares en campañas publicitarias o desfiles, incluyendo influencers o modelos virtuales creados con herramientas de IA. En estos casos, el riesgo legal es la posibilidad de que se produzca una vulneración de derechos de imagen, debido a que la IA se entrena con imágenes preexistentes, por lo que es posible que tenga similitudes con per-

---

37. CASAMAYOR DE BLAS, A,. *«La Ley que quiere poner orden entre los «influencers'»*, Revista del Consejo General de la Abogacía Española.

sonas reales, las cuales gozan de derechos para proteger su imagen. A estos efectos, conviene evaluar el marco legal que regula el Derecho Fundamental de cualquier persona, recogido en el artículo 18 de la Constitución Española a que se proteja la proyección de su imagen para evitar que se pueda llegar a producir un uso no deseado de la misma, y desarrollado en la Ley Orgánica 1/1982 de 5 de mayo, de Protección Civil del Derecho al Honor, a la Intimidad Personal y Familiar y a la Propia Imagen[38].

Esta norma tiene como objeto la protección ante cualquier injerencia, intromisión ilegítima o daño moral causado por el uso de la imagen de una persona, así como el derecho exclusivo que toda persona posee a captar, difundir o publicar su propia imagen. En consecuencia, toda persona tiene derecho a explotar de manera comercial su imagen, y a oponerse a que terceras personas la utilicen sin su consentimiento.

Este consentimiento ha de realizarse por escrito, y siempre antes de proceder a la captación, difusión, uso o publicación de la imagen por cualquier medio o soporte. A estos efectos, es importante tener en cuenta que el derecho a la propia imagen no se limita a la imagen expuesta en medios de comunicación, sino también atañe a aquellas que se exponen en plataformas digitales. Empero, en múltiples ocasiones el derecho a la imagen entra en conflicto con Derechos Fundamentales, como el derecho a la información o la libertad de expresión, por lo que el artículo 8.2 del referido cuerpo normativo contempla algunas excepciones. A modo de síntesis, cualquier fotografía que se quiera hacer a una persona, que no ostente un cargo público, no se podrá hacer sin su consentimiento. De igual modo, se deberá obtener el consentimiento para reproducirla o publicarla. Es decir, como la captación, reproducción y publicación son tres actos diferentes, puede ser que una persona haya autorizado para hacerle una foto, pero no para reproducirla o publicarla. Por tanto, habría que obtener unaautorización para las tres acciones. Si no se obtiene la autorización pertinente, se estaría vulnerando el derecho de imagen de la persona y cometiendo una infracción. El referido consentimiento puede obtenerse a través de una autorización o a través de un contrato de cesión de derechos de imagen. En ambos tipos de documentos la persona estaría transmitiendo sus derechos de imagen a una tercera persona.

Asimismo, la imagen de una persona física es un dato de carácter personal, en consecuencia, para no vulnerar la normativa sobre protección de datos el autor de la fotografía necesita el consentimiento de la persona que aparece en la fotografía para poder usarla y explotarla en el tráfico jurídico y económico.

---

38. BOE núm. 115, de 14 de mayo de 1982.

a) Inteligencia Artificial y alegaciones publicitarias

El derecho marcario se basa fundamentalmente en conceptos relacionados con la confianza, la repercusión y la comparación de las marcas. Conceptos que, como consecuencia del auge de la IA y un probable cambio en la forma en que estas aplicaciones presentan los productos y servicios al consumidor pueden verse de alguna forma alterados debido a que la IA permite la recopilación y el análisis de grandes cantidades de datos sobre el comportamiento del consumidor. Con esta información, las empresas pueden personalizar anuncios según las preferencias individuales de sus potenciales consumidores, lo que aumenta la relevancia de los mensajes publicitarios.

Son muchas las marcas que publican en plataformas o redes sociales contenidos que pueden dar lugar a cuestiones relativas a la publicidad comparativa. Por definición, una aplicación de IA como las anteriormente citadas que recomiendan al consumidor productos concretos, generalmente influenciada por decisiones de compra anteriores, por natura, la misma, influirá en la decisión final de compra. Escenario que nos lleva a analizar si deberían las aplicaciones de IA regirse por el marco regulador relativo a las prácticas comerciales con los consumidores o usuarios.

Esta cuestión cobra una mayor relevancia si la aplicación de IA recomienda productos sobre la base de criterios que beneficien al proveedor de la IA, en lugar de basar sus recomendaciones en criterios directamente vinculados a las preferencias o compras previas del consumidor.

Además, algunas aplicaciones de IA pueden realizar operaciones de publicidad comparativa. En tal sentido, si un consumidor pide un producto a través de una aplicación de IA, es posible que la aplicación sugiera al consumidor un producto alternativo a propuesta de un proveedor de productos de la competencia. Esto evoca comparaciones con la publicidad online mediante palabras clave, en cuyo contexto, como hemos analizado previamente, han surgido problemas relacionados con la publicidad comparativa en los procesos de puja de términos de búsqueda por palabras clave.

A medida que se desarrolle la utilización de estas aplicaciones o servicios basados en IA, es probable que algunos ámbitos se vean en gran medida afectados, pudiendo tener una marcada repercusión sobre la forma de comprar los productos, lo que, por definición, tiene importantes consecuencias para el Derecho de Marcas. Es decir, hemos pasado de un modelo algorítmico en el que, a partir de datos, se seleccionaba lo que mostrar al usuario, a un modelo generador en el que se crea contenido a medida para el consumidor en concreto.

En el Derecho español todavía no contamos con advertencias o directrices relativas al uso engañoso de alegaciones publicitarias en materia de IA. Empero, aunque no exista una normativa específica para la publicidad de productos y/o servicios basados en esta tecnología, resulta de aplicación el principio de veracidad según el cual, las informaciones y/o imágenes que se difunden mediante un anuncio publicitario deben ser ciertas y no deben inducir a error al consumidor, ni de manera directa, ni por ambigüedad, ni por omisión, ni por exageración.

El referido principio de veracidad, previsto en los artículos 5 y 7 de la Ley de Competencia Desleal, exige que las alegaciones publicitarias sean veraces, lo que incluye que no se omitan datos necesarios para comprender el mensaje, y que no se sugiera información que pueda llevar al destinatario medio a percibir un mensaje erróneo[39].

En consecuencia, las sugerencias de productos de una aplicación de IA tendrán que identificarse de manera clara.

7. CONSIDERACIONES FINALES

El profesor Joaquín Garrigues se valía de la reveladora expresión «Nuevos hechos, nuevo Derecho» fijando la directriz de su estudio ante las transformaciones socioeconómicas para advertir de la imperiosa necesidad de que, ante los nuevos hechos, se haya de responder jurídicamente con normas provistas de la necesaria aptitud funcional, el nuevo Derecho[40].

En tal sentido, el fenómeno de la Inteligencia Artificial, aún en una completa fase experimental, ya ha cambiado la realidad (los hechos) tal y como la conocemos.

De modo tal, que el *Reglamento (UE) 2024/1689 del Parlamento Europeo y del Consejo, de 13 de junio de 2024, de Inteligencia Artificial* aspira a convertirse en un estándar normativo a escala global, al tratarse de la normativa de alcance más ambicioso aprobada sobre esta materia hasta la fecha. Pese a lo cual, salvo determinados preceptos, no será aplicable hasta transcurridos dos años desde su publicación, es decir, el 2 de agosto de 2026.

La Inteligencia Artificial, como reto y como herramienta efectiva, en su particular irrupción en el negocio de la moda ha supuesto una serie de

39. BOE-A-1991-628.
40. GARRIGUES, J., Nuevos hechos, nuevo derecho de sociedades anónimas, 1998, p. 35.

desafíos jurídicos tan necesarios como controvertidos. En tal sentido, la generación automática de diseños mediante algoritmos plantea preguntas sobre la titularidad de los derechos de autor. La recopilación masiva de datos para personalizar recomendaciones y experiencias de compra puede enfrentar desafíos en términos de privacidad y cumplimiento de las leyes de protección de datos. Si un algoritmo de IA causa daños, ya sea a nivel de producto o Derecho de Marcas, surge la cuestión de quién es responsable de la referida infracción marcaria. En consecuencia, resulta fundamental que las empresas de moda aborden estos retos de manera proactiva, adoptando prácticas y políticas claras en torno al uso de la Inteligencia Artificial.

Si algo define e impulsa al sector de la moda, es la innovación creativa, razón por la cual se convierte en uno de los sectores en los cuales, esta nueva herramienta tecnológica, más impacto puede generar. Al adoptar tecnologías basadas en Inteligencia Artificial de manera estratégica, la industria textil puede mejorar su competitividad al tiempo que contribuye a la sostenibilidad, respondiendo a las demandas de los consumidores y enfrentando los retos ambientales. Sin embargo, es importante abordar también cuestiones éticas y sociales relacionadas con la implementación de estas tecnologías para garantizar un impacto positivo a largo plazo. Son múltiples los aspectos en los puede verse afectada, desde la cadena de valor, escenario en cuál esta herramienta tecnológica puede lograr un notable efecto en el reto hacia una industria más circular y sostenible. Mejorando la gestión de la cadena de suministro mediante algoritmos avanzados que predicen la demanda, optimizando así, la planificación de la producción y reduciendo los desperdicios. O mediante la implementación de sensores y tecnologías de IA que proporcionan datos en tiempo real sobre el estado de la cadena de suministro, permitiendo una toma de decisiones más ágil y eficiente.

De igual modo, mediante el uso de sistemas de fabricación inteligente y robótica avanzada, la IA puede mejorar la eficiencia en las líneas de producción, reduciendo costos y minimizando errores. Algoritmos de mantenimiento predictivo pueden prever fallos en maquinaria, evitando tiempos de inactividad no planificados y optimizando la eficiencia de la producción. Los sistemas de monitoreo ambiental basados en IA pueden asegurar el cumplimiento de normativas medioambientales y promover prácticas sostenibles. De igual forma, la IA puede mejorar la experiencia del cliente mediante sistemas de recomendación personalizados basados en el historial de compras y preferencias individuales. Estrategias de marketing inteligente pueden adaptarse a las tendencias actuales del mercado, optimizando las campañas y maximizando la relevancia para los consumidores. A tal fin, mediante el uso de tecnologías como blockchain y sistemas de seguimiento basados en IA, las empresas pueden proporcionar a los consumidores información detallada sobre la procedencia y el ciclo de vida de los productos, fomentando la transparencia y la confianza.

Por lo que respecta al componente creativo, impacta de lleno en el diseño, pudiendo agilizar los procesos de desarrollo de nuevas colecciones de moda, en este sentido, la IA puede acelerar el proceso de diseño mediante la generación automática de prototipos y la optimización de patrones, lo que reduce el tiempo de desarrollo de productos.

La Inteligencia Artificial Generativa abre nuevas posibilidades para fomentar la creatividad y la innovación. El uso de la digitalización proporciona la posibilidad de estudiar las prendas antes de producirlas, trabajar tejidos y texturas antes de comprarlos, y explorar técnicas artesanas sin la necesidad de malgastar tejido sobrante, abriendo a las marcas un abanico inmenso de posibilidades. No cabe duda de que la innovación es, junto con la digitalización y la sostenibilidad, el tercer gran reto del sector de la moda.

En este estado de cosas, los principios jurídicos tradicionales deben conducir el camino del progreso e impulsar la innovación y el desarrollo de nuevas tecnologías. A tal fin, el uso estratégico de Derechos de Propiedad Intelectual e Industrial puede y debe, reducir riesgos, establecer vínculos de cooperación y fomentar la competitividad empresarial.

8. BIBLIOGRAFÍA

CASAMAYOR DE BLAS, A., *«Sostenibilidad en la industria de la moda: Is green the new black?»*. En La Propiedad Industrial en tiempos de COVID, María Isabel CANDELARIO MACÍAS (dir.) Tirant lo Blanch, 2022.

GARCÍA-CHAMÓN CERVERA, E., SOLER PASCUAL, L. A., FUENTES DEVESA, R., «Tratado práctico de Propiedad Industrial». El Derecho, 2010.

GARRIGUES, J., *«Nuevos hechos, nuevo derecho de sociedades anónimas»*, 1998.

SAMOILI, S., LOPEZ COBO, M., GOMEZ, E., DE PRATO, G. and DELIPETREV, B., *«AI Watch. Defining Artificial Intelligence. Towards an operational definition and taxonomy of artificial intelligence»*, Publications Office of the European Union, Luxembourg, 2020.

PEINADO GARCÍA, J. I., *«La propiedad intelectual: derechos de autor y derechos afines». Lecciones de Derecho Mercantil. Volumen I.* Navarra: Thomson Reuters- Civitas, 2018 pp. 211-236.

Capítulo 11

Los riesgos de las falsificaciones para las PYMEs[1]

JUAN JOSÉ CASELLES FORNÉS 2

Abogado

Jefe Depto. Antipiratería de Elzaburu

En esta ponencia vamos a analizar los riesgos de las falsificaciones para las pequeñas y medianas empresas (PYMEs) siguiendo un esquema estructurado en los siguientes 3 bloques: la introducción al tema, con referencia a la dimensión de las falsificaciones y las consecuencias de las mismas; las acciones legales, es decir, como nos vamos a defender frente a las falsificaciones tanto en las fronteras como en el mercado interior; y, finalmente, las particularidades respecto a las PYMEs que, por su estructura, están más

---

1. Este trabajo ha sido expuesto en el *Congreso Internacional: Los nuevos horizontes y metas de la propiedad industrial* celebrado los días 19 y 20 de octubre de 2023, Universidad Carlos III de Madrid. Además, es resultado del Proyecto TED2021-130344B-I00, «Desafíos y Retos de la ordenación de las innovaciones de cambio climático», financiado por MCIN/AEI/10.13039/501100011033 y por la UE NextGenerationEU/PRTR.
2. CASELLES FORNÉS, Juan José, Doctor en Derecho y Licenciado en Criminología. ORCID: 0000-0001-5540-0827.

expuestas a este riesgo que las grandes empresas, exponiendo casos reales de PYMEs en riesgo, la dimensión de las PYMEs, el impacto de las falsificaciones en esas empresas y algunas recomendaciones para evitar los riesgos de las falsificaciones a las PYMEs.

1. INTRODUCCIÓN

1.1. PROPORCIONES ALARMANTES DE LA FALSIFICACIÓN DE MARCAS Y LA PIRATERÍA

El primer punto a resaltar es la proporción alarmante de las falsificaciones.

Hoy en día las cifras de la falsificación de marcas son escandalosas. Afectan a todo el mundo, a todos los países. No hay ningún país que se salve de las falsificaciones.

Aunque, en principio, se podría pensar que la venta de falsificaciones tiene lugar en países cuyos ciudadanos tengan mayor poder adquisitivo, esto no es así: en países pobres también se venden falsificaciones y, lo que es peor, incluso de medicamentos y productos farmacéuticos.

Por otro lado, dentro de los países ricos, la gente tiende a pensar que solo se falsifican relojes, bolsos, artículos de lujo, y esto tampoco es así: además del sector de lujo, se falsifica todo, absolutamente todo, se falsifican piezas de aviones, prótesis e implantes quirúrgicos (incluso de titanio), alimentos (hasta patatas fritas). Es decir, no solo se falsifica un exclusivo champagne francés sino también una bolsa de patatas fritas.

La expansión de la falsificación de marcas a nivel mundial tiene que ver con la liberalización del comercio mundial en el año 1994 cuando se constituye la OMC (Organización Mundial de Comercio). Desde su creación, algunos países empiezan a comercializar libremente sus productos en los mercados internacionales. Algunos países van entrando posteriormente, teniendo un calendario progresivo de liberalización para poder comercializar sus productos a nivel mundial. Cuando se liberaliza el comercio mundial para los productos de China, es cuando se produce el mayor aumento de falsificaciones a nivel mundial. El resultado es que China se ha convertido en la fábrica del mundo, siendo el origen de la mayoría de los productos que se venden a nivel mundial, no solo de los auténticos sino también de los falsos.

El volumen de falsificaciones presenta cifras alarmantes. Los productos falsificados provocan perjuicios en todas las economías nacionales, en todos los países.

Hay varios estudios que cuantifican los perjuicios. Me voy a remitir al último, que es del año 2021 publicado por la OCDE/EUIPO[3] estimando que el 2'5% del comercio mundial son productos falsificados, lo que equivale 412.000 millones de euros al año.

En la UE, los productos falsificados representan el 5'8% de las importaciones, con un valor de 121.000 millones de euros. Es decir, el porcentaje de falsificaciones importadas en la UE viene a duplicar las existentes en el comercio mundial (5'8% en la UE frente a 2'5% a nivel mundial).

Como se observa, se trata de cifras muy elevadas.

1.2. EFECTOS DE LAS FALSIFICACIONES

El efecto de las falsificaciones se percibe en las economías nacionales, como hemos adelantado, porque provoca la disminución en la recaudación de impuestos, entre otros efectos. El tráfico de estos productos se produce en el mercado negro, por lo que no se declara ningún tipo de impuesto y el Estado deja de ingresar gran cantidad de dinero en impuestos, que son los que después sirven para financiar los servicios públicos. Las pérdidas afectan, al final, a toda la economía de un país. También se pierden puestos de trabajo en las empresas que sufren las falsificaciones. Lo veremos después con más detalle. Las empresas afectadas tienen menos motivación, un menor interés en invertir en investigación y desarrollo porque no le sale rentable si los piratas venden después sus productos copiados. Por lo tanto, los países que tengan mayor índice de falsificación van a ver reducidos los puestos de trabajo.

Hay que resaltar que, en algunos casos, los productos falsificados suponen un peligro para la salud y la seguridad de los consumidores.

Como hemos adelantado, el riesgo resulta obvio en los productos farmacéuticos pero también en productos alimenticios y bebidas que pueden afectar a la salud.

Como ejemplo de afectación de la seguridad, podemos mencionar las piezas de vehículos y de aviones. Por muchos controles que pongamos siempre se va a producir el riesgo de que nos entreguen un producto falso. Hasta el

3. OECD/EUIPO. «Global Trade in Fakes. A Worrying Threat». 2021. *https://euipo.europa.eu/tunnel-web/secure/webdav/guest/document_library/observatory/documents/reports/2021_EUIPO_OECD_Report_Fakes/2021_EUIPO_OECD_Trate_Fakes_Study_FullR_en.pdf.*

ejército de Estados Unidos ha detectado productos falsos en sus equipos, a pesar de la cantidad de controles que tienen que pasar.

La falsificación de marca es un negocio muy rentable y con poco riesgo. Eso ha hecho que el crimen organizado, que estaba concentrado en el tráfico de drogas o de armas, se haya trasladado a la falsificación de marcas.

La UNODC (Oficina de Naciones Unidas contra la Droga y el Delito)[4] así lo tiene demostrado. El crimen organizado no solo va a estar implicado en un único delito contra la propiedad industrial, sino que van a estar implicado en una serie de delitos conectados con esta actividad de falsificación.

La OMA (Organización Mundial de Aduanas) realiza controles periódicos sobre los contenedores que pasan por las aduanas mediante el conocido *Container Control Programme*. En el último que se hizo a nivel mundial se descubrió que 1/3 de los contenedores que pasaban por las aduanas contenían productos falsificados. No es que todos los productos del contenedor fueran falsos sino que dentro del mismo, en el que se suelen agrupar distintos tipos de productos, se había encontrado algún producto falsificado. En cualquier caso, el resultado de este control es muy preocupante.

El último dato importante es que, a nivel europeo, hay estudios por parte de EUROPOL, EUROJUST y otros organismos que están analizando cuáles son los riesgos criminales para Europa. En concreto, en el actual ciclo de la iniciativa EMPACT[5] se estudian las principales amenazas criminales para la Unión Europea, entre las que se ha incluido, expresamente, a los delitos contra la propiedad industrial e intelectual como una de las 10 prioridades criminales de la Unión Europea.

Es decir, ha subido el nivel de riesgo y amenaza para la UE de los delitos contra la propiedad industrial e intelectual.

Un estudio de la EUIPO que se hizo en solo 13 sectores de la economía de la UE se vio que las pérdidas de ventas al año debido a las falsificaciones se sitúan en el 7'5%. Las marcas originales perdían 7'5% de sus ventas en la UE. En España, ese porcentaje sube al 9'3% de pérdidas en ventas. Mientras

---

4. UNODC. «El tráfico ilícito de mercancías falsificadas y el crimen organizado transnacional». *https://www.unodc.org/documents/counterfeit/FocusSheet/Counterfeit_focussheet_ES_HIRES.pdf*.
5. Consejo de la Unión Europea. «La lucha de la UE contra la delincuencia organizada». *https://www.consilium.europa.eu/es/policies/eu-fight-against-crime/#empact*.

la media europea de pérdidas en ventas es del 7'5%, en España nos situamos en un 9'3%, es decir, casi 2 puntos más que en la UE[6].

El hecho de que en España estemos 2 puntos por encima de la media europea de pérdidas exige una seria autocrítica a nuestro sistema. Donde más se concentra esa disparidad a nivel europeo y a nivel de España es en el caso de los cosméticos.

El índice de falsificaciones de cosméticos en España es del 16'2% mientras que el índice europeo es del 8'9%. Es decir, la falsificación de cosméticos en España es casi el doble que el de la UE.

2. ACCIONES LEGALES

Pasamos ahora al bloque de acciones legales. Vamos a ver qué acciones legales puede emprender una PYME, o cualquier otra empresa, contra las falsificaciones. Tenemos dos tipos de acciones: las medidas en frontera o aduaneras y luego las medidas en el mercado interior.

2.1. MEDIDAS EN FRONTERA

Una vez que el producto ha cruzado la aduana, ya puede circular libremente en la Unión Europea. Las medidas en frontera se recogen en el Reglamento (UE) 608/2013 de medidas a adoptar por los funcionarios de aduanas para la protección de la propiedad intelectual e industrial[7].

Este Reglamento se aplica en toda la Unión Europea de forma uniforme. Desde que España entró en la CE el año 1986, ya empezamos a aplicar medidas en frontera. Estas medidas se han ido modificando y actualizando durante el tiempo y, actualmente, se aplica el citado Reglamento (UE) 608/2013 vigente desde hace 10 años.

6. OEPM. «Un estudio de la EUIPO cifra en 60.000 millones de euros las pérdidas por falsificaciones en 13 sectores clave de la economía en la UE». *https://stopfalsificaciones.oepm.es/novedades-y-publicaciones/novedades/Un-estudio-de-la-EUIPO-cifra-en-60.000-millones-de-euros-las-perdidas-por-falsificaciones-en-13-sectores-clave-de-la-economia-en-la-UE/.*

7. Reglamento (UE) n.º 608/2013 del Parlamento Europeo y del Consejo, de 12 de junio de 2013, relativo a la vigilancia por parte de las autoridades aduaneras del respeto de los derechos de propiedad intelectual y por el que se deroga el Reglamento (CE) n.º 1383/2003 del Consejo. *https://www.boe.es/buscar/doc.php?id=DOUE-L-2013-81294.*

Al analizar los resultados de las intervenciones aduaneras de productos sospechosos de infringir derechos de propiedad industrial e intelectual (DPI)[8], vemos que si sumamos el 54'3% la destrucción ordinaria de productos y el 28'87% de destrucción de pequeños envíos[9], el resultado es que el 83'17% de productos que son retenidos en las aduanas acaban siendo destruidos. Por otro lado, tan solo el 2'24% de las retenciones eran productos originales. Es decir, el índice de éxito de estas medidas aduaneras es altísimo.

Las vías por las que llegan a la UE los productos que usurpan los DPI de las PYMEs[10], vemos que el 54% vienen por correo postal, el 19% viene por carga aérea y el 11% viene por servicios de mensajería. Estas 3 vías son las más usadas para importar los productos falsos, teniendo su origen en las compras *online* que llegar en paquetes pequeños, no en grandes contenedores.

Los productos más retenidos en las aduanas por usurpar los DPI de las PYMEs son los siguientes: el primer tipo de producto más retenido son los textiles, ropas, vestimentas; el segundo tipo son los calzados;el tercer grupo es el de perfumería y cosméticos; y el cuarto son los relojes.

Si estos productos han entrado en la UE es que los controles de aduanas han fallado o han sido insuficientes, por causas distintas (como puede ser la falta de escáneres que tenemos en España que no permiten revisar más del 3% de los contenedores).

El resultado es que si los productos cruzan la frontera, para poder actuar tenemos que acudir a la adopción de medidas en el mercado interior.

2.2. MEDIDAS INTERNAS

La Ley de Marcas[11] nos indica la posibilidad de emplear acciones civiles o penales para defender los derechos de propiedad intelectual e industrial.

---

8. European Commission/EUIPO. «EU enforcement of intellectual property rights: results at the EU border and in the EU internal market 2021». Pág. 24. *https://euipo.europa.eu/tunnel-web/secure/webdav/guest/document_library/observatory/documents/reports/2022_EU_enforcement_of_IPRs_2021/2022_EU_enforcement_of_IPRs_results_2021_FullR_en.pdf.*
9. Paquetes postales o de mensajería con 3 o menos productos o dos o menos kilos de peso.
10. OECD/EUIPO. «Risks of Illicit Trade in Counterfeits to Small and Medium-Sized Firms». 2023. Pág. 33. *https://euipo.europa.eu/tunnel-web/secure/webdav/guest/document_library/observatory/documents/reports/Risks_of_Illicit_Trade_in_Counterfeits_to_SMEs/Risks_of_Illicit_Trade_in_Counterfeits_to_SMEs_FullR_en.pdf.*
11. Ley 17/2001, de 7 de diciembre, de Marcas (BOE núm. 294, de 8 de diciembre de 2001).

El art. 40 de la Ley de Marcas ofrece dos opciones: las acciones penales o las civiles. Las civiles están recogidas en el art. 41 de la Ley de Marcas. Las sanciones penales se tipifican en los arts. 270 y ss. del Código Penal[12].

El Código Penal se reserva para los comportamientos que merecen un mayor reproche social. Cuando el legislador entiende que una actividad debe ser sancionada con mayor contundencia, se incorpora esa actividad en el Código Penal. A partir de esa tipificación del delito, corresponderá a los órganos jurisdiccionales valorar si se cumplen o no los requisitos del tipo penal en el caso enjuiciado.

Además, el derecho penal es preferente sobre la legislación civil y atrayente de cualquier otra cuestión. Cuando un juez penal inicia un procedimiento sobre unos hechos, el juez civil tiene que suspender su procedimiento si trata sobre los mismos hechos.

En el orden penal, la primera cuestión a indicar es que la falsificación de marcas es un delito público (art. 287CP), por lo que no se requiere que el titular de la marca interponga una denuncia para que se inicie una investigación, pudiendo las Fuerzas y Cuerpos de Seguridad del Estado intervenir de oficio en estos delitos. La ventaja del procedimiento penal es que se incorporan también las responsabilidades civiles *ex delicto*. Es decir, se va a sancionar con determinadas penas (prisión, multa y otras) pero también se va a determinar cuáles son los daños y perjuicios causados incorporando en la sentencia pronunciamientos civiles.

Hay que resaltar que, en algunos casos, podrá existir un posible concurso con otros delitos, es decir, el procedimiento penal por delito con la propiedad industrial o intelectual podrá ir acompañado de otros delitos, por ejemplo, el de estafa. Si se compra un reloj con marca de prestigio en una joyería en una zona cara, como la calle Serrano en Madrid o Puerto Banús en Marbella, el producto tiene una buena presentación y un precio alto, el comprador pensará que ese producto es original.

Normalmente será original. Pero, el algún caso, será un producto falso y nos encontraremos, además, con un delito de estafa (art. 248 y ss. CP).

El que ha comprado el reloj pensando que era un producto original será víctima de un delito de estafa pero, además, tendremos un delito contra la

12. Ley Orgánica 10/1995, de 23 de noviembre, del Código Penal (BOE núm. 281, de 24 de noviembre de 1995).

propiedad industrial por falsificación de marca, es decir, el proceso penal se seguirá por dos delitos. Pero se podrían añadir otros más, como un delito contra los consumidores (art. 282 CP); contra la salud pública (art. 363 y ss. CP), recordemos el caso de adulteración del aceite de colza que marcó la historia de España respecto a los riesgos de contra la salud pública en procesos alimenticios; falsedad documental (art. 390 y ss. CP); contra los derechos de los trabajadores (art. 311 y ss. CP), contra la Hacienda Pública y la Seguridad Social (art. 305 y ss. CP) por falta de pago de impuestos o de las cuotas sociales; blanqueo de capitales (art. 301 y ss. CP); etc. Se podrían añadir muchas imputaciones.

Como ya se adelantó, el crimen organizado está presente, también, en los delitos contra la propiedad intelectual e industrial.

En caso de delincuencia organizada se permite la actuación del agente encubierto, es decir, el agente de Policía Judicial que bajo identidad supuesta se infiltra en una organización criminal para descubrir el delito y sus responsables. A continuación, señalamos unas particularidades del crimen organizado en materia de propiedad industrial e intelectual:

– Las redes criminales intentan infiltrarse en la cadena legal de suministros en varios puntos: producción, transporte y distribución. Incluso controlan la cadena completa de producción y distribución, presentándose como proveedores legítimos a consumidores y empresas.

– Los criminales desarrollan estrategias de marketing y distribución, incluyendo ventas *online*, e incluso complejos sistemas de blanqueo de capitales.

– Algunos utilizan sitios *web* haciéndose pasar por compañías originales abusando de sus marcas sin autorización. Estos sitios *web* imitan estrechamente las compañías originales y son usadas para vender productos y servicios falsos.

– Las redes criminales dependen de estructuras empresariales legales para esconder sus operaciones y distribuir los productos y servicios falsificados.

Pasamos a indicar los tipos penales brevemente, sin entrar en detalles al no ser el objeto de esta ponencia. El Código Penal castiga el delito contra la propiedad intelectual en el art. 270. El art. 273 castiga la usurpación de patentes o modelos de utilidad; los dibujos industriales o artísticos; y las topografías de productos semiconductores, es decir, los microchips. El art. 274, n.º 1 a 3, sanciona la violación de marcas. El art. 274.4 castiga la usurpación de obtenciones vegetales. Por último, el art. 275 tipifica la usurpación de las denominaciones de origen o indicaciones geográficas protegidas.

3. PARTICULARIDADES DE LA FALSIFICACIÓN EN LAS PYMES

3.1. EJEMPLOS DE RIESGOS PARA LAS PYMES

Vamos ahora a analizar las particularidades de la falsificación de marca en las pequeñas y medianas empresas. Para situarnos en contexto, vamos a exponer dos casos reales ilustrativos de la situación en la que se encuentran las PYMEs.

El primero caso es el de un negocio de una familia italiana que diseñaba y fabricaba, de forma artesanal, calzado de lujo. Al fabricar de esa forma artesanal o doméstica, en pocas cantidades, no tenían capacidad de fabricar masivamente de forma industrializada.

Ese calzado era de alta calidad, estaba hecho de forma manual por gente muy experta y gozaba de mucha reputación en ese sector. Solo distribuían en boutiques físicas. El problema surgió cuando quisieron dar el paso a la posibilidad de abrir tiendas *online*. En ese momento descubrieron que en mercado *online* ya había una enorme cantidad de calzado con el logo de esa marca falsificada.

La empresa no tenía medios para vigilar Internet por ser costoso, ni tenía un departamento antipiratería, ni tenía ni siquiera un departamento legal. No pudieron hacer nada y el negocio acabó cerrando.

El segundo caso es el de la compañía inglesa TOTSEAT. Era una empresa de una señora que diseñó y desarrolló una trona (silla para bebés) de tela. Para financiar la fabricación y comercialización del producto, acudió a plataformas de *crowdfunding*. Consiguió un gran éxito y llegó a vender en más de 40 países. El problema apareció cuando intentó vender esos productos en China.

Descubrió que alguien en China había registrado previamente la marca TOTSEAT. Esa información la habían tomado de las plataformas de *crowdfunding*. Es decir, sabían que alguien iba a vender ese producto en China y se le adelantaron registrando la marca en ese país. En consecuencia, la empresa inglesa no pudo vender esos productos en China.

3.2. DIMENSIÓN DE LAS PYMES

Vamos a definir primero qué es una PYME. Hay 3 subcategorías de empresas que entran dentro de la definición de PYME en función de su tamaño: a) las microempresas, que tiene menos de 10 empleados; b) la pequeña empresa, que tiene menos de 50 empleados; y c) la mediana empresa, que tiene menos de 250 empleados. Por lo tanto, PYMEs serían las empresas con menos de 250 empleados.

A nivel mundial, las PYMEs representan más del 90% del total de las empresas, emplean a 2/3 de los trabajadores (es decir, 66% del empleo a nivel mundial) y representan el 50% del PIB global.

En España las PYMEs representan el 99'8% de las empresas (solo el 0'2% serían grandes empresas) y representan el 66% del empleo. La media de empleados de una PYME en España es de 4'7 trabajadores, mientras que a nivel europeo la media es de 6 trabajadores. Por lo tanto, si en España pasáramos de 4,7 empleados por PYME a la media europea de 6 empleados por PYME, en España aumentaría el empleo en 1.200.000 trabajadores.

A nivel europeo, las PYMEs representan 2/3 de los empleos y el 57% de valor añadido.

Por lo tanto, la importancia de las PYMEs para la economía de un país es extraordinaria.

3.3. IMPACTO DE LAS FALSIFICACIONES EN LAS PYMES

Las PYMEs presentan un elevado riesgo de desaparición en el mercado: solo del 30 al 60% de las PYMEs sobreviven más de 5 años en el mercado, o en otras palabras, del 70 al 40% desaparece. La dificultad en la supervivencia de las PYMEs puede ser debido a distintos factores.

La EUIPO realizó una encuesta en la que se preguntó a 8.372 PYMEs en la UE, de las cuales 4.278 empresas no tenían ningún derecho de propiedad industrial o intelectual registrado y las otras 4.094 empresas sí lo tenían. Los resultados se exponen a continuación[13].

El 60% de las PYMEs afirman haber introducido una innovación en su empresa en los últimos tres años. El 70% de estas innovaciones se describen

13. EUIPO. «2022 Intellectual Property SME scoreboard». septiembre 2022. *https://euipo.europa.eu/tunnel-web/secure/webdav/guest/document_library/observatory/documents/IP_sme_scoreboard_study_2022/IP_sme_scoreboard_study_2022_en.pdf.*

como novedosas para la propia PYME, mientras que el 21% son novedosas para el mercado y el 3% novedosas para el mundo. La introducción de innovaciones es más común entre los titulares de DPI registrados (77%) que entre los no titulares (57%).

Es más probable que los titulares de DPI registrados que han introducido una innovación informen de que su empresa ha sido la primera en aplicar una mejora en su mercado en comparación con los no titulares de esos derechos (29% y 20%, respectivamente) o en el mundo (6% y 3%, respectivamente). Por el contrario, los titulares de esos derechos registrados tienen menos probabilidades que los no titulares de informar de que la innovación ya había sido aplicada por otras empresas (66%) y solo es novedosa para su empresa (71%).

El 10% de las PYMEs afirman que son titulares de DPI registrados. La marca nacional es el tipo de DPI registrado de titularidad más habitual por el 6% de las PYMEs. Le siguen las marcas de la UE y las patentes (4% para ambas). Las otras medidas de protección de la propiedad industrial e intelectual (no registradas) más utilizadas son «otras medidas alternativas» (que incluyen los nombres de dominio). El 39% de las PYMEs afirman ser titulares de estas últimas, lo que convierte al grupo de medidas alternativas en el tipo de protección más frecuente. Le siguen los secretos comerciales (19%), los derechos sobre dibujos y modelos no registrados (16%) y los derechos sobre bases de datos (13%). El 45% de las PYMEs titulares de derechos registrados trataron de obtener beneficios financieros utilizando sus activos intelectuales, ya sea directamente, a través de la venta o la concesión de licencias, o indirectamente, a través, por ejemplo, del uso de su cartera de DPI registrados para el desarrollo de su negocio. Más de un tercio de las PYMEs (36%) que son titulares de DPI registrados han logrado con éxito obtener beneficios económicos a través de sus derechos registrados, en comparación con el 11% que lo han intentado pero no han tenido éxito.

Los principales motivos por los que las PYMEs registran DPI son que ayudan a evitar que otros copien sus productos o servicios (66%), seguidos de un aumento del valor y la imagen de su empresa (65%) y una garantía de una mayor seguridad jurídica (63%).

Solamente algo más de la mitad (54%) de las PYMEs que registraron los DPI señalan que se tuvieron dificultades al hacerlo. Las PYMEs hacen referencia con mayor frecuencia al coste del registro, que se percibía como elevado. El 20% de las PYMEs con DPI registrados señala como dificultad las elevadas tasas tanto de la Oficina de Propiedad Industrial como las de los agentes de propiedad industrial. La tercera dificultad más mencionada fue que el registro tardó demasiado tiempo (19%).

El 93% de las PYMEs que han registrado DPI consideran que dicho registro ha tenido un impacto positivo. Lo más habitual es que las PYMEs con DPI registrados declaren que el registro mejoró la reputación o la imagen de la empresa (mencionada en un 60%), que les proporcionó una mejor protección de la propiedad industrial e intelectual (58%) y que les ofreció mejores perspectivas de negocio a largo plazo (48%).

Por último, en lo que respecta a las PYMEs que no registraron los DPI, la razón expuesta con mayor frecuencia es que no vieron beneficios adicionales en hacerlo: el 35% de las PYMEs lo mencionó como motivo para no registrar esos derechos. Los otros tres motivos mencionados con mayor frecuencia fueron que pensaban que su activo intelectual no era lo suficientemente innovador para el registro de ese derecho (20%), que tenían un conocimiento insuficiente (19%) o que no se cumplían los requisitos de registro (19%).

La mayoría de las PYMEs (85%) que eran titulares de DPI registrados han recurrido a medidas específicas para identificar posibles vulneraciones de sus derechos. Sin embargo, esto no siempre se hace a través de una supervisión específica del mercado. Se basan principalmente en aportaciones no sistemáticas, como los comentarios de los clientes (utilizados por el 41% de las PYMEs con DPI registrados) o la información incidental que les llega (40%). La supervisión sistemática es menos común: el 26% de estas PYMEs recurre a servicios subcontratados de vigilancia de las vulneraciones de DPI y el 17% dispone de personal interno dedicado a la supervisión sistemática.

El 15% de los titulares de DPI registrados han sufrido vulneraciones de esos derechos. La vulneración de esos derechos se produjo con mayor frecuencia con las marcas: el 14% de las PYMEs con DPI registrados declararon una vulneración de este tipo de derecho. Casi 9 de cada 10 de ellos (89%) han adoptado medidas para hacer valer sus DPI, principalmente a través de negociaciones directas (43%).

La repercusión más mencionada de una vulneración de los DPI es que hizo que la PYME que sufrió la vulneración fuera más consciente de la necesidad de protección de los DPI (declarada por el 46% de las PYMEs que sufrieron una vulneración). Los otros efectos más mencionados fueron la pérdida de volumen de negocio (36%) y los daños a la reputación de la empresa (31%).

En relación con los sectores en los que se produce la violación de los derechos de DPI de las PYMEs observamos que el 15% de las empresas han contestado que sí han sufrido violaciones. El sector de transporte, un 18 %; el sector de mayoristas y el de fabricantes, empatados con un 16%; otros sectores un 15%; el sector de actividades financieras un 14% y el sector de construcción un 6%.

En cuanto a los impactos de esas infracciones, los resultados son los siguientes: a) el primer impacto es que les ha hecho ser conscientes de la necesidad de proteger sus derechos en un 46%, es decir, hasta que no ven que le han usurpado su derecho, no son conscientes de la importancia que tiene; b) la perdida de facturación en un 36% debido a las falsificaciones; c) daño a la reputación de la empresa en un 31%; d) pérdida de ventajas competitivas en un 30%; e) pérdida de incentivos a innovar e invertir en un 18%; f) reducción del número de empleados en un 12 %. La conclusión de estos impactos es que las PYMEs que han sufrido la usurpación de sus DPI tienen un 34 % menos de probabilidades de sobrevivir que las empresas que no han sufrido esa infracción. Es decir, si la PYME sufre una infracción de sus DPI, va a tener 1/3 menos de probabilidades de sobrevivir en el mercado y acabará desapareciendo.

El impacto de las infracciones de los DPI de las PYMEs en la UE se analiza también en el estudio «*Effects of counterfeiting en EU SMEs and a review of various public and private IPR enforcement initiatives and resources*» realizado por TECHNOPOLIS[14].

En este estudio se cita, a su vez, un estudio de la Universidad de Miguel Hernández[15] de Alicante en el que se estimó que las PYMEs de la industria juguetera española tuvieron unas pérdidas de ventas de casi el 11% debido a las falsificaciones de sus DPI y ese porcentaje de pérdidas en ventas aumentaba al 50% en las empresas más pequeñas.

De acuerdo con el estudio de TECHNOPOLIS, alrededor del 20% de las PYMEs han perdido puestos de trabajo por encima del 5% de los empleados.

---

14. RODWELL, Simon / VAN EECKHOUT, Philippe / REID, Alasdair / WALENDOWSKI, Jacek, «*Effects of counterfeiting en EU SMEs and a review of various public and private IPR enforcement initiatives and resources*». European Commission. Technopolis, 31 agosto 2007. Ares (2014)78420 - 15/01/2014.

15. RODWELL, Simon / VAN EECKHOUT, Philippe / REID, Alasdair / WALENDOWSKI, Jacek, «*Effects of counterfeiting en EU SMEs and a review of various public and private IPR enforcement initiatives and resources*». European Commission. Technopolis, 31 agosto 2007. Ares (2014)78420 - 15/01/2014. Pág. 12.

También encontramos el daño a la reputación, a la imagen de la marca. Aquí se produce un fenómeno curioso, sobre todo cuando resulta difícil distinguir el producto original del falso. Cuando es muy difícil distinguirlo, automáticamente el consumidor prefiere comprar otro producto de otra marca que no tenga tanto riesgo de ser falsificado.

Si se ven muchas falsificaciones en la calle de una determinada marca de prestigio y cualquier persona lleva esa marca (aunque esté falsificada), la exclusividad y prestigio de la marca quedan seriamente dañadas.

Es decir, si el consumidor ve que una marca de prestigio es muy falsificada, no va a comprar esa marca. Se gastará el dinero en otra que mantenga la exclusividad.

También se recogen los riesgos de las falsificaciones para la salud y la seguridad de los consumidores, la pérdida de ingresos por impuestos y el estrangulamiento de la innovación y el emprendimiento de las iniciativas empresariales. La influencia del riesgo de usurpación de estos derechos provoca que el 25% de las empresas eviten invertir en I+D+i, llegando en el sector de la ingeniería mecánica, partes de automóviles y juguetes al 33% de empresas evitando esas inversiones.

Otro aspecto a resaltar es el de las fugas que se producen en las infraestructuras de propiedad intelectual. Esto tiene que ver con las oficinas de registro o las oficinas de homologación de productos en China, como la conocida China Compulsory Certification (CCC.) que es un organismo de certificación de productos. Cuando alguien quiere vender el producto en China tiene que pasar por ella para que certifiquen u homologuen ese producto, momento en el que piden abundante y detallada información adicional, lo que levanta sospechas de que lo que realmente intentan es extraer información secreta y confidencial de la empresa fabricante del producto.

También nos encontramos con un fenómeno curioso provocado por problemas internos o externos del país, que van variando con el tiempo. Sabemos, desde hace tiempo, que China es el origen mundial de la falsificación de marcas. Sin embargo, lo que está sucediendo ahora en China es que los chinos ya se copian entre ellos.

Por otro lado, los gustos de los chinos van cambiando. El chino que tiene dinero lleva un producto original, no uno falso. Es un importante cambio de tendencia. Ojalá en España pasara algo parecido y nos diéramos cuenta de que llevar un producto falso no nos posiciona en un estatus social más elevado sino al revés.

El impacto de las falsificaciones en las PYMEs presenta una triple perspectiva:

a) tienen muchos menos recursos, lo que implica que el impacto va a ser mucho mayor en relación a las grandes empresas, pues al no tener recursos no se pueden defender de las usurpaciones, no pueden investigarlas, no pueden perseguirlas, quedando mucho más expuestas al fenómeno.

b) se enfrentan a altas barreras financieras impuesta por Reglamentos UE para acceder a las ayudas o los proyectos a nivel europeo de estímulo a la innovación y el desarrollo. Las PYMEs no llegan a ellas porque en algunos casos implican pagar una serie de derechos y de tasas y no tienen esos recursos, con locual se quedan fuera de los circuitos de ayudas públicas.

c) les cuesta más obtener un resarcimiento económico, porque los mecanismos para buscar el resarcimiento son caros y muchas veces simplemente se renuncia a ello para evitar incurrir enmás gastos.

A continuación, vamos a referirnos brevemente al comercio *online* en relación a las PYMEs.

El comercio *online* fue acelerado por la pandemia debido al confinamiento que sufrieron los ciudadanos pero también fue fomentado por las medidas que implementaron los gobiernos para digitalizar la economía.

Alrededor del 50% de las incautaciones de productos falsificados con marcas de PYMEs destinados a la UE fueron comprados *online*.

El principal origen es China y Hong Kong. La curiosidad es que se envían directamente desde el país de origen al destinatario, sin pasar por las grandes *hubs* de transporte como son Turquía y Singapur, es decir, van directos de su origen al consumidor porque así se evita controles que puedan ponerse en esos países.

3.4. RECOMENDACIONES

Vamos a acabar con algunas recomendaciones[16] sobre qué pueden hacer las PYMEs para combatir estos riesgos:

---

16. RODWELL, Simon / VAN EECKHOUT, Philippe / REID, Alasdair / WALENDOWSKI, Jacek, «*Effects of counterfeiting en EU SMEs and a review of various public and private IPR*

a) mejorar el acceso de las PYMEs a la vigilancia y a la observancia de sus derechos de propiedad intelectual e industrial, es decir, que puedan tener los medios de vigilancia de las grandes empresas para defender sus derechos. Hay que aumentar la sensibilización sobre las amenazas, ya que muchas PYMEs no son conscientes de lo que les puede pasar en el negocio. Tienen que ser conocedoras de esos riesgos ya desde el inicio. Y actuar y adelantarse a lo que probablemente les va a pasar.

b) reforzar la resiliencia en la cadena de suministros, ya que la cadena de suministros es vital. Hay que controlar que todos los productos que se incorporen en esos canales hayan sido comprobados y controlados previamente. Hay empresas de comercio *online* que ya lo hacen (p.e. Amazon) pero otras no (a las que enviar un «*notice and take down*» –requerimiento o una petición de retirada de productos– no sirve de nada). Por lo tanto, hay que aumentar la retirada de contenidos por las plataformas e introducir medidas de sanción contra las que no lo hagan.

c) mejorar la recopilación de información. El análisis de la información ha de ser mucho más profundo, porque los datos cuando se obtienen de un sector no son válidos para otro, y los de un país no son válidos para otro, ni los de un tiempo respecto de los de otro. También hay que fomentar el enfoque oel principio de tolerancia cero frente a las falsificaciones, es decir, no aceptarlas nunca, con independencia de su volumen. La tolerancia cero es cero. No se puede admitir que una empresa esté falsificando productos de otra porque está alterando las reglas de mercado. También se aplica a los consumidores, ya que han de ser conscientes de que no deben comprar falsificaciones por todas las consecuencias que traen para la economía y bienestar de su país así como del riesgo que están asumiendo personalmente en su salud y seguridad.

d) aumentar y persuadir a las PYMEs sobre la posibilidad que tienen de resistir a esas infracciones, disponiendo de medios para poder hacerlo incluso desde dentro de la propia empresa. La información que se extrae de la empresa sucede porque la propia empresa carece de controles más eficaces por falta de no tener conocimiento de esa extracción de información.

e) aumentar las ayudas y asistencia que pueden recibir las PYMEs desde las organizaciones sectoriales, asociaciones, del Gobierno de su país o de organismos europeos, ya que existen medidas específicas para ellas.

---

enforcement initiatives and resources». European Commission. Technopolis, 31 agosto 2007. Ares (2014)78420 - 15/01/2014. Págs. 54-55.

4. BIBLIOGRAFÍA

Consejo de la Unión Europea, «La lucha de la UE contra la delincuencia organizada».

EUIPO, «2022 Intellectual Property SME scoreboard». septiembre 2022.

European Commission/EUIPO, «EU enforcement of intellectual property rights: results at the EU border and in the EU internal market 2021».

OECD/EUIPO, «Global Trade in Fakes. A Worrying Threat». 2021.

OECD/EUIPO, «Risks of Illicit Trade in Counterfeits to Small and Medium-Sized Firms». 2023.

OEPM, «Un estudio de la EUIPO cifra en 60.000 millones de euros las pérdidas por falsificaciones en 13 sectores clave de la economía en la UE».

RODWELL, Simon / VAN EECKHOUT, Philippe / REID, Alasdair / WALENDOWSKI, Jacek, «*Effects of counterfeiting en EU SMEs and a review of various public and private IPR enforcement initiatives and resources*». European Commission. Technopolis, 31 agosto 2007. Ares (2014)78420 - 15/01/2014.

UNODC, «El tráfico ilícito de mercancías falsificadas y el crimen organizado transnacional».

Capítulo 12

Propiedad Industrial, Reparación y Remanufactura en la Economía Circular: ¿Amigos y/o Enemigos?[1]

MARÍA JOSÉ ÁLVAREZ GIL
Catedrática de Organización de Empresas
Universidad Carlos III de Madrid

SUMARIO: 1. INTRODUCCIÓN. 2. CONCEPTO, RELEVANCIA Y BARRERAS A LA ECONOMÍA CIRCULAR (EC) EN EUROPA. 3. RE-MANUFACTURA Y REPARACIÓN EN LA EC. 4. DERECHOS DE PI EN LA EC. 5. POSIBLES CONFLICTOS ENTRE DERECHOS DE CLIENTES (REPARACIÓN, REMANUFACTURA) Y DE PROVEEDORES Y FABRICANTES Y ENSAMBLADORES (PI). 6. UN CASO

---

1. Este trabajo ha sido expuesto en el *Congreso Internacional: Los nuevos horizontes y metas de la PI* celebrado los días 19 y 20 de octubre de 2023, Universidad Carlos III de Madrid. Además, es resultado del proyecto TED2021-130344I3-100, «Desafíos y retos de la ordenación de las innovaciones de cambio climático», financiado por MCIN/AEI/10.13039/50110001 1033 y por la UE Next Generation EU/PRTR.
Adicionalmente esta investigación ha estado co-financiada por los siguientes proyectos:
– 2023 «Strategic Action on Sustainable Horizons: Supply Chains, Human Rights and DEIB» (n.º UXX12023/00010/001),
– 2023-2026 Regulatory gaps and progressive development of the 2030 Agenda and the principle of sustainability. Special relevance for Spain (MCIN/AEI/10.13039/501100011033/ERDF Away of making Europe,
– 2023-2026 A study of the evolution of the SDGs in the context of Supply Chain and the role played by institutional investors./ERDF (MCIN/AEI/10.13039/501100011033/ERDF A way of making Europe, y
– 2020-2023 Las cadenas de suministro en la construcción de un futuro sostenible y resiliente: Estudio de las asimetrías y las dinámicas con proveedores. AGENCIA ESTATAL DE INVESTIGACION (AEI).

PRÁCTICO: X, UNA GRAN EMPRESA EUROPEA DEL SECTOR AUTOMOTRIZ. 7. A MODO DE RESUMEN. 8. REFERENCIAS BIBLIOGRÁFICAS.

1. INTRODUCCIÓN

El presente ensayo se centra en las dificultades que la observancia de algunas leyes puede plantear a las empresas europeas que pretenden adoptar el modelo de economía circular (EC). La adopción de esta estrategia, apoyada decididamente por la UE[2], requiere de un nutrido grupo de innovaciones empresariales, entre las que destacan las innovaciones desarrolladas para dar nueva vida a las iniciativas de reparabilidad y de re-manufactura de productos. Los beneficios que estas actuaciones pueden aportar al medio ambiente, la economía, y la sociedad pueden ser, no obstante, contradictorios en ocasiones. Así, mientras que la sociedad, en sentido amplio, la economía, y el medioambiente, pueden verse favorecidos por reparaciones y re-manufacturas, las empresas y el mercado pueden sentir que los derechos de PI se ven afectados negativamente. En este sentido, cabe pensar que los posibles conflictos entre derechos respaldados por la UE, como el derecho a reparar y el derecho a la propiedad industrial, podrían estar actuando como barreras al desarrollo de la economía circular.

La abundante literatura ocupada en el estudio de estas cuestiones insiste en la necesidad de buscar acuerdos y compromisos en la redacción e interpretación de las normas, para que todos los agentes involucrados resulten

2. Según datos recientes proporcionados por el Parlamento Europeo (2023) [(Parlamento Europeo, (2023). Economía Circular: Definición, importancia y beneficios. Sitio web de noticias del Parlamento Europeo. Consultado en noviembre de 2023)] la Agencia Europea de Medio Ambiente estima que alrededor del 9% de los gases de efecto invernadero proviene de procesos industriales o del uso de productos, mientras que más del 3% están relacionados con la gestión de cuentas de residuos. En este sentido, en los últimos años la Unión Europea (UE) ya ha comenzado a tomar medidas para promover el uso de economías circulares en las distintas etapas de las cadenas de suministro, como, por ejemplo, obligando a reparar componentes defectuosos [Unión Europea. Propuesta de Directiva (UE) 2022/0302 del Parlamento Europeo y del Consejo, de 28 de septiembre de 2022, sobre responsabilidad por productos defectuosos. COM (2022) 495 final], en lugar de su completa sustitución, especialmente en el caso de los sectores tecnológicos. En este sentido, la propuesta de Directiva del Parlamento Europeo y del Consejo sobre responsabilidad por productos defectuosos prevé la reparación de tales productos como solución preferente para las reclamaciones de los consumidores.

beneficiados o, cuando menos, no perjudicados, ni objeto de agravios comparativos. En otras palabras, son numerosas las voces que se alzan pidiendo una revisión de la regulación de ambas categorías de derechos de modo que sean facilitadores del avance de la EC y no impedimentos a ésta.

En un intento de contribuir a este movimiento integrador de derechos y deberes, en estas páginas abordamos en un primer lugar la caracterización del concepto, la relevancia y barreras a la EC en Europa, par, en segundo lugar, enfocarnos en una descripción, sucinta forzosamente, de aquellos elementos relevantes de las actividades de re-manufactura y de reparación que las hacen especialmente recomendables como instrumentos de apoyo al desarrollo de la EC. Seguidamente, en el tercer epígrafe nos centramos en el papel desempeñado por los derechos de PI en Europa, para presentar en el quinto epígrafe algunas evidencias de los conflictos que se pueden dar entre los derechos de protección de consumidores y clientes, categoría en la que encajan los derechos a la reparación y a la re-manufactura, y los derechos de protección de la PI, más propios de entornos empresariales. Buscando acercar estos complejos escenarios a la audiencia menos familiarizada con ellos, proponemos en el sexto epígrafe un caso práctico inspirado en una experiencia real procedente de una empresa europea que opera en el sector automotriz. El epígrafe séptimo se dedica a las conclusiones que pueden extraerse del ensayo. El trabajo se cierra con la inclusión de las referencias bibliográficas consultadas.

2. CONCEPTO, RELEVANCIA Y BARRERAS A LA ECONOMÍA CIRCULAR (EC) EN EUROPA

En los últimos años, el concepto de EC ha ganado gran atención a nivel mundial, simultáneamente a la introducción de sus preceptos en las estrategias nacionales para la formulación de políticas públicas de países en la UE y China (DANTAS *et al.*, 2021), que son pioneros en la aplicación de este nuevo modelo, del cual defienden que puede ofrecer una solución sostenible a numerosos problemas (ZVIRGZDINS *et al.*, 2020). Así, la EC se ha convertido ya en una futura razón de ser para Europa a través del Plan de Acción para la Economía Circular del Pacto Verde Europeo (COMISIÓN EUROPEA, 2020). La transición a la EC va más allá de ajustes destinados a reducir los impactos negativos de la economía lineal (DANTAS *et al.*, *op. cit.*), pudiendo generar capital económico, natural y social, a partir del desacoplamiento gradual de las actividades lineales de producción y consumo y manteniendo de este modo a los recursos circulando en la cadena de suministro.

A pesar del creciente interés en este tema, los estudios de última generación (como GONELLA *et al.*, 2023, por ejemplo) han destacado que la implementación de estrategias circulares aún se encuentra en las primeras etapas y enfrenta varios desafíos, entre los que destacan las barreras organizativas, técnicas, financieras, de mercado, y las legislativas (FELDMAN *et al.*, 2023; KIRCHHERR *et al.*, 2018; o SHEVCHENKO *et al.*, 2023) y pese a la existencia de un acuerdo general en torno a los beneficios de la implementación de la EC (GIORGI *et al.* 2022; o SHOOSHTARIAN *et al.* 2022), existe una crítica creciente que señala el desplazamiento de la EC hacia unaposición ideológica en lugar de ser una solución concreta a problemas reales (CORVELLEC *et al.* 2022).

KIRCHHERR *et al.* (*op. cit.*) describen la EC como un sistema industrial que emplea principios como la reutilización, el reciclaje, la re-manufactura, la reducción, la reparación y el rediseño de productos para mantener los materiales en uso y reducir los residuos. Lograr una auténtica EC requerirá una transformación en toda la cadena de suministro, con una participación significativa de todas las partes interesadas, incluidos gobiernos, empresas, investigadores y consumidores. Entre el grupo de actuaciones facilitadoras del avance de la EC destaca el formado por las acciones propuestas y/o adoptadas por los órganos legislativos y ejecutivos que ayudan a desbloquear y acelerar las iniciativas circulares. Como ejemplo de las medidas legislativas establecidas podemos citar la Directiva de diseño ecológico de la UE, que busca la regulación de la eficiencia energética y algunas características de circularidad de los productos relacionados con la energía (COMISIÓN EUROPEA, 2020); por otro lado, las normativas que restringen el uso de sustancias peligrosas en aparatos eléctricos y electrónicos mejoran la coherencia con la legislación pertinente, incluido el Reglamento sobre el registro, la evaluación, la autorización y la restricción de las sustancias y preparados químicos (REACH) y la Directiva sobre diseño ecológico (COMISIÓN EUROPEA, 2020). Merece la pena citar aquí igualmente la Directiva de 2018 sobre plásticos de un solo uso, gracias a la cual se han puesto en marcha un amplio conjunto de iniciativas para, por ejemplo, prohibir el uso de determinados tipos de plásticos de este tipo, aumentar la adopción de plásticos reciclados y contribuir a su uso más sostenible. También son dignas de recordar aquí las medidas sobre el contenido reciclado y las de reducción de residuos para productos clave como los envases, entre otras (COMISIÓN EUROPEA, 2020).

Adicionalmente, el Plan de Acción de Economía Circular (2015) y el proceso que condujo al desarrollo del nuevo Plan 2020 han iniciado un desarrollo en toda la UE de estrategias nacionales de EC, aportando inversión pública en investigación e innovación y alentando las asociaciones entre sectores y cadenas de valor. Son, no obstante, numerosos los obstáculos que han de superarse para animar a empresas, consumidores y autoridades públicas a adoptar una forma circular de producción y consumo que acelere la transición en Europa (AEMA, 2019; KIRCHHERR *et al.*, *op. cit.*; GHISELLINI *et al.*, 2016) así como en el resto del mundo. (STAHEL, 2019; KRAUSMANN *et al.*, 2018).

La EC puede ser analizada desde la consideración de las distintas etapas del proceso de transformación de los inputs en outputs, relacionando los objetivos de la circularidad en cada una de ellas con los procesos de innovación y los mecanismos habilitadores.

Seguidamente describimos sucintamente cada una de estas etapas siguiendo a BARBIERI *et al.* 2021.

1. Etapa de materiales o de abastecimiento de las materias primas. El abastecimiento puede proceder de fuentes vírgenes (minería/agricultura) o de fuentes secundarias (reciclaje, recuperación de materiales biológicos).

2. Diseño de producto: se trata de una etapa fundamental en la EC porque la elección y organización de los diferentes materiales que componen un producto son los principales factores determinantes de la capacidad de dicho producto para mantenerse en plenas condiciones de uso el mayor tiempo posible.

3. Producción y distribución: estas actividades impactan la circularidad de los productos y también la circularidad el sistema a través de emisiones de gases de efecto invernadero y contaminación del agua, entre otros.

4. Uso: en esta etapa la principal preocupación reside en el modo en que se consumen o utilizan los productos fabricados. La posible reutilización de éstos depende de cuál haya sido su primer uso, junto a todas las acciones necesarias para mantenerlos en pleno funcionamiento: mantenimiento, reparación, reventa para reutilización, etc.

5. Fin de vida: en esta fase un producto ya no se utiliza como tal, sino que se desmonta en componentes para su re-manufactura, se envía a reciclaje o recuperación energética, o se elimina mediante incineración o en vertedero.

En cada una de estas etapas se puede otorgar diferente relevancia a los objetivos de circularidad, tal y como se recoge en la Tabla 1:

Tabla 1.–Objetivos de circularidad y fases del modelo de economía circular aplicados a bienes manufacturados

Objetivo	Fases
Reparación	Diseño/ Uso/Fin de vida
Reciclaje	Materias primas / Fin de vida
Reducción del consumo	Producción y distribución
Re-manufactura	Materiales / Diseño/ Fin de vida

Elaboración propia.

No todos los objetivos circulares son alcanzables con la misma facilidad en todas las fases por lo cual es importante seguir una perspectiva que abarque todo el ciclo de vida del producto: es habitual que el valor creado al implementar objetivos circulares solo se pueda capturar en una parte distinta del ciclo de vida, por lo que el desarrollo de modelos de negocio circulares exitosos arranca de la identificación de la fase del ciclo de vida del producto en el que se crea valor a partir de la circularidad, así como para quién, dónde puede ser capturado y por quién.

3. RE-MANUFACTURA Y REPARACIÓN EN LA EC

Cada vez son más frecuentes los casos en que los fabricantes de productos complejos y de alto valor implementan el objetivo circular de la re-manufactura en su producción. Especialmente en los mercados de empresa a empresa, donde equilibrar la calidad con el coste es el requisito dominante para el consumidor, tiene sentido utilizar piezas aún en funcionamiento, o reparables recuperadas de productos al final de su vida útil, en productos nuevos o reacondicionados. Por estas razones, la re-manufactura generalmente debe combinarse con alguna forma de recuperación o de modelo de producto-servicio.

Dentro del modelo económico representado por la EC, la remanufactura podría desempeñar un papel central como un Proceso de Retención de Valor (PRV) ecológico, económica y socialmente superior en relación con el reciclaje y la correspondiente nueva producción de piezas y/o componentes (PETERS, 2016; IRP, 2018). Esta estrategia permite recuperar los productos del consumidor una vez finalizada su vida útil y devolverlos a la cadena de suministro, reduciendo la generación de residuos, la contaminación y la emisión de gases contaminantes a la atmósfera. También se analiza la remanufactura como una puerta de entrada al reciclaje (IRP, 2018,) mediante el establecimiento de mecanismos de recogida económicamente viables y el desmontaje del producto a nivel de componentes.

Nos estamos refiriendo a un proceso industrial estandarizado que busca la reelaboración de productos desgastados, parcialmente rotos, o reemplazados regularmente (a los que se describe comúnmente como núcleos) para convertirlos en elementos nuevos con incluso mejores condiciones y rendimientos, así como la posible actualización a la última tecnología de artículos que se queden obsoletos (GEIST y BALLE, 2023; IRP, *op. cit.*). Suele dar lugar a un ahorro eficaz en el consumo de energía y materiales, a través de un proceso que abarca los pasos de desmontaje, reconstrucción, limpieza, y reemplazo de componentes defectuosos por otros reutilizables (GONELLA *et al.* 2023) y que tiene efectos positivos en el desarrollo económico y el medio ambiente (ALEGOZ *et al.*, 2021; DEVECI Et al., 2021; ZHANG *et al.*, 2023). ZHOU *et al.* (2021a) proporcionan ejemplos de productos remanufacturados puestos en el mercado por entidades bien conocidas como BMW, IBM y Kodak. En la práctica, la cooperación con re-fabricantes independientes (RI) es atractiva en la medida en que evita la contratación directa de plantilla laboral, la inversión en activos e infraestructura, junto a reducciones de los costes de fabricación y se mantiene la garantía de calidad de los productos remanufacturados, de tal modo que aumentan la flexibilidad financiera y operativa (WANG *et al.*, 2017; WEN *et al.*, 2021) de las firmas focales.

No todo son ventajas, sin embargo, pues la prevalencia de la remanufactura ha venido acompañada por la infracción por parte de las entidades re-manufactureras independientes de las patentes de los productos objeto de remanufactura. La literatura y la prensa ofrecen con frecuencia ejemplos de estas infracciones. Es pertinente y crucial, por tanto, que la remanufactura esté autorizada y así se eviten disputas de patentes cuando los productos de las empresas focales (los ensambladores de piezas originales [OEM] al fin y al cabo) están protegidos por la ley de patentes (WAUGHT y RAMJEE, 2021).

Como señalábamos en el epígrafe anterior, la optimización y escalado de los puntos de los procesos de Retención de Valor (PRV) y sus aplicaciones viables y factibles, se puede lograr en la EC si así se plantea en la fase del diseño de las piezas desde los primeros momentos, mediante lo que se conoce como Diseño para la (re) Manufactura (DfM) (BRAUNGART *et al.*, 2007; BABBITT *et al.*, 2021).

GONELLA *et al.* (2023, *op. cit.*) definen **la reparación** como una estrategia eficiente para lograr el nivel deseado de rendimiento de los equipos, que reduce las prácticas de obsolescencia programada y extiende la vida útil del producto. Hoy en día, en el caso de algunos bienes valiosos, como los costosos productos electrónicos o los vehículos, los servicios y talleres de reparación ofrecen ahorros de costes a los consumidores, incluso si los fabricantes intentan limitar las posibilidades de reparación (VALLAURI, 2019). La reparación representa una solución viable a largo plazo, ya que la reparación de los componentes puede prolongar la vida útil del producto (COOPER, 2005; GODFREY, PRICE Y LUSCH, 2022; MUNTEN y VANHAMME, 2023). KHANDELWAL *et al.*(2019) proponen reforzar y mejorar los procesos de gestión de residuos ampliando las posibilidades de la reparación de productos y reduciendo las necesidades de reciclado de éstos. Recordemos aquí que la literatura recomienda un orden preferencial de las opciones de tratamiento que prioriza las soluciones a largo plazo para evitar la creación de residuos innecesarios, en lugar del reciclaje y como ya se ha señalado con anterioridad, la estrategia de minimización deresiduos basada en la reparación requiere la adaptación de los diseños de productos (GODFREY *et al., op. cit.*), así como la optimización de los procesos de logística inversa por parte de los fabricantes focales. Patek Philippe, por ejemplo, se compromete a reparar cualquiera de sus relojes, independientemente de su antigüedad. (GODFREY *et al., op. cit.*).

A veces confundimos la **reparación** de bienes y la **remanufactura**, uno de los objetivos defendidos. Como hemos visto en los párrafos anteriores, aunque parecen lo mismo, no lo son, y las diferencias entre artículos reparados y artículos remanufacturados radican principalmente en el grado de trabajo realizado en el producto y el estado final en el que se encuentra el artículo tras estas intervenciones (GILLABEL *et al.*, 2023).

En la Tabla 2 resumimos sucintamente las principales diferencias.

Tabla 2.–Diferencias entre artículos reparado y remanufacturados

Diferencias	Artículos reparados	Artículos remanufacturados
Definición	Aquellos artículos que han sufrido algún tipo de daño o mal funcionamiento y han sido restaurados a su estado funcional original mediante reparaciones específicas.	Aquellos artículos que han pasado por un proceso de desmontaje, limpieza, reparación, reensamblaje y prueba exhaustivos para restaurarlos a su estado original de fábrica o, en algunos casos, incluso mejorarlos.
Intervención	Durante el proceso de reparación, se identifica y corrige el problema específico que causó el mal funcionamiento del artículo. Esto puede implicar el reemplazo de componentes defectuosos, la reparación de partes dañadas o el ajuste de piezas para restaurar la funcionalidad del producto.	Implica un proceso más completo que la reparación. El artículo se desmonta por completo y se inspecciona cada componente para identificar cualquier desgaste o daño. Luego, se lleva a cabo una limpieza a fondo y se reemplazan o reparan todas las partes dañadas o desgastadas.

Diferencias	Artículos reparados	Artículos remanufacturados
Alcance	Las reparaciones suelen abordar solo los aspectos específicos que causaron el problema, sin necesariamente involucrar una restauración completa del artículo a su estado original de fábrica.	Después de la reparación y reemplazo de piezas, el artículo se reensambla siguiendo las especificaciones de fábrica. Posteriormente, se somete a pruebas rigurosas para garantizar que funcione correctamente y cumpla con los estándares de calidad.
Origen	Las piezas utilizadas en las reparaciones pueden ser piezas de repuesto genéricas o partes usadas que cumplen con los requisitos de funcionamiento del artículo.	Se pueden utilizar piezas originales del fabricante o componentes reconstruidos que cumplen con los estándares de calidad y rendimiento del producto.

Elaboración propia.

4. DERECHOS DE PI EN LA EC

En 2015, la UE adoptó el primer Plan de Acción para la Economía Circular (PAEC), el cual fue revisado en 2020, e incluye medidas que van desde la mejora de la sostenibilidad en el diseño de productos hasta el fomento de la reutilización y el reciclaje. El PAEC siguió la Directiva sobre diseño ecológico (2009/125/CE), donde se sientan las bases de normas mínimas relativas al comportamiento ecológico de los productos relacionados con la energía, y legislación adicional destinada a la reducción de residuos en sectores de productos específicos, como las tecnologías de la información y la comunicación o los vehículos.

¿Cómo encaja la PI en este panorama? En otras palabras, ¿cuál es la relación entre la PI y el desarrollo sostenible en la economía circular? Esta cuestión se ha convertido en una cuestión apremiante para todos, desde los encargados de la formulación de políticas, hasta los profesionales de la PI y los académicos. Sin embargo, la respuesta está lejos de ser clara.

Programas como el PAEC e iniciativas similares están destinados a proporcionar incentivos sustanciales para que la industria, las empresas emergentes y las pequeñas y medianas empresas inviertan en el desarrollo de nuevas tecnologías respetuosas con el medio ambiente y la creación de modelos de negocio innovadores, fomentando así el crecimiento económico con objetivos sostenibles. Desde el punto de vista de los agentes empresariales privados, el aprovechamiento de esas oportunidades suele requerir protección de la PI de diversos tipos. No estamos hablando únicamente de la protección de patentes o de secretos comerciales para fabricar de una forma novedosa, más eficiente y sostenible, ni de la reutilización de material reciclado, estamos aludiendo también al uso de instrumentos de comercialización como signos, marcas colectivas o de certificación, las cuales señalan la procedencia de productos que han pasado por el reciclado, además de ser específicamente ecológicas.

En este sentido, los derechos de PI siguen considerándose un incentivo para la innovación sostenible, pues se otorgan derechos específicos que excluirán a los agentes empresariales pertinentes. El lado negativo de estos derechos se presenta cuando sus titulares están en condiciones de impedir la reutilización, la reparación, o el reacondicionamiento de sus productos.

Esas situaciones pueden plantear problemas, por ejemplo, en el marco del agotamiento de la PI. Dado que los efectos del principio de agotamiento se limitan normalmente a un producto en su forma original, la comercialización de este mismo producto después de haber sufrido cambios sustanciales puede considerarse infracción, lo que da derecho a los titulares de derechos de PI a oponerse a dicho uso. Preocupaciones similares se dan en el caso del derecho a la reparación y el derecho de patentes, que no puede invocarse cuando la intervención es tan sustancial que equivale a una re-fabricación. Es posible que sea necesario considerar aquellos otros casos en los que el derecho a la reparación se vuelve no solo ineficiente, sino incluso ilusorio. Si la protección de la PI afecta a un producto completo, y también a sus componentes individuales, los cuales han de sustituirse para llevar a cabo los trabajos de reparación, las opciones de terceros para entrar en el mercado de la reparación y ofrecer a los consumidores la posibilidad de elegir quedan bloqueadas de hecho, cuestión ampliamente debatida en relación con los derechos sobre los dibujos y modelos que abarcan a vehículos y otros componentes. En la UE, la legislación actualmente pendiente de reforma de los diseños aborda directamente esta cuestión, al igual que la «Ley de Reparación Justa Digital» de 2022 adoptada por el Estado de Nueva York en relación al derecho a la reparación de productos electrónicos. Como bien señalan KUR y CALBOLI (2023), la legislación y las políticas orientadas a la sostenibilidad pueden requerir un replanteamiento, aun cuando sea parcial, del objetivo de la legislación de PI y de los requisitos necesarios para su alcance. En particular, como se ha mencionado anteriormente, el examen del papel de la PI en la economía circular plantea desafíos fundamentales en relación con la filosofía que subyace a nuestra concepción tradicional de la innovación.

5. POSIBLES CONFLICTOS ENTRE DERECHOS DE CLIENTES (REPARACIÓN, REMANUFACTURA) Y DE PROVEEDORES Y FABRICANTES Y ENSAMBLADORES (PI)

Ningún país puede lograr una economía circular por sí solo. Por el contrario, todos dependen del comercio internacional para garantizar un acceso asequible y fiable a una amplia gama de materiales, bienes y servicios diferentes. Esto incluye el comercio de bienes que permiten la circularidad (como equipos de remanufactura y reciclaje), servicios (habilidades de diseño circular, servicios de arrendamiento o alquiler y servicios de reparación), derechos de PI pertinentes, bienes de segunda mano asequibles, materias primas secundarias y desechos y desechos no peligrosos que pueden recuperarse para su uso en la producción primaria, y alimentos y biomasa (producidos de forma regenerativa, diversos o reciclados). La combinación de todos estos tipos de flujos comerciales puede definirse como «comercio circular» (BARRIE *et al.*, 2022).

Aunque el comercio circular es un factor clave para una economía circular mundial, una serie de desafíos normativos y técnicos están inhibiendo su avance. Entre ellas se encuentra la falta de definiciones, clasificaciones, normas interoperables, reglamentos y procedimientos de conformidad mutuamente reconocidos en relación con las actividades económicas circulares o los bienes. Además, como área de actividad emergente, la EC solo se ha integrado en un grado limitado en los acuerdos comerciales y de cooperación económica bilaterales, regionales y plurilaterales. Esto restringe el alcance y el potencial de colaboración en torno a cuestiones transfronterizas como los desechos ilícitos, la transparencia y trazabilidad de la cadena de suministro, la inversión o las cuestiones relacionadas con el reconocimiento mutuo, los obstáculos técnicos al comercio y la facilitación del comercio (BARRIE *et al.*, *op. cit.*).

Centrándonos en el caso de los posibles conflictos entre la aplicación del derecho a la manufactura y el derecho a la PI, si bien no son incompatibles, es cierto que pueden surgir desafíos y tensiones ocasionalmente, como los que esquematizamos en las Tablas 3a y 3b.

Tabla 3a.–Casos en que puede darse la tensión entre derechos y respuesta recomendable. Elaboración propia.

Situaciones de conflicto entre Remanufactura y PI	
Las piezas a remanufacturar están protegidas por PI	Han de obtenerse los permisos adecuados
Los elementos a tratar en la remanufactura son invenciones patentadas	Ha de obtenerse autorización o licencia del titular de la patente
Los artículos a remanufacturar contienen marcas registradas	Hay que re-etiquetar claramente el producto remanufacturado para evitar confusiones con el producto original
Los bienes a remanufacturar son bienes originales	Tras su adquisición legal pueden ser remanufacturados sin ningún problema. (Agotamiento de la PI)
Los re-manufactureros han infringido derechos PI	Necesitarán defensa legal ante denuncias de los titulares de los derechos

Elaboración propia.

Tabla 3b.–Casos en que pueden surgir conflictos y respuestas esperables

CConflictos entre reparaciones y PI	Reparaciones PI
La compañía que repara bienes no comparte beneficios con el fabricante original y éste se siente perjudicado. (Salvaguarda de la innovación)	Los PI están diseñados para proteger las innovaciones y creaciones de individuos o empresas. Las compañías invierten recursos significativos en investigación y desarrollo, y la PI asegura que tengan derechos exclusivos sobre sus invenciones o diseños.
La compañía que repara los bienes está comprometiendo secretos comerciales e información propietaria a los que ha accedido al obtener del fabricante del bien original la información, datos sensibles y software propietario.	Los fabricantes están seriamente preocupados por la falta de confidencialidad, especialmente en sectores en los que la tecnología y el diseño desempeñan papeles críticos.
Las reparaciones están poniendo en riesgo la seguridad y la calidad del bien ya reparado.	Los fabricantes demandan poder controlar las reparaciones para así poder garantizar la seguridad, calidad e integridad del producto.
A medida que los productos se vuelven más tecnológicamente complejos, las reparaciones a menudo requieren conocimientos y herramientas especializadas.	

CConflictos entre reparaciones y PI	Reparaciones PI
Los fabricantes argumentan que el acceso irrestricto a estas complejidades podría llevar a reparaciones subóptimas, comprometiendo la funcionalidad y seguridad del producto.	
La entidad reparadora ha accedido al software y firmware del fabricante.	Los fabricantes reclaman el empleo de la Gestión Digital de Derechos para controlar el acceso a software y firmware. Esta actuación restringe el acceso para reparaciones y es un punto importante de conflicto entre la protección de la PI y el Derecho a Reparar.
Las empresas reparadoras no tienen acceso a artículos, ni a piezas de repuesto, ni a herramientas de diagnóstico porque hay un «monopolio» controlado por los fabricantes.	Este control puede crear un monopolio en las reparaciones, restringiendo la elección del consumidor e inhibiendo el crecimiento de negocios de reparación independientes.
Las reparaciones no se están haciendo a través de canales autorizados.	Los fabricantes pueden tener intereses económicos en asegurarse de que las reparaciones se realicen a través de «sus» canales autorizados en cuanto que pueden obtener de estas reparaciones ingresos extras, servicios de garantía y la venta de componentes propietarios.
Los consumidores reclaman la aplicación de su derecho a reparar, enfatizando la necesidad de ampliar la vida útil de los productos.	Los fabricantes no quieren verse envueltos en operaciones deficitarias camufladas bajo la categoría de preocupaciones ambientales.
Los reparadores aprovechan los vacíos legales.	Los fabricantes argumentan que la ausencia de leyes o regulaciones claras con respecto al Derecho a Reparar puede llevar a la incertidumbre y no abordar adecuadamente el equilibrio entre la protección de la PI y la capacidad de ser reparado.
Hay una demanda creciente de productos fácilmente reparables.	Los fabricantes necesitar adaptarse a estas expectativas cambiantes y enfrentar los desafíos que plantea la protección de la PI.

Elaboración propia.

En la Tabla 4 se sintetizan posibles estrategias a utilizar para mitigar posibles conflictos de los tipos señalados.

Tabla 4.–Estrategias de los fabricantes para evitar conflictos con reparadores y remanufactureros

Iniciativas internas: innovación continua.	Las empresas pueden incorporar principios de diseño que faciliten la reparación. Esto implica crear productos con componentes modulares y accesibles, lo que reduce la necesidad de desmontar dispositivos complejos.
Iniciativas externas: 1. Revisión y mejora de las relaciones con reparadores y remanufactureros. 2. Mejora de la comunicación con los consumidores, enfatizando la relevancia de la PI para la innovación.	Las empresas deben fomentar la transparencia en la cadena de suministro y colaborar con terceros, incluidos reparadores independientes, intentando construir relaciones sólidas desde las cuales se pueda compartir información sobre piezas, herramientas, manuales de reparación, etc. La comunicación transparente sobre por qué ciertos elementos están protegidos puede ayudar a construir una relación de confianza.
Aplicación de normativas: 1. Licenciamiento Selectivo. 2. Adopción de estrategias flexibles en la aplicación de los derechos de PI. 3. Contribución a estándares abiertos en la industria. 4. Adaptación proactiva a nuevas regulaciones.	Algunas empresas seleccionan licenciar parcialmente algunos aspectos de su PI para permitir la reparación de productos, manteniendo el control sobre tecnologías clave mientras se facilita el acceso a partes específicas. Las empresas evalúan la criticidad para la innovación para su protección más estricta y

6. UN CASO PRÁCTICO: X, UNA GRAN EMPRESA EUROPEA DEL SECTOR AUTOMOTRIZ[3]

A continuación, se presenta un caso real en el que la protagonista es una empresa alemana del sector automotriz, a la que designamos X con nombre ficticio por razones de confidencialidad. X es responsable de un movimiento masivo de materias primas y componentes entre sus diferentes plantas y divisiones y desde éstas hacia sus numerosos clientes. La empresa tiene en Madrid (España) una planta, a la que llamaremos YME, que es una de las que X tiene distribuidas por Europa, Sudamérica y Asia, dentro de la división Mobility Electronics. La planta YME fabrica componentes electrónicos para la industria automotriz, especialmente los vehículos turismos. Es en esta planta donde se ha analizado con detalle cómo la innovación necesaria para avanzar en la adopción progresiva de un enfoque de economía circular se ha

3. La autora desea agradecer la ayuda prestada por María Delgado Sancho, inspiradora y copartícipe en la preparación y redacción de este este apartado.

combinado, por así decir, con el uso de los derechos PI, a fin de eliminar en la mayor medida de lo posible los potenciales conflictos que podrían darse entre la aplicación del derecho a reparar y la protección de los derechos de PI.

Tabla 5.–Aplicación de los principios de los principios de UN Global Compact en la empresa X

The UN Global Compact asks companies to embrace, support and enact, within their sphere of influence, a set of core values in the areas of human rights, labour standards, the environment and anti-corruption:

Human Rights

- Principle 1: Businesses should support and respect the protection of internationally proclaimed human rights; and
- Principle 2: make sure that they are not complicit in human rights abuses.

Labour

- Principle 3: Businesses should uphold the freedom of association and the effective recognition of the right to collective bargaining;
- Principle 4: the elimination of all forms of forced and compulsory labour;
- Principle 5: the effective abolition of child labour; and
- Principle 6: the elimination of discrimination in respect of employment and occupation.

Environment

- Principle 7: Businesses should support a precautionary approach to environmental challenges;
- Principle 8: undertake initiatives to promote greater environmental responsibility; and
- Principle 9: encourage the development and diffusion of environmentally friendly technologies.

Anti-Corruption

- Principle 10: Businesses should work against corruption in all its forms, including extortion and bribery.

Elaboración propia a partir de la información proporcionada por Delgado (2024).

Entre las diferentes actividades que se llevan a cabo en la planta YEM, nos hemos centrado en la sección que se ocupa de los procesos de recepción y gestión de los envíos desde los proveedores a la recepción de mercancías y desde ahí a las secciones de elaboración de piezas. Es importante proporcionar en estos momentos información sobre el contexto en el que opera esta empresa, sus divisiones, plantas y secciones. En este sentido, señalaremos en primer lugar que X ha apostado decididamente por lograr un entorno de trabajo inspirado y guiado por los valores reconocidos en su estrategia de Responsabilidad Social Corporativa (RSC), lo cual la ha llevado a seguir los principios socioeconómicos del Pacto Mundial de la ONU, que incluyen el respeto a los derechos humanos, medidas anticorrupción, condiciones laborales óptimas y políticas de no discriminación, y conciencia ambiental. La aplicación de los principios del Pacto Mundial de Naciones Unidas se define de acuerdo con los lineamientos establecidos por X y seguidos por YME, que resumimos en la Tabla 5. La RSC constituye un pilar fundamental de las estrategias corporativas y competitivas de X. En su tradición, X se ha centrado siempre en combinar un negocio exitoso con el desarrollo de su responsabilidad social, pues es importante para la empresa generar el máximo beneficio económico al tiempo que contribuye al bienestar social.

El control y seguimiento del cumplimiento de los estándares de RSC en el grupo X se extiende a nivel externo, al objeto de garantizar que todos los actores ajenos a la empresa pero que intervienen en la cadena de suministro apliquen estos principios y organicen sus actividades y procesos en beneficio del medio ambiente. En este sentido, X, y por ende YEM, tiene un programa de cumplimiento muy estricto de su política de RSC, el cual ha de ser seguido por toda la «esfera de influencia» de X, sean las plantas de fabricación y divisiones varias del grupo X, sean los agentes externos involucrados en la cadena de suministro, incluyendo, claro está, a los proveedores externos.

X, como entidad alemana que reúne unas determinadas características, está sujeta a la normativa alemana sobre Due Diligence, y esto le lleva a incorporar una cláusula específica en todos sus acuerdos contractuales con partes externas que les obliga a cumplir e implementar los estándares de RSC de la empresa durante la duración de las relaciones comerciales. Estos estándares de RSC incluyen los Principios de la Iniciativa de Impacto Global promovida por Naciones Unidas.

Los proveedores externos deben cumplir con la normativa interna de RSC de la empresa, y con las leyes y regulaciones a las que está sujeta la empresa al respecto, respondiendo a las funciones de Gobierno y Gestión de Riesgos de lX, los cuales incluyen los requisitos del cliente, la propia imagen y reputación de X, y el deber de cumplimiento de las leyes y normas al respecto, entre las que se encuentran la mencionada ut supra Ley de Diligencia Debida de la Cadena de Suministro de Alemania (LkSG) y la Ley de Diligencia Debida de la Unión Europea.

A fin de agrupar lo anterior, X ha publicado recientemente la Directiva Central de Responsabilidad Social Corporativa en la Cadena de Suministro, la cual regula, entre otros aspectos formales, las diferentes herramientas de

RSC para la verificación y evidencia de su cumplimiento y el proceso para manejar las desviaciones y reportar el estado de la RSC a lo largo de la cadena de suministro. Esta directiva también señala que para ser proveedor oficial RSC de X las empresas habrán de ser verificados cada cinco (5) años, salvo que las normas de rango superior exijan períodos más cortos. La verificación se realiza mediante un cuestionario de lista de verificación de CSR Quick Scan o mediante una auditoría realizada por evaluadores de X, de carácter interno y externo. En caso de detectar alguna desviación, el área de compras responsable solicita al proveedor la implementación de medidas correctivas. El proveedor se compromete a revisar y corregir la desviación, sabiendo que si no lo logra en un plazo razonable será automáticamente bloqueado en el sistema como proveedor para todas las divisiones de la actividad empresarial de la empresa y eliminado progresivamente de forma activa.

Para el caso concreto de YEM, el seguimiento de la implantación de las premisas de RSC de la empresa se lleva a cabo en la primera semana de cada mes mediante un informe detallado de PQT Quick Scan. Este informe proporciona información sobre los niveles de cumplimiento de los objetivos anuales de los proveedores de cada división, el estado de la contribución de cada departamento a la cobertura de RSC y el estado de los diferentes proveedores a lo largo de la cadena de suministro. Si éstos aparecen como «válidos» significa que actualmente cumplen con todos los requisitos de RSC. Sin embargo, si aparecen como «no evaluado», el cumplimiento está pendiente de verificación por parte del responsable de calidad de la división, para determinar si los proveedores están cumpliendo con los estándares requeridos. Este seguimiento de proveedores es fundamental para controlar el uso de los recursos humanos y materiales, y garantizar el cumplimiento de los estándares de calidad y de las obligaciones de la empresa para con sus trabajadores, como son el respeto de los derechos humanos y la garantía de un entorno de trabajo seguro y adecuado donde las personas realizan sus tareas de forma sostenible y adecuada.

El citado informe permite identificar la contribución global de X a la mejora del medio ambiente a través del cumplimiento de los estándares de RSC, e identificar si, y en qué medida, cadadepartamento / sección está contribuyendo activamente al cumplimiento de estas normas. Permite asimismo la clasificación de los proveedores con mejores resultados ordenándolos como preferentes. Y, además, en función de los resultados reportados por el responsable de cada sección, la alta dirección decide el «horizonte móvil» en el que se ajustarán los objetivos a cumplir.

De forma complementaria a este informe, X ha acordado recientemente un conjunto de medidas de sostenibilidad que se implementarán en 2025 en todas sus divisiones, con especial énfasis puesto en la cadena de suministro. Sus objetivos incluyen mejoras especialmente en los ámbitos vinculados a las cuestiones energéticas, climáticas y de eficiencia, apartado en el que se encuentra la implementación a lo largo de la cadena de suministro de modelos productivos basados en los principios de las economías circulares, buscando minimizar la contaminación y aprovechar las oportunidades que ofrece la EC. Estas medidas permitirán a X mejorar su cumplimiento con los factores Ambientales, Sociales y de Gobernanza (ESG).

Una demostración clara de que los principios de la EC ya están guiando el desarrollo e implementación de la estrategia corporativa de X se encuentra en su transición a la Industria 4.0, que está colaborando decisivamente en la optimización del proceso productivo.

X ha ido realizando una transición gradual hacia un entorno de fabricación digitalizado, buscando la reducción a medio y largo plazo del desperdicio de recursos incompatible con losprincipios de la Economía Circular. En la Industria 4.0 la tecnología y la gestión de datos son la base del proceso productivo. En estos innovadores sistemas de producción, las diferentes secciones de las líneas de producción están interconectadas, lo que permite conseguir una mayor eficiencia de las líneas y la minimización del número de errores de origen desconocido. Los sistemas inteligentes 4.0 se basan en una tecnología de Inteligencia Artificial (en adelante IA) conocida como Internet de las Cosas (IoT), que posibilita, en virtud de la interconexión de los diferentes equipos a lo largo del proceso, que los datos resultantes de los diversos procesos se almacenen para su posterior análisis, facilitando la revisión y adaptacióncontinuas de la toma de decisiones de X.

Esta digitalización resulta también extremadamente importante para otros agentes de la cadena de suministro, que pueden beneficiarse del aumento de la productividad y la reducción de errores, acelerando los tiempos del proceso y dando lugar a mejoras de rentabilidad y capacidad de proveedores y empresas focales.

Desde hace varios años, las líneas de fabricación de la división Mobility Electronics funcionan en base a este sistema 4.0, YEM entre ellas, donde todas las máquinas del proceso están conectadas entre sí y funcionan como una sola unidad. Por lo tanto, toda la información se guarda en una única base de datos, facilitando a la plantilla examinar y sacar conclusiones sobre los diferentes desafíos que pueden surgir a lo largo del proceso, asegurando eficiencia y rentabilidad y evitando paradas y desguaces en la línea de producción.

La Industria 4.0 instalada en el grupo X se ha convertido en una forma de procesamiento protegida. En consecuencia, tanto los equipos como su funcionamiento están protegidos por derechos de PI (específicamente, patentes), impidiendo a sus competidores replicar sus líneas de producción. Esta protección no sólo es relevante por las funciones específicas de las máquinas, sino por las interacciones que permite la tecnología detrás de cada una de ellas.

La adopción de esta maquinaria y estos procesos permite a YEM mejorar sustantivamente la calidad de sus productos y, de este modo, contribuye a la reducción de la cifra de piezas que enviar al desguace, uno de los objetivos circulares, a la par que se facilita la identificación de errores en piezas procedentes de la cadena de suministro, lo cual posibilita renegociar la calidad de las piezas, reduciendo tiempos de preparación, porcentajes de defectuosas, tiempos de suministro, etc. En definitiva, se produce un incremento de la eficiencia de la cadena de suministro, –la cual se basa en cuatro dimensiones básicas de eficiencia: coste, servicio al cliente, RSC y eficiencia ambiental–, puesto que en las cadenas de suministro actuales los servicios de alta calidad y la responsabilidad social se han vuelto tan importantes como la rentabilidad económica para garantizar la eficiencia global de la cadena de suministro.

A diferencia de otras industrias, los proveedores de YME asumen un papel crucial en el proceso, pues los fabricantes independientes cualificados proporcionan a la división de movilidad electrónica una visión prácticamente completa de los diversos factores que deben tenerse en cuenta al diseñar los distintos componentes con el propósito de proporcionar al cliente un producto final de mayor calidad. Contar con la colaboración de los proveedores externos proporciona a YME la posibilidad de disminuir costes y tiempos de fabricación, a la par que se reducen los porcentajes de piezas que irían al desguace.

Como fabricante de electrónica de movilidad, al grupo X le puede resultar interesante establecer asociaciones con proveedores externos en, al menos, los siguientes aspectos:

1. Especificaciones técnicas, como las medidas o el tipo de componentes, por ejemplo. Pensemos que el rendimiento y la calidad del producto dependen directamente de aspectos como éste.

2. Especificaciones de diseño, que sirven a los proveedores para fabricar productos «personalizados» en función de los requerimientos singulares del cliente en cuestión.

3. La identificación conjunta con los proveedores externos de deficiencias puede facilitar la identificación de las posibles causas de éstas y la evaluación de las soluciones óptimas. Se minimizan así las ineficiencias asociadas a los retrasos y ralentizaciones de las líneas de producción.

Estas relaciones otorgan a las empresas un activo poderoso para obtener y mantener una ventaja competitiva, al darles acceso a conocimientos sensibles, no compartibles con otros agentes de la misma industria.

En cuanto al proceso de suministro externo, antes de la entrega de los productos, la planta receptora de X debe realizar un Proceso de Aprobación del Plan de Producción (en adelante, PPAP), un sistema muy utilizado en la industria de la Electrónica de Movilidad para elegir los proveedores externos de un componente. La utilidad de los PPAP se basa en determinar si un proveedor puede cumplir con los estándares de calidad de la empresa y al mismo tiempo comprender los requisitos de diseño del producto, pero también en garantizar que el proveedor tenga la capacidad de cumplir esos requisitos de manera consistente.

Para comprobar estas premisas, la sección de Inspección de Entradas del departamento de Calidad de Compras debe realizar pruebas exhaustivas (y costosas) de la mercancía entregada. Estas pruebas pueden ser ambientales y/o de rendimiento, yendo desde meras inspecciones visuales hasta pruebas de humedad, viscosidad o sensibilidad. Después de eso, los productos OK se envían al departamento de fabricación para su ensamblaje y los productos NO OK se devuelven al proveedor o se desechan.

En el departamento de fabricación, las diferentes piezas también son sometidas a una inspección final una vez montadas, para decidir si pueden embalarse para enviarse al cliente final, o en caso contrario deben desmontarse por algún fallo en el proceso. Si el error tiene solución, las piezas se vuelven a ensamblar, empaquetan y envían al cliente. De lo contrario, las piezas defectuosas se envían al desguace.

En otros entornos manufactureros distintos al electrónico, los componentes que no pasan el primer control de calidad a su entrada en la planta se devuelven al proveedor o se envían al desguace. Sin embargo, esto no es así en el sector electrónico en general, y la planta YEM no es una excepción. Existen importantes limitaciones para enviar las piezas defectuosas al desguace, como las vinculadas a la logística inversa, pero especialmente destacan las relacionadas con los derechos de propiedad industrial. En el grupo X los artículos no pueden remanufacturarse, y solo en ciertos casos repararse, porque esto podría comprometer sus patentes, ya que todos los componentes de sus sensores para automóviles han sido diseñados íntegramente por la empresa.

En este sentido, si las piezas fueran reparables, tendrían que ser reparadas por un tercero autorizado, lo que en la práctica es complicado porque los proveedores externos tienen relaciones con otros terceros externos (y como ya se ha mencionado anteriormente, uno de los requisitos para convertirse en proveedor externo es firmar un Acuerdo de Confidencialidad [NDA] con la empresa).

¿Cómo se asegura YEM de que las piezas recibidas de los proveedores puedan cumplir con sus necesidades? Obviamente X, y YEM en particular, ha de revelar información confidencial sobre las diferentes características de las piezas. Esta información incluye documentación de diseño, ingeniería y proceso, así como muestras de la pieza en cuestión. Estas especificaciones pueden estar protegidas mediante derechos PI, especialmente a través de patentes, lo que obliga a la empresa a establecer medidas adicionales. En efecto, se suele proteger esta información a través de Acuerdos de Confidencialidad (NDA), los cuales pueden ser unilaterales o mutuos, dependiendo del número de agentes que estén obligados a no revelar información confidencial. En el caso de los NDA firmados en el ámbito de la división Mobility Electronics, no solo en YEM, son mutuos, ya que ni X, ni su proveedor, pueden revelar ninguna información confidencial derivada de su relación comercial.

Estos derechos PI también pueden convertirse en un obstáculo a la hora de implementar modelos de producción circular, ya que la reutilización, reparación o renovación pueden comprometer las tecnologías y características exclusivas de los productos de la empresa. En este contexto, los imitadores pueden copiar sus características principales y comprometer la posición de la empresa en el sector. Por este motivo, las piezas sólo podrán reutilizarse si la reparación puede ser realizada por el propio proveedor. En caso contrario, la empresa deberá adoptar medidas distintas a la reparación para implementar los principios de la economía circular y reducir el nivel de chatarra. En cualquier caso, esto no es una práctica habitual, por lo que casi todas las piezas defectuosas acaban siendo desechadas. Por tanto, esta forma de protección, especialmente las patentes, debería reevaluarse en una transición de modelos tradicionales a otros más sostenibles (Kur y CALBOLI, 2023), como esta transición de modelos lineales a modelos basados en EC y la industria 4.0, transición que es igualmente necesaria porque estos derechos PI no sólo protegen las características del producto, sino también las características de todos sus componentes y, aunque sea de forma limitada, del proceso.

Estos derechos de PI también constituyen una barrera al desarrollo de la innovación y a la introducción de productos disruptivos en los mercados, lo que, según J. Schumpeter, socavará el desarrollo industrial, ya que la innovación es «destrucción creativa», es decir, el motor del crecimiento económico en el largo plazo. Para X, gracias a su reputación, este proceso de innovación resulta menos relevante, ya que para la empresa es más fácil retener a la clientela sólo introduciendo innovaciones incrementales u ofreciendo a los clientes activos complementarios (como calidad y confiabilidad) tanto en la producción como en la producción. procesos posventa, para que proveedores y clientes sigan eligiendo a la empresa para sus relaciones comerciales.

7. A MODO DE RESUMEN

Como el caso de la empresa X ilustra, la adaptabilidad y la colaboración son esenciales para navegar con éxito en este contexto de economía circular. y es un ejemplo de que sin duda las empresas se mostrarán a favor de alcanzar la circularidad llevando a la práctica el reciclaje, la reutilización, la reparación, etc., siempre que ello no incida negativamente en su capacidad para obtener beneficios al mismo tiempo.

La reparación de productos está lejos de ser una práctica común hoy en día, en parte porque la conciencia ambiental que actúa como una fuerza impulsora importante para las actividades de reutilización y reparación mencionadas no es una práctica común. Una actuación política que modifique esta falta de conciencia debería comprender, cuando menos, los siguientes tres elementos: i) los consumidores deben detectar incentivos financieros reales a favor de la reutilización y la reparación; ii) los consumidores deben encontrar las suficientes unidades de reparación y repuestos a precios razonables que apoyen las actitudes de reparación, y iii). Los consumidores requieren que la calidad de los artículos se mantenga, o aumente, y los precios de los bienes remanufacturados o reparados sean inferiores a los de los artículos generados fuera de procesos circulares. (Informe Eionet - ETC/WMGE 2021/2). La comunicación con los usuarios es clave para limitar los impactos durante la fase de uso, por ejemplo, a través de orientaciones específicas para los usuarios sobre el mejor uso del producto en términos de durabilidad, o comunicación sobre la reducción de impactos ambientales negativos.

Hemos visto también que los apoyos normativos y legislativos son bienvenidos, por necesarios, aunque a veces puedan dar pie a situaciones de tensiones y conflictos, de modo que todas las partes interesadas reclaman la actualización del marco normativo a las características y exigencias de los nuevos mercados en una época, como la presente, marcada por un profundo cambio climático. No debe pasarse por alto que los derechos de PI suelen ser facilitadores de efectos positivos, por ejemplo, incentivando las tecnologías ecológicas, los sistemas de certificación de productos ecológicos, etc. Sin embargo, a la luz de la necesidad de promover una economía circular y abordar los desafíos a los que nos enfrentamos como habitantes de nuestro planeta, es hora de examinar más detenidamente las teorías tradicionales de la PI y, como profesionales de la abogacía y académicos de PI, ver cómo utilizar mejor las herramientas disponibles en el marco actual para fomentar la calidad de los productos respetuosos con el medio ambiente frente a la cantidad. En caso de que el marco actual no ofrezca suficiente margen para responder a la necesidad apremiante de promover una economía circular, deberíamos considerar alternativas y cómo se puede modificar el sistema de PI para adaptarlo mejor a una economía centrada en la calidad, respetuosa con el medio ambiente y sostenible en la que la circularidad, es decir, la reutilización, la reparación y el reciclaje, debería incentivarse en virtud de la ley (KUR y CALBOLI, 2023).

De una forma no tan explícita se ha podido intuir que hace falta algo más que la voluntad empresarial y el compromiso institucional y/o el acompañamiento legislativo y es que, efectivamente, hace falta la concurrencia de la innovación social para lograr los mejores resultados posibles de la adopción de la causa de la circularidad. Nos estamos refiriendo a que el comportamiento de los usuarios desempeña un papel clave a la hora de determinar cómo se gestionan los productos durante y al final de su uso, pues son ellos quienes deciden cuáles usar, cuánto tiempo usarlos, con qué frecuencia reemplazarlos, si se repararán en caso de que se estropeen, si se reutilizarán después… en otras palabras, no se puede subestimar la importancia de la innovación social para aumentar la circularidad en las distintas fases o etapas de la vida de los productos en los modelos de economía circular. A modo de ejemplo podemos recordar que las diversas experiencias de economía colaborativa nos han enseñado que las necesidades de los clientes pueden satisfacerse con un número mucho menor de productos cuando se toman decisiones de forma colaborativa que si cada uno de ellos comprara el suyo propio. De este modo se reduce la producción de nuevos artículos, un objetivo circular, mientras que la intensidad de su uso aumenta potencialmente mediante el uso compartido y/o la reutilización. Y dado que el productor sigue siendo responsable del bien durante y después de la fase de uso, ha de tener incentivos a aumentar la vida útil del producto mediante opciones de diseño que permitan la reutilización, reparación, remanufactura y reciclaje.

No pasaremos por alto que los instrumentos de política pueden combinar requisitos para aumentar la calidad de los productos y, por ende, los precios de nuevos productos, con subsidios salariales y reducciones del IVA en un intento de reducir las diferencias de precios entre los productos y servicios proporcionados por modelos de negocios circulares en comparación con los lineales.

Las medidas regulatorias se han dirigido principalmente hacia los esfuerzos de reciclado, tanto para los fabricantes como para los ensambladores y distribuidores. De forma similar las indicaciones normativas se han dirigido de forma clarísima hacia el reciclado. Sin embargo, el incremento del uso de los bienes no ha recibido suficiente atención y parece chocar con un rechazo cultural de los europeos, por lo que frena el potencial de la remanufactura y de la reparación como instrumento de apoyo del modelo de crecimiento sostenible. Esto lleva a proponer que el apoyo institucional si diversifique y proponga medidas para reducir la fabricación de productos y de los materiales necesarios para éstos, así como a incrementar la reutilización de los bienes ya existentes.

8. REFERENCIAS BIBLIOGRÁFICAS

ALEGOZ, M., KAYA, O., & BAYINDIR, Z. P., (2021). A comparison of pure manufacturing and hybrid manufacturing-remanufacturing systems under carbon tax policy. European Journal of Operational Research, 294(1), 161-173.

BABBITT, C.W., ALTHAF, S., CRUZ RIOS, F., BILEC, M.M., GRAEDEL, T.E., (2021). The role of design in circular economy solutions for critical materials. One Earth 4, 353-362.

BARBIERI, N., BERETTA, I., COSTANTINI, V., D'AMATO, A., GILLI, M., MARIN, G.,... & PALEARI, S., (2021). Sustainability transition and the European Green Deal: A macro-dynamic perspective.

BARRIE, J., LATIF, L. A., ALBALADEJO, M., BARŠAUSKAITĖ, I., KRAVCHENKO, A., KUCH, A.,... & SCHRÖDER, P., (2022). Trade for an inclusive circular economy. Royal Institute of International Affairs.

BRAUNGART, M., MCDONOUGH, W., BOLLINGER, A., (2007). Cradle –to–cradle design: creating healthy emissions –a strategy for eco– effective product and system design. Journal of Cleaner Production 15, 1337-1348.

COMISIÓN EUROPEA, 2020. A new Circular Economy Action Plan: For a cleaner and more competitive Europe. Communication from the commission to the European parliament, the council, the European economic and social committee and the committee of the regions, Brussels.

COOPER, T., (2005). Slower consumption reflections on product life spans and the «throwaway society». Journal of industrial Ecology, 9(1-2), 51-67.

CORVELLEC, H., STOWELL, A. F., & JOHANSSON, N., (2022). Critiques of the circular economy. Journal of industrial ecology, 26(2), 421-432.

DANTAS, T. E. T., DE-SOUZA, E. D., DESTRO, I. R., HAMMES, G., RODRIGUEZ, C. M. T., & SOARES, S. R., (2021). How the combination of Circular Economy and Industry 4.0 can contribute towards achieving the Sustainable Development Goals. Sustainable Production and Consumption, 26, 213-227.

DELGADO, M., (2024). An essay on the relationships between the adoption of circular economy models, supply chain management, and organizational design, Unpublished Business Administration Bachelor Thesis, January 2024, Universidad Carlos III de Madrid.

DEVECI, M., SIMIC, V., & TORKAYESH, A. E., (2021). Remanufacturing facility location for automotive Lithium-ion batteries: An integrated neutrosophic decision-making model. Journal of Cleaner Production, 317, 128438.

ELLEN MACARTHUR FOUNDATION, ANSYS Granta, 2019. Circularity Indicators: An Approach to Measuring Circularity. Methodology.

FANG, Chang, *et al.* 2023 The optimal remanufacturing strategy, returned quality choice and independent remanufacturers advantage for tackling extreme weather. International Journal of Production Economics, vol. 259, p. 108819.

FELDMAN, J., H. SELIGMANN, S. KING, ET AL., Circular economy barriers in Australia: How to translate theory into practice? (2023), *https://doi.org/*10.1016/j.spc.2024.02.001

GEIST, H., BALLE, F., 2023. Remanufactured products, components, and their materials: A circularity engineering focused empirical status quo analysis, *https://doi.org/10.1016/j.spc.2024.02.003*

GEIST, H., BALLE, F., 2024. A circularity engineering focused empirical status quo analysis of automotive remanufacturing processes. Resources, Conservation and Recycling 201, 107328.

GILLABEL, J., MANSHOVEN, S., GROSSI, F., MORTENSEN, L. F., & COSCIEME, L., (2021). Business models in a circular economy (Eionet Report-ETC/WMGE 2021/2). Boeratang, Belgium: European

Environment Agency, European Topic Centre on Waste and Materials in a Green Economy.

GIORGI, S., LAVAGNA, M., WANG, K., OSMANI, M., LIU, G., & CAMPIOLI, A., (2022). Drivers and barriers towards circular economy in the building sector: Stakeholder interviews and analysis of five European countries policies and practices. Journal of cleaner production, 336, 130395.

GHISELLINI, P., CIALANI, C., & ULGIATI, S., (2016). A review on circular economy: the expected transition to a balanced interplay of environmental and economic systems. Journal of Cleaner production, 114, 11-32.

GODFREY, D. M., PRICE, L. L., & LUSCH, R. F., (2022). Repair, consumption, and sustainability: fixing fragile objects and maintaining consumer practices. Journal of Consumer Research, 49(2), 229-251.

GONELLA, J. D. S. L., GODINHO FILHO, M., GANGA, G. M. D., LATAN, H., & JABBOUR, C. J. C., (2023). Towards a regenerative economy: An innovative scale to measure people's awareness of the circular economy. Journal of Cleaner Production, 421, 138390.

IRP, (2018). Re-defining Value - The Manufacturing Revolution: Remanufacturing, Refurbishment, Repair, and Direct Reuse in the Circular Economy. A Report of the International Resource Panel. *https://www.resourcepanel.org/reports/re-defining-value-manufacturing-revolution.* Accessed 31 January 2023.

KHANDELWAL, H., DHAR, H., THALLA, A. K., & KUMAR, S., (2019). Application of life cycle assessment in municipal solid waste management: A worldwide critical review. Journal of cleaner production, 209, 630-654.

KIRCHHERR, J., PISCICELLI, L., BOUR, R., KOSTENSE-SMIT, E., MULLER, J., HUIBRECHTSE-TRUIJENS, A., & HEKKERT, M., (2018). Barriers to the circular economy: Evidence from the European Union (EU). Ecological economics, 150, 264-272.

KRAUSMANN, F., LAUK, C., HAAS, W., & WIEDENHOFER, D., (2018). From resource xtraction to outflows of wastes and emissions: The socioeconomic metabolism of the global economy, 1900-2015. Global environmental change, 52, 131-140., ISSN 0959-3780, *https://doi.org/10.1016/j.gloenvcha.2018.07.003*

KUR, A., & CALBOLI, I., (2023). Intellectual property in the circular economy. Journal of Intellectual Property Law and Practice, 18(5), 337-338.

MUNTEN, P., & VANHAMME, J., (2023). To reduce waste, have it repaired! The quality signaling effect of product repairability. Journal of Business Research, 156, 113457.

PARKER, D., RILEY, K., ROBINSON, S., SYMINGTON, H., TEWSON, J., JANSSON, K., RAMKUMAR, S., PECK, D., (2015). Remanufacturing Market Study: For Horizon 2020, grant agreement No 645984, November 2015. A report by the partners of: European Remanufacturing Network.

PETERS, K., 2016. Methodological issues in life cycle assessment for remanufactured products: a critical review of existing studies and an illustrative case study. Journal of Cleaner Production 126, 21-37.

RANTA, V., AARIKKA-STENROOS, L., RITALA, P., & MÄKINEN, S. J., (2018). Exploring institutional drivers and barriers of the circular economy: A cross-regional comparison of China, the US, and Europe. Resources, Conservation and Recycling, 135, 70-82.

STAHEL, W. R., (2019). The circular economy: A user's guide. Routledge.

SHEVCHENKO, T., SAIDANI, M., RANJBARI, M., KRONENBERG, J., DANKO, Y., & LAITALA, K., (2023). Consumer behavior in the circular economy: Developing a product-centric framework. Journal of Cleaner Production, 384, 135568.

SHOOSHTARIAN, S., MAQSOOD, T., CALDERA, S., & RYLEY, T., (2022). Transformation towards a circular economy in the Australian construction and demolition waste management system. Sustainable Production and Consumption, 30, 89-106.

VALLAURI, 2019 Climate Change 2022 - Impacts, Adaptation and Vulnerability: Working Group II Contribution to the Sixth Assessment Report of the Intergovernmental Panel on Climate Change. (2023). Reino Unido: Cambridge University Press.

WAUGHT, R., RAMJEE, A., 2021. Report on the current status, impact and potential of the European automotive component remanufacturing industry: Prepared for CLEPA by Oakdene Hollins in October 2021.

WANG, S., LI, J., & ZHAO, D., (2017). The impact of policy measures on consumer intention to adopt electric vehicles: Evidence from China. Transportation Research Part A: Policy and Practice, 105, 14-26.

WEN, H., LEE, C. C., & SONG, Z., (2021). Digitalization and environment: how does ICT affect enterprise environmental performance? Environmental Science and Pollution Research, 28(39), 54826-54841.

ZHANG, H., CHEN, J.J., KWAK, K., AND WU, X., 2023: Intellectual property crises induced by incumbent firms and latecomer firms catch-up performance: evidence from different sectoral environments, Industry and Innovation, DOI: 10.1080/13662716.2023.2176294.

ZVIRGZDINS, J., PLOTKA, K., & GEIPELE, I., (2020). The usage of circular economy strategies to mitigate the impacts of climate change in northern Europe. Climate Change, Hazards and Adaptation Options: Handling the Impacts of a Changing Climate, 853-873.

ZHOU, B., MASSON-DELMOTTE, V., ZHAI, P., PIRANI, A., CONNORS, S. L., PÉAN, C., BERGER, S., (2021). Climate change 2021: the physical science basis. Contribution of working group I to the sixth assessment report of the intergovernmental panel on climate change, 2.